"十四五"职业教育国家规划教材

审计实务（第2版）

主　编　王顺金

编　者　程范涛　石雪梅　杨　平
　　　　周　鲲　胡志容

北京理工大学出版社
BEIJING INSTITUTE OF TECHNOLOGY PRESS

内 容 简 介

本书按照国务院"职教20条"的"知行合一"的要求，采用体现高职教育职业化、实践化特色的学习情境与学习任务模式进行编写。依据审计岗位能力目标，本书由10个学习情境组成：认知审计职业、理解审计主体、掌握审计目标实现过程与编制审计计划、收集审计证据与编制审计工作底稿、掌握风险导向审计的测试流程、掌握货币资金的审计、掌握销售与收款循环的审计、掌握采购与付款循环的审计、掌握生产与存货循环的审计、完成审计工作与出具审计报告。

本书按照理实一体、教学做融合、任务引领、案例驱动等方法编写，注重岗位能力、实践技能的培养，突出学生学习能力、实践能力、创新能力和职业素质（课程思政）的训练。本书可作为高职高专会计及相关专业教材使用，也可供从事审计及相关工作的人员参考。

版权专有　侵权必究

图书在版编目（CIP）数据

审计实务/王顺金主编. —2版. —北京：北京理工大学出版社，2019.10（2024.7重印）

ISBN 978-7-5682-7694-8

Ⅰ. ①审… Ⅱ. ①王… Ⅲ. ①审计学－高等职业教育－教材 Ⅳ. ①F239.0

中国版本图书馆CIP数据核字（2019）第227966号

出版发行 /	北京理工大学出版社有限责任公司
社　　址 /	北京市丰台区四合庄路6号
邮　　编 /	100070
电　　话 /	（010）68914026（教材售后服务热线）
	（010）68944437（课件资源服务热线）
网　　址 /	http://www.bitpress.com.cn
经　　销 /	全国各地新华书店
印　　刷 /	涿州市新华印刷有限公司
开　　本 /	787毫米×1092毫米　1/16
印　　张 /	17.25
字　　数 /	403千字
版　　次 /	2019年10月第2版　2024年7月第10次印刷
定　　价 /	46.00元

责任编辑 / 李玉昌
文案编辑 / 李玉昌
责任校对 / 周瑞红
责任印制 / 施胜娟

图书出现印装质量问题，请拨打售后服务热线，本社负责调换

再版前言

本书经全国职业教育教材审定委员会审定，由中华人民共和国教育部 2015 年公示后正式成为"十二五"职业教育国家规划教材，再由教育部 2020 年公示后正式成为"十三五"职业教育国家规划教材。其后，根据中国共产党第二十次全国代表大会精神、按照国务院《国家职业教育改革实施方案》（即"职教 20 条"）的"知行合一"的要求，重庆电子工程职业学院与四川巨丰会计师事务所有限责任公司、四川福瑞斯律师事务所及四川万家宏建设工程有限公司等单位进行深度的校企合作，广泛调查论证、设计并确定注册会计师报表审计的典型工作任务，按照最新的会计准则、注册会计师审计准则与财政税收法规的规定，校企双元开发并重新编写了本书。为了适应"职业教育＋互联网"的混合教学需要，我们同步进行了"学银在线"线上平台的课程建设。2023 年，经教育部公示，本书成为"十四五"职业教育国家规划教材。

混合学习线上课程平台

本书采用"行业专家确定典型工作任务→学校专家归并行动领域→行业专家论证行动领域→学校专家开发学习领域→校企专家论证课程体系"的"5 工作机制"实现校企专家共同开发设计课程；通过工作任务归并法实现典型工作任务到行动领域转换，通过工作过程分析法实现从行动领域到学习领域转换，通过工作任务还原法实现从学习领域到学习情境转换的"3 阶段分析法"，获得人才培养目标、课程体系、课程标准"3 项主要成果"；再根据课程标准进行本教材的编写。

本书采用体现高职教育职业化、实践化特色的情境任务模式进行编写。依据审计岗位能力目标，本书由 10 个学习情境组成：认知审计职业、理解审计主体、掌握审计目标实现过程与编制审计计划、收集审计证据与编制审计工作底稿、掌握风险导向审计的测试流程、掌握货币资金的审计、掌握销售与收款循环的审计、掌握采购与付款循环的审计、掌握生产与存货循环的审计、完成审计工作与出具审计报告。在编写过程中，我们将每个情境教学单元中的岗位能力进行技能解构，分解为若干个注册会计师审计的真实工作任务，梳理出为解决任务所需要的理论与技能；再将这些工作任务改造为学习任务，按照理实一体、教学做融合、任务引领、案例驱动等方法编写，把理论与技能巧妙地隐含在每个具体任务之中，从而以工作任务驱动学习任务的完成。本课程把能力本位放在首位，注重岗位能力、实践技能的培养，突出学生学习能力、实践能力、创新能力和职业素质（课程思政）的训练，从而保证学习目标能力化。

本书采用【情境创建＋任务实现】的框架进行编写：情境创建＝思维导图＋理论目标＋技能目标＋素质目标＋情境案例＝学习目标，每个学习情境由多个学习任务构成。任务实现＝理论学习＋技能学习＋素质培养＋学习效果检查。

本书采用任务驱动法进行撰写。任务驱动法是一种建立在建构主义教学理论基础上的教学法，要求把理论与技能巧妙地隐含在每个具体任务之中，让读者自己提出问题，经过思考，亲自动手解决问题。任务驱动法下，读者的主体性、目标性很强，带着任务去探索、思考、研究，形成良好的学习氛围。任务驱动法的实施必须用具备任务链、知识链的经典案例，进行知识点、技能点、训练点的传授。所以本书精心设计或收集了100多个情境案例、职业素质案例、审计技能案例，让高深或枯燥的理论与知识，在情境创建、尝试解决、勤于动手的成就感中，学到真正有用的东西；在主动参与之中解决问题、获得知识、提高技能。同时，我们在每一个"学习情境"后附有丰富的学习效果测试题，以培养学生发现问题、分析问题和解决问题的能力，增强学生的动手与实务操作技能。

本书配备了丰富的学生数字化学习资源，如为了满足学习成绩好而"吃不饱"的学生的学习需求，在每个学习情境后附有二维码形式的"自主学习"资源；为适应教学手段改变、方便学生预习与复习的需要，每个学习任务中附有二维码形式的学习视频；为了开展课程思政教学、增强学生职业素质，本书附有职业素质案例的二维码资源；为了提升学生的审计技能水平、满足学校开展专周实训的需要，本教材附有大量的审计技能案例、审计实训等二维码形式的资源。

本书由重庆电子工程职业学院的教师编写，王顺金（教授、高级审计师、高级会计师、注册会计师）任本书主编。具体的编写分工是：王顺金编写学习情境1至学习情境5，石雪梅（副教授）编写学习情境6，程范涛（讲师、会计师）编写学习情境7，杨平（注册会计师）编写学习情境8，周鲲（高级审计师）编写学习情境9，胡志容（教授）编写学习情境10。

本书配备了丰富的教师数字化课程建设资源，如课程标准、授课计划、教学设计与教学方法、教学PPT、思维导图、学习效果测试答案、自主学习及答案、案例解析答案、教学视频、技能实训与指导、电子书等。这些数字化资源可以从北京理工大学出版社网站获取，或以电子邮件等形式提供给读者（主编联系邮箱798669490@qq.com），从而人性化地减少任课教师的备课、教学等的工作量。

本书适用于高等院校财务会计类专业教学，也可用于财经商贸大类其他专业教学，以及在职财务、会计、审计人员的进修、培训。

我们在本书编写过程中广泛参阅了国内外的教材和专著，借鉴了同行的其他教学研究成果，限于篇幅，仅在本书末列出部分参考文献，不能全部列出；本书获得了四川巨丰会计师事务所有限责任公司於红主任注册会计师、四川福瑞斯律师事务所李文主任、四川万家宏建设工程有限公司王伦总经理及王萍经理等企业专家的大力帮助与支持；在此，一并表示由衷的感谢和诚挚的谢意。由于编者的学识水平有限，书中定有不少缺点和错误，恳请读者批评指正。

编　者

目　录

学习情境 1　认知审计职业 ·· (001)

　　【情境案例】　英国南海股份公司舞弊案 ·· (001)
　　学习任务 1　审计的产生与发展 ··· (003)
　　学习任务 2　审计的概念与分类 ··· (010)
　　学习任务 3　审计的对象与职能作用 ··· (013)
　　学习任务 4　审计职业准则 ·· (016)
　　学习任务 5　学习效果测试 ·· (021)

学习情境 2　理解审计主体 ·· (024)

　　【情境案例】　安然事件——国际商界与会计界巨人破产 ······················· (024)
　　学习任务 1　国家审计机关 ·· (026)
　　学习任务 2　内部审计机构 ·· (031)
　　学习任务 3　会计师事务所 ·· (034)
　　学习任务 4　审计人员 ·· (039)
　　学习任务 5　学习效果测试 ·· (046)

学习情境 3　掌握审计目标实现过程与编制审计计划 ······························ (050)

　　【情境案例】　宝石集团收到第一份无法表示意见的审计报告 ··············· (050)
　　学习任务 1　注册会计师审计目标的实现过程 ···································· (051)
　　学习任务 2　注册会计师初步审计活动 ··· (058)
　　学习任务 3　注册会计师审计计划 ··· (062)
　　学习任务 4　注册会计师的审计风险与重要性 ···································· (065)
　　学习任务 5　学习效果测试 ·· (070)

学习情境 4　收集审计证据与编制工作底稿 ··· (073)

　　【情境案例】　审计证据严重缺失的"琼民源事件" ······························· (073)
　　学习任务 1　审计证据 ·· (074)
　　学习任务 2　审计抽样技术运用 ·· (085)
　　学习任务 3　审计工作底稿 ·· (090)
　　学习任务 4　学习效果测试 ·· (096)

学习情境 5　掌握风险导向审计的测试流程 (099)

【情境案例】　帕玛拉特事件——欧洲的"安然事件" (099)
学习任务 1　风险导向审计的要求与程序 (100)
学习任务 2　了解被审计单位及其环境 (103)
学习任务 3　重大错报风险的评估与应对 (111)
学习任务 4　控制测试与实质性程序 (116)
学习任务 5　学习效果测试 (121)

学习情境 6　掌握货币资金的审计 (125)

【情境案例】　中国台湾博达 63 亿现金不翼而飞 (125)
学习任务 1　货币资金的控制测试 (126)
学习任务 2　库存现金审计 (132)
学习任务 3　银行存款审计 (136)
学习任务 4　学习效果测试 (144)

学习情境 7　掌握销售与收款循环的审计 (148)

【情境案例】　银广夏事件——中国的"安然事件" (148)
学习任务 1　销售与收款循环的特点 (151)
学习任务 2　销售与收款循环的控制测试 (156)
学习任务 3　销售与收款循环的实质性程序 (160)
学习任务 4　营业收入的审计目标与实质性程序 (164)
学习任务 5　应收账款的审计目标与实质性程序 (168)
学习任务 6　学习效果测试 (175)

学习情境 8　掌握采购与付款循环的审计 (179)

【情境案例】　西安达尔曼洗钱与系统性财务舞弊案 (180)
学习任务 1　采购与付款循环的特点 (181)
学习任务 2　采购与付款循环的控制测试 (186)
学习任务 3　采购与付款循环的实质性程序 (189)
学习任务 4　应付账款与材料采购的实质性程序 (192)
学习任务 5　固定资产的实质性程序 (195)
学习任务 6　学习效果测试 (203)

学习情境 9　掌握生产与存货循环的审计 (208)

【情境案例】　麦克逊·罗宾斯药材公司舞弊破产案 (208)
学习任务 1　生产与存货循环的特点 (209)
学习任务 2　生产与存货循环的控制测试 (212)
学习任务 3　生产与存货循环的实质性程序 (217)
学习任务 4　原材料与营业成本的审计 (227)
学习任务 5　学习效果测试 (231)

学习情境 10　完成审计工作与出具审计报告 ……………………………………………（236）

　　【情境案例】　科龙与德勤事件中的会计与审计问题 ………………（236）
　　学习任务 1　完成注册会计师审计工作 ……………………………（238）
　　学习任务 2　无保留意见的审计报告 ………………………………（243）
　　学习任务 3　非无保留意见的审计报告 ……………………………（250）
　　学习任务 4　审计报告中增加强调和其他事项段 …………………（258）
　　学习任务 5　学习效果测试 …………………………………………（261）

参考文献 ………………………………………………………………………（265）

二维码资源导航

类别及数量	教材页码与二维码内容
混合学习1个	P001（前言）混合学习线上课程平台
自主学习10个	P024 自主学习1、P050 自主学习2、P073 自主学习3、P099 自主学习4、P125 自主学习5、P149 自主学习6、P181 自主学习7、P210 自主学习8、P238 自主学习9、P267 自主学习10
视频学习39个	P012 经济责任审计、P013 审计的职能与作用、P020 注册会计师审计、P024 审计主体、P030 被审计单位的法律责任、P033 内部审计机构的职责与权限、P038 会计师事务所质量控制、P043 注册会计师的独立性、P054 被审单位管理层认定、P060 初步业务活动、P063 审计计划、P068 审计重要性、P075 审计证据、P086 审计抽样方法、P091 审计工作底稿、P102 风险评估程序、P115 应对重大错报风险、P119 进一步审计程序、P129 货币资金的内部控制、P135 库存现金监盘、P139 银行存款的实质性程序、P153 销售与收款循环的主要业务活动、P160 以风险为起点的控制测试（销+收）、P162 销售与收款循环的实质性程序、P169 营业收入的截止测试、P172 应收账款的函证程序、P184 采购与付款循环的主要业务活动、P191 以风险为起点的控制测试（购+付）、P195 采购与付款循环的实质性程序、P195 应付账款的实质性程序、P199 固定资产的实质性程序、P212 生产与存货循环的主要业务活动、P219 生产与存货交易的内部控制和控制测试、P223 存货监盘、P232 主营业务成本审计、P246 审计报告编制前的工作、P249 审计报告概述、P255 非无保留意见审计报告、P261 审计报告中沟通关键审计事项
职业素质案例5个	P004 耒阳电影公司离任审计、P085 枣阳审计局出纳业务审查、P110 蓝田财务造假错弊案、P137 巴林银行金融期货倒闭案、P254 法尔莫公司舞弊破产案
审计技能案例9个	P070 审计重要性技能案例、P081 确定重点审计项目技能案例、P083 审计分析程序技能案例、P175 应收款审查技能案例、P177 应收款函证技能案例、P193 采购付款审查技能案例、P205 折旧错报风险与认定技能案例、P216 存货储存审查技能案例、P229 存货截止测试技能案例
审计实训2个	P238 存货实质性细节测试、P267 完成审计工作出具报告

学习情境 1

认知审计职业

【思维导图】

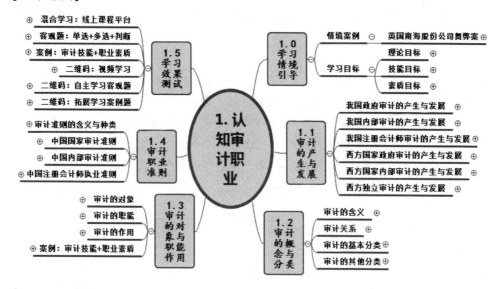

【理论目标】

理解审计的含义、基本特征和职能作用;理解审计职业准则的基本概念、作用、构成内容与种类;理解我国和西方国家的政府审计、内部审计、独立审计的产生和发展历程。

【技能目标】

掌握审计对象的确定要素,审计职业准则的运用要求与基本技能;掌握情境案例的解析技能;掌握审计技能案例与职业素质案例的分析技能。

【素质目标】

培养诚实守信、独立思考、客观公正、细心谨慎的职业品质和道德情操;树立奋发有为、勇于担当、与时俱进的职业精神;增强法律意识、责任意识和风险意识。

【情境案例】英国南海股份公司舞弊案

300多年前,英国成立了南海股份有限公司,由于经营无方,公司效益一直不理想。公司董事会为了使股票达到预期价格,不惜采取散布谣言等手法,使股票价格直线上升。事情败露后,英国议会聘请了一位懂会计的人,审查了该公司的账簿,据此查处了该公司的主要负责人。审核该公司账簿的人开创了世界注册会计师行业的先河,民间审计从此在英国拉开了序幕。

1. 大肆造假

1710年，英国政府用发行中奖债券所募集到的资金创立了南海股份有限公司（以下简称"南海公司"）。经过近10年的经营，该公司业绩依然平平。1719年，英国政府允许中奖债券总额的70%，即约1 000万英镑，与南海公司股票进行转换。该年年底，南海公司股价为114英镑，公司的董事们开始对外散布各种所谓的好消息，即南海公司在年底将有大量利润可实现，并煞有其事地预计，在1720年的圣诞节，公司可能要按面值的60%支付股利；这一虚假财务消息的宣布，加上公众对股价上扬的预期，促进了债券转换，进而带动了股价上升，1720年3月，股价上升至300英镑以上。此时，南海公司老板布伦特又想出了新主意：以数倍于面额的价格，发行可分期付款的新股，南海公司将获取的现金，转贷给购买股票的公众；到了1720年7月，股票价格已劲升到1 050英镑。随着南海股价的扶摇直上，一场投机浪潮席卷英国，170多家新成立的股份公司股票以及原有的公司股票，都成了投机对象。

1720年6月，英国国会通过了《泡沫公司取缔法》，该法对股份公司的成立进行了严格的限制，只有取得国王的御批，才能得到公司的经营执照。事实上，股份公司的形式基本上名存实亡。自此，许多公司被解散，公众开始清醒过来，对一些公司的怀疑逐渐扩展到南海公司身上。从7月份开始，外国投资者首先抛出南海公司股票，撤回资金。随着投机热潮的冷却，南海公司股价一落千丈，到1720年12月份最终仅为124英镑。当年年底，政府对南海公司资产进行清理，发现其实际资本已所剩无几。

2. 一朝梦醒

南海公司倒闭的消息传来，犹如晴天霹雳，惊呆了正陶醉在黄金美梦中的债权人和投资者。迫于舆论的压力，1720年9月，英国议会组织了一个由13人参加的特别委员会，对"南海泡沫"事件进行秘密查证。在调查过程中，特别委员会发现该公司的会计记录严重失实，明显存在蓄意篡改数据的舞弊行为，于是特邀委托了一名叫查尔斯·斯耐尔的资深会计师，对南海公司的分公司"索布里奇商社"的会计账目进行检查。查尔斯·斯耐尔商业查账实践经验丰富，理论基础扎实，在伦敦地区享有盛誉。查尔斯·斯耐尔通过对南海公司账目的查询、审核，于1721年提交了一份对索布里奇商社的会计账簿进行检查的报告。在该份报告中，斯耐尔指出了公司存在舞弊行为、会计记录严重不实等问题，但没有对公司为何编制这种虚假的会计记录表明自己的看法。议会根据这份查账报告，将南海公司董事之一的雅各希·布伦特以及他的合伙人的不动产全部予以没收。其中一位叫乔治·卡斯韦尔的爵士，被关进了著名的伦敦塔监狱。直到1828年，英国政府在充分认识到股份有限公司利弊的基础上，通过设立民间审计的方式，将股份公司中因所有权与经营权分离所产生的不足予以制约，才完善了这一现代化的企业制度。据此，英国政府撤销了《泡沫公司取缔法》，重新恢复了股份公司这一现代企业制度的形式。

引入讨论：民间审计产生于哪一年、哪个时代？产生的根源与现实原因是什么？民间审计的鼻祖是谁？该审计的方式及检查内容以什么形式出现？

思考：什么是审计？有哪些类型的审计？它的主要职能与作用是什么？

学习任务1 审计的产生与发展

审计是市场经济发展的产物，根源于生产资料所有权与经营管理权的分离。随着我国科学技术的不断发展，商品经济的日益发达，市场经济体制和现代企业制度的日趋完善，对经济管理与经济监督提出了更高的要求，这些都使得我国审计得到了长足的发展，并且在经济生活中发挥着越来越重要的作用。

一、我国政府审计的产生与发展

政府审计也称为国家审计，在历史上称为官厅审计，在我国有着非常悠久的历史，历经了一个漫长的发展过程，大致可以分为下面六个阶段。

1. 西周时期——初步形成阶段

早在三千多年前的西周时期，就出现了"宰夫"这一官职，他独立于计财部门之外，专门对财物经管者进行监督。周朝财政收支按日、按月、按年考核，审查经营成果，定期向周王汇报。周王也可以亲自听审，这种做法当时被称为"受计"，后来形成了制度，称作"上计"制度。这一制度对以后历代王朝产生了深远的影响，是我国政府审计的萌芽。

2. 秦汉时期——确立阶段

秦汉时期是我国封建社会的确立和成长时期，这一时期实行御史制度，设"御史大夫"一职，负责全国的民政、财政及财物的审计事项，直接辅佐皇帝。这个时期审计的发展主要取得了三个方面的成绩。

一是初步形成了统一的审计模式。封建社会经济的发展，促进了封建国家逐渐形成全国审计机构与监察机构相结合，封建法制与审计监督制度相统一的审计模式。

二是"上计"制度日益完善。皇帝亲自听取和审核各级地方官吏的财政会计报告，并且根据报告情况的好坏来决定赏罚制度。这种制度始于周朝，至秦汉时期日臻完善。

三是审计地位的提高和职权的扩大。秦汉时期的御史大夫不但行使政治、军事的检察权，而且行使经济的监督权，控制和监督财政活动。

3. 隋唐宋时期——完善阶段

隋唐时期是我国封建社会的鼎盛时期，审计制度也随着社会经济、政治、文化等方面的发展而日益完善和健全起来。在这一时期，"刑部"下设"比部"，负责国家财经各领域的审计工作。"比部"是独立的审计组织，独立于财政部门之外，与司法监督并列，行使司法审计检查权，这是审计监督走向专业化、独立化和司法化的开始。

宋朝是我国封建社会经济持续发展阶段，但是在宋朝初期并没有设置审计机构，造成计财混乱。"元丰改制"后恢复了"比部"的财计监督职能，后来又专门设立了"审计司"。北宋时，宋太宗又将这一机构改称为"审计院"，我国"审计"一词正式登上历史舞台。从此"审计"一词便成为财计监督的专用名词，并对以后中外审计建制产生了深远的影响。

4. 元明清时期——停滞不前阶段

元明清时期，封建君主专制日益加剧，审计虽有发展，但总体上是停滞不前。元代取消了"比部"，由"户部"监管会计报告的审核，独立的审计机构宣告消亡。明初曾设立过"比部"，但不久即撤销，后又设"督察院"，审查中央财计。清承明制，也设置了"督察院"。这一时期由于取消了独立的审计机构，财计监督和政府审计职能受到了严重削弱，与唐代行使司法审计监督职能的"比部"相比，显得缺乏力度，监查不利。

5. 中华民国时期——演进阶段

辛亥革命后，中华民国于 1912 年在国务院下设审计处，1914 年北洋政府将其改名为审计院，并于同年颁布了《审计法》，这是我国正式颁布的第一部《审计法》。1928 年国民党政府设审计院，并颁布了《审计法》和实施细则，次年颁布了《审计组织法》，审计人员有审计、协审、稽查等职称。1931 年审计院改名为审计部，并于 1938 年修订了《审计法》，以后又几经修改和补充。这一时期，我国审计不断演进，有所发展，但是由于政治不稳定，经济发展缓慢，审计一直没有长足发展起来。

6. 新中国时期——振兴阶段

中华人民共和国成立初期，全面学习苏联，以会计检查取代了审计，国家没有设立独立的审计机构，对财政、财务收支的经济监督是由财政、税务、银行等部门通过其业务在一定范围内进行。但这种制度既缺乏自我监督，也缺乏互相监督，并不适应经济发展的需要。改革开放以后，政府逐渐把工作重点转移到经济建设上来，实施了一系列加强审计工作的改革措施，我国审计有了长足发展。1982 年修改的《中华人民共和国宪法》中规定了国家实行审计监督制度。1983 年成立了我国政府审计的最高机构——审计署，在县级以上的各级政府也相继成立了审计局，独立行使审计的监督权。1984 年 12 月 17 日，中国审计学会成立。1988 年 11 月，国务院颁布了《中华人民共和国审计条例》。1994 年 8 月，全国人民代表大会常务委员会通过了《中华人民共和国审计法》（以下简称《审计法》），自 1995 年 1 月 1 日起施行，1997 年 10 月国务院发布了与之配套的《审计法实施条例》。2006 年 6 月执行修订的《审计法》，2010 年 2 月国务院修订并发布了与之配套的《审计法实施条例》。我国现在执行的《审计法》是第二次修订版，由全国人民代表大会常务委员会于 2021 年 10 月 23 日通过并经中华人民共和国主席令第 100 号发布，自 2022 年 1 月 1 日起施行。

耒阳电影公司离任审计

二、我国内部审计的产生与发展

我国的内部审计始于西周。西周设置了"司会"一职，主要是负责周王朝财政经济收支的全面核算，进行财政收支的审核以及监督工作，这是我国内部审计的萌芽。到了元明清时期，内部审计得到了进一步的发展，除了在财计部门之外设置监督机构以外，还在执掌财计主管部门的户部设置了内部审计机构，实行财审合一制度。现代内部审计诞生于中华民国时期，尤其是在铁路和银行系统，有了比较健全的内部稽核制度。新中国成立初期，我国一些大型的专业公司和厂矿企业也曾设有内部审计部门，一些中型企业也设有专职的审计人员。

1983 年审计署成立后，明确要求在部门、单位内部设立内部审计机构及配备内部审计人员，实行内部审计监督。1984 年，中国内部审计学会成立（其后更名为中国内部审计协会），并于1987年加入国际内部审计协会。1988年11月，国务院颁布了《中华人民共和国审计条例》，规定了内部审计的机构设置、隶属关系和审计范围。1994年审计署发布了《关于内部审计工作的规定》，更全面地规范了内部审计机构的设置、领导关系、审计范围、主要权限、工作程序、内部管理及与审计机关的关系等。2003年2月审计署修订并发布了《关于内部审计工作的规定》，自2003年5月起施行。2018年1月审计署再次修订并发布了《关于内部审计工作的规定》，自2018年3月起施行。

《审计法》第三十二条规定："被审计单位应当加强对内部审计工作的领导，按照国家有关规定建立健全内部审计制度。审计机关应当对被审计单位的内部审计工作进行业务指导和监督。"所以，内部审计制度是部门、单位健全内部控制制度，审查财政财务收支，监督经济活动，改善经营管理，提高经济效益的一项重要的管理控制制度。

三、我国注册会计师审计的产生与发展

注册会计师审计也称民间审计、独立审计、社会审计，是依法独立从事委托审计业务和咨询业务的社会中介组织。由于市场经济发展滞后等因素的影响，我国独立审计晚于西方国家，我国独立审计是随着民族工业的发展而产生的。1918年年初，时任中国银行总司长的谢霖向北洋政府农商部、财政部递呈了执行会计师业务的呈文《会计师暂行章程》，同年9月，北洋政府核准了该章程，颁布了我国第一部独立审计的法规《会计师暂行章程》，并批准谢霖为中国第一位注册会计师。同时，谢霖创办了我国第一家会计师事务所：正则会计师事务所。此后又逐步批准建立了一批会计师事务所，包括潘序伦会计师事务所，即后来的立信会计师事务所。1925年，上海成立了会计师公会。经过30多年的不断发展，到1947年，全国已拥有注册会计师2 619人，建立了一批会计师事务所，我国的独立审计事业已经初具规模。但是，由于政局不稳、经济滞后等因素的影响，新中国成立前我国的独立审计发展缓慢，对社会影响并不大。

新中国成立初期，由于不法资本家囤积居奇、投机倒把、偷税漏税，造成极为恶劣的财政状况，当时中央政府负责财经工作的陈云同志大胆聘用注册会计师依法查账，对国家财政经济状况的好转做出了突出的贡献。1956年社会主义改造完成以后全国范围内实行公私合营，照搬苏联高度集中的计划经济模式，我国的独立审计悄然退出了历史舞台。

改革开放以后，我国逐渐从计划经济体制向市场经济体制转变，出现了国有、外资、集体以及个体私营经济等多种所有制形式，资本市场也得到了快速发展，独立审计随着市场经济的发展而得到了恢复。1980年，我国财政部颁布了《关于成立会计顾问处的暂行规定》，同年12月，成立了新中国的第一家会计师事务所——上海会计师事务所，这标志着会计师制度开始重建。1988年，中国注册会计师协会成立，注册会计师行业步入了政府监督指导、行业协会自我约束管理的轨道。1993年10月，全国人大常委会通过了《中华人民共和国注册会计师法》，并于1994年1月1日正式实施，使我国注册会计师行业进入了法制化管理的轨道。2014年8月全国人民代表大会常务委员会通过了《注册会计师法》的修订。未来随着我国市场经济体制的日臻完善，注册会计师职业界必将面临更多的机遇和挑战，我国的注册会计师审计在社会生活的许多方面都将发挥更大的作用。

四、西方国家政府审计的产生与发展

在西方奴隶制度下的古希腊、古罗马和古埃及时代,就已经设有"官厅审计"机构,政府审计人员采取"听证"的方式对掌管国家财物和赋税的官吏进行考核,成为具有审计性质的经济监督工作,这也是西方政府审计的萌芽。在西方的历代封建王朝中,没有审计机构和人员对国家的财政收支进行监督,当时的审计在组织机构及审计的职权和方式上都处于很不完善的阶段。

在封建王朝中,西方各国也没有设置对国家财政收支进行经济监督的专门审计机构和审计人员。进入资本主义后,随着经济的不断发展以及政权组织形式的日益完善,政府审计也有了很大发展。在第一次世界大战后,1921年,美国正式设立了隶属于国会的联邦总审计署(GAO)。英国在1866年颁布《国库和审计部法案》后,成立了独立于政府之外的国家审计机构。除此之外,许多欧洲国家在19世纪的宪法和法令中都规定了审计的法律地位,确立了政府审计机关的职权、地位及审计范围,授权对财政、财务收支进行监督。在现代资本主义国家中,大多实行立法、行政、司法三权分立制,目前世界各国政府建立的审计机构,其审计机关管理类型,是与各个国家的权力分割和制约相适应的,它充分体现了各国的政治特色。一般来说,世界各国政府审计机关按其隶属关系划分,有如下四种:

1. 立法型审计机关

所谓立法型审计机关,即国家最高审计机关隶属于立法部门,即由议会直接领导,向议会负责并报告工作。这是真正意义上的国家审计机关,最初建于英国,完善于美国,普及于西方大多数国家。目前,美国、英国、加拿大、澳大利亚等国政府审计机关都属于这一类型。

这种类型审计机关的特点是:由议会直接领导,能够对行政部门独立行使审计监督而不受行政当局的控制和干预,具有很高的独立性和权威性,审计监督职能发挥得比较好。但这种形式的审计机关必须有强有力的立法机构体系和完善的立法程序做后盾,才能保证发挥其作用。

这种类型审计机关的主要职责是:对政府的财政经济活动,对公共机构、国有企业、公共工程项目,对政府援助项目的财政、财务收支及其经济性、效率性、效果性进行有效的监督。

2. 司法型审计机关

所谓司法型审计机关,即国家最高审计机关隶属于司法部门,一般按法院建制设立,拥有很强的司法裁判权,对议会负责并报告工作。最初建于法国,西欧、南美洲和非洲一些国家相继采用。目前,西班牙、法国、土耳其等国的审计机关都属于这一类。

这种类型审计机关的特点是:审计机关实施审计时不受任何第三者干扰,只受法律约束,同时拥有一定的司法权。实际上这是将国家审计法治化,从而强化审计职能。

这种类型审计机关的主要职责是:以评审经济责任履行情况、奖惩政府官员为主要内容,侧重于提供审查和追究当事人财务责任的服务。

3. 行政型审计机关

所谓行政型审计机关,即政府最高审计机关隶属于政府行政部门,是政府行政部门的一个职能部门,对内阁总理或首相负责并报告工作。最初建于苏联,东欧、北欧和亚洲一些国家相继采用。目前,瑞典、瑞士等国政府审计机关都属于这一类。

这种类型审计机关的特点是:直接对政府负责,有权对各级政府和下属部门及国有企事业单位独立行使审计监督权。由于政府行政部门具有广泛的权力,因此,在审计工作的开展和审计建议的执行等方面,这类审计机关可能具有更为便利的条件,但往往受到一定的限制。

这种类型审计机关的主要职责是:以监督政府和下属各部门、各单位的财政收支、财务收支活动为主要内容,往往还兼有其他行政监督职能。

4. 独立型审计机关

所谓独立型审计机关,即政府最高审计机关独立于立法权、司法权和行政权之外,不附属于任何行政部门,单独形成国家政权的一个分支。德国是这种形式的最早实践者,目前菲律宾、印度尼西亚等国家的政府审计机关就是这种类型。

这种类型审计机关的特点是:政府审计机关能不带政治偏向地、公正地行使审计监督职能。但从实际来说,大多数完全独立的审计机关也要向议会或国家元首报告工作或提交审计报告,只是在工作中它们不接受任何部门和个人的指令。

从总的情况来看,凡是立法权、司法权和行政权"三权分立"政体的国家,大多数是立法型或司法型政府审计机关,而非"三权分立"政体的国家则往往按行政型设置审计机关。

五、西方国家内部审计的产生与发展

内部审计是伴随着政府审计而逐步形成和发展的,古代的内部审计和政府审计很难截然分开,直至进入中世纪之后,内部审计才具有较为完整的形态,如庄园审计、行会审计、宫廷审计等,并出现了独立的审计人员。

19世纪末20世纪初,资本主义经济的发展,使生产和资本高度集中化,托拉斯和康采恩等组织快速发展和扩张,逐渐在主要资本主义国家中占据了垄断地位。例如,1901年,美国钢铁公司垄断了全国钢产量的65%。这些经营规模庞大的企业,组织内部只能采取分级、分散的管理体制,高层管理人员无法像以前那样在所有的经营活动上亲力亲为。因此,分权管理和多级控制逐渐成为大型企业的管理方式之一。然而这种营运模式要想运作有效,势必需要建立适当的制度和程序以规范员工在日常营运作业中的合规合理性。这样就必然导致了大型企业内部要设立专门的机构,配备专业的人员,由管理当局授权,对其所属分支机构的经营业绩进行独立的内部审计监督。一个与业务控制并列但相对独立的控制机制——内部审计便由此诞生。1875年,德国最大的军火制造商蒂森克虏伯公司开始设置内审部门,美国则在铁路行业最先配备内审人员。

1941年,美国内部审计协会在美国成立,后因其他国家的加入改为国际内部审计师协会,这标志着内部审计走进了新的发展阶段。经过几十年的发展,内部审计的职能也从以查找错误为导向,单纯的监督、控制以及保护企业财产的"警察"角色,发展至现今以企业风险管理为导向,协助企业达成目标、提供咨询。内审人员成为企业首席执行官(CEO)和首席财务官(CFO)不可或缺的助手。西方国家很多政府部门和企业都设有内部审计机构。例如，美国内部审计分为政府内部审计和企业内部审计，美国联邦政府各部门和地方政府都设有稽核长办公室，执行政府内部审计；美国很多大企业从20世纪30年代起就设立了企业的内部审计机构。英国的内部审计机构由部门内部审计机构和企业内部审计机构组成，一般均由部门和企业最高负责人领导，其主要职责是对内部控制进行监督评价，并提出改进意见。

目前世界各国内部审计部门的设置因领导关系不同而大体分为三种类型：

（1）受本单位董事会或董事会所设的审计委员会的领导。内部审计人员不受企业经营管理部门的约束，审计委员会是内部审计部门的直接领导，负责任命内部审计部门的负责人，审定内部审计工作计划。一些与企业关系重大的审计项目，要经审计委员会审议通过。内部审计部门负责人要与审计委员会保持直接联系，出席审计委员会的会议，定期向审计委员会报告工作和交换审计意见。由于审计委员会与董事会直接联系，这就为董事会与内部审计部门之间提供了沟通的渠道，有利于内部审计作用的发挥。国际内部审计师协会也建议每一个股份公司及其他组织（包括非营利组织和政府部门）设立审计委员会。

（2）受本单位最高管理者直接领导。

（3）受本单位总会计师的领导。

从权威性和独立性看，领导层次越高，越能保证内部审计机构独立、有效地开展工作。目前，西方国家的大多数企业普遍成立审计委员会进行内部审计监督。

六、西方独立审计的产生与发展

西方的独立审计是伴随着资本主义生产力和生产关系的发展而发展起来的。它萌芽于意大利的合伙企业制度，形成于英国的股份制企业制度，发展和完善于美国发达的资本主义制度。

早在16世纪的意大利威尼斯，为了扩大生产经营规模，筹措更多资金，降低企业的经营风险，合伙制企业大量涌现。有的合伙人既是企业的出资者又执行企业管理，而有的合伙人只出资不参与企业管理，或者雇佣他人进行管理。只出资而不参与管理的合伙人，就希望由外部的独立会计人员来检查参与企业管理的合伙人合伙契约的履行情况，或检查雇佣的管理人员是否忠诚、是否有舞弊行为；而执行合伙人也希望能证实自己经营管理的能力与效率。因此，这种企业的所有权与经营权的分离，导致了对独立会计师的需要，这些独立会计师就是今天注册会计师职业的雏形。1721年英国的"南海公司事件"被公认为独立审计产生的标志，查尔斯·斯耐尔于1721年以会计师的名义出具了"查账报告书"，标志着独立会计师（注册会计师）的诞生。在1853年，爱丁堡会计师协会在苏格兰成立，标志着注册会计师审计职业的诞生。1862年，对有限责任公司进行年度会计报表审计成为独立会计师的法定要求，从而进一步明确了独立会计师的法律地位。

随着资本主义生产力的不断发展，独立审计的发展大致经历了以下四个主要阶段：

（1）详细审计阶段。从1844年至20世纪初，这一时期也被称为英式详细审计。这个阶段审计的主要特点是：独立审计逐渐由任意审计转变为法定审计；审计的目的在于查错防弊，保护企业财产的安全完整；审计的方法是对会计账目进行逐笔的详细审计；审计报告的使用人主要是企业的股东。

(2) 资产负债表审计阶段。20世纪的前30年，全球经济发展重心由欧洲转向美国，独立审计发展的中心也由英国向美国发展，因此这一阶段也被称为美式审计。由于金融资本对产业资本的渗透，企业筹资主要靠银行提供，银行业越来越需要了解企业的财务状况和偿债能力。企业也希望借助独立会计师对其资产负债表的审查，更好地获得银行信用。这一阶段的主要特点是：审计对象由会计账目扩大到资产负债表；审计的目的在于通过审查资产负债表来判断企业的信用状况；审计方法从详细审计逐步转向抽样审计；审计报告的使用人除企业股东外，还包括债权人。

(3) 会计报表审计阶段。1929年至1933年，资本主义世界爆发了最严重的经济危机，客观上促使企业利益相关者更加关心企业的盈利水平。除此之外，美国证券市场发展迅速，1934年的美国《证券交易法》规定，上市公司必须向证券交易部门报送经过审查的资产负债表和损益表。由此，审计的模式也由资产负债表审计转变为对会计报表的审计。这个阶段的主要特点是：审计的对象转为以资产负债表和利润表为中心的企业会计报表及相关财务资料；审计的目的是对会计报表发表意见，以确定会计报表的可信性；审计的范围扩大到测试相关内部控制，并广泛采用抽样审计；审计报告使用人扩大到股东、债权人、证券交易机构、金融机构及潜在投资者；审计工作向标准化、规范化过渡；注册会计师专业素质普遍提高。

(4) 管理审计与国际审计阶段。从20世纪40年代以后，审计竞争日益激烈，会计师事务所之间的合并加剧，先后产生了"八大"国际会计师事务所，后又合并为"六大""五大"。2001年的"安然事件"后至今，国际上有普华永道（PWC）、德勤（DTT）、毕马威（KPMG）和安永（EY）四家著名的会计师事务所，它们的业务遍及全球。同时，审计的技术也在不断地发展，计算机辅助审计技术得到了广泛采用，注册会计师业务扩大到代理纳税、会计服务、管理咨询等领域。

目前，会计师事务所主要有独资、普通合伙、有限责任和有限责任合伙制四大类型。

(1) 独资会计师事务所。独资会计师事务所也称个人会计师事务所，是由具有注册会计师执业资格的个人独立开业，承担无限责任。它的优点是对执业人员的需求不多，容易设立，执业灵活，能够在代理记账、代理纳税等方面很好地满足小型企业对注册会计师服务的需求，虽然承担无限责任，但实际发生风险的程度相对较低；缺点是无力承担大型业务，缺乏发展后劲。

(2) 普通合伙会计师事务所。普通合伙会计师事务所是由两位或两位以上合伙人组成的合伙组织。合伙人以各自的财产对事务所的债务承担无限连带责任。它的优点是在风险的牵制和共同利益的驱动下，促使事务所强化专业发展，扩大规模，提高规避风险的能力；缺点是建立一个跨地区、跨国界的会计师事务所要经历一个漫长的过程。同时，任何一个合伙人执业中的失误或舞弊行为，都可能给整个会计师事务所带来灭顶之灾，使之一日之间土崩瓦解。

(3) 有限责任会计师事务所。这种类型的会计师事务所是由注册会计师认购会计师事务所股份，并以其所认购股份对会计师事务所承担有限责任。会计师事务所以其全部资产对其债务承担有限责任。它的优点是可以通过公司制形式迅速聚集一批注册会计师，建立规模型大所，承办大型业务；缺点是降低了风险责任对执业行为的高度制约，弱化了注册会计师的个人责任。

(4) 有限责任合伙会计师事务所。有限责任合伙会计师事务所（LLPS），又称特殊的普通合伙会计师事务所，其最明显的特征是合伙人只需承担有限责任。无过失的合伙人对于其他合伙人的过失或不当执业行为以自己在事务所的财产为有限承担责任，不承担无限责任，除非该合伙人参与了过失或不当执业行为。它的最大特点在于，既融入了普通合伙和有限责任会计师事务所的优点，又摒弃了它们的不足。这种组织形式是为顺应经济发展对注册会计师行业的要求，于20世纪90年代初期兴起的。有限责任合伙会计师事务所已成为当今注册会计师职业界组织形式发展的一大趋势。

从国际惯例来看，会计师事务所的执业登记都由注册会计师行业主管机构统一负责。会计师事务所必须经过行业主管机关或注册会计师协会的批准登记，并由注册会计师协会予以公告。独资会计师事务所和普通合伙会计师事务所经过这个程序即可开业，有限责任会计师事务所一般还应进行公司登记。

学习任务2　审计的概念与分类

一、审计的含义

按字义理解，审计（Audit）的"审"即审查，"计"就是指会计账目，审计通俗地说就是审查会计账目。可见，早期的审计与审查会计账目密切相关。但是，随着时代的发展，审计被赋予了新的含义。

关于审计的含义，公认的、具有代表性且被广泛引用的是美国会计学会1972年在其颁布的《基本审计概念公告》中给出的审计定义："审计是指为了查明有关经济活动和经济现象的认定与所制定标准之间的一致程度，而客观地收集和评估证据，并将结果传递给有利害关系的使用者的系统过程。"

我国审计学会将审计定义为：审计是由专职机构和人员，依法对被审计单位的财政、财务收支及其有关经济活动的真实性、合法性和效益性进行审查，评价经济责任，用以维护财经法纪，改善经济管理，提高经济效益，促进宏观调控的独立性经济监督活动。

审计的构成要素包括下面五个方面。

（1）审计的主体。审计主体是指专职机构和专职部门，以及专业胜任人员。专职机构和专职部门包括国家审计机关、内部审计部门、会计师事务所；专业人员包括国家审计机关工作人员、注册会计师、内部审计人员及审计助理人员等。

（2）审计的对象。审计对象，即审计客体，包括审计实体和审计内容，审计实体通常称为被审计单位，在我国审计法中称为审计监督对象的单位；审计内容从实质上看是财务、财政收支和经济活动，但在审计工作中常以各种会计资料、业务统计资料和其他相关记录文件等形式为载体。所以，审计对象是指被审计单位的会计资料、其他经济资料和有关的经济活动。

（3）审计的依据。审计人员对审计事项和审计对象进行评价的依据（标准）是国家的相关法律、法规、法令及有关准则和制度。

（4）审计的目的。审计的基本目的是对经济活动的真实性、合法性和效益性进行审查，评价经济责任，用以维护财经法纪，改善经济管理，提高经济效益，促进宏观调控。为了实现这些审计目的，各审计主体在不同的时期需要确定其审计目标。如现阶段，国家审计机关、内部审计机构的审计目标是真实性、合法性和效益性；而注册会计师会计报表的审计目标是对被审计单位会计报表的合法性、公允性发表审计意见等。

(5) 审计的本质。审计的本质是一种独立的经济监督活动。审计活动必须保持独立性，这也是审计最基本的特征。审计只有在独立的基础上，才能客观公正地发挥其审计的职能。

二、审计关系

在审计实践中，两权分离导致了所有者和经营者之间经济责任关系的确立。审计委托人与审计主体和审计实体之间存在着委托与受托责任，而审计主体与审计实体之间则是审计与被审计的关系。因此，任何审计活动都至少涉及三方面关系人，他们依次分别是：第一关系人（审计人），第二关系人（被审计人）和第三关系人（审计委托人或授权人）。这三方面构成的关系被称为审计关系，如图1-1所示。例如：A有限公司董事会委托B会计师事务所对A有限公司2021年的财务状况、经营成果和现金流量进行审计。那么，A公司的董事会就是委托人，B会计师事务所是审计人，A公司是被审计人。

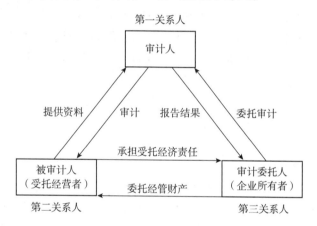

图1-1 审计关系

三、审计的基本分类

1. 按审计主体分类

审计按执行的主体分为国家审计、注册会计师审计与内部审计。我国现行《审计法》规定："国家实行审计监督制度。坚持中国共产党对审计工作的领导，构建集中统一、全面覆盖、权威高效的审计监督体系。"

(1) 国家审计又称为政府审计，主要是由国家审计机关代表政府依法对各级政府机构、部门及国有企业的财政、财务收支（预算的执行情况）和公共资金的使用情况进行的审计。其突出特点表现为审计的法定权威性和强制性，可充分发挥审计的监督职能，有较高的独立性。

(2) 注册会计师审计又称为独立审计或民间审计，是由会计师事务所这类中介机构依法接受委托并对委托人指定的被审计单位进行的审计。其突出特点表现为独立性很强，这是一种委托审计，审计意见具有法律效力和鉴证作用。

（3）内部审计是由企事业单位内部设置相对独立的审计机构及审计人员，对本单位及所属单位的经营活动的真实性、合法性、效益性及其内部控制制度的健全性、有效性进行审查、评价的一种监督活动。其特点表现为只有相对的独立性，随着企业规模的扩大，内部审计的作用越来越明显。

2. 按审计内容分类

审计按审计内容可分为财政财务审计、经济效益审计和经济责任审计。

（1）财政财务审计是指审计主体依法对被审计单位财政、财务收支活动及其会计资料和其他经济资料所进行的审计。财政财务审计的目的是审查财政、财务收支活动及相关经济资料的真实性、合法性和合规或合理性。为了实现这些审计目的，不同审计主体应确定各自的审计目标。如现阶段，国家审计机关进行财政财务审计的目标是真实性、合法性；内部审计机构的审计目标主要是真实性、合规或合理性；注册会计师的审计目标主要是合法性、公允性。

（2）经济效益审计是指对被审计单位的财政收支、财务收支及有关经济活动的经济性、效率性、效果性等进行的审计。经济效益审计目的是加强经营管理、提高经济效益。

（3）经济责任审计是指对审计监督单位的主要负责人履行经济责任情况进行的审计。经济责任审计目的是确定被审计人员履行经济责任的基本情况，正确评价其任职期间的业绩，以及对其履行经济责任过程中存在的问题应承担的责任作出界定。

经济责任审计

四、审计的其他分类

1. 按审计的范围分类

按审计的范围可分为全面审计、局部审计和专项审计。

（1）全面审计是指对被审计单位一定时期的财政、财务收支及其经济活动的各个方面及资料进行的审计。

（2）局部审计是指针对被审计单位部分经济活动，财政、财务收支，部分资料进行的审计。

（3）专项审计是指对被审计单位特定项目所进行的审计，比如对国债资金使用的审计。

2. 按审计实施的时间分类

按审计实施的时间分为事前审计、事中审计和事后审计。

（1）事前审计是指在经济活动开始以前实施的审计，如项目决策可行性审计。

（2）事中审计是指在经济活动正在进行中实施的审计，如投资项目跟踪、救灾物资发放等。

（3）事后审计是指在经济活动结束以后实施的审计，如上市公司财务报表审计。

3. 按审计的时间是否确定分类

按审计的时间是否确定分为定期审计、不定期审计。

（1）定期审计是指审计主体按照预先规定的时间进行的审计，如年度财务报表审计。

（2）不定期审计一般都是由于特殊需要或临时任务而进行的审计，如发现某单位有小金库行为而对其实施的专案审计。

4. 按审计的执行地点分类

按审计的执行地点分为报送审计、就地审计。

（1）报送审计是指由被审计单位将有关资料送达审计组织或其指定的地点而进行的审计。

（2）就地审计是指由审计组织派遣审计人员直接到被审计单位进行的现场审计。

5. 按与被审计单位的关系不同分类

按与被审计单位的关系不同分为外部审计、内部审计。

（1）外部审计是指由独立于被审计单位以外的审计机构所进行的审计。国家审计和注册会计师审计都属于外部审计。

（2）内部审计是指由部门、单位内部的审计机构或审计人员所进行的审计。部门审计具有两重性，对国家审计和注册会计师审计来说，它属于内部审计，但对于下属单位的审计监督，它又具有外部审计的性质。单位审计的对象仅限于本单位的经济活动。

学习任务3　审计的对象与职能作用

一、审计的对象

审计的对象就是指审计监督的客体，这个概念我们在前面的内容中已经有所涉及。审计是以他人所作的会计记录和财务事项为对象的，因此，审计的对象是被审计单位或部门的会计资料、其他经济资料及其所反映的财政财务收支和有关的经济活动。

随着时代的发展，审计对象也在不断发展变化。20世纪30年代的传统审计内容就是会计记录，包括会计凭证、会计账簿和会计报表等相关会计资料。20世纪70年代以来，现代审计的审计内容逐步扩展为除了上述会计资料外，还包括评价工作的经济效率和效果，以及对有关法律、法规、规章制度的执行情况的审查。正确理解和认识审计对象，有利于正确把握审计概念、正确运用审计方法和更好地发挥审计的经济监督职能。具体来说，审计的对象主要包括以下两大方面。

一是从被审计单位的范围来看，凡是国家机关和企事业单位都有经济活动，有经济活动的单位就应成为审计的对象。政府审计的对象主要是国务院各部门、地方各级人民政府、国有金融机构以及国有企事业单位；内部审计的对象为本单位及其所属单位；独立审计的对象主要是委托人指定的单位。

二是从审计涉及的内容来看，审计的对象主要是被审计单位的财政、财务收支及其相关的经营管理活动，无论是已经发生、正在进行、将要发生或者遗漏、隐匿的经济活动，以及作为提供财政、财务收支及其相关的经营管理活动信息载体的会计资料和其他资料，这些资料主要是财务、会计资料以及与财政收支、财务收支有关的业务、管理等资料，包括电子数据和有关文档。

二、审计的职能

任何一个事物之所以会产生并不断发展，它能够存续下来的原因就是

审计的职能
与作用

它具有一定功能，并且这种功能是其他事物无可取代的。审计的职能就是指审计本身所固有的内在功能，是审计本质的客观反映，是随着审计目的的演进而不断发展变化的。目前普遍认为，审计具有经济监督、经济鉴证和经济评价三大基本职能。

1. 经济监督职能

审计的经济监督职能，是指检查被审计单位在经济活动中是否按授权或既定目标履行经济责任，有无弄虚作假、违法违规、损失浪费行为，并督促其采取措施加以改进，促使其依法行政、依法管理、依法经营。

经济监督是审计的最基本职能。监督具有监察和督促的含义，所以，审计监督主要以财经法规和制度规定为评价依据，对被审计对象的财务收支和其他经济活动进行检查和评价，以便衡量和确定其会计资料和其他资料是否正确、真实，其所反映的财政、财务收支和其他经济活动是否合法、合规、合理、有效，检查被审对象是否履行其经济责任，有无违法违纪、损失浪费等行为，追究或解除其所负经济责任，从而督促被审计单位纠错防弊，遵守财经纪律，改进经营管理，提高经济效益。无论是传统审计，还是现代审计，其最基本职能都是经济监督。

2. 经济鉴证职能

审计的经济鉴证职能，是指审计主体对被审计单位会计报表及其他经济资料进行检查和验证，确定其财务状况和经营成果是否真实、公允、合法，出具书面证明，以便为审计的授权人或委托人提供确切的信息，并取信于社会公众的一种职能。

审计的经济鉴证职能，包括鉴定和证明两个方面。例如，国家审计机关对央企高管的离任审计，对国际组织的援助项目和世界银行贷款项目的审计。再比如，会计师事务所接受上市公司委托，对其年度财务报表审核，然后出具审计报告，对其合法性、公允性发表审计意见，股东、投资者、债权人等相关利益群体才能据此作出正确的决策，这些都属于经济鉴证的范围。

3. 经济评价职能

审计的经济评价职能，是指审计机构和审计人员对被审计单位的经济资料及经济活动进行审查，并依据一定的标准对所查明的事实进行分析和判断，肯定成绩，指出问题，总结经验，从而改善经营管理、寻求提高工作效率和经济效益的途径。

审计监督是审计评价的前提，审计评价是审计监督的继续，是现代审计职能在传统审计职能上的扩展。评价从字面理解有"评定"与"建议"的含义，即评价的过程实质上是肯定成绩和发现问题的过程，其建议往往是根据存在的问题提出的，以利于被审计单位克服缺点、纠正错误、改进工作。经济效益审计是最能体现审计评价职能的一种审计。

三、审计的作用

审计的作用是指审计在行使审计职能、完成审计任务、实现审计目标过程中所产生的客观影响和实际效果。审计的职能主要由审计目的决定，是客观存在的；而审计的作用则受不同审计目标的影响，具有主观能动性。与审计职能相对应，现阶段审计主要有防护性、促进性和证明作用。

1. 防护性作用

审计的防护性作用也被称为审计的保护性作用或审计的制约作用，是指完成审计工作对社会财产和经济建设所起到的维护、保护、保障作用。其主要表现如下。

（1）揭露错误和舞弊。审计主体通过对被审计单位的财务收支及其他经济活动的审查，对其中的错误和舞弊予以揭露，使其能够得到及时和应有的处理。可以有效地遏制经济活动中的贪污舞弊和违法乱纪行为，维护国家和企业的财产安全，保护所有者的利益，制约被审计单位及有关人员的行为，有利于保障社会经济健康发展。

（2）维护财经纪律。审计主体通过对被审计单位的经济活动和会计资料，及其他有关资料的监督和鉴证，对于其中发现的违反财会制度和相关法规的情况予以揭露和纠正，从而有效地制止违纪违法行为，维护财经纪律和市场秩序。比如，若通过审计发现被审计单位存在弄虚作假、偷税漏税、乱挤占成本、行贿受贿及损失浪费等违法行为，就要及时追究责任，以保证国家和企业财产的安全完整。

2. 促进性作用

审计促进性作用也被称为审计的建设作用，是指审计工作完成后，对于被审计单位存在的问题，提出意见和建议，对宏观和微观经济管理起到的改善、加强和促进作用。其主要体现如下：

（1）促进经济管理水平和经济效益的提高。通过审计，可以发现影响被审计单位财务成果和经济效益的各种因素，并针对出现的问题提出切实可行的改善措施，以便被审计单位改进管理，进一步挖掘潜力，提高经济效益。

（2）促进内部控制制度的建设和完善。通过对企业内部控制制度的审计和评价，可以发现制度本身的完善程度、履行情况及责任归属等问题，并向有关方面反馈信息，以促进内部控制制度的进一步完善和正确的执行。

（3）促进社会经济秩序的健康运行。审计主体通过微观审计和宏观调查，可以发现社会经济生活中一些违法乱纪和破坏正常经济秩序的不良现象和行为，有向有关领导和宏观管理部门反映信息的义务，而且有提出处理意见和改进措施的权力，有利于维护正常的经济秩序，保障国民经济健康地发展。

（4）促进各种经济利益关系的正确处理。无论是微观审计还是宏观调查，都可以发现一些在处理国家、地区、集体、个人之间经济利益关系方面存在的问题。审计通过信息反馈和提出一些改进意见，有利于协调各方面的经济利益关系，使责、权、利更加密切地结合，有助于微观经济中有关矛盾的解决和宏观调控工作的加强。

3. 证明作用

证明与鉴证职能紧密相连，审计主体通过对被审计单位的会计资料、其他经济资料及其相关的经济活动进行鉴证，以审计报告的形式发表审计意见，通过对被审计单位经济活动的鉴定，才能做出有事实根据的可靠证明。通过审计证明，审计授权人或委托人可以掌握被审计人承担和履行经济责任的能力和现状。例如在独立审计中，注册会计师是以超然独立的第三者身份，对被审计单位财务报表的合法性、公允性发表意见，这种意见，具有鉴证作用，得到了政府及其各部门和社会各界的普遍认可。国家审计机关对央企高管的离任审计，也具有证明作用。

【职业素质案例1-1】2002年10月，浙江省舟山市普陀区审计局对普陀区人民防空办公室 2000 年 1 月至 2002 年 9 月期间的财务收支情况进行全面审计。审计发现该单位采用资产出租收入不入账，多报工程款、绿化设计费等不法手段，截留、虚报套取资金达 24.4 万元，私设"小金库"。2000 年 1 月至 2002 年 9 月，损失浪费达 126 万元，且这些损失均以"应核销工程"名义，被批准核销，给国家财产造成了重大损失。另外，审计人员还发现原人防办主任俞冬水存在玩忽职守的严重违法乱纪行为。2003 年 6 月 11 日，浙江省舟山市普陀区人民法院宣判：俞冬水犯受贿罪，判处有期徒刑 6 年。

讨论：这是什么类型的审计？审计主体、审计实体、审计内容各是什么？发挥的职能作用是什么？审计关系人有哪些？

【解析】：（1）按主体分是国家审计；按内容分是财政、财务审计；按范围分是全面审计；按时间分是事后审计；按与被审单位关系分是外部审计。

（2）审计主体是浙江省舟山市普陀区审计局；审计实体是普陀区人民防空办公室；审计内容是 2000 年 1 月至 2002 年 9 月的财务收支情况；审计对象也称审计客体，由审计实体和审计内容构成，所以是普陀区人民防空办公室 2000 年 1 月至 2002 年 9 月的财务收支。

（3）本审计发挥的是监督职能；在审计的防护性和促进性方面发挥了作用。

（4）第一关系人是普陀区审计局，第二关系人是普陀区人民防空办公室，第三关系人是国家（1982 年《中华人民共和国宪法》授权国家审计机关实施审计监督）。

学习任务 4 审计职业准则

一、审计准则的含义与种类

1. 审计准则的概念与作用

审计准则是指审计主体执行审计工作时应该遵循的行为规范和审计作业标准。所以，审计准则是制约审计主体的规范，包括对审计组织机构与审计人员的规范；审计准则是一种行为规范，要求审计组织机构与审计人员必须具备相应的业务素质与专业能力，遵循职业道德，约束工作行为，所以它是开展审计工作的权威依据；审计准则作为作业标准，是社会各界（特别是社会公众）衡量审计工作质量的客观尺度，也是划清审计责任界限的指针。

审计准则的实施，使审计主体从事审计工作时有了规范的指南，它的作用表现为：确保审计工作规范化，强化审计对维护社会经济秩序的作用；提供审计工作质量衡量与评价依据，确保和提高审计工作质量；保障审计结果公允性，增强社会公众对审计工作结果的信赖；维护审计主体与审计人员合法权益，使他们解除或免受不正当的责任与诉讼，防范审计风险；推进审计理论与实务研究，有助于审计经验交流和审计人才培养。

2. 审计准则的分类

审计准则按其适用主体分为国家审计准则、内部审计准则、社会审计准则三类。国家审计准则也称政府审计准则，是某一国家为本国设立的国家审计机关及其审计人员从事审计工作制定的审计准则。如美国的联邦总审计署 1972 年制定的《政府审计准则》，我国审计署制定的《国家审计准则》等。内部审计准则是某一国家为本国的内部审计机构及其审计人员从事审计工作制定的审计准则。如美国内部审计师协会 1941 年制定的《内部审计职业实务准则》，我国内部审计协会制定的《中国内部审计基本准则》等。社会审计准则也称民间审计准则或注册会计师执业规范，是某一国家为本国设立的社会审计组织从事注册会计师业务制定的审计准则。如美国注册会计师协会1947年公布的《一般公认的审计准则》，我国注册会计师协会制定的《中国注册会计师鉴证业务准则》等。

审计准则按其构成内容分为一般准则、工作准则和报告准则。

（1）一般准则是对审计人员的资格条件、执业行为、能力素质等方面的基本规范与要求，通常也被称为人员准则。

（2）工作准则是规定审计人员在开展审计工作过程中应遵循的具体作业规则，包括对审计工作计划的编制、审计工作目的和范围的确立、审计程序和方法的运用、审计证据的获取、审计工作底稿的编制等的具体作业要求，故通常被称为作业准则、外勤工作准则、现场工作准则等。

（3）报告准则是对审计工作结果、审计意见、审计结论等如何通过审计报告形式表达的具体规范。直观讲就是编制审计报告时应遵循的准则，包括审计报告编写格式、内容构成、审计意见结论表述、报送对象、报送时间等方面的具体规范性要求。

审计工作有广义和狭义之分，狭义的审计工作是指审计主体从事的主要法定审计业务所实施的工作，如国家审计机关按审计法规定实施的财政财务收支审计、经济效益审计和经济责任审计，会计师事务所承接的财务报表审计业务、验资业务等；广义的审计工作还包括审计主体履行的其他工作职责或工作业务，如国家审计机关开展的审计专项调查，会计师事务所承接的审阅业务、其他鉴证业务和相关服务等。所以，审计准则也有广义和狭义之分。狭义的审计准则仅指审计主体执行主要法定审计业务时应该遵循的行为规范和审计作业标准。广义的审计准则，是指审计主体执行审计工作时应该遵循的行为规范和审计作业标准。一般情况下，国家审计准则和内部审计准则指的是广义审计准则；在注册会计师审计中，审计准则指的是狭义审计准则（如财务报表、验资、其他特定目的等方面的具体准则），而将广义的审计准则称为注册会计师执业准则。

3. 国际审计准则简况

随着世界具有影响力的国家的审计准则建立和世界经济的国际化发展，社会需求的国际化、对审计技术特征共识和国际性审计组织的推进作用，使得审计准则逐步走向国际化统一趋势。

国际政府审计准则由最高国际审计机关审计组织（INTOSAI）发布。INTOSAI于1977年在秘鲁首都利马举行的代表大会上，制定通过了适用于国家审计机关的审计准则，即《利马宣言——审计规则指南》。该宣言主要内容包括：审计的基本原则、目的、主要类型，审计的意义、性质和任务；规定了在职能、组织及其成员、官员、财政等方面的独立性要求；最高审计组织与议会、政府和行政机构的关系及其具有的高度主动权和自主权、宪法明确的法律地位；最高审计组织拥有的调查权、审查资料形式、期限、地点、应采用的审计方案、审计方法；审计人员必备的资历、道德品质、培训和国际知识交流、外聘专家；审计报告的编制、审计成果报告要求等。

国际内部审计准则由国际内部审计师协会（IIA）发布。1978年6月IIA颁布了《国际内部审计准则》《内部审计实务标准》；1999年6月IIA颁布了《内部审计实务框架》，涉及《内部审计定义》《道德准则》《内部审计实务准则》三个层次。经过2000年、2003年的修订，2004年1月开始执行修订后的《国际内部审计准则》。

国际注册会计审计准则由国际会计师联合会下设的国际审计实务委员会（IAPC）发布，该委员会于1977年10月在慕尼黑召开的国际会计师大会上正式成立，后改为国际审计与鉴证准则理事会（IAASB）。1979年7月IAPC颁布了《国际审计准则指南》；2001年IAPC通过了《舞弊与错误》《衍生金融工具审计》《审计风险模型》《计算机信息系统环境》《公允价值审计》和《职业会计师道德规范——关于独立性的要求》等；2008年IAASB颁布了《会计估计包括公允价值会计估计及相关披露的审计》。现在已有126个国家或地区采用国际审计准则，或将其作为制定本国、本地区准则的基础。国际注册会计师审计准则适用于财务报表审计，经过必要的修改后也适用于对其他信息的审计和相关服务。它的基本内容有：序言、需要介绍的重要事项、责任，财务报表审计的目的和一般原则、计划、内部控制，审计证据，利用其他人员工作，审计结论的报告、特殊领域、相关服务和国际审计实务公告等。

二、中国国家审计准则

1. 准则制定简况

我国审计署自1989年起开始着手国家审计准则的制定工作，1993年3月印发了《中华人民共和国国家审计准则（征求意见稿）》，1996年12月6日经审计署批准发布了《中华人民共和国国家审计基本准则》，该准则采用了国际通行惯例，内容由一般准则、作业准则、报告准则和附则构成。审计署2000年修订后发布为《中国国家审计准则序言》和《中华人民共和国国家审计基本准则》，其内容由国家审计基本准则、通用审计准则和专业审计准则、审计指南三个层次组成。2010年审计署又对原有的审计准则进行修订，出台了《中华人民共和国国家审计准则》，该准则为"单个准则＋N个审计指南或审计手册"的结构模式，具有结构科学、层次简单、关系清晰等特点，摒弃了原有的繁文缛节，突出了准则的实用性与便于操作性，更便于学习、理解与掌握。我国现行国家审计准则的内容包括总则、审计机关和审计人员、审计计划、审计实施、审计报告、审计业务质量控制与责任和附则等。

2. 制定依据与适用范围

我国国家审计准则制定依据是《中华人民共和国审计法》《中华人民共和国审计法实施条例》和其他有关法律法规。

国家审计准则制定的目的是规范国家审计机关及其审计人员执行审计业务的行为，保证审计质量，明确审计责任，防范审计风险。

国家审计准则是国家审计机关及其审计人员履行法定审计职责的行为规范，是执行审计业务应当遵循的职业标准，是评价审计质量的基本尺度。审计机关及其审计人员执行审计业务，其他组织或者人员接受审计机关的委托、聘用承办或者参加审计业务，应遵循国家审计准则的规定。

3. 准则的主要内容

《中华人民共和国国家审计准则》主要包括审计主体规范、审计过程规范与审计质量控制规范等方面的内容。

（1）审计主体规范要求国家审计机关和审计人员执行审计业务，应具备基本条件和职业要求，遵守审计职业道德，保持审计独立性、职业胜任能力等。如，审计人员执行审计业务时，应当保持应有的独立性，并避免下列情形对独立性可能造成的损害：与被审计单位负责人或者有关主管人员有夫妻关系、直系血亲关系、三代以内旁系血亲以及近姻亲关系；与被审计单位或者审计事项有直接经济利益关系；对曾经管理或者直接办理过的相关业务进行审计；可能损害独立性的其他情形；不得从事审计业务以外的其他活动，特别是参与被审计单位的业务管理活动。

（2）审计过程规范要求国家审计机关在执行审计业务时，必须按照《中华人民共和国审计法》《中华人民共和国审计法实施条例》《中华人民共和国国家审计准则》等规定的审计程序实施，包括制定年度审计计划、下达审计通知书、编制审计实施方案、了解被审计单位及环境、检查重大违法行为的特殊程序和应对措施、收集审计证据、编审审计报告等工作。如，对可能存在的重大违法行为，要求审计人员通过下列情况加以关注和识别：具体经济活动中存在的异常交易、事项、程序和关系；财务和非财务数据中反映出的异常比率和趋势；信息系统中可能存在的舞弊、系统漏洞；管理人员、基层员工的投诉、举报等不满行为；外部举报或者公众、媒体的负面反映和报道。

（3）审计质量控制规范涉及以下两个方面的内容：一是建立审计质量控制制度。要求审计机关确定各级质量控制环节的职责和责任，审计档案的质量控制责任及归档材料的内容，建立审计质量控制制度应保证实现遵守法律法规和审计准则、出具恰当审计报告、依法适当进行处理处罚的目标。二是建立审计质量检查制度，审计机关应实行审计业务质量检查制度，定期对其业务部门、派出机构和下级审计机关的审计业务质量进行检查。

三、中国内部审计准则

1. 准则的构成

我国最早的内部审计准则，是 2003 年 6 月经国家审计署批准，由中国内部审计协会制定发布的《中国内部审计基本准则》及与之配套的相关具体准则和实务操作性指导。2013 年 8 月，中国内部审计协会对该准则进行了全面、系统的修订。从中国内部审计准则的体系构成上看，其结构遵循了"基本准则＋具体准则＋实务指南"体系结构模式，由内部审计基本准则、内部审计具体准则、内部审计实务指南三个层次组成。其中，内部审计基本准则是内部审计准则的总纲，是内部审计机构和人员进行内部审计时应当遵循的基本规范，是制定内部审计具体准则、内部审计实务指南的基本依据。内部审计具体准则是依据内部审计基本准则制定的，是内部审计机构和人员在进行内部审计时应当遵循的具体规范。内部审计实务指南是依据内部审计基本准则、内部审计具体准则制定的，为内部审计机构和人员进行内部审计提供的具有可操作性的指导意见。

2. 制定依据与约束力

中国内部审计准则的制定依据是：《中华人民共和国审计法》《审计署关于内部审计工作的规定》及相关的法律法规。

中国内部审计基本准则、内部审计具体准则是内部审计机构和人员进行内部审计的执业规范，在进行内部审计时应当遵照执行。中国内部审计准则的适用范围是：该准则适用于各类组织的内部审计机构和人员进行内部审计的全过程。

3. 基本准则的内容

中国内部审计基本准则的内容包括一般准则、作业准则、报告准则、内部管理准则等。

（1）一般准则主要是规范内部审计机构设置的基本要求和内部审计人员的基本素质要求等内容。

（2）作业准则要求内部审计人员在审计过程中，考虑组织风险、管理需要及审计资源的基础上，制定审计计划，对审计工作做出合理安排；在实施审计前，应向被审计单位送达内部审计通知书，并做好必要的审计准备工作；应深入调查、了解被审计单位的情况，采用相关的审计方法（程序），对其经营活动及内部控制的适当性、合法性和有效性进行测试；内部审计人员可以运用审核、观察、询问、函证和分析性复核等方法，获取充分、相关、可靠的审计证据，以支持审计结论和建议；内部审计人员应将审计程序的执行过程及收集和评价的审计证据，记录于审计工作底稿。

（3）报告准则要求在内部审计工作结束时，应将审计工作情况、审计结果等进行总结报告，编制内部审计报告，说明审计目的、范围，提出结论和建议，并应当包括被审计单位的反馈意见；审计报告的编制应当以经过核实的审计证据为依据，做到客观、完整、清晰、及时、具有建设性，并体现重要性原则；内部审计机构应当建立审计报告的分级复核制度，明确规定各级复核的要求和责任。

（4）内部管理准则要求内部审计机构要强化自身规范化管理，将重点放在加强对内部审计人员和内部审计活动实施的计划、组织、领导、控制和协调等工作的管理上；内部审计机构负责人制定审计工作手册，指导内部审计人员的工作，做好与外部审计的协调工作；同时对内部审计机构管理的适当性和有效性负责，接受组织董事会或最高管理层的指导和监督。

四、中国注册会计师执业准则

1. 准则制定情况

中国注册会计师执业准则的制定经历了制定执业规则阶段（1991—1993 年）、建立独立审计准则阶段（1994—2005 年）和建立执业准则阶段（2006 年以后）的演进过程。中国注册会计师协会（简称中注协）于 1991—1993 年先后发布了《注册会计师检查验证会计报表规则（试行）》等 7 个执业规则。经财政部批准同意，中注协自 1994 年 5 月开始先后制定了准则序言、独立审计基本准则、职业道德基本准则、质量控制基本准则、后续教育基本准则各 1 个，独立审计具体准则 28 个，独立审计实务公告 10 个，执业规范指南 5 个。2006 年 2 月财政部发布了《中国注册会计师执业准则》以替代原有的"独立审计准则体系"。其后，财政部分别以财会〔2006〕4 号、财会〔2010〕21 号、财会〔2016〕24 号、财会〔2019〕5 号、财会〔2020〕17 号、财会〔2021〕31 号、财会〔2022〕1 号等文件，对我国注册会计师执业准则进行了多次修订。中注协负责制定与发布《中国注册会计师职业道德守则》，并负责制发与财政部发布的注册会计师执业准则相配套的《应用指南》。

2. 执业准则体系

中国注册会计师执业准则体系包括鉴证业务准则、相关服务准则、会计师事务所质量控制准则和其他职业规则，其构成如表 1-1 所示。

表 1-1　中国注册会计师执业准则体系构成（2023 年）

鉴证业务准则			相关服务准则	会计师事务所质量控制准则	其他职业规则（守则）
审计准则	审阅准则	其他鉴证业务准则			
第 1101 号—第 1633 号（共 45 项）	第 2101 号（共 1 项）	第 3101 号—第 3111 号（共 2 项）	第 4101 号—第 4111 号（共 2 项）	第 5101 号—第 5102 号（共 2 项）	《职业道德守则》和《注册会计师职业判断》

3. 鉴证业务准则

中国注册会计师鉴证业务准则主要包括审计准则、审阅准则和其他鉴证业务准则。

（1）审计准则用以规范注册会计师执行历史财务信息的审计业务，是整个注册会计师执业准则体系的核心。它主要是涉及财务报表历史信息鉴证，需要出具有较高保证程度意见的审计报告。审计准则按其涉及的内容可分为一般原则与责任方面的具体准则、风险评估与应对方面的具体准则、审计证据方面的具体准则、利用其他审计主体工作方面的具体准则、审计结论与报告方面的具体准则、特殊领域审计方面的具体准则等。

（2）审阅准则用以规范注册会计师执行历史财务信息的审阅业务，如财务报表审阅。它主要涉及财务报表历史信息审核分析，出具较低保证程度意见的审阅报告。在提供审阅服务时，注册会计师对所审阅信息是否不存在重大错报提供有限保证，并以消极方式提出审阅结论。

（3）其他鉴证业务准则用以规范注册会计师执行历史财务信息审计或审阅以外的其他鉴证业务，如预测性财务信息的审核等。其他鉴证业务准则针对的主要是非历史财务信息的预测分析，出具更低保证程度意见的鉴证报告。

注册会计师提供鉴证服务时，需要通过必要的审查、检查方式对鉴证对象提出相应的鉴证结论，发表鉴证意见，出具鉴证报告。例如，按审计业务、审阅业务鉴证情况的不同，注册会计师可发表无保留意见和非无保留意见两类；其中，非无保留意见进一步分为保留意见、否定意见和无法表示意见三种。

学习任务 5　学习效果测试

一、判断题

1. 审计不是一成不变的，它是随着社会经济的发展而发展变化的。（　　）
2. 宪法是一个国家"最高母法"，按照我国宪法规定，国家实行审计监督制度。（　　）
3. 我国审计监督制度坚持中国共产党对审计工作的领导，构建集中统一、全面覆盖、权威高效的审计监督体系。（　　）
4. 审计的主要内容是指财务收支及有关的经济活动。（　　）
5. 审计的经济鉴证职能只能表现在民间审计中。（　　）
6. 审计组织与审计委托人之间不能存在经济利益关系，但可以参与被审计人的经济活动。（　　）

7. 审计准则是规范与约束审计主体与审计客体的规则，有关人员必须遵循。（　　）
8. 国家审计准则是国家审计机关执行审计业务应遵循的职业标准，其他审计主体执行国家审计机关委托的审计业务也应遵循本准则。（　　）
9. 中国内部审计准则规定，无论组织是否以营利为目的，也无论组织规模大小和组织形式如何，内部审计机构和人员在进行内部审计时，都应遵循内部审计准则。（　　）

二、单项选择题

1. 审计产生的客观基础是（　　）。
   A. 受托经济责任关系　　　　　　B. 生产发展的需要
   C. 会计发展的需要　　　　　　　D. 管理的现代化
2. 宋代审计司（院）的建立，是我国审计的正式命名，从此，审计一词便成为（　　）的专用名词。
   A. 财会审核　　B. 经济监督　　C. 经济执法　　D. 财政监督
3. 构成审计活动的三方关系人称为（　　）。
   A. 审计委托人　B. 审计人　　　C. 审计关系人　D. 被审计人
4. 《中华人民共和国注册会计师法》首次实施的时间是（　　）。
   A. 1986年7月　　　　　　　　　B. 1993年10月
   C. 1994年1月　　　　　　　　　D. 1995年1月
5. 从历史上看，民间审计起源于（　　）。
   A. 美国　　　　B. 中国　　　　C. 法国　　　　D. 英国
6. 注册会计师对历史财务信息进行的鉴证业务不包含（　　）。
   A. 其他鉴证业务　　　　　　　　B. 审阅业务
   C. 相关服务　　　　　　　　　　D. 审计业务
7. 中国注册会计师鉴证业务基本准则的制定依据是（　　）。
   A.《中华人民共和国审计法》　　　B.《中国注册会计师法》
   C.《中华人民共和国会计法》　　　D. 中国注册会计师执业准则
8. 我国现行的社会审计准则是（　　）。
   A. 中国注册会计师独立审计准则　B. 中国注册会计师执业准则
   C. 中国注册会计师审计基本准则　D. 中国注册会计师审计准则
9. 按审计主体的不同，审计可分为（　　）。
   A. 财政财务审计、经济效益审计、经济责任审计
   B. 国家审计、注册会计师审计、内部审计
   C. 强制审计、任意审计
   D. 报送审计、就地审计

三、多项选择题

1. 由（　　）和（　　）进行的审查才是审计。
   A. 专职机构　　B. 审计人员　　C. 会计人员　　D. 管理人员
2. 经济鉴证职能是对被审计单位会计报表的财务状况和经营成果的（　　）进行检查和验证。
   A. 真实性　　　B. 一致性　　　C. 公允性　　　D. 合法性

3. 审计关系是指由（　　）三方面关系人构成的关系。
   A. 审计人　　　　B. 审计委托人　　　C. 当事人　　　　D. 被审计人
4. 审计的基本职能主要有（　　）。
   A. 经济监督　　　B. 经济评价　　　　C. 经济建设　　　D. 经济鉴证
5. 西方各国国家审计机关，按其隶属关系不同，主要类型有（　　）。
   A. 立法型　　　　B. 司法型　　　　　C. 行政型　　　　D. 独立型
6. 中国内部审计准则体系构成是（　　）。
   A. 中国内部审计准则序言　　　　　B. 中国内部审计基本准则
   C. 内部审计具体准则　　　　　　　D. 中国内部审计实务指南
7. 中国内部审计准则的制定依据是（　　）。
   A.《中华人民共和国审计法》　　　B.《中国注册会计师法》
   C.《中华人民共和国会计法》　　　D. 审计署关于内部审计工作的规定
8. 中国注册会计师鉴证业务准则包括（　　）。
   A. 审计准则　　　　　　　　　　　B. 审阅准则
   C. 其他鉴证业务准则　　　　　　　D. 相关服务准则
9. 按审计内容分类，审计可分为（　　）。
   A. 财政财务审计　　　　　　　　　B. 经济效益审计
   C. 经济责任审计　　　　　　　　　D. 国家审计

四、职业素养案例

2002 年美国第二大长话公司世界通信公司（简称世通）财务造假丑闻曝光，承认自 2001 年年初到 2002 年第一季度，通过将大量的费用支出计入资本项目的手段，共虚增收入 38 亿美元，虚增利润 16 亿多美元。丑闻曝光以后，公司的股票价格由 1999 年的 64 美元跌至 9 美分，跌幅达 99.8%，资产总额也由 1 153 亿美元跌至 10 亿美元左右，跌幅达 99.1%。

安达信会计师事务所从 1999 年起一直为世通出具无保留意见的审计报告。从截至 2002 年已披露的资料看，安达信对世通的财务舞弊负有不可推卸的重大过失审计责任。安达信在编制 1999—2001 年度审计计划时，已经意识到世通具有报表粉饰或财务舞弊的动机，却没有保持应有的职业审慎和职业怀疑。对世通的线路成本、准备金计提和转回、收入确认和商誉减值等重大事项进行审计时，几乎完全依赖于世通高层的管理声明书，而不是建立在获取充分适当审计证据的基础上，严重违反了公认审计准则（GAAS）关于应有的职业审慎和职业怀疑的相关规定，负有重大过失责任。

讨论：这是什么审计？属哪类审计？审计主体与实体是什么？审计职能作用是什么？审计人员应执行什么职业规范？该规范的内容体系有哪些？财务报表审计应执行什么准则？注册会计师的审计意见有哪几类型？审计关系人有哪些？

自主学习

审计主体

学习情境 2
理解审计主体

【思维导图】

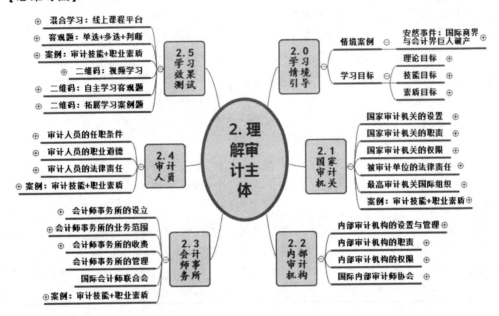

【理论目标】

理解国家审计机关与会计师事务所的设置、权限与管理；理解内部审计机构的设置、职责与权限；理解被审计单位的法律责任；了解与审计主体相关的国际审计组织。

【技能目标】

掌握国家审计机关、内部审计机构与会计师事务所这三大审计主体的工作职责或业务范围；掌握审计主体的法律责任；掌握审计人员的任职条件与职业道德规范。

【素质目标】

培养严格依法、正直坦诚、忠于职守的职业素质；培养客观公正、勤勉尽责、保守秘密的职业道德；增强全面思考、廉洁自律的职业信念；牢固树立大局意识、纪律意识和职业荣誉感。

【情境案例】 安然事件——国际商界与会计界巨人破产

美国能源巨头安然公司，连续四年被著名的《财富》杂志评为"美国最具创新精神的公司"，并在 2000 年世界 500 强中居于第 16 位。但在 2001 年年底，这个国际"商界巨人"突然宣告破产，创下了美国在此之前的最大破产案纪录，安然公司股票价格从一年前每股

90美元（市值900亿美元）狂跌至26美分（市值2.68亿美元）。为安然公司出具审计报告的国际"会计巨人"安达信会计师事务所也在2002年6月宣布关闭。安然事件将全世界的注册会计师行业推上了舆论的风口浪尖，安然事件必将成为财务舞弊和审计失败的经典案例而载入史册。从审计的角度看，安然事件给予我们的教训是深刻的。

1. 安然公司的会计欺诈

安然公司由美国的两家天然气公司于1985年合并成立，最终成为美国最大的石油天然气运营商、电力交易商和利用因特网进行能源交易的"领头羊"，营业收入由1996年的133亿美元增长到2000年的1 008亿美元。2001年国际能源价格大跌，安然公司不能偿还巨额到期债务，被迫于11月公布会计造假，其后宣布破产。根据公开资料，安然公司的主要会计欺诈手段如下。

（1）利用关联方交易操纵利润。安然公司在世界各地设立了约3 500家子公司，并与这些公司进行了严重偏离公允价值的关联方交易。如安然公司把北美洲的3个燃气电站以10.5亿美元卖给关联企业，高估2001年利润3亿~5亿美元；通过互换协议在关联企业间转移损失与收益，2001年安然公司因此至少受益4.5亿美元；2001年将无价值的损毁资产（石油添加剂公司）出售给关联企业，安然公司因此受益1.2亿美元；1997年与关联企业奇科公司交易，虚增该年利润的75%。

（2）合并报表时操纵利润和隐瞒负债。安然公司在编制合并会计报表时，不抵销内部交易事项，不合并效益差的子公司（应纳入报表合并范围）而合并效益好的关联企业（不应纳入报表合并范围）等，进行财务报表造假。如将两个特殊目的实体的利润纳入安然公司的利润表中，但不将其资产与负债合并在资产负债表中，从而高估利润5.91亿美元，低估负债25.85亿美元。

（3）表外融资隐瞒巨额债务。安然公司将部分资产委托给信托基金，信托基金再以资产作为抵押发行债券，所得资金交给安然公司使用，但不作为安然公司的负债。

（4）高估资产和股东权益。安然公司将发行普通股但尚未收到股款（已收到商业汇票）的1.72亿美元、将远期合同及担保合同中收到的商业汇票10.28亿美元，作为应收票据和股本的增加，虚增资产和股东权益。

2. 安达信的审计失败

审计安然公司的是安达信会计师事务所，当时，普华永道、安永、安达信、毕马威、德勤称为国际五大会计师事务所。安然公司财务欺诈，使安达信这家每年有上百亿美元收入的"百年老店"宣布关闭，近3 000名身价百万的合伙会计师也面临倾家荡产的民事赔偿责任。安达信审计失败的原因如下。

（1）收入的依赖性。安然公司的财务报表自1985年以来，一直由安达信会计师事务所审计；多年来安达信一直为安然提供审计和会计咨询服务，仅2000年安达信从安然公司收取的审计鉴证费和会计咨询服务费就分别高达2 500万美元和2 700万美元；安达信有100多名雇员专门为安然提供各种服务，每周能从安然收取100多万美元的费用，这些使得安达信在出具审计报告时要"放一马"，因为在审计时一旦得罪了安然公司，巨额咨询费用（每周超过50万美元）恐将不保。

（2）审计缺乏独立性。从1995年开始，安然还将其内部审计、内部控制和咨询服务交给了安达信；很多安达信的职员辞职后直接加入了安然公司，甚至连财务长也是从安达信聘用的，与原来的审计师继续着"亲密"的同事关系，使执行审计的注册会计师先入为主地形成客户内部控制良好的印象。

（3）事务所质量控制不严。1997年安然公司未按注册会计师提示的要求调整虚增的利润0.5亿美元，安达信会计师事务所对此采取了默许同意的方式。2001年2月，安达信的资深合伙人在电子邮件中，已在讨论是否解除与安然的审计关系，说明安达信在出具安然公司2000年审计报告前，已经觉察到了安然公司存在的会计问题。但出具的仍是无保留意见的审计报告，还认可并出具了安然公司管理当局声称其内部控制能够合理保证其财务报告可靠性的评价报告。

（4）审计失败教训不深。审计客户威斯特公司1992—1996年虚报利润14亿美元，2001年6月安达信因此被罚款700万美元，创下美国证交会对会计师事务所单笔罚款的最高纪录，但该罚款仅占安达信5年来从威斯特公司获得收入的3%。1997年阳光公司因舞弊败露而退市并申请破产保护，最终安达信赔偿1.1亿美元，而安达信公开表示主动支付赔偿金不是为了掩盖错误，而是为了避免耗时数年、劳神费财的诉讼。

（5）违法销毁工作底稿。安达信休斯敦办事处的主任审计师大卫·邓肯在2001年10月销毁了数以千计的安然公司审计档案，这是对注册会计师职业道德的公然挑衅，也是走投无路的情况下的愚蠢举动，在任何国家都是构成犯罪的行为，由此使事情发生了质的变化，其教训是深刻的。

回顾与引入：这是什么类型的审计？主要的审计关系人有哪些？审计主体、审计实体、审计客体各是什么？发挥的职能作用是什么？应遵循什么审计准则？

思考：在我国注册会计师有哪些业务？有哪些职业道德要求？会计师事务所如何管理？若我国注册会计师销毁工作底稿将承担什么责任？如何正确看待国际会计巨人？什么是关联方、关联方交易？

学习任务1　国家审计机关

从国内外审计的历史和现状来看，审计按不同主体划分为国家审计、内部审计和注册会计师审计，相应形成了国家审计机关、内部审计机构和会计师事务所三类审计主体，共同构成审计监督体系。

一、国家审计机关的设置

国家审计机关是指代表国家依法行使审计监督权的国家机关。国家审计机关主要监督检查各级政府及其部门的财政收支及公共资金的收支、运用情况。我国宪法规定，审计机关独立行使审计监督权，不受其他行政机关、社会团体和个人的干涉。国家审计机关独立性和权威性高。

我国1982年的宪法明确规定国家实行审计监督制度。1983年9月国务院成立审计署，随后县级以上地方各级政府也相继设立了地方审计机关，中国人民解放军系统也设置了审计机构。

审计署是中华人民共和国审计署的简称，它是我国最高审计机关，在国务院总理领导下，按照统一领导、分级负责的原则主管全国的审计工作，履行审计法和国务院规定的审计职责。所以，我国国家审计机关是中国共产党领导下的政府审计机关。

审计署根据工作需要，可以在重点地区和部门派出特派员，设立审计派出机构。审计特派员根据审计署的授权，代表审计署依法独立执行审计业务，对审计署负责并报告工作。派出机构实行审计署和派驻地区、部门双重领导体制，审计业务以审计署领导为主。

省、自治区、直辖市，设区的市、自治州、县、自治县，不设区的市、市辖区的人民政府的审计机关，分别在省长、自治区主席、市长、州长、县长、区长和上一级审计机关的领导下，负责本行政区域内的审计工作。地方各级审计机关对本级人民政府和上一级审计机关负责并报告工作，审计业务以上级审计机关领导为主。地方审计机关根据工作需要，经本级人民政府批准，可以在其审计管辖范围内设立派出机构。

审计机关根据被审计单位的财政、财务隶属关系或者国有资源、国有资产监督管理关系，确定审计管辖范围。审计机关之间对审计管辖范围有争议的，由其共同的上级审计机关确定。上级审计机关可以将其审计管辖范围内的审计事项，授权下级审计机关进行审计；上级审计机关对下级审计机关审计管辖范围内的重大审计事项，可以直接进行审计，但是应当防止不必要的重复审计。

二、国家审计机关的职责

国家审计机关的职责是指法律、行政法规规定的国家审计机关应当完成的职能任务和应承担的责任。根据《中华人民共和国审计法》的规定，我国国家审计机关的主要职责如下。

（1）审计机关对本级政府各部门（含直属单位）和下级政府的预算执行情况和决算以及其他财政收支情况进行审计监督。

（2）审计署在国务院总理领导下，对中央预算执行情况、决算草案和其他财政收支情况进行审计监督，向国务院总理提出审计结果报告；地方各级审计机关分别在省长、自治区主席、市长、州长、县长、区长和上一级审计机关的领导下，对本级预算执行情况、决算草案和其他财政收支情况进行审计监督，向本级人民政府和上一级审计机关提出审计结果报告。

（3）审计署对中央银行的财务收支进行审计监督。审计机关对国有金融机构的资产、负债、损益进行审计监督。

（4）审计机关对国家的事业组织和使用财政资金的其他事业组织的财务收支进行审计监督。

（5）审计机关对国有企业、国有金融机构和国有资本占控股地位或者主导地位的企业、金融机构的资产、负债、损益以及其他财务收支情况，进行审计监督。遇有涉及国家财政金融重大利益情形，为维护国家经济安全，经国务院批准，审计署可以对其他金融机构进行专项审计调查或者审计。

（6）审计机关对政府投资和以政府投资为主的建设项目的预算执行情况和决算，对其他关系国家利益和公共利益的重大公共工程项目的资金管理使用和建设运营情况，进行审计监督。

（7）审计机关对国有资源、国有资产，进行审计监督。审计机关对政府部门管理的和其他单位受政府委托管理的社会保险基金、全国社会保障基金、社会捐赠资金以及其他公共资金的财务收支，进行审计监督。

（8）审计机关对国际组织和外国政府援助、贷款项目的财务收支进行审计监督。

（9）审计机关按照国家有关规定，对国家机关和依法属于审计机关审计监督对象的其他单位的主要负责人，在任职期间对本地区、本部门或者本单位的财政收支、财务收支以及有关经济活动应负经济责任的履行情况进行审计监督。

（10）根据经批准的审计项目计划安排，审计机关可以对被审计单位贯彻落实国家重大经济社会政策措施情况进行审计监督。对其他法律、行政法规规定应当由审计机关进行审计的事项进行审计监督。

（11）审计机关可以对被审计单位依法应当接受审计的事项进行全面审计，也可以对其中的特定事项进行专项审计。

（12）审计机关有权对与国家财政收支有关的特定事项，向有关地方、部门、单位进行专项审计调查，并向本级人民政府和上一级审计机关报告审计调查结果。

（13）审计机关履行审计监督职责，发现经济社会运行中存在风险隐患的，应当及时向本级人民政府报告或者向有关主管机关、单位通报。

（14）审计机关应当对被审计单位的内部审计工作进行业务指导和监督。

（15）社会审计机构审计的单位依法属于审计机关审计监督对象的，审计机关按照国务院的规定，有权核查该社会审计机构出具的相关审计报告的质量。

三、国家审计机关的权限

国家审计机关的权限是指国家依法赋予审计机关在审计监督过程中所享有的资格和权限。根据审计法规定，我国国家审计机关在审计过程中的权限如下。

（1）审计机关有权要求被审计单位按照审计机关的规定提供财务、会计资料以及与财政收支、财务收支有关的业务、管理等资料，包括电子数据和有关文档。被审计单位不得拒绝、拖延、谎报。被审计单位负责人应当对本单位提供资料的及时性、真实性和完整性负责。审计机关对取得的电子数据等资料进行综合分析，需要向被审计单位核实有关情况的，被审计单位应当予以配合。

（2）国家政务信息系统和数据共享平台应当按照规定向审计机关开放。审计机关通过政务信息系统和数据共享平台取得的电子数据等资料能够满足需要的，不得要求被审计单位重复提供。

（3）审计机关进行审计时，有权检查被审计单位的财务、会计资料以及与财政收支、财务收支有关的业务、管理等资料和资产，有权检查被审计单位信息系统的安全性、可靠性、经济性，被审计单位不得拒绝。

（4）审计机关进行审计时，有权就审计事项的有关问题向有关单位和个人进行调查，并取得有关证明材料。有关单位和个人应当支持、协助审计机关工作，如实向审计机关反映情况，提供有关证明材料。

审计机关经县级以上人民政府审计机关负责人批准，有权查询被审计单位在金融机构的账户。审计机关有证据证明被审计单位违反国家规定将公款转入其他单位、个人在金融机构账户的，经县级以上人民政府审计机关主要负责人批准，有权查询有关单位、个人在金融机构与审计事项相关的存款。

（5）审计机关进行审计时，被审计单位不得转移、隐匿、篡改、毁弃财务、会计资料以及与财政收支、财务收支有关的业务、管理等资料，不得转移、隐匿、故意毁损所持有的违反国家规定取得的资产。

审计机关对被审计单位违反前述规定的行为，有权予以制止；必要时，经县级以上人民政府审计机关负责人批准，有权封存有关资料和违反国家规定取得的资产；对其中在金融机构的有关存款需要予以冻结的，应当向人民法院提出申请。

审计机关对被审计单位正在进行的违反国家规定的财政收支、财务收支行为，有权予以制止；制止无效的，经县级以上人民政府审计机关负责人批准，通知财政部门和有关主管部门暂停拨付与违反国家规定的财政收支、财务收支行为直接有关的款项，已经拨付的，暂停使用。审计机关采取前述规定的措施不得影响被审计单位合法的业务活动和生产经营活动。

（6）审计机关认为被审计单位所执行的上级主管部门有关财政收支、财务收支的规定与法律、行政法规相抵触的，应当建议有关主管部门纠正；有关主管部门不予纠正的，审计机关应当提请有权处理的机关依法处理。

（7）审计机关可以向政府有关部门通报或者向社会公布审计结果。审计机关通报或者公布审计结果，应当保守国家秘密、工作秘密、商业秘密、个人隐私和个人信息，遵守法律、行政法规和国务院的有关规定。

（8）审计机关履行审计监督职责，可以提请公安、财政、自然资源、生态环境、海关、税务、市场监督管理等机关予以协助。有关机关应当依法予以配合。

四、被审计单位的法律责任

1. 被审计单位法律责任概述

对被审计单位及有关责任人员违法并构成犯罪的，审计机关依法移交司法机关追究刑事责任；尚不构成犯罪的，可以依据相关规定追究行政责任。

行政责任是指违反国家行政法律规范所应承担的法律后果，承担方式主要是行政处理、行政处罚、行政处分。在审计中，行政处理的种类主要有责令限期缴纳或上缴应当缴纳的财政收入、责令限期退还被侵占的国有资产、责令限期退还违法所得、责令冲转或者调整有关会计账目和其他处理措施。行政处罚的种类主要有警告、通报批评、没收违法所得、罚款等。行政处分的种类主要有警告、记过、记大过、降级、降职、撤职、开除留用察看、开除。

刑事责任是由于违反国家刑事法律规范，情节严重，构成刑事犯罪行为而应承担的法律后果。根据我国刑法规定，刑事责任有主刑和附加刑两种。主刑有管制、拘役、有期徒刑、无期徒刑、死刑；附加刑有罚金、剥夺政治权利、没收财产等。

2. 被审计单位的行政责任

（1）被审计单位拒绝或者拖延提供与审计事项有关的资料的，或者拒绝、阻碍检查的，由审计机关责令改正，可以通报批评，给予警告；拒不改正的，对被审计单位处以 5 万元以下的罚款。

（2）对被审计单位违反国家规定财政收支的，审计机关只能行政处理，财政机关可以进行处理、处罚。

所谓财政收支，是指依照预算法和国家其他有关规定，纳入预算管理的收入和支出，以及预算外资金的收入和支出。违反国家规定的财政收支的行为有：将预算内资金转预算外资金，越权减免税收，截留、隐瞒、转移财政收入，乱支乱用财政资金，侵占财政资金，虚报财政支出等行为。

（3）对被审计单位违反国家财务收支规定的，审计机关可以进行行政处理；也可警告、通报批评，处以违法所得1倍以上5倍以下的罚款（有违法所得的），或处以5万元以下的罚款（没有违法所得的），没收违法所得等。

所谓财务收支，是指按照国家有关财务会计制度的规定，办理会计事务、进行会计核算、实行会计监督的各种资金的收入和支出。违反国家规定的财务收支的行为有：挤占成本，乱支费用，盈亏不实，乱列营业外支出，隐瞒销售收入和营业外收入，挪用专项资金等。

3. 被审计单位有关责任人员的行政责任

审计机关认为对负有直接责任的主管人员和其他直接责任人员依法应当给予行政处分的，应当提出给予行政处分的建议，被审计单位或者其上级机关、监察机关应当依法及时作出决定，并将书面结果通知审计机关。

4. 被审计单位及有关责任人员的刑事责任

被审单位及有关责任人员违反《中华人民共和国审计法》《国务院关于违反财政法规处罚的规定》以及国家财务会计制度等规定，构成犯罪的，依法移交司法机关追究刑事责任。

根据全国人民代表大会常务委员会给审计署的法工委复字（2002）3号复函，任何单位和个人隐匿、销毁会计资料，情节严重的，均构成犯罪，由公安机关立案侦查，依法追究刑事责任。

五、最高审计机关国际组织

最高审计机关国际组织（INTOSAI）发起于1953年，1968年在日本东京召开的第六次会议上，通过了该组织的章程，该组织正式宣告成立，总部设在奥地利的维也纳，由奥地利审计院承担总部的日常工作。目前，世界上绝大多数国家设置了适合各自国情的国家审计机关，这些审计机关大多都加入了最高审计机关国际组织。该组织的会费由各成员国按联合国缴纳会费的比例分摊。我国于1982年派代表参加了该组织在马尼拉召开的第11届代表大会，1983年我国审计署成立后正式加入了该组织。

该组织是由联合国成员国的最高审计机关组成的国际性组织，它是联合国经社理事会下的非政治性的永久组织。该组织设有会员代表大会、理事会、秘书处、地区工作组和常设委员会。该组织的刊物是《政府审计国际季刊》。

该组织的宗旨是：互相交流情况，交流经验，推动和促进各国审计机关更好地完成本国的审计工作。该组织自成立以来，每隔三年举行一次国际审计会议，就国际审计准则、方向、理论、方法和技术等专题进行研究和交流，以加强各国最高审计机关之间的联系；并发表若干经过讨论通过的总结性意见，如东京宣言、利马宣言、悉尼声明等，以帮助各国研究、改进和加强政府审计工作。

【职业素质案例 2-1】 中华人民共和国审计署披露：2004 年 5 月审计署对审计上市公司的会计师事务所业务质量进行检查，延伸抽审了湖南某上市公司。发现该公司 2003 年"在建工程——技术改造工程"项目，当年完成投资额 14 410 万元，已转固定资产（暂估）9 019 万元，年报披露当年完成投资额 12 705 万元，少披露当年完成投资额 1 705 万元，未披露已转固定资产 9 019 万元，造成财务信息披露不实。"在建工程——以转代平工程"项目，账上未记录投资完成情况，但该上市公司年报披露该工程期初余额 7 180 万元，本期完成 5 839 万元，已转固定资产 13 019 万元，造成会计账目和财务报告数字不符。

湖南开元会计师事务所对该上市公司进行审计，其注册会计师未能查出上述问题。审计署将检查情况及结果专题上报国务院，国务院要求财政部、中国证监会依法查处。财政部会同证监会依法对湖南开元会计师事务所及其注册会计师、湖南该上市公司进行了处理。

讨论：我国有哪些审计主体？它们之间是一种什么关系？

思考：为何被审计单位会计造假还要由注册会计师承担责任？

学习任务 2　内部审计机构

内部审计机构是由各部门、各单位设置的履行内部审计职责的专门机构。内部审计机构主要监督检查本部门、本单位的财务收支和经营管理活动。相对于外部审计而言，内部审计的独立性较弱。

一、内部审计机构的设置与管理

1. 内部审计机构的设置要求

审计署《关于内部审计工作的规定》中明确要求，国家机关、金融机构、企业事业组织、社会团体以及其他单位，应当按照国家有关规定建立健全内部审计制度；法律、行政法规规定应当设立内部审计机构的单位，必须设立独立的内部审计机构；法律、行政法规没有明确规定设立内部审计机构的单位，可以根据需要设立内部审计机构，配备内部审计人员；有内部审计工作需要且不具有设立独立的内部审计机构条件和人员编制的国家机关，可以授权本单位内设机构履行内部审计职责；设立内部审计机构的单位，可以根据需要设立审计委员会，配备总审计师。

2. 内部审计机构的设置方式

内部审计机构的设置采取分级管理和集中管理两种方式。

（1）所谓分级管理方式，是指按照部门、单位的组织级次设置审计机构，一级组织相应设置一级审计机构；部门、单位本级的审计机构对下属各内部审计机构进行统一指导，下属审计机构独立行使职权。分级管理的方式可使内部审计人员熟悉各自单位的环境和情况，使审计有较强的针对性和及时性；但也会使内部审计机构过于庞大，内部审计人员会受到所在单位负责人的一定约束，独立性程度相对较差。

（2）所谓集中管理方式，是指只在本部门、本单位最高层次设置内部审计机构，在下属单位不专门设置内部审计机构，由专门派出的审计人员对下属单位进行审计。在这种设置方式下，派出人员对下属单位具有较高的权威，其独立性程度也较高。但要求加强审计的计划性，在了解下属单位的实际情况之后，再开展工作。

实际上，分级管理与集中管理也不是截然分开的，内部审计机构的设置可根据企业的特点灵活选择。如一些特大型的企业，或是下属单位众多的部门，就宜采用分级管理的形式；如有必要，也可在部门内对一些较小的下属机构，实行集中管理。对一些规模不大的企业事业单位，可根据需要，或者设置内部审计机构，或者不设内部审计机构而配备专职审计人员；对一些专题审计项目，还可聘请临时性的审计人员进行审计。

3. 内部审计机构的管理

我国的内部审计机构，由本部门、本单位负责人直接领导，并接受上级主管部门内部审计机构及同级国家审计机关的指导和监督。

我国内部审计机构按管辖范围划分，分为部门内部审计机构和单位内部审计机构。部门内部审计机构是在政府部门内设置内部机构，对其管辖范围内的企业事业单位的财政、财务收支及经济活动进行审计。我国的部门内部审计具有两重性，对国家审计机关来说，部门内部审计为内部审计；但对其下属单位来说，在一定程度上又具有外部审计的性质。单位内部审计则包括企业内部审计和行政事业单位内部审计，它直接受到相应部门内部审计机构的指导和监督。

国家审计机关依法对国务院各部门和地方人民政府各部门、国有金融机构和企业事业组织，以及法律、法规、规章规定的其他单位的内部审计业务进行指导和监督。各级审计机关指导和监督内部审计机构的方法是，宏观指导并避免行政干预；分类指导并避免"一刀切"；重视建立和健全内部审计机构的基础建设等。

审计署 1984 年成立中国内部审计学会，后改为中国内部审计协会，地方也设立了具有独立法人资格的地方内部审计协会，具体负责指导监督全国的内部审计业务。中国内部审计协会的基本职能是，对内部审计实行自律性行业管理，为内部审计机构和内部审计人员提供业务指导和开展各种专业服务活动，通过宣传、交流，扩大内部审计的影响，维护内部审计机构的独立性、权威性和内部审计人员的合法权益，促进内部审计队伍素质的提高。指导和监督的主要方法是，制定内部审计准则、职业道德标准，并监督检查实施情况；建立和完善内部审计人员持证上岗制度；组织实施国际注册内部审计师（CIA）的统一考试，并办理国际内部审计师协会会员的审核、申报工作；开展内部审计咨询、业务培训、继续教育等中介服务；协调行业内外关系、开展内部审计理论和实务研究、开展国际交往活动、总结交流内部审计工作经验、办好《中国内部审计》会刊等。

二、内部审计机构的职责

审计署《关于内部审计工作的规定》要求，内部审计机构按照本部门、本单位主要负责人或者权力机构的要求，履行下列职责。

（1）对本单位及所属单位（含占控股地位或者主导地位的单位，下同）的财政收支、财务收支及其有关的经济活动进行审计。

内部审计机构的
职责与权限

(2) 对本单位及所属单位预算内、预算外资金的管理和使用情况进行审计。
(3) 对本单位及所属单位固定资产投资项目进行审计。
(4) 对单位内设机构及所属单位领导人员的任期经济责任进行审计。
(5) 对本单位及所属单位内部控制制度的健全性和有效性以及风险管理进行评审。
(6) 对本单位及所属单位经济管理和效益情况进行审计。
(7) 法律、法规规定和本单位主要负责人或者权力机构要求办理的其他审计事项。

三、内部审计机构的权限

根据我国审计署《关于内部审计工作的规定》，以及国际内部审计师协会《内部审计从业准则》的有关内容，内部审计机构一般有以下七项主要职权。

(1) 根据内部审计工作的需要，要求有关单位按时报送计划、预算、报表和有关文件、资料等。

(2) 参加本单位有关会议，参与研究制定有关的规章制度，召开与审计事项有关的会议。

(3) 检查凭证、账表、资金和财产，检测财务会计软件，查阅有关文件和资料。检查管理工作及经济效益的情况，提出改进管理、提高经济效益的建议。

(4) 对审计涉及的有关事项进行调查，并索取有关文件、资料等证明材料。

(5) 检查财经法规的遵守情况，提出纠正、处理违反财经法规行为的意见。对严重违反财经法规和造成严重损失浪费的直接责任人员，提出处理建议，并按有关规定，向上级内部审计机构或审计机关反映。对正在进行的严重违反财经法规、严重损失浪费的行为，经部门或者单位负责人同意，作出临时制止决定。

(6) 对阻挠、妨碍审计工作以及拒绝提供有关资料的，经单位领导人批准，可以采取必要的临时措施，并提出追究有关人员责任的建议。

(7) 被审计单位不配合内部审计工作、拒绝审计或者拒绝提供资料、提供虚假资料、拒不执行审计结论或者报复陷害内部审计人员的，单位主要负责人或者权力机构应当及时予以处理；构成犯罪的，移交司法机关追究刑事责任。

部门、单位的负责人可以在管理权限范围内，授予内部审计机构以经济处理、处罚的权限。

四、国际内部审计师协会

内部审计的国际组织是国际内部审计师协会（IIA），成立于1941年，其前身是美国内部审计师协会，1951年后英国、加拿大、澳大利亚、德国、日本等国家的内部审计机构相继加入，很快发展成为国际性的内部审计师组织。中国内部审计协会在1987年加入该组织。国际内部审计师协会的组织机构主要有理事会、执行委员会、国际委员会和总部。其会刊是学术性双月刊《内部审计师》。

该协会的宗旨是经验分享，携手共进。进入20世纪90年代以来，协会把"在全世界范围内提高内部审计的形象"作为战略目标。其主要任务是，为内部审计的发展开展综合性专业活动；研究、传播和深化内部审计理论知识和信息；为会员国培训审计人才；认证国际注册内部审计师等。

国际内部审计师协会每年召开一次会议，讨论有关内部审计理论、方法和内部审计发展等多方面的问题，围绕各国内部审计师普遍关注的问题和面临的挑战确定主题和分题，互相交流经验，探讨新的理论。该协会发布了内部审计师职业道德、职责规程、专业实践标准等。

学习任务3　会计师事务所

会计师事务所也称民间审计组织、社会审计组织或独立审计组织，是指根据国家法律规定，经政府有关部门审核批准，注册登记，依法独立承办注册会计师业务的社会中介组织，是注册会计师的工作机构。会计师事务所不附属于任何机构，经济上实行有偿服务、自收自支、独立核算、依法纳税，具有法人资格；因此在业务上具有较强的独立性、客观性和公正性，并且为社会公众所认可。

一、会计师事务所的设立

我国《注册会计师法》规定，会计师事务所的组织形式有合伙事务所和有限责任事务所两种类型，不允许设立独资事务所。设立会计师事务所由财政部或省级财政部门审批，省级财政部门批准的会计师事务所，应当报财政部备案。会计师事务所设立一般都要经过审批、备案和发证等基本程序。

1. 合伙会计师事务所的设立

合伙会计师事务所是由注册会计师合伙设立承办注册会计师业务的社会中介机构，须按合伙企业法规定在工商管理机关登记注册，合伙人按出资比例或者协议的约定，以各自的财产承担责任，合伙人对会计师事务所的债务承担连带责任。

设立合伙会计师事务所的条件是，有两名以上符合规定的注册会计师合伙人，由合伙人聘用一定数量符合规定条件的注册会计师和其他专业人员参加会计师事务所工作；有固定的办公场所和必要的设施；有能够满足执业和其他业务工作所需要的资金。

申请成为会计师事务所合伙人的注册会计师的条件是，必须是中华人民共和国公民；持有中华人民共和国注册会计师执业证书，有5年以上在会计师事务所从事注册会计师审计业务的经验和良好的道德记录；不在其他单位从事谋取工资收入的工作；至申请日止在申请注册地持续工作1年以上等。

2. 有限责任会计师事务所的设立

有限责任会计师事务所是指由注册会计师出资发起设立、承办注册会计师业务并负有限责任的社会中介机构，须按公司法规定在工商管理机关登记注册，事务所以其全部资产对其债务承担责任，事务所出资人承担的责任以其出资额为限。

设立有限责任事务所的条件是，不少于人民币30万元的注册资本；有一定数量的专职从业人员，其中至少有5名以上符合条件的执业注册会计师；有固定的办公场所；符合审批机关规定的其他条件。

会计师事务所要从事上市公司年报等证券期货相关业务审计的,其资格由中国证券监督管理委员会(简称证监会)和财政部审核确认,必须符合相关条件。例如,事务所依法成立3年以上,注册会计师不少于80人,有限责任会计师事务所净资产不少于500万元、合伙会计师事务所净资产不少于300万元,上一年度审计业务收入不少于1 600万元等等。

二、会计师事务所的业务范围

根据《注册会计师法》的规定,会计师事务所依法承办审计业务和会计咨询服务业务;会计师事务所根据委托人的委托,还可以承办审阅业务和其他鉴证业务。其中审计业务、审阅业务和其他鉴证业务统称为鉴证业务。

1. 审计业务

审计业务是会计师事务所依法接受委托,对委托人编制的会计报表或特定事项等历史财务信息进行审计鉴证,出具审计报告并发表审计意见的业务。会计师事务所的审计业务属于法定业务,出具的审计报告具有法律证明效力,非注册会计师不得承办。会计师事务所及其注册会计师对审计报告的真实性、合法性负责。审计业务主要包括以下内容。

(1)审查企业财务报表,出具审计报告。根据我国相关法规,国家对上市公司监管所依据的信息主要来自上市公司的财务报表和会计师事务所对其出具的审计报告;会计师事务所审计上市公司,旨在对其年度或中期财务报表是否按照适用的会计准则编制发表审计意见。国有企业、国有控股或占主导地位的企业、各类公司的年度财务报表,必须经会计师事务所审计。

(2)验证企业资本,出具验资报告。根据我国相关法规,公司及其他企业在设立审批(获取营业执照)时,以及申请变更注册资本时,除国务院另有规定的外,须提交注册会计师出具的验资报告。验资报告是注册会计师确认投资者投入企业的资本金(实收资本或股本)及其相关资产、负债真实性、合法性的书面文件,具有法定证明效力。

(3)办理企业合并、分立、清算事宜中的审计业务,出具相关报告。企业合并、分立或清算时,应分别编制合并、分立和清算财务报表。为了保护企业债权人、投资者的合法权益,保证正确执行国家的财务会计法律、法规,企业应聘请注册会计师对其编制的会计报表进行审计。注册会计师应按照鉴证业务准则的要求,承办委托业务,并出具审计报告,发表审计意见。

(4)办理法律、行政法规规定的其他审计业务,出具相应的审计报告。注册会计师可以按照相关法规的规定接受委托,对特殊目的的业务进行审计,出具相应的审计报告。如按照特殊编制基础编制的财务报表,财务报表的特定项目、特定账户或特定账户的特定内容,合同遵循情况,简要财务报表等。

2. 审阅业务

注册会计师对历史财务信息进行鉴证,除了审计业务外,还有审阅业务。审计业务要求对历史财务信息提供高水平保证(合理保证),在审计报告中对历史财务信息采用积极方式提出结论。相对审计业务而言,审阅业务的工作程序更简单,因此其审计成本较低,对审阅后的历史财务信息提供低于高水平的保证(有限保证),一般采用消极方式在审计报告中提出结论。例如,"财务报表已经按照企业会计准则编制"是积极方式的结论,而"未发现财务报表没有按照企业会计准则编制"则是消极方式的结论。审阅业务适用于中、小型企业历史财务信息的鉴证。

3. 其他鉴证业务

注册会计师的其他鉴证业务主要针对历史财务信息以外的其他鉴证业务,如内部控制审核,预测性财务信息审核,基建工程预算、结算、决算审核,资产评估等。

4. 相关服务

注册会计师的相关服务包括代编财务信息、税务服务、财务信息执行商定程序、管理咨询以及会计服务等业务。这些业务属于服务性质,是所有具备条件的中介机构甚至个人都能从事的非法定业务。

三、会计师事务所的收费

会计师事务所受托为客户提供专业服务有权获得报酬。注册会计师提供服务的高度专业性,消费者无法对服务质量做出准确的评价和判断,如果过度竞争,可能降低服务质量,削弱注册会计师的独立性,所以许多国家都禁止注册会计师行业的低价竞争。会计师事务所不得为招揽客户而向推荐方支付佣金,不得因向第三方推荐客户而收取佣金,不得因宣传他人的产品或服务而收取佣金。除得到法规认可或作为某种专业服务的公认做法而被职业组织认可外,会计师事务所收费与否或收费多少不得以鉴证工作结果或实现特定目的为条件。例如,按照审计后的净利润水平高低付费就属于收费水平型的或有收费,没有出具标准审计报告就不收费则属于收费与否型的或有收费。

目前,会计师事务所执行鉴证业务实行政府指导价,提供其他服务实行市场调节价。实行政府指导价的具体收费项目、基准价及其上下浮动幅度,由省级财政部门考虑本地区经济发展水平、社会承受能力和注册会计师行业的发展,以及本地区鉴证服务的社会平均成本和合理利润等因素,提出意见,报同级价格主管部门或省级发改委制定。

【审计技能案例2-1】根据我国各地物价部门(或省发改委)制定的非上市公司鉴证业务收费标准测算,会计师事务所最低收费如表2-1所示。

表2-1 我国会计师事务所部分鉴证业务最低收费

收费地区	制定年度	计时收费/(元/人·小时)			年报资产及收费/万元			验资额及收费/万元		
		主任会计师	注册会计师	助理人员	100	5 000	20 000	100	5 000	9 000
深圳	2005	1 000	200	100	0.4	2	8	0.2	1.2	1.8
上海	2005	500	300	100	0.5	3	3	0.3	1.2	1.5
四川	2005	240	140	60	0.3	1.2	5	0.25	1	1.5
贵州	2005	200	150	45	0.2	0.8	2	0.2	0.7	1
四川	2013	700	300	200	0.5	2	4.4	0.3	1.5	2.25

讨论:会计师事务所收费有哪些特点?为何各地区收费水平相差很大?

四、会计师事务所的管理

我国会计师事务所的管理包括政府行政管理、行业自律管理和事务所内部管理三个层次,核心是接受财政部门的监督和指导、接受中国注册会计师协会的业务指导和管理、事务所内部质量控制。

会计师事务所
质量控制

1. 政府行政管理

财政部和省级财政部门依法对注册会计师行业进行指导、管理和监督,主要职责是认定注册会计师执业资格、审批会计师事务所、制定收费标准、颁布执业准则、处罚违法违规执业的注册会计师及其会计师事务所。

另外,各级审计机关依法对注册会计师工作质量进行监督和检查。工商行政管理部门依法对申请营业的会计师事务所进行工商登记、颁发营业执照和工商年检等。税务部门依法对批准成立的会计师事务所办理税务登记和进行税收征管。国务院证券监督管理委员会会同财政部门对从事证券期货业务审计的注册会计师和会计师事务所进行管理和质量检查等。

2. 行业自律管理

我国注册会计师行业的自律管理由中国注册会计师协会负责,它成立于1988年,是注册会计师行业的全国性组织,接受财政部、民政部的监督、指导。省、自治区、直辖市注册会计师协会是注册会计师协会的地方组织。

中国注册会计师协会的行业管理方式采取会员制。会员分为个人会员和团体会员,个人会员又分为执业会员和非执业会员。依法取得中国注册会计师执业证书的为执业会员,即执业注册会计师;参加注册会计师全国统一考试全科合格但未取得中国注册会计师执业证书的,经申请及批准后,取得非执业会员资格,即非执业注册会计师。团体会员为依法批准设立的会计师事务所。

中国注册会计师协会的宗旨是服务、监督、管理和协调。即以诚信建设为主线,服务协会会员,监督会员执业质量、职业道德,依法实施注册会计师行业管理,协调行业内部、外部关系,维护社会公众利益和会员合法权益,促进行业健康发展。

中国注册会计师协会的主要职责是:审批和管理协会会员;拟定注册会计师执业准则、规则以及监督、检查其实施情况;组织实施注册会计师全国统一考试;组织对注册会计师的任职资格、注册会计师和会计师事务所执业情况的年度检查;制定行业自律管理规范,对违反行业自律管理规范的行为予以惩戒;组织和推动注册会计师培训工作;组织业务交流、开展理论研究,开展国际交流活动;协调行业内、外部关系、维护会员合法权益;开展注册会计行业宣传;办理国家法律、行政法规和国家机关委托或授权的其他有关工作等。

3. 会计师事务所质量控制

根据《会计师事务所质量控制准则第5101号——业务质量控制》等的规定,会计师事务所执行历史财务信息审计和审阅业务、其他鉴证业务及相关服务业务时,必须制定本所的业务质量控制制度。

(1)制度的内容与目的。会计师事务所应将质量控制制度形成书面文件传达到全体人员,以遵守职业规范与准则,出具恰当的报告。其内容包括质量控制责任、职业道德规范、客户关系和具体业务的接受与保持、人力资源、业务执行、业务工作底稿、监控。

（2）质量控制责任。主任会计师对事务所质量控制制度的制定、运行承担最终责任；负责具体业务及其执行并在报告上签字的注册会计师是项目负责人，对分派的每项业务的总体质量负责。

（3）客户与业务承接。在接受新、老客户的业务前，会计师事务所必须考虑客户的诚信（没有信息表明客户缺乏诚信）；执行业务的人员有专业胜任能力、时间与素质；能够遵守职业道德规范；不存在重大事项、现实或潜在的利益冲突等。

（4）业务执行（项目督导）的要求。注册会计承接业务应组成业务项目组，项目负责人应对分派的每项业务实施指导、监督和复核的项目质量控制措施，即指导项目组成员了解拟执行工作的目标，并对业务过程进行监督、复核。注册会计师对助理人员的工作负责，对利用专家的工作结果负责；项目负责人对分派的每项业务的总体质量负责。

会计师事务所应委派非项目组成员为项目质量控制复核人员，客观评价项目组作出的重大判断以及在报告中的结论；同时会计师事务所应就疑难问题或争议事项进行内部或外部咨询，以解决意见分歧。重大事项得到解决后项目负责人才能出具报告。

（5）事务所应委派质量监控人员，对质量控制制度设计的适当性进行持续考虑和评价，周期性（3年内）地选取每个项目负责人的业务运行的有效性进行检查，以发现缺陷并采取补救措施。

【审计技能案例2-1】精华会计师事务所是一家新成立的会计师事务所，其质量控制制度部分内容摘录如下：

（1）经主任会计师指派，副主任会计师可以分管会计师事务所质量控制工作，并对会计师事务所质量控制制度承担最终责任。

（2）执行项目质量控制复核的范围为上市公司审计项目中被评估为高风险的审计项目。

（3）如果项目组成员与项目质量控制复核人员发生意见分歧，应当通过向技术部进行书面咨询，或与会计师事务所负责风险控制的合伙人进行讨论等方式予以解决；在分歧尚未解决前，不得出具审计报告。

（4）以三年为周期，选取每一位合伙人已完成的一个项目进行检查；如果合伙人在连续两次的检查中被评为优秀，以后可每隔五年检查一次。

（5）会计师事务所建立专门的系统用于记录对客户关系和具体业务的接受与保持的评估；该系统中记录的信息无须纳入业务工作底稿。

讨论：分析上述质量控制制度是否存在问题。

【解析】：制度（1）有问题：会计师事务所主任会计师对质量控制制度承担最终责任。制度（2）有问题：所有审计项目均应执行质量控制复核。制度（3）正确：重大问题分歧未解决前不应出具审计报告。制度（4）有问题：业务检查的周期不得超过3年，每3年至少应检查每个合伙人的业务一次。制度（5）有问题：应将有关客户关系和审计业务的接受与保持的评估结论形成审计工作底稿。

五、国际会计师联合会

国际会计师联合会（IFAC）于1977年在德国慕尼黑召开的第11届世界会计师大会上宣告成立，它吸收国家或地区认可的全国性或地区性会计职业组织为会员，会计师个人不能加入该组织。中国注册会计师协会于1997年5月8日加入国际会计师联合会。

国际会计师联合会是一个由不同国家和地区职业会计师组织组成的非营利性、非政府性和非政治性的机构。在瑞士日内瓦注册，总部设在美国纽约。国际会计师联合会的目标是努力发展会计师行业，促进其准则在全球范围内协调统一，使会计师能够站在公众利益的角度提供持续高质量的服务。国际会计师联合会下设会员大会、理事会、秘书处、7个专业委员会和若干特别工作组。会员大会是其最高权力机构，会员大会每年召开一次会议，每个会员团体可选派一名代表参加。

国际会计师联合会下设的国际审计与鉴证准则专委会，通过收集、了解各成员国的审计准则或审计法规，分析、研究这些准则或法规在内容、形式上的分歧，制定并发布国际审计与鉴证业务方面的准则。国际审计准则适用于会计报表审计，经过必要的修改也适用于对其他信息的审计和相关服务。国际审计准则的内容包括基本原则和必要程序，以及以解释性资料和其他资料形式表述的相关指南。

【审计技能案例2-3】洪都会计师事务所接受委托，负责审计上市的甲公司2023年度财务报表，并委派A注册会计师担任审计项目合伙人。

（1）在审计过程中，A注册会计师要求项目组成员之间相互复核工作底稿，并委派其所在业务部的B注册会计师负责甲公司项目质量控制复核。

（2）项目组内部在某项重大问题上存在分歧，经主任会计师批准，A注册会计师出具了审计报告。

（3）在审计报告出具后，B注册会计师随机选取若干份工作底稿进行了复核，没有发现重大问题。

讨论：分析上述活动是否存在问题。

学习任务4　审计人员

审计人员是审计业务的具体实施者，通常审计人员必须是某一审计组织中的成员。与审计组织体系相对应，审计人员分为国家审计人员、内部审计人员和注册会计师三部分。

一、审计人员的任职条件

（一）国家审计人员的任职条件

国家审计人员属于国家公务员，包括各级审计机关中的领导人和从事审计的专业人员。审计署设审计长一人，副审计长若干人；审计长是审计署的行政首长，由国务院总理提名，全国人民代表大会决定，国家主席任命；副审计长由国务院任命。地方审计机关负责人（厅局长）的任免，应当事先征求上一级审计机关的意见。审计机关负责人没有违法、失职或者其他不符合任职条件的情况的，不得随意撤换。

国家对审计机关的审计专业人员，实行初级、中级和高级审计专业技术职务全国评价制度。其中初级（助理审计师）和中级（审计师）实行考试评价办法，高级包括高级审计师与正高级审计师，实行考试与评审相结合的评价办法。

（1）报考条件。参加审计初级资格考试人员，应从事审计、财经工作，并取得教育部门认可的中专以上学历。

参加中级资格考试人员的条件之一是，取得大学专科学历，从事审计、财经工作满5年；取得大学本科学历，从事审计、财经工作满4年；取得双学士学位或研究生班毕业，从事审计、财经工作满2年；取得硕士学位，从事审计、财经工作满1年；取得博士学位。

参加高级审计师资格考试人员的条件之一是，获得博士学位，取得审计师或相关专业中级专业技术资格后，从事审计工作满2年；获得硕士学位，取得审计师或相关专业中级专业技术资格后，从事审计工作满4年；大学本科毕业，取得审计师或相关专业中级专业技术资格后，从事审计工作满5年；大学专科毕业，取得审计师或相关专业中级专业技术资格后，从事审计工作满6年等。

（2）考试时间与科目。资格考试原则上每年举行一次。审计专业技术初级、中级资格分"审计专业相关知识""审计理论与实务"两科考试。高级审计师资格的6门教材分《经济理论与宏观经济政策》《审计理论与审计案例分析》两个科目考试。

（3）审计专业技术职务评价。审计专业技术初级、中级资格考试合格者，计算机运用能力达到要求时，由省级人事部门颁发相应的审计专业技术资格证书。

高级审计师资格考试合格者，发给资格考试成绩合格证书，国家级证书3年有效、省级证书当年有效。在规定年限内必须申报高级审计师资格评审，过期失效。评审高级审计师时，对申报者的审计工作经历、审计业务成果、审计及相关理论研究成果、职称外语和计算机运用能力等都有明确的要求。评审通过后，由省级人事部门颁发高级审计师资格证书。

（4）后续教育。审计署规定，取得审计专业技术资格的人员，应接受相应级别的继续教育。

（二）内部审计人员的任职条件

内部审计人员是指部门、单位内部专门从事审计工作的人员。我国对内部审计人员实行审计专业技术职务评价办法，相应的报考条件、考试时间与科目、专业技术职务评价与后续教育等，与国家审计人员相同。

国际内部审计师协会从1974年举行注册内部审计师资格考试，经审计署同意，1998年在中国开设考场。考试合格者认证为"国际注册内部审计师（CIA）"，它是国际公认的内部审计专家。考试内容为"内部审计程序""内部审计技术""管理控制和信息技术""审计环境"。国际内部审计师协会允许各考试举办国根据本国实际情况对审计环境科目进行命题，试题经由国际内部审计师协会考试委员会审查批准。

（三）注册会计师的任职条件

注册会计师是依法取得注册会计师执业证书，接受委托从事审计和会计咨询服务的执业人员。在我国，只有通过资格考试并注册登记后才能取得中国注册会计师执业资格；取得执业资格的注册会计师不能以个人的名义承接业务，必须加入一家会计师事务所才能承办业务。

1. 中国注册会计师（CPA）

（1）资格考试。中国注册会计师全国统一考试制度于1991年创立，2009年进行了注册会计师考试制度改革。注册会计师考试已成为国内声誉最高、影响最大的执业资格考试之一。注册会计师全国统一考试办法由财政部注册会计师考试委员会制定，中国注册会计师协会下设的注册会计师考试委员会办公室负责组织实施。

凡是具有高等专科以上学校毕业的学历或者具有会计或相关专业中级以上技术职务的中国内地公民，可以申请参加注册会计师全国统一考试。符合规定条件的我国香港、澳门、台湾地区居民及按互惠原则确认的外国籍公民也可以参加注册会计师全国统一考试。

考试划分为专业阶段考试和综合阶段考试，考生在通过专业阶段考试的全部科目后，才能参加综合阶段考试。考试方式为闭卷、笔试。两个阶段的考试，每年各举行1次。专业阶段考试设会计、审计、财务成本管理、公司战略与风险管理、经济法、税法6个科目；综合阶段考试设职业能力综合测试1个科目。报名人员可以在一次考试中同时报考专业阶段考试6个科目，也可以选择报考部分科目。具有会计或者相关专业高级专业技术职务的人员，可以申请免予专业阶段1个专长科目的考试。每科考试均实行百分制，60分为成绩合格分数线。

专业阶段考试的单科考试合格成绩5年内有效。对在连续5个年度考试中取得专业阶段考试全部科目考试合格成绩的考生，财政部注册会计师考试委员会颁发注册会计师全国统一考试专业阶段考试合格证书。综合阶段考试科目应在取得注册会计师全国统一考试专业阶段考试合格证书后5个年度考试中完成。对取得综合阶段考试科目考试合格成绩的考生，财政部注册会计师考试委员会颁发注册会计师全国统一考试全科考试合格证书。

（2）注册登记。凡是参加注册会计师统一考试取得全科考试合格证书，并从事审计业务工作2年以上者，可以向省、自治区、直辖市注册会计师协会申请注册。省级注册会计师协会经过审查后，应当将准予注册的人员名单报财政部备案，并颁发注册会计师执业证书。

（3）注册会计师的后续教育。为了促使注册会计师不断地更新自己的知识结构，提高专业素质和执业水平，注册会计师必须接受各种形式的职业后续教育，并由中国注册会计师协会及其地方组织负责检查和考核。根据规定，注册会计师执业会员每年接受职业后续教育的时间不得少于40学时，3年累计不得少于180学时；每年接受脱产培训的时间不得少于20学时，3年累计不得少于120学时。

另外，非执业会员也必须参加职业后续教育并进行两年一周期的年检，否则将被取消非执业会员资格；取消非执业会员资格又没有在后续年度内再次申请成为中国注册会计师协会会员的，注册会计师全科考试合格证在5年内失效。

2. 国际注册会计师（ACCA）

国际注册会计师（ACCA）是经由国际会计师联合会认证的国际会计师界的"金饭碗"，在国际上得到广泛认可。在我国，具有教育部承认的大专以上学历或高等院校在校生顺利通过第一年所有课程考试者，申请注册后可获得考试资格；考试科目14门分三部分考试，学员必须按科目的先后次序报考，每次最多报考4门；在注册后10年内完成所有考卷并积累3年相关工作经验，经申请可授予ACCA头衔。尽管ACCA以其全球公认、国际需求大、待遇丰厚而令人神往，但又以全英文考试难度大、综合能力要求高而令人生畏，能在十年中"磨成一剑"的人并不多。

二、审计人员的职业道德

审计人员职业道德是指审计人员职业品德、职业纪律、专业胜任能力及职业责任等的总称。我国对各类审计人员应遵循的职业道德,在有关法律、法规中都作了明确的规定。

(一) 国家审计人员的职业道德

《中华人民共和国国家审计准则》规定:国家审计人员应当恪守严格依法、正直坦诚、客观公正、勤勉尽责、保守秘密的基本审计职业道德。

(二) 内部审计人员的职业道德

审计署《关于内部审计工作的规定》中对内部审计人员的职业道德规定为:内部审计人员办理审计事项,应当严格遵守内部审计规范,忠于职守,做到独立、客观、公正、保密。

(三) 注册会计师的职业道德

根据《中国注册会计师职业道德守则》的规定,注册会计师职业道德的基本原则有:诚信、独立、客观和公正、专业胜任能力和应有的关注、保密、良好职业行为。

1. 诚信、独立、客观和公正

诚信是指诚实、守信,即一个人言行与内心思想一致,不虚假;能够履行与别人的约定而取得对方的信任。这就要求注册会计师在所有的职业关系和商业关系中保持正直和诚实,秉公处事、实事求是。

独立是指不受外来力量控制、支配,按照一定的规则行事。注册会计师执行审计和审阅业务以及其他鉴证业务时,应当从实质上和形式上保持独立性,不得因任何利害关系影响其独立性。实质上的独立性是一种内心状态,使得注册会计师在提出结论时不受损害职业判断的因素影响,诚信行事,遵循客观和公正原则,保持职业怀疑态度;形式上的独立性是一种外在表现,使得一个理性且掌握充分信息的第三方,在权衡所有相关事实和情况后,认为会计师事务所或审计项目组成员没有损害诚信原则、客观和公正原则或职业怀疑态度。

注册会计师的独立性

客观是指按照事物的本来面目去考察,不添加个人的偏见。公正是指公平,正直,不偏袒。客观和公正原则要求注册会计师应当公正处事、实事求是,不得由于偏见、利益冲突或他人的不当影响而损害自己的职业判断。如果存在导致职业判断出现偏差,或对职业判断产生不当影响的情形,注册会计师不得提供相关专业服务。

【审计技能案例 2-4】兴胜银行于 2021 年底委托万宏会计师事务所审计其 2019 年、2020 年和 2021 年的年度会计报表,双方存在以下情况:

(1) 万宏会计师事务所注册会计师、咨询部主任张成目前担任兴胜银行的独立董事;

(2) 审计项目负责人、注册会计师王川在 2018 年前曾担任兴胜银行的财务部经理;

(3) 审计组注册会计师何林自 2020 年起协助兴胜银行编制会计报表;

(4) 审计组注册会计师周兵的儿子自2017年起担任兴胜银行的收发员。

【解析】：(1) 鉴定小组成员是客户的董事、经理、其他关键管理人员或能够对鉴证业务产生直接重大影响的员工时，会影响其独立性，所以张成不独立；(2) 鉴定小组成员是客户关键管理人员离职不满2年，要影响其独立性，所以王川不独立；(3) 鉴定小组成员为客户编制鉴证对象的数据或其他记录的员工，要影响其独立性，所以何林不独立；(4) 与鉴证小组成员关系密切的家庭成员（三代以内的血清关系），是客户的关键管理人员或能够对鉴证业务产生直接重大影响的员工时，要影响其独立性，而周兵儿子的收发员身份不影响周兵的独立性。

上述影响到独立性的注册会计师不能参与对兴胜银行的审计工作，否则将会影响到万宏会计师事务所的独立性；会计师事务所不独立时应当考虑拒绝承接该项审计业务。

2. 专业胜任能力和应有关注

专业胜任能力既要求注册会计师具有专业知识、技能和经验，又要求其经济、有效地完成客户委托的业务。注册会计师必须清醒地认识到自己在哪些专业胜任能力方面有不足，不承接自己不能胜任的业务，否则就可能给客户乃至社会公众带来危害。如果在缺乏足够的知识、技能和经验的情况下提供专业服务，就构成了一种欺诈。

应有关注要求注册会计师遵守执业准则和职业道德规范的要求，勤勉尽责，认真、全面、及时地完成工作任务。在审计过程中，注册会计师应当保持职业怀疑态度，运用专业知识、技能和经验，获取和评价审计证据；应当采取措施以确保在其授权下工作的人员得到适当的培训和督导；在适当情况下，应当使客户、工作单位和专业服务的其他使用者了解专业服务的固有局限性。

3. 保密

保密原则要求注册会计师对在职业活动中获知的涉密信息予以保密，不得有下列行为：

(1) 未经客户授权或法律法规允许，向会计师事务所以外的第三方披露其所获知的涉密信息；

(2) 利用所获知的涉密信息为自己或第三方谋取利益；

(3) 在社会交往中应当履行保密义务，特别是警惕无意中向配偶、父母、子女、兄弟姐妹、祖父母、外祖父母、孙子女、外孙子女等近亲属或关系密切的人员泄密的可能性。

注册会计师在下列情况下可以披露涉密信息：

(1) 法律法规允许披露，并且取得客户或工作单位的授权；

(2) 根据法律法规的要求，为法律诉讼、仲裁准备文件或提供证据，以及向有关监管机构报告发现的违法行为；

(3) 法律法规允许的情况下，在法律诉讼、仲裁中维护自己的合法权益；

(4) 接受注册会计师协会或监管机构的执业质量检查，答复其询问和调查；

(5) 法律法规、执业准则和职业道德规范规定的其他情形。

4. 良好职业行为

注册会计师应当遵守相关法律法规，避免发生任何损害职业声誉的行为。在向公众传递信息以及推介自己和工作时，应当客观、真实、得体、不得损害职业形象。

注册会计师应当诚实、实事求是，不得有下列行为：

(1) 夸大宣传提供的服务、拥有的资质或获得的经验；

(2) 贬低或无根据地比较其他注册会计师的工作。

【审计技能案例 2-5】宏林会计师事务所对甲公司（上市公司）2021 年度财务报表进行审计，遇到下列事项，请判断是否违反中国注册会计师职业道德守则：

(1) 注册会计师刘兵在 2016 年度至 2020 年度期间担任甲公司财务报表审计项目合伙人（项目经理），并签署了 2019 年度和 2020 年度甲公司审计报告；2021 年刘兵新晋升为合伙人，担任甲公司 2021 年度财务报表审计项目合伙人。

(2) 宏林会计师事务所保证审计服务一流，能够提供比其他事务所质量更高、工作更认真的服务，若甲公司为事务所推荐的审计业务成功，事务所将向甲公司支付业务介绍费。

(3) 甲公司的计算机信息系统由某软件公司张先生设计，审计项目组成员均缺少这方面的专业技能，因此聘请张先生加入审计项目组，测试该系统并出具测试报告。

(4) 审计项目组成员 C 为新员工，其妻子曾担任甲公司财务经理，于 2021 年 3 月离职。

(5) 经甲公司总经理批准，审计项目组成员可以按成本价购买甲公司的产品，每人限购 2 000 元。

【解析】：事项 (1) 不违反：担任甲公司关键审计合伙人没有超过五年。事项 (2) 违反：事务所不得进行"一流"的夸大宣传，不得进行"比其他事务所质量更高、工作更认真"的无根据比较；事务所不得向甲公司支付业务介绍费。事项 (3) 违反：事务所应委派有专业能力的人员来承担该工作并可利用专家工作；张先生虽是专家，但由他评价自己的设计成果，会产生自我评价对独立性的威胁。事项 (4) 违反：审计项目组成员 C 的妻子曾在 2021 年财务报表审计涵盖期间担任能对财务报表的编制施加重大影响的职务，对独立性产生严重不利影响。事项 (5) 违反：该交易不属于公平交易，将对独立性产生不利影响。

三、审计人员的法律责任

（一）国家审计人员的法律责任

《中华人民共和国审计法》（以下简称《审计法》）规定，审计人员滥用职权、徇私舞弊、玩忽职守或者泄露、向他人非法提供所知悉的国家秘密、工作秘密、商业秘密、个人隐私和个人信息的，依法给予处分；审计人员违法、违纪取得的财物，依法予以追缴、没收或者责令退赔；构成犯罪的，依法追究刑事责任。

《中华人民共和国刑法》（以下简称《刑法》）规定，国家机关工作人员徇私舞弊、滥用职权或者玩忽职守，致使公共财产、国家和人民利益遭受重大损失的，构成滥用职权罪、玩忽职守罪。滥用职权或者玩忽职守的，处三年以下有期徒刑或者拘役，情节特别严重的处三年以上七年以下有期徒刑；徇私舞弊的，处五年以下有期徒刑或者拘役，情节特别严重的处五年以上十年以下有期徒刑。

（二）内部审计人员的法律责任

审计署《关于内部审计工作的规定》中规定，对滥用职权、徇私舞弊、泄露秘密、玩忽职守的内部审计人员，由所在单位依照有关规定予以处理；构成犯罪的，移交司法机关追究刑事责任。所以，内部审计人员承担的也是行政、刑事责任。

（三）注册会计师的法律责任

注册会计师的法律责任是指因违约、过失或欺诈而导致委托单位或利益相关人损失而承担的法律后果。如果注册会计师和会计师事务所工作失误或犯有欺诈行为，给委托人或信赖审定财务报表的第三者造成重大损失的，将可能依据相关法律法规，被追究承担行政责任、民事责任或刑事责任。

1. 民事责任

民事责任是违反民事、经济法律规范所应承担的法律后果，主要有返还财产、赔偿损失、支付违约金、消除影响、恢复名誉、赔礼道歉等。根据我国法律，会计师事务所可能承担以下民事责任。

（1）《中华人民共和国注册会计师法》（以下简称《注册会计师法》）规定，会计师事务所违法出具虚假、失实鉴证报告，给委托人、其他利害关系人造成损失的，应当依法承担赔偿责任。

（2）《中华人民共和国证券法》（以下简称《证券法》）规定，证券服务机构为证券的发行、上市、交易等证券业务活动制作、出具审计报告、资产评估报告、财务顾问报告、资信评级报告或者法律意见书等文件，应当勤勉尽责，对所制作、出具的文件内容的真实性、准确性、完整性进行核查和验证。其制作、出具的文件有虚假记载、误导性陈述或者重大遗漏，给他人造成损失的，应当与发行人、上市公司承担连带赔偿责任，但是能够证明自己没有过错的除外。

（3）《中华人民共和国公司法》（以下简称《公司法》）规定，承担资产评估、验资或者验证的机构因出具的评估结果、验资或者验证证明不实，给公司债权人造成损失的，除能够证明自己没有过错外，在其评估或者证明不实的金额范围内承担赔偿责任。

（4）司法解释，1996年最高人民法院对会计师事务所为企业出具虚假验资证明应如何处理、应如何承担责任等司法解释，为验资报告使用人向会计师事务所要求民事赔偿提供了依据。

2. 行政责任

（1）《注册会计师法》规定，违法出具虚假、失实鉴证报告的，由省级以上人民政府财政部门对会计师事务所给予警告，没收违法所得，可以并处违法所得1~5倍的罚款，情节严重的可以由省级以上人民政府财政部门暂停其经营业务或者予以撤销；由省级以上人民政府财政部门对注册会计师给予警告，情节严重的可以由省级以上人民政府财政部门暂停其执行业务或者吊销注册会计师证书。

（2）《证券法》规定，为股票的发行、上市、交易出具审计报告、资产评估报告或者法律意见书等文件的证券服务机构和人员，违法买卖股票的，责令依法处理其非法持有的股票，没收违法所得，并处以买卖股票等值以下的罚款；在证券交易活动中做出虚假陈述或者信息误导的，责令改正，处以3万~20万元的罚款。

证券服务机构制作、出具的文件有虚假记载、误导性陈述或者重大遗漏的，责令改正，没收业务收入，暂停或者撤销证券服务业务许可，并处以业务收入1~5倍的罚款；对直接负责的主管人员和其他直接责任人员给予警告，撤销证券从业资格，并处以3万~10万元的罚款。证券服务机构未按照有关规定保存有关文件和资料的，责令改正，给予警告，并处以3万~30万元的罚款；隐匿、伪造、篡改或者毁损有关文件和资料的，给予警告，并处以30万~60万元的罚款。

(3)《公司法》规定，承担资产评估、验资或者验证的机构提供虚假材料的，由公司登记机关没收违法所得，处以违法所得1~5倍的罚款，并可以由有关主管部门依法责令该机构停业、吊销直接责任人员的资格证书，吊销该机构营业执照。因过失提供有重大遗漏报告的，由公司登记机关责令改正，情节较严重的，处以所得收入1~5倍的罚款，并可以由有关主管部门责令该机构停业、吊销营业执照，吊销直接责任人员的资格证书。

3. 刑事责任

《刑法》规定，承担资产评估、验资、验证、会计、审计、法律服务等职责的中介组织的人员，故意提供虚假证明文件，情况严重的，处5年以下有期徒刑或者拘役，并处罚金。

【职业素养案例2-2】2003年美国证券交易委员会（SEC）禁止大都市抵押和证券公司（金融集团）向投资者发行股票和债券，其后大都市公司倒闭，数以千计的投资者因投资该公司债券而损失4.6亿美元。普华永道在1999—2000年审计该公司期间，未能指出大都市公司存在的严重财务问题；也未对大都市公司进入高风险的商业租赁领域没有充分准备的事实予以披露；同时，帮助大都市公司设计避税方案，但被美国国税局（IRS）认定为是虚假避税的交易，而对大都市公司进行了制裁。2001年，普华永道审计师不同意大都市公司记录某些特定交易，解除了与该公司的审计业务约定。2008年普华永道会计师事务所被迫同意支付3 000万美元给大都市公司债券投资者，以和解由于审计大都市公司而产生的诉讼。

讨论：分析普华永道的职业道德问题，为何解除审计业务约定7年后还要承担责任。

学习任务5　学习效果测试

一、判断题

1. 我国国家审计机关的主要职责是进行审计监督、审计调查、对其他审计主体的部分管理职责。　　　　　　　　　　　　　　　　　　　　　　　　　　　　(　　)
2. 被审计单位违反财政收支、财务收支规定的，审计机关有权进行行政处罚。(　　)
3. 国家审计机关和内部审计机构的纠正权，都是对被审单位制定的办法或制度等违反了国家规定时实施的权利。　　　　　　　　　　　　　　　　　　　　　　　(　　)
4. 内部审计机构有权查询被审计单位以个人名义在金融机构的存款。(　　)
5. "未发现被审阅单位未能在所有重大方面公允反映其财务状况、经营成果和现金流量"是高水平保证的审计结论。　　　　　　　　　　　　　　　　　　　　　　(　　)
6. 审计机关有权对被审计单位有关责任人员给予行政或者纪律处分。(　　)
7. 在与被审计单位发生收费纠纷时，注册会计师为了维护自己的合法权益，可以向第三方披露其所获知的涉密信息。　　　　　　　　　　　　　　　　　　　　　(　　)
8. 注册会计师的刑事责任主要是出具虚假证明文件罪。(　　)
9. 民间审计组织即使发现委托单位缺乏正直的品格，也不得拒绝接受审计委托。(　　)

二、单选题

1. 国家审计机关不得将（   ）作为被审计单位即审计监督对象的单位（即审计实体）。
   A. 国有企业　　　　B. 事业组织　　　　C. 民营私营企业　　D. 各级政府
2. 注册会计师对历史财务信息进行鉴证，除了审计业务外，还有（   ）。
   A. 其他鉴证业务　　B. 审阅业务　　　　C. 相关服务　　　　D. 资产评估
3. 不属于会计师事务所鉴证业务的是（   ）。
   A. 审计业务　　　　B. 审阅业务　　　　C. 会计咨询业务　　D. 其他鉴证业务
4. 会计师事务所的收费特点不包括（   ）。
   A. 鉴证业务实行政府指导价　　　　B. 相关服务实行市场调节价
   C. 收费标准为最高限价　　　　　　D. 不得实行或有收费与支付佣金
5. 国家审计机关有权对会计师事务所及注册会计师行业进行（   ）。
   A. 业务指导和管理　　　　　　　　B. 颁布执业准则
   C. 处罚注册会计师　　　　　　　　D. 质量监督和检查
6. 会计师事务所因审计工作失败承担民事责任的形式有（   ）。
   A. 赔偿损失　　　　　　　　　　　B. 支付违约金
   C. 消除影响　　　　　　　　　　　D. 恢复名誉和赔礼道歉
7. 是注册会计师而不是国家和内部审计人员被追究法律责任的原因是（   ）。
   A. 滥用职权　　　　B. 徇私舞弊　　　　C. 玩忽职守　　　　D. 违约
8. 因审计工作原因而承担民事责任的主要是（   ）。
   A. 国家审计机关　　B. 内部审计机构　　C. 注册会计师　　　D. 会计师事务所
9. 注册会计师依法执行审计业务出具的报告，具有（   ）。
   A. 证实效力　　　　B. 法律效力　　　　C. 行政效力　　　　D. 一般效力

三、多选题

1. 我国对审计主体实行双重领导体制的是（   ）。
   A. 审计机关派出机构　　　　　　　B. 审计署
   C. 地方审计机关　　　　　　　　　D. 会计师事务所
2. 属于审计职责监督单位的（   ）是审计机关的审计内容。
   A. 财政收支　　　　B. 财务收支　　　　C. 经济责任履行　　D. 财务状况
3. 国家审计机关的权限有（   ）。
   A. 要求报送权　　　B. 检查及调查权　　C. 制止与纠正权　　D. 通报与公布权
4. 审计机关通报或者公布审计结果，应当保守（   ），遵守法律、行政法规和国务院的有关规定。
   A. 国家秘密　　　　B. 工作秘密　　　　C. 商业秘密　　　　D. 个人隐私与信息
5. 注册会计师承担的行政责任的形式有（   ）。
   A. 警告　　　　　　B. 没收违法所得　　C. 罚款　　　　　　D. 吊销执业证书
6. 注册会计师职业道德的基本要求是（   ）。
   A. 独立　　　　　　B. 保密　　　　　　C. 客观和公正　　　D. 诚信
7. 我国会计师事务所的组织形式有（   ）。
   A. 独资事务所　　　　　　　　　　B. 合伙事务所

  C. 有限责任事务所　　　　　　　　D. 连带责任事务所
 8. 审计机关在特定条件下实施临时措施权的方式有（　　）。
  A. 封存资料　　B. 申请冻结存款　　C. 通知暂停拨款　　D. 通知暂停使用
 9. 会计师事务所项目负责人在执业过程中进行业务质量控制的方法是（　　）。
  A. 指导　　　　B. 监督　　　　C. 复核　　　　D. 监控

四、审计技能案例

 1. 甲公司计划发行股票并上市，聘请巨丰会计师事务所审计其2023年度财务报表，注册会计师张林担任该审计项目合伙人，存在以下事项。
 （1）张林与甲公司的董事王某是同学，两人共同投资开设一家餐厅，各占50%股份，该投资对双方均不重大。
 （2）审计业务约定书约定，甲公司如上市成功，将另行按发行股票融资额的0.1%计算奖励事务所。
 （3）甲公司是全国足球赛事赞助商，送给张林5张贵宾票，张林将其分给了审计项目组成员。
 （4）2023年3月1日，巨丰会计师事务所接受委托为甲公司编制企业所得税纳税申报表，该表经甲公司财务总监签署后报出。
 （5）甲公司是乙公司（上市公司）的重要子公司，乙公司不是岳城会计师事务所的审计客户，审计项目组成员B的妻子因在乙公司担任公关部经理而获得乙公司股票期权。
 讨论：分析上述事项是否存在问题，并简要说明理由。

 2. 江渝会计师事务所首次接受委托，负责审计甲公司（上市公司）2021年度财务报表，并委派A注册会计师担任审计项目合伙人，相关事项如下：
 （1）江渝会计师事务所委派B注册会计师担任该项目质量控制复核合伙人，并负责甲公司某重要子公司的审计。
 （2）在接受委托后，A注册会计师向甲公司前任注册会计师询问甲公司变更会计师事务所的原因，得知原因是甲公司在某一重大会计问题上与前任注册会计师存在分歧。
 （3）在签署审计报告前，A注册会计师授权会计师事务所另一合伙人C注册会计师复核了所有审计工作底稿，并就重大事项与其进行了讨论。
 （4）A注册会计师就某一重大审计问题咨询会计师事务所技术部门，但未达成一致意见，经B注册会计师同意，A注册会计师于2022年3月2日出具了审计报告。
 （5）B注册会计师在2022年3月5日完成了项目质量控制复核。
 讨论：分析上述活动是否存在问题。

五、职业素质案例

 中华人民共和国审计署披露：2000年3月，海南省审计厅委派审计人员对一起重大经济案件涉案的江西新大地实业发展总公司（国有企业）在江西省南昌市进行审计。审计组成员在公司经营场地实地察看时发现这家公司出租给商户的经营场地规模很大，但查阅该公司的账目后却发现账面上的租金收入不多，职业判断：该公司很可能隐瞒了租金收入。该公司自1993年至1999年的近百本账簿、上万张财务会计凭证，成了审计人员寻找审计线索的最重要依据，但是，审计组拿到手的账目并不完整，一些重要的账目已被销毁，而且还有一些假账。4 名审计人员根据分工,开始了每天 10 多个小时的账、证、表、实逐项核对,并找相关人员查询核实。经过审核确认:该公司原经理涂景新和财务人员王慧艳"隐瞒公司巨额租金收入 2 556 万元并转移存入个人存折,用途不明……"审计小组提供的审计报告中的审计结论,给法院审理涂景新一案提供了重要证据。

讨论:(1)这是何种类型的审计?

(2)审计主体、审计实体、审计内容、审计对象各是什么?

(3)该项审计应执行什么职业准则?该准则有哪些内容?

(4)被审计单位的法律责任有哪些?

(5)哪些审计人员有权进一步追查上述已存入个人存折(银行账户)的公司租金收入?

(6)海南省审计厅能对江西省的国有企业、民营企业进行审计吗?

(7)被审计单位做假账与销毁会计档案将可能承担什么责任?

自主学习 2

学习情境 3
掌握审计目标实现过程与编制审计计划

【思维导图】

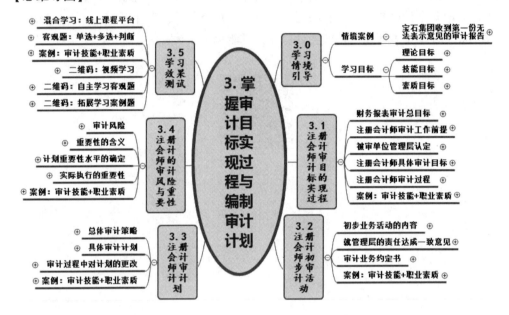

【理论目标】

理解注册会计师审计总目标与工作前提;理解被审计单位管理层认定的含义与内容;理解注册会计师审计的一般程序。

【技能目标】

掌握根据管理层认定确定具体审计目标的技能;掌握审计总体计划的编制、审计业务约定书签订的职业技能;掌握审计风险、审计重要性应用技能。

【素质目标】

培养善于思考、积极总结的职业品质;增强审计流程意识和工作规则意识,强化职业风险意识;树立勇于担当、勇于创新的精神风貌。

【注意】:从本学习情境开始,本书只介绍注册会计师审计,一般不再涉及国家审计与内部审计的内容。

【情境案例】宝石集团收到第一份无法表示意见的审计报告

宝石公司是 1992 年 5 月在石家庄显像管总厂基础上以定向募集方式设立的股份有限公司,1995 年 9 月在深圳证券交易所上市,公司的主营业务为生产黑白显像管玻壳及黑白显像管。从财务报表来看，1993—1996 年，该公司的净资产收益率分别为 4.16%、26.88%、35.15% 和 8.8%；从招股说明书中所反映的过去的成熟和展望的前景来看，公司的整体状况也是比较好的。据公司 1996 年年报反映，黑白电视机市场的萎缩在 1996 年下半年已经出现，只是由于公司控股的彩壳公司下半年投入生产，增加了公司的投资收益，所以尽管利润有大幅下滑，但不至于出现亏损，问题暴露不充分。1997 年出现了每股 0.872 元的严重亏损，原因是：由于国内电视机市场的恶性无序竞争，黑白显像管和黑白玻壳的最低售价比 1996 年上半年下跌了 60% 以上，已低于生产成本；同时，彩壳的售价下跌也超过 20%，彩壳公司也出现了严重亏损；黑白玻壳生产线熔炉按计划停炉检修后，由于产品积压严重，恢复生产无望，而转产其他产品在短时间内又难以完成，因此整个生产线实际已处于停产状态。

宝石公司无法就公司是否能保持持续经营能力提供充分和必要的证据，无法确定公司巨额存货与固定资产的计价方法的合理性，巨额应收账款的可回收性也由于下游企业的不良财务状况而变得更加不确定，资产负债比率不正常（流动负债超过流动资产 7 亿多元）。为公司进行年度报表审计的注册会计师认为，由于产品积压、生产停顿，已无法判定该公司是否保有持续经营能力，因此无法对财务报表整体发表任何意见。为此，会计师事务所出具了中国上市公司第一份无法表示意见（当时称拒绝表示意见）的审计报告。

回顾与引入：注册会计师有哪些业务？有哪些职业道德要求？可能承担哪些法律责任？会计师事务所如何管理？我国上市公司至少应对外公布哪些报表？

思考：注册会计师财务报表审计的目的、总目标和具体目标各是什么？财务会计报表审计并公布后，管理层与注册会计师各承担什么责任？

学习任务 1　注册会计师审计目标的实现过程

一、财务报表审计总目标

1. 财务报表审计总目标的内容

财务会计报告应由被审计单位编制，若被审计单位的财务会计报告是按照经授权或获得认可的准则制定机构制定和发布的准则编制的，如中国企业会计准则、国际财务报告准则等，则称为财务报表按通用目的基础编制；若法律法规为某类实体规定了编制财务报告的基础，则称为财务报表按法律法规规定的基础编制。注册会计师审计财务报表的目的是提高财务会计报告预期使用者对财务报表的信赖程度，可以通过注册会计师对被审计单位财务报表是否在所有重大方面按照适用的财务报表编制基础编制发表审计意见得以实现。所以，注册会计师执行财务报表审计工作的总体目标包括以下两方面。

（1）发表审计意见。按照中国注册会计师审计准则（以下简称审计准则）的规定，对财务报表整体是否不存在由于舞弊或错误导致的重大错报获取合理保证，使得注册会计师能够对财务报表是否在所有重大方面按照适用的财务报告编制基础编制发表审计意见；即财务报表使用者希望注册会计师对财务报表的合法性和公允性发表意见。由于审计存在固有限制，注册会计师据以得出结论和形成审计意见的大多数审计证据是说服性而非结论性的，因此，审计只能提供合理保证，不能提供绝对保证。

（2）出具审计报告。按照审计准则的规定，根据审计结果对财务报表出具审计报告，并与管理层和治理层沟通。

2. 评价财务报表的合法性

在评价财务报表是否按照适用的财务报告编制基础编制（合法性）时，注册会计师应当考虑下列内容：

（1）选择和运用的会计政策是否符合适用的财务报告编制基础，并适合于被审计单位的具体情况；

（2）管理层作出的会计估计是否合理；

（3）财务报表反映的信息是否具有相关性、可靠性、可比性和可理解性；

（4）财务报表是否作出充分披露，使财务报表使用者能够理解重大交易和事项对被审计单位财务状况、经营成果和现金流量的影响。

会计政策是指企业进行会计核算和编制会计报表时所采用的具体原则、方法和程序。只有在对同一经济业务所允许采用的会计处理方法存在多种选择时，会计政策才具有实际意义，因而会计政策存在一个"选择"的问题，如发出商品可供选择的方法有先进先出、移动加权、全月加权等进行存货计价。会计估计是指对结果不确定的交易或事项以最近可利用的信息为基础所作出的判断，如被审计单位对固定资产净残值率、坏账准备金额作出的估计等。

3. 评价财务报表的公允性

在评价财务报表是否不存在由于舞弊或错误导致的重大错报（公允性）时，注册会计师应当考虑下列内容：

（1）经管理层调整后的财务报表是否与注册会计师对被审计单位及其环境的了解一致；

（2）财务报表的列报、结构和内容是否合理；

（3）财务报表是否真实地反映了交易和事项的经济实质。

二、注册会计师审计工作前提

注册会计师按照审计准则的规定执行审计工作的前提是，管理层和治理层（如适用）已认可并理解其对编制的财务报表应当承担的责任，这也是构成注册会计师按照审计准则的规定执行审计工作的基础。管理层是指对被审计单位经营活动的执行负有经营管理责任的人员，如首席执行官（CEO）、财务经理（CFO）等；治理层是指对被审计单位战略方向以及管理层履行经营管理责任负有监督责任的人员或组织，如董事会、股东大会等。

1. 管理层的责任

在治理层的监督下，管理层对所编制的财务报表负有的直接责任是：

（1）按照适用的财务报告编制基础编制财务报表，并使其实现公允反映；

（2）设计、执行和维护必要的内部控制，以使财务报表不存在由于舞弊或错误导致的重大错报；

（3）向注册会计师提供必要的工作条件，包括允许注册会计师接触与编制财务报表相关的所有信息（如记录、文件和其他事项），向注册会计师提供审计所需的其他信息，允许注册会计师在获取审计证据时不受限制地接触其认为必要的内部人员和其他相关人员。

2. 注册会计师的责任

按照审计准则的规定对财务报表发表审计意见是注册会计师的责任，注册会计师通过签署审计报告确认其责任。注册会计师作为独立的第三方，对所审计的财务会计报表依据审计结果（是否合法、是否公允），发表无保留意见、保留意见、否定意见与无法表示意见之一，有利于提高财务报表的可信赖程度。为履行这一职责，注册会计师应当遵守相关职业道德要求，按照审计准则的规定计划和实施审计工作，获取充分、适当的审计证据，并根据获取的审计证据得出合理的审计结论，发表恰当的审计意见。

3. 审计不能减轻被审单位的责任

财务报表审计不能减轻被审单位管理层和治理层的责任。财务报表编制和财务报表审计是财务信息生成链条上的不同环节，两者各司其职。法律法规要求管理层和治理层对编制财务报表承担责任，有利于从源头上保证财务信息质量；管理层和治理层作为内部人员，对企业的情况更为了解，更能作出适合企业特点的会计处理决策和判断，因此，管理层和治理层理应对编制财务报表承担完全责任。由于注册会计师与管理层、治理层之间可能存在信息不对称，尽管在审计过程中，注册会计师可能向管理层和治理层提出调整建议，甚至在不违反独立性的前提下为管理层编制财务报表提供协助，但管理层仍然对编制财务报表承担责任，并通过签署财务报表确认这一责任。如果财务报表存在重大错报，而注册会计师通过审计没有能够发现，也不能因为财务报表已经注册会计师审计这一事实而减轻管理层和治理层对财务报表的责任。

三、被审单位管理层认定

管理层认定是指管理层在财务报表中作出的明确或隐含的表达（承诺），管理层在财务报表上的承诺有些是明确表达的，有些则是隐含表达的。例如，管理层在资产负债表中列报存货及其金额 5 000 万元，则明确认定：①记录的存货是存在的；②财务报表中的存货金额 5 000 万元是恰当的，与之相关的计价或分摊调整已恰当记录。同时，管理层也隐含的认定：①所有应当记录的存货均已记录；②记录的存货都由被审计单位拥有。

被审单位
管理层认定

1. 与所审计期间各类交易和事项相关的认定

管理层对所审计期间的各类交易和事项的认定通常分为下列类别：

（1）发生，即已记录的交易或事项已发生，且与被审计单位有关。

（2）完整性，即所有应当记录的交易和事项均已记录。需注意的是，发生和完整性两者强调的是相反的关注点；即发生认定针对虚构、不真实的交易和事项，而完整性认定则针对漏记、隐藏交易和事项。

（3）准确性，即与交易和事项有关的金额及其他数据已恰当记录。

（4）截止，即交易和事项已记录于正确的会计期间。

（5）分类，即交易和事项已记录于恰当的账户。

2. 与期末账户余额相关的认定

管理层对期末账户余额的认定通常分为下列类别：

(1) 存在，即已记录的资产、负债和所有者权益是存在的。

(2) 权利和义务，即记录的资产由被审计单位拥有或控制，记录的负债是被审计单位应当履行的偿还义务。

(3) 完整性，即所有应当记录的资产、负债和所有者权益均已记录。

(4) 计价和分摊，即资产、负债和所有者权益以恰当的金额包括在财务报表中，与之相关的计价或分摊调整已恰当记录。

3. 与列报和披露相关的认定

各类交易和账户余额的认定正确只是为财务报表正确打下了必要的基础，财务报表还可能因被审计单位误解有关列报的规定或舞弊等而产生错报。另外，还可能因被审计单位没有遵守一些专门的披露要求而导致财务报表错报。因此，管理层的认定还包括对各类交易、账户余额及相关事项在财务报表中列报和披露的认定。

管理层对列报和披露的认定通常有：

(1) 发生以及权利和义务，即披露的交易、事项和其他情况已发生，且与被审计单位有关。

(2) 完整性，即所有应当包括在财务报表中的披露均已包括。

(3) 分类和可理解性，即财务信息已被恰当地列报和描述，且披露内容表述清楚。

(4) 准确性和计价，即财务信息和其他信息已公允披露，且金额恰当。

管理层的认定分类，也可按其他方式表述，但应涵盖上述所有方面。例如，可以将有关交易和事项的认定与有关账户余额的认定综合表述。又如，当发生和完整性认定包含了对交易是否记录于正确会计期间的恰当考虑时，就可能不存在与交易和事项截止相关的单独认定。

【职业素质案例3-1】1993年7月12日，重庆渝港钛白粉股份公司（简称渝钛白）在深圳证券交易所上市交易；从1996年开始，渝钛白在经营上开始亏损，1997年度报表亏损总额为3 136万元。重庆会计师事务所接受其委托对该公司1997年度财务报表进行了审计，经查实1997年渝钛白将应计入财务费用的应付债券利息8 064万元计入钛白粉工程成本（在建工程），将其资本化处理；欠付中国银行重庆市分行的美元借款利息89.8万元（折人民币743万元）未计提入账，两项共虚增利润8 807万元。1998年3月8日，重庆会计师事务所对该公司1997年度财务报告出具了否定意见审计报告，这是我国证券市场中有关上市公司的首份否定意见审计报告。

讨论：我国注册会计师的审计总目标是什么？管理层与注册会计师的责任有哪些？利息资本化、未提取应付利息违背了什么认定（承诺）？

四、注册会计师具体审计目标

注册会计师的基本职责是确定被审计单位管理层对其财务报表的认定是否恰当。注册会计师了解了认定，就可通过考虑违背该认定可能发生的不同类型的潜在错报，作为评估重大错报风险以及设计和实施进一步审计程序的基础。所以，注册会计师了解了认定后就很容易确定每个项目的具体审计目标。

1. 与所审计期间各类交易和事项相关的审计目标

(1) 发生：由发生认定推导的审计目标是确认已记录的交易是真实的。例如，如果没有发生销售交易，但在销售日记账中记录了一笔销售，则违反了该目标。发生认定所要解决的问题是管理层是否把那些不曾发生的项目列入财务报表，它主要与财务报表组成要素的高估有关。

（2）完整性：由完整性认定推导的审计目标是确认已发生的交易确实已经记录。例如，如果发生了销售交易，但没有在销售明细账和总账中记录，则违反了该目标。

（3）准确性：由准确性认定推导出的审计目标是确认已记录的交易是按正确金额反映的。例如，如果在销售交易中，发出商品的数量与账单上的数量不符，或是开账单时使用了错误的销售价格，或是账单中的乘积或加总有误，或是在销售明细账中记录了错误的金额，则违反了该目标。

准确性与发生、完整性之间存在区别。例如，若已记录的销售交易是不应当记录的（如发出的商品是寄销商品）则即使发票金额是准确计算的，仍违反了发生目标。再如，若已入账的销售交易是对正确发出商品的记录，但金额计算错误，则违反了准确性目标，但没有违反发生目标。在完整性与准确性之间也存在同样的关系。

（4）截止：由截止认定推导出的审计目标是确认接近于资产负债表日的交易记录于恰当的期间。例如，如果本期交易推到下期，或下期交易提到本期，均违反了截止目标。

（5）分类：由分类认定推导出的审计目标是确认被审计单位记录的交易经过适当分类。例如，如果将现销记录为赊销，将出售经营性固定资产所得的收入记录为主营业务收入，则导致交易分类的错误，违反了分类的目标。

2. 与期末账户余额相关的审计目标

（1）存在：由存在认定推导的审计目标是确认记录的金额确实存在。例如，如果不存在某顾客的应收账款，在应收账款明细表中却列入了对该顾客的应收账款，则违反了存在性目标。

（2）权利和义务：由权利和义务认定推导的审计目标是确认资产归属于被审计单位，负债属于被审计单位的义务。例如，将他人寄售商品列入被审计单位的存货中，违反了权利目标；将不属于被审计单位的债务记入账内，违反了义务目标。

（3）完整性：由完整性认定推导的审计目标是确认已存在的金额均已记录。例如，如果存在某顾客的应收账款，在应收账款明细表中却没有列入对该顾客的应收账款，则违反了完整性目标。

（4）计价和分摊：资产、负债和所有者权益以恰当的金额包括在财务报表中，与之相关的计价或分摊调整已恰当记录。

3. 与列报和披露相关的审计目标

（1）发生以及权利和义务：将没有发生的交易、事项，或与被审计单位无关的交易和事项包括在财务报表中，则违反该目标。例如，复核董事会会议记录中是否记载了固定资产抵押等事项，询问管理层固定资产是否被抵押，即是对列报的权利认定的运用。如果被审计单位拥有被抵押的固定资产，则需要将其在财务报表中列报，并说明与之相关的权利受到限制。

（2）完整性：如果应当披露的事项没有包括在财务报表中，则违反了该目标。例如，被审计单位在所审期间发生了待决诉讼、未决仲裁但金额难以确定，检查并验证其在财务报表中是否得到充分披露，即是对列报的完整性认定的运用。

（3）分类和可理解性：财务信息已被恰当地列报和描述，且披露内容表述清楚。例如，检查存货的主要类别是否已披露，是否将一年内到期的长期负债列为流动负债，即是对列报的分类和可理解性认定的运用。

（4）准确性和计价：财务信息和其他信息已公允披露，且金额恰当。例如，检查财务报表附注是否分别对原材料、在产品和产成品等存货成本核算与计价方法做了恰当说明，即是对列报的准确性和计价认定的运用。

通过上面介绍可知，认定是确定具体审计目标的基础，注册会计师通常将认定转化为能够通过审计程序予以实现的审计目标。针对财务报表每一项目所表现出的各项认定，注册会计师相应地确定一项或多项审计目标，然后通过执行一系列审计程序获取充分、适当的审计证据以实现审计目标。认定、审计目标和审计程序之间的关系举例如表3-1所示。

表3-1 认定、审计目标和审计程序之间的关系举例

认定	审计目标	审计程序（方法步骤）
存在性	资产负债表列示的存货存在	实施存货监盘程序
完整性	销售收入包括了所有已发货的销售交易	检查发货单和销售发票的编号以及销售明细账
准确性	应收账款反映的销售业务是否基于正确的价格和数量，计算是否正确	比较价格清单与发票上的价格，发货单与销售订购单上的数量是否一致，重新计算发票上的金额
截止	销售业务记录在恰当的期间	比较上一年度最后几天和下一年度最初几天的发货单日期与记账日期
权利和义务	资产负债表中的固定资产确实为公司拥有	查阅所有权证书、购货合同、结算单和保险单
计价和分摊	以净值记录应收账款	检查应收账款账龄分析表、评估计提的坏账准备是否充足

【审计技能案例3-1】成商集团是一家大型商业上市公司，信诚会计师事务所在接受审计委托后，委派张东担任2021年度财务报表审计项目负责人。经过审计，张成发现下列事项：

（1）2021年12月31日没有销售海尔冰箱给凌峰公司，但在销售日记账中却记录了一笔销售海尔冰箱1 000万元；

（2）2021年12月31日实际销售给万达公司商品4 000万元，但在销售明细账和总账中未发现有此记录；

（3）在销售明细账中，发出商品的数量与账单上的数量不符，查明是开账单时使用了错误的销售价格，比实际少计200万元；

（4）2021年12月31日实际销售给新上城公司商品4 000万元，入账时间是2022年1月8日；

（5）2021年12月31日实际销售给红旗商场商品10万元，采取现金交易，由于该企业是老客户，会计记录为赊销；

（6）在审查应收账款明细表中发现应收百盛公司的账款 1 500 万元，经函证和实施相应的替代程序，百盛公司根本没有购买过成商集团的商品；

（7）成商集团将明星公司寄售商品列入其存货盘点范围内；

（8）张东发现的错报要求成商集团调整，财务总监同意在审计后调整；

（9）张东在复核董事会会议记录时发现了固定资产抵押，但财务报表附注里没有披露；

（10）检查关联方和关联交易时，张东发现成商集团销售给子公司的 6 000 万元商品在财务报表中只反映了 2 000 万元；

（11）成商集团未将一年内到期的长期负债 1 000 万元列为流动负债。

讨论：逐项指出管理层违反了哪些认定？

五、注册会计师审计过程

审计方法从早期的账项基础审计、制度基础审计，演变为现代的风险导向审计。风险导向审计模式要求注册会计师在审计过程中，以重大错报风险的识别、评估和应对作为工作主线。相应地，注册会计师审计过程大致可分为以下五个阶段。

1. 接受业务委托

会计师事务所应当按照执业准则的规定，谨慎决策是否接受或保持客户关系和具体审计业务。在接受新客户的业务前，或决定是否保持现有业务或考虑接受现有客户的新业务时，会计师事务所应当执行一些客户接受与保持的审计程序（方法步骤），以获取如下信息：

（1）考虑客户的诚信，没有信息表明客户缺乏诚信；

（2）具有执行业务必要的素质、专业胜任能力、时间和资源；

（3）能够遵守相关职业道德要求。

会计师事务所执行客户接受与保持实施审计程序的目的，旨在识别和评估会计师事务所面临的风险。例如，如果注册会计师发现潜在客户正面临财务困难，或者发现现有客户在之前的业务中作出虚假陈述，那么可以认为接受或保持该客户的风险非常高，甚至是不可接受的。会计师事务所除考虑客户施加的风险外，还需要复核执行业务的能力，如当工作需要时能否获得合适的具有相应资格的员工；能否获得专业化协助；是否存在任何利益冲突；能否对客户保持独立性等。

注册会计师需要作出的最重要的决策之一就是接受和保持客户。一项低质量的决策会导致不能准确确定计酬的时间或未被支付的费用，增加项目合伙人和员工的额外压力，使会计师事务所声誉遭受损失，或者涉及潜在的诉讼。

一旦决定接受业务委托，注册会计师应当与客户就审计约定条款达成一致意见。对于连续审计，注册会计师应当根据具体情况评估是否需要修改业务约定条款，以及是否需要提醒客户注意现有的业务约定书。

2. 计划审计工作

计划审计工作十分重要，如果没有恰当的审计计划，不仅无法获取充分、适当的审计证据，影响审计目标的实现，而且还会浪费有限的审计资源，影响审计工作的效率。因此，对于任何一项审计业务，注册会计师在执行具体审计程序之前，都必须根据具体情况制定科学、合理的计划，使审计业务以有效的方式得到执行。一般来说，计划审计工作主要包括：

在本期审计业务开始时开展的初步业务活动；制定总体审计策略；制定具体审计计划等。需要指出的是，计划审计工作不是审计业务的一个孤立阶段，而是一个持续的、不断修正的过程，贯穿于整个审计过程的始终。

3. 实施风险评估程序

审计准则规定，注册会计师必须实施风险评估程序，以此作为评估财务报表层次和认定层次重大错报风险的基础。风险评估程序是指注册会计师为了解被审计单位及其环境，以识别和评估财务报表层次和认定层次的重大错报风险（无论该错报由于舞弊或错误导致）而实施的审计程序。风险评估程序是必要程序，了解被审计单位及其环境为注册会计师在许多关键环节做出职业判断提供了重要基础。了解被审计单位及其环境实际上是一个连续和动态地收集、更新与分析信息的过程，贯穿于整个审计过程的始终。一般来说，实施风险评估程序的主要工作包括：了解被审计单位及其环境；识别和评估财务报表层次以及各类交易、账户余额和披露认定层次的重大错报风险，包括确定需要特别考虑的重大错报风险（即特别风险）以及仅通过实施实质性程序无法应对的重大错报风险等。

4. 实施进一步审计程序

审计准则规定，注册会计师实施风险评估程序本身并不足以为发表审计意见提供充分、适当的审计证据，还应当实施进一步审计程序。因此，注册会计师在评估财务报表重大错报风险后，应当运用职业判断，针对评估的财务报表层次重大错报风险确定总体应对措施，并针对评估的认定层次重大错报风险设计和实施进一步审计程序，包括实施控制测试（必要时或决定测试时）和实质性程序，以将审计风险降至可接受的低水平。例如，注册会计师对被审计单位会计与出纳岗位分工的执行是否有效、是否能控制货币资金挪用风险等，所实施的测试工作是控制测试，它与被审计单位的内部控制相关；而注册会计师对被审计单位的库存现金进行盘点所实施的工作则是实质性程序，它与被审计单位的账户余额是否存在相关。

5. 完成审计工作和编制审计报告

注册会计师在完成财务报表进一步审计程序后，还应当按照有关审计准则的规定做好审计完成阶段的工作，并根据所获取的各种证据，合理运用专业判断，形成适当的审计意见。本阶段主要工作有：考虑持续经营假设、或有事项和期后事项；获取管理层声明；汇总审计差异，提请被审计单位调整或披露；复核审计工作底稿和财务报表；与管理层和治理层沟通；评价所有审计证据，形成审计意见；编制审计报告等。

学习任务 2 注册会计师初步审计活动

注册会计师在计划审计工作前，需要开展初步业务活动，以实现以下三个主要目的：第一，具备执行业务所需的独立性和能力；第二，不存在因管理层诚信问题而可能影响注册会计师保持该项业务的意愿的事项；第三，与被审计单位之间不存在对业务约定条款的误解。

一、初步业务活动的内容

初步业务活动

注册会计师在本期审计业务开始时应当开展下列初步业务活动：一是针对保持客户关系和具体审计业务实施相应的质量控制程序；二是评价遵守相关职业道德要求的情况；三是就审计业务约定条款达成一致意见。

针对保持客户关系和具体审计业务实施质量控制程序，并且根据实施相应程序的结果作出适当的决策是注册会计师控制审计风险的重要环节。评价遵守相关职业道德要求的情况也是一项非常重要的初步业务活动。质量控制准则含有包括独立性在内的有关职业道德要求，注册会计师应当按照其规定执行。虽然保持客户关系及具体审计业务和评价职业道德的工作贯穿审计业务的全过程，但是这两项活动需要安排在其他审计工作之前，以确保注册会计师已具备执行业务所需要的独立性和专业胜任能力，且不存在因管理层诚信问题而影响注册会计师保持该项业务意愿等情况。在连续审计的业务中，这些初步业务活动通常是在上次审计工作结束后不久或将要结束时就已开始了。

在作出接受或保持客户关系及具体审计业务的决策后，注册会计师在审计业务开始前，与被审计单位就审计业务约定条款达成一致意见，签订或修改审计业务约定书，以避免双方对审计业务的理解产生分歧。

二、就管理层的责任达成一致意见

财务报告责任如何在管理层和治理层之间划分，因被审计单位的资源（如人员素质和数量）和组织结构、相关法律法规的规定以及管理层和治理层在被审计单位各自角色的不同而不同。在大多数情况下，管理层负责执行，而治理层负责监督管理层。在某些情况下，治理层负有批准财务报表或监督与财务报表相关的内部控制的责任。在大型实体或公众利益实体中，治理层下设的组织，如审计委员会，可能负有某些监督责任。

注册会计师应当要求管理层就其已履行的某些责任提供书面声明。因此，注册会计师需要获取针对管理层责任的书面声明、其他审计准则要求的书面声明，以及在必要时需要获取用于支持其他审计证据的书面声明。注册会计师需要使管理层意识到这一点，如果管理层不认可其责任，或不同意提供书面声明，注册会计师将不能获取充分、适当的审计证据。在这种情况下，注册会计师承接此类审计业务是不恰当的，法律法规另有规定的除外。

大多数财务报告编制基础包括与财务报表披露相关的要求，对于这些财务报告编制基础，在提到"按照适用的财务报告编制基础编制财务报表"时，编制包括披露。实现公允披露的报告目标非常重要，因而在与管理层达成一致意见的执行审计工作的前提中需要特别提及公允披露，或需要特别提及管理层负有确保财务报表根据财务报告编制基础编制并使其实现公允反映的责任。

管理层设计、执行和维护必要的内部控制，以使编制的财务报表不存在由于舞弊或错误导致的重大错报。由于内部控制的固有限制，无论其如何有效，也只能合理保证被审计单位实现其财务报告目标。注册会计师按照审计准则的规定执行的独立审计工作，不能代替管理层维护编制财务报表所需要的内部控制。因此，注册会计师需要就管理层认可并理解其与内部控制有关的责任与管理层达成共识。

三、审计业务约定书

审计业务约定书是指会计师事务所与被审计单位签订的，用以记录和确认审计业务的委托与受托关系、审计目标和范围、双方的责任以及审计报告的格式等事项的书面协议。会计师事务所承接任何审计业务，都应与被审计单位签订审计业务约定书。

1. 审计业务约定书的基本内容

审计业务约定书的具体内容和格式可能因被审计单位的不同而不同，但应当包括以下主要内容：

（1）财务报表审计的目标与范围；
（2）注册会计师的责任；
（3）管理层的责任；
（4）指出用于编制财务报表所适用的财务报告编制基础；
（5）提及注册会计师拟出具的审计报告的预期形式和内容，以及对在特定情况下出具的审计报告可能不同于预期形式和内容的说明。

2. 特定需要考虑的内容

如果情况需要，注册会计师还应当考虑在审计业务约定书中列明下列内容：详细说明审计工作的范围，包括提及适用的法律法规、审计准则，以及注册会计师协会发布的职业道德守则和其他公告；对审计业务结果的其他沟通形式；说明由于审计和内部控制的固有限制，即使审计工作按照审计准则的规定得到恰当的计划和执行，仍不可避免地存在某些重大错报未被发现的风险；计划和执行审计工作的安排，包括审计项目组的构成；管理层确认将提供书面声明；管理层同意向注册会计师及时提供财务报表草稿和其他所有附带信息，以使注册会计师能够按照预定的时间表完成审计工作；管理层同意告知注册会计师在审计报告日至财务报表报出日之间注意到的可能影响财务报表的事实；收费的计算基础和收费安排；管理层确认收到审计业务约定书并同意其中的条款；在某些方面对利用其他注册会计师和专家工作的安排；对审计涉及的内部审计人员和被审计单位其他员工工作的安排；在首次审计的情况下，与前任注册会计师（如存在）沟通的安排；说明对注册会计师责任可能存在的限制；注册会计师与被审计单位之间需要达成进一步协议的事项；向其他机构或人员提供审计工作底稿的义务。

3. 组成部分审计考虑的因素

如果母公司的注册会计师同时也是组成部分（子公司）注册会计师，需要考虑下列因素，决定是否向组成部分单独致送审计业务约定书：

（1）组成部分注册会计师的委托人；
（2）是否对组成部分单独出具审计报告；
（3）与审计委托相关的法律法规的规定；
（4）母公司占组成部分的所有权份额；
（5）组成部分管理层相对于母公司的独立程度。

4. 连续审计考虑的条款

对于连续审计，注册会计师应当根据具体情况评估是否需要对审计业务约定条款作出修改，以及是否需要提醒被审计单位注意现有的条款。

注册会计师可以决定不在每期都致送新的审计业务约定书或其他书面协议。然而，下列因素可能导致注册会计师修改审计业务约定条款或提醒被审计单位注意现有业务约定条款：

（1）有迹象表明被审计单位误解审计目标和范围；
（2）需要修改约定条款或增加特别条款；
（3）被审计单位高级管理人员近期发生变动；
（4）被审计单位所有权发生重大变动；
（5）被审计单位业务的性质或规模发生重大变化；
（6）法律法规的规定发生变化；
（7）编制财务报表采用的财务报告编制基础发生变更；
（8）其他报告要求发生变化。

【审计技能案例3-2】江城会计师事务所与林洪股份有限公司于2021年12月9日经协商一致签订了审计业务约定书如下：

审计业务约定

甲方：林洪股份有限公司
乙方：江城会计师事务所

甲方委托乙方对甲方2021年度会计报表进行审计，经双方协商达成如下约定：

一、审计范围

乙方接受甲方委托，对甲方2021年12月31日的资产负债表、利润表、现金流量表进行审计。

二、甲方的义务

1. 为乙方审计工作及时提供所需的全部会计资料和其他资料。
2. 为乙方委派的审计人员提供必要的条件及合作，具体事项将在乙方所派人员于审计工作开始之前提供的清单中列明。
3. 按本约定书的规定，向乙方及时足额地支付审计费用。

三、乙方的责任

乙方的责任是，按照独立审计准则的要求进行审计、出具审计报告，并对审计报告的真实性、合法性负责。

四、审计收费

按照经省物价局核准的《会计师事务所收费标准》，乙方应收本项业务的费用，按乙方实际参加本项审计业务的工作人员级别以及所用的工作时间确定，预计收取人民币9万元，甲方应在本约定书签订后预付上述费用的50%，其余部分在乙方提交审计报告时一并付清。

如在审计过程中遇到重大问题，致使乙方实际花费审计工作时间有较大幅度增加，甲方应在了解实际情况后，酌情增加审计费用。

五、约定书的有效期间

本约定书自2021年12月18日起生效，并在全部约定事项完成之前有效。

六、约定事项的变更

由于出现不可预见的情况，影响审计工作的如期完成，或需提前出具审计报告等，由甲乙双方协商解决。

七、甲乙双方对其他事项的约定

甲方：林洪股份有限公司（盖章）　　　甲方代表：洪波（签字并盖章）
乙方：江城会计师事务所（盖章）　　　乙方代表：李城（签字并盖章）

签约日期：2021 年 12 月 18 日

讨论：以上审计业务约定书存在的主要问题，并修改此业务约定书。

学习任务 3　注册会计师审计计划

审计计划分为总体审计策略和具体审计计划两个层次，注册会计师应当针对总体审计策略中所识别的不同事项，制定具体审计计划，并通过有效利用审计资源实现审计目标。

一、总体审计策略

注册会计师应当为审计工作制定总体审计策略。它用于确定审计范围、时间安排和方向，并指导具体审计计划的制定。

1. 审计范围

审计计划

在确定审计范围时，需要考虑下列具体事项：编制拟审计的财务信息所依据的财务报告编制基础，包括是否需要将财务信息调整至按照其他财务报告编制基础编制；特定行业的报告要求，如某些行业监管机构要求提交的报告；预期审计工作涵盖的范围，包括应涵盖的组成部分的数量及所在地点；母公司和集团组成部分之间存在的控制关系的性质，以确定如何编制合并财务报表；由组成部分注册会计师审计组成部分的范围；拟审计的经营分部的性质，包括是否需要具备专门知识；外币折算，包括外币交易的会计处理、外币财务报表的折算和相关信息的披露；除为合并目的执行的审计工作之外，对个别财务报表进行法定审计的需求；内部审计工作的可获得性及注册会计师拟信赖内部审计工作的程度；被审计单位使用服务机构的情况，及注册会计师如何取得有关服务机构内部控制设计和运行有效性的证据；对利用在以前审计工作中获取的审计证据的预期；信息技术对审计程序的影响，包括数据的可获得性和对使用计算机辅助审计技术的预期；协调审计工作与中期财务信息审阅的预期涵盖范围和时间安排，以及中期审阅所获取的信息对审计工作的影响；与被审计单位人员的时间协调和相关数据的可获得性。

2. 报告目标、时间安排及所需沟通的性质

为计划报告目标、时间安排和所需沟通，需要考虑下列事项：被审计单位对外报告的时间表，包括中间阶段和最终阶段；与管理层和治理层举行会谈，讨论审计工作的性质、时间安排和范围；与管理层和治理层讨论注册会计师拟出具的报告的类型和时间安排以及沟通的其他事项（口头或书面沟通），包括审计报告、管理建议书和向治理层通报的其他事项；与管理层讨论预期就整个审计业务中对审计工作的进展进行的沟通；与组成部分注册会计师沟通拟出具的报告的类型和时间安排，以及与组成部分审计相关的其他事项；项目组成员之间沟通的预期的性质和时间安排，包括项目组会议的性质和时间安排，以及复核已执行工作的时间安排；预期是否需要和第三方进行其他沟通，包括与审计相关的法定或约定的报告责任。

3. 审计方向

总体审计策略的制定应当包括考虑影响审计业务的重要因素，以确定项目组工作方向，包括确定适当的允许错报金额（重要性水平），初步识别可能存在较高的重大错报风险的领域，初步识别重要的组成部分和账户余额，评价是否需要针对内部控制的有效性获取审计证据，识别被审计单位、所处行业、财务报告要求及其他相关方面最近发生的重大变化等。

4. 审计资源

注册会计师应当在总体审计策略中清楚地说明审计资源的规划和调配，包括确定执行审计业务所必需的审计资源的性质、时间安排和范围。具体包括以下四个方面：

（1）向具体审计领域调配的资源，包括向高风险领域分派有适当经验的项目组成员，就复杂的问题利用专家工作等；

（2）向具体审计领域分配资源的多少，包括分派到重要地点进行存货监盘的项目组成员的人数，在集团审计中复核组成部分注册会计师工作的范围，向高风险领域分配的审计时间预算等；

（3）何时调配这些资源，包括是在期中审计阶段还是在关键的截止日期调配资源等；

（4）如何指导、监督、复核这些资源的利用，包括预期何时召开项目组预备会和总结会，预期项目合伙人和经理如何进行复核，是否需要实施项目质量控制复核等。

二、具体审计计划

注册会计师应当为审计工作制定具体审计计划。具体审计计划比总体审计策略更加详细，其内容包括为获取充分、适当的审计证据以将审计风险降至可接受的低水平，项目组成员拟实施的审计程序的性质、时间和范围。可以说，为获取充分、适当的审计证据，而确定审计程序的性质、时间和范围的决策是具体审计计划的核心。具体审计计划应当包括风险评估程序、计划实施的进一步审计程序和其他审计程序。

1. 风险评估程序

具体审计计划应当包括注册会计师实施的风险评估程序的性质、时间安排和范围，以便足够的识别和评估财务报表重大错报风险。

2. 计划实施的进一步审计程序

注册会计师计划的进一步审计程序是针对风险评估程序而言的，可以分为进一步审计程序的总体方案和拟实施的具体审计程序（包括进一步审计程序的具体性质、时间安排和范围）两个层次。进一步审计程序的总体方案主要是指注册会计师针对各类交易、账户余额和披露决定采用的总体方案。具体审计程序则是对进一步审计程序的总体方案的延伸和细化，它通常包括控制测试和实质性程序的性质、时间安排和范围。

3. 计划其他审计程序

具体审计计划应当包括根据审计准则的规定,注册会计师针对审计业务需要实施的其他审计程序。计划的其他审计程序可以包括上述进一步程序的计划中没有涵盖的、根据其他审计准则的要求注册会计师应当执行的既定程序。

三、审计过程中对计划的更改

计划审计工作并非审计业务的一个孤立阶段,而是一个持续的、不断修正的过程,贯穿于整个审计业务的始终。由于未预期事项、条件的变化或在实施审计程序中获取的审计证据等原因,在审计过程中,注册会计师应当在必要时对总体审计策略和具体审计计划做出更新和修改。

审计过程可以分为不同阶段,通常前面阶段的工作结果会对后面阶段的工作计划产生一定的影响,而后面阶段的工作过程中又可能发现需要对已制定的相关计划进行相应的更新和修改。通常来讲,这些更新和修改涉及比较重要的事项。例如,对重要性水平的修改,对某类交易、账户余额和披露的重大错报风险的评估和进一步审计程序的更新和修改等。一旦计划被更新和修改,审计工作也就应当进行相应的修正。

【审计技能案例3-3】ABC会计师事务所负责审计甲集团公司2021年度财务报表。集团审计项目组在审计工作底稿中记录了集团审计策略部分内容如表3-2所示。

表3-2 甲集团审计策略(部分)

序号	公司名称(性质)	重要组成部分否	集团审计策略
(1)	甲公司	不适用	初步预期集团层面控制运行有效,并拟实施控制测试
(2)	乙公司(子公司)	否	拟使用集团财务报表整体的重要性对乙公司财务信息实施审阅
(3)	丙公司(联营公司)	否	拟实施集团层面的分析程序,不利用丙公司注册会计师的工作,因此不对其进行了解
(4)	丁公司(子公司)	是	经初步了解,负责丁公司审计的组成部分注册会计师不符合与集团审计相关的独立性要求。拟通过参与该注册会计师对丁公司实施的审计工作,消除其不具有独立性的影响
(5)	戊公司(子公司)	是	拟要求组成部分注册会计师实施审计,并提交其出具的戊公司审计报告。对戊公司自2022年3月10日(戊公司财务报表审计报告日)至2022年3月31日(甲集团公司财务报表审计报告日)之间发生的、可能需要在甲集团公司财务报表中调整或披露的期后事项,拟要求组成部分注册会计师实施审阅予以识别
(6)	庚公司(子公司)	是	庚公司从事大量衍生工具交易,可能存在导致集团财务报表发生重大错报的特别风险。拟要求组成部分注册会计师针对上述特别风险实施特定的审计程序

讨论：指出上表所述的集团审计策略是否恰当？如不恰当，简要说明理由。

【解析】：序号（1）恰当。序号（2）不恰当，应当使用组成部分乙公司的重要性对乙公司财务信息实施审阅。序号（3）恰当。序号（4）不恰当，组成部分注册会计师不符合集团审计独立性要求。集团项目组应就该组成部分财务信息亲自获取充分、适当的审计证据。序号（5）不恰当，应要求戊公司组成部分注册会计师实施审计程序。序号（6）恰当。

学习任务 4　注册会计师的审计风险与重要性

一、审计风险

审计业务是一种保证程度高的鉴证业务，可接受的审计风险应当足够低，以使注册会计师能够合理保证所审计财务报表不含有重大错报。审计风险是指财务报表存在重大错报时注册会计师发表不恰当审计意见的可能性。可接受的审计风险的确定，需要考虑会计师事务所对审计风险的态度、审计失败对会计师事务所可能造成损失的大小等因素。审计风险取决于重大错报风险和检查风险。

1. 重大错报风险

重大错报风险是指财务报表在审计前存在重大错报的可能性。重大错报风险与被审计单位的风险相关，且独立存在于财务报表的审计中。在设计审计程序以确定财务报表整体是否存在重大错报时，注册会计师应当从财务报表层次和各类交易、账户余额和披露认定层次两个方面考虑重大错报风险。

（1）两个层次的重大错报风险。具体介绍如下：

①财务报表层次重大错报风险与财务报表整体存在广泛联系，可能影响多项认定。此类风险通常与控制环境有关，但也可能与其他因素有关，如经济萧条等。此类风险难以界定于某类交易、账户余额和披露的具体认定；相反，此类风险增大了任何数目的不同认定发生重大错报的可能性，对注册会计师考虑由舞弊引起的风险特别相关，如被审计单位持续存在经营假设合理性的事项或情况等。对这类风险注册会计师应考虑的措施包括：考虑审计项目组承担重要责任的人员的学识、技术和能力，是否需要专家介入；考虑给予业务助理人员适当程度的监督指导；考虑是否导致注册会计师怀疑。

②注册会计师应当同时考虑各类交易、账户余额和披露认定层次的重大错报风险，考虑的结果直接有助于注册会计师确定认定层次上实施的进一步审计程序的性质、时间安排和范围。注册会计师在各类交易、账户余额和披露认定层次获取审计证据，以便能够在审计工作完成时，以可接受的低审计风险水平对财务报表整体发表审计意见。认定层次的重大错报风险又可以进一步细分为固有风险和控制风险。

a. 固有风险是指在考虑相关的内部控制之前，某类交易、账户余额或披露的某一认定易于发生错报（该错报单独或连同其他错报可能是重大的）的可能性。某些类别的交易、账户余额和披露及其认定，固有风险较高，例如，复杂的计算比简单计算更可能出错；受重大计量不确定性影响的会计估计发生错报的可能性较大。产生经营风险的外部因素也可能影响固有风险，比如，技术进步可能导致某项产品陈旧，进而导致存货易于发生提取减值准备的错报（计价认定）。被审计单位及其环境中的某些因素还可能与多个甚至所有类别的交易、账户余额和披露有关，进而影响多个认定的固有风险，如维持经营的流动资金匮乏、被审计单位处于夕阳行业等。

b. 控制风险是指某类交易、账户余额或披露的某一认定发生错报，该错报单独或连同其他错报是重大的，但没有被内部控制及时防止或发现并纠正的可能性。控制风险取决于与财务报表编制有关的内部控制的设计和运行的有效性。由于内部控制的固有局限性，某种程度的控制风险始终存在。

固有风险和控制风险都与被审计单位的内部控制相关，在审计实务中，注册会计师既可以对两者进行单独评估，也可以对两者进行合并评估。因为，被审计单位的固有风险和控制风险不可分割地交织在一起，有时无法单独进行评估，可以不单独区分固有风险和控制风险，而将这两者合并称为"重大错报风险"。

2. 检查风险

检查风险是指如果存在某一错报，该错报单独或连同其他错报可能是重大的，注册会计师为将审计风险降至可接受的低水平而实施审计程序后没有发现这种错报的风险。检查风险取决于审计程序设计的合理性和执行的有效性，与注册会计师相关。检查风险存在的原因是，注册会计师通常并不对所有的交易、账户余额和披露进行检查，以及其他原因，检查风险不可能降低为零；同时，注册会计师可能选择了不恰当的审计程序、审计过程执行不当，或者错误解读了审计结论等，也是影响检查风险存在的其他因素。这些其他因素可以通过适当计划、在项目组成员之间进行恰当的职责分配、保持职业怀疑态度以及监督、指导和复核助理人员所执行的审计工作得以解决。

3. 检查风险与重大错报风险的反向关系

在既定的审计风险水平下，可接受的检查风险水平与认定层次重大错报风险的评估结果呈反向关系。评估的重大错报风险越高，可接受的检查风险越低；评估的重大错报风险越低，可接受的检查风险越高。实务中，注册会计师可用"高""中""低"等文字描述这些风险水平，也可用绝对数量（审计风险模型）来表达。检查风险与重大错报风险的反向关系用数学模型表示如下：

$$审计风险 = 重大错报风险 \times 检查风险$$

【审计技能案例 3-5】某注册会计师在评估被审计单位的审计风险时，分别设计了以下四种情况，以帮助决定可接受的检查风险水平，如表 3-3 所示。

表 3-3 某企业审计风险情况表

%

风险类别	情况一	情况二	情况三	情况四
可接受的审计风险	4	4	2	2
重大错报风险	40	100	40	100

讨论：注册会计师可接受的检查风险水平是多少？

二、重要性的含义

审计重要性

财务报告编制基础通常从编制和披露财务报表的角度阐释重要性概念，重要性概念可从下列方面进行理解：

（1）如果合理预期错报（包括漏报）单独或汇总起来可能影响财务报表使用者依据财务报表做出的经济决策，则通常认为错报是重大的；

（2）对重要性的判断是根据具体环境做出的，并受错报的金额或性质的影响，或受两者共同作用的影响；

（3）判断某事项对财务报表使用者是否重大，是在考虑财务报表使用者整体（不是个别使用者）共同的财务信息需求的基础上作出的。

注册会计师必须对重大错报的规模（金额）和性质做出一个判断，包括制定财务报表层次的重要性和特定交易类别、账户余额和披露的重要性水平；同时，审计中可能存在未被发现的错报和不重大错报汇总后就变成重大错报的情况。就重大错报的规模（金额）而言，注册会计师应当在计划阶段制定一个较低的重要性水平（允许错报的金额），以便评估风险和设计进一步审计程序。在形成审计结论阶段，要使用整体重要性水平和为了特定交易类别、账户余额和披露而制定的较低金额的重要性水平来评价已识别的错报对财务报表的影响和对审计报告中审计意见的影响。

三、计划重要性水平的确定

在计划审计工作时，注册会计师应当对重大错报的规模（金额）确定一个可接受的重要性水平，以发现在金额上重大的错报。注册会计师在确定计划的重要性水平时，需要考虑对被审计单位及其环境的了解、审计的目标、财务报表各项目的性质及其相互关系、财务报表项目的金额及其波动幅度。

1. 财务报表整体的重要性

由于财务报表审计的目标是注册会计师通过执行审计工作对财务报表发表审计意见，因此，注册会计师应当考虑财务报表层次的重要性，包括重要性金额（重要性水平）与性质。只有这样，才能得出财务报表是否公允反映的结论。

确定重要性水平（金额）时需要运用职业判断，通常先选定一个基准，再乘以某一百分比作为财务报表整体的重要性。在选择基准时，需要考虑的因素包括：财务报表要素（如资产、负债、所有者权益、收入和费用）；是否存在特定会计主体的财务报表使用者特别关注的项目（如为了评价财务业绩，使用者可能更关注利润、收入或净资产）；被审计单位的性质、所处的生命周期阶段以及所处行业和经济环境；被审计单位的所有权结构和融资方式（例如，如果被审计单位仅通过债务而非权益进行融资，财务报表使用者可能更关注资产及资产的索偿权，而非被审计单位的收益）；基准的相对波动性。

适当的基准取决于被审计单位的具体情况，包括各类报表收益（如税前利润、营业收入、毛利和费用总额），以及所有者权益或净资产。对于以营利为目的的实体，通常以经常性业务的税前利润作为基准；如果经常性业务的税前利润不稳定，选用其他基准可能更加合适,如毛利或营业收入。就选定的基准而言,相关的财务数据通常包括前期财务成果和财务状况、本期最新的财务成果和财务状况、本期的预算和预测结果。当然,本期最新的财务成果和财务状况、本期的预算和预测结果需要根据被审计单位情况的重大变化(如重大的企业并购)和被审计单位所处行业和经济环境情况的相关变化等作出调整。例如,当按照经常性业务的税前利润的一定百分比确定被审计单位财务报表整体的重要性时,如果被审计单位本年度税前利润因情况变化出现意外增加或减少,注册会计师可能认为按照近几年经常性业务的平均税前利润确定财务报表整体的重要性更加合适。

百分比无论是高一些还是低一些,只要符合具体情况,都是适当的。为选定的基准确定百分比需要运用职业判断,百分比要与选定的基准之间存在一定的联系,如经常性业务的税前利润对应的百分比通常比营业收入对应的百分比要高。再如,对以营利为目的的制造行业实体,注册会计师可能认为总资产的1%或经常性业务的税前利润的10%是适当的;而对非营利组织,注册会计师可能认为总收入(费用总额)的1%是适当的。

【审计技能案例3-5】注册会计师对某股份有限公司2021年度财务报表进行审计,其有关财务报表项目金额如表3-4所示。

表3-4 某股份有限公司报表项目

财务报表项目名称	资产合计	股东权益合计	主营业务收入	净利润
金额/万元	180 000	88 000	240 000	24 120
百分比数值/%	0.5	1	0.5	5

讨论:注册会计师应如何计划财务报表层次的审计重要性?

【解析】:(1)确定重要性水平。经计算,各项基准的重要性水平分别为:900万元、880万元、1 200万元和1 206万元。注册会计师应将财务报表层次计划的重要性(允许错报的金额)规模确定为880万元。也即是说,该公司财务报表错漏报金额在880万元以内时,是注册会计师及其财务报表使用者可以接受的。(2)注册会计师还应考虑重要性的性质,例如该单位的相关人员贪污、挪用100万元是不可接受的。

2. 特定类别交易、账户余额或披露的重要性水平

仅为发现重大的错报而计划审计工作将忽视这样一个事实,即单项非重大错报的汇总数可能导致财务报表出现重大错报,更不用说还没有考虑可能存在的未发现错报。根据被审计单位的特定情况,下列因素可能表明存在一个或多个特定类别的交易、账户余额或披露,其发生的错报金额虽然低于财务报表整体的重要性,但合理预期将影响财务报表使用者依据财务报表做出的经济决策:

(1)法律法规或适用的财务报告编制基础是否影响财务报表使用者对特定项目(如关联方交易、管理层和治理层的薪酬)计量或披露的预期;

(2)与被审计单位所处行业相关的关键性披露(如制药企业的研究与开发成本);

(3)财务报表使用者是否特别关注财务报表中单独披露的业务的特定方面(如新收购的业务)。

四、实际执行的重要性

实际执行的重要性,是指注册会计师确定的低于财务报表整体重要性的一个或多个金额,旨在将未更正和未发现错报的汇总数超过财务报表整体的重要性的可能性降至适当的低水平。如果适用,实际执行的重要性还指注册会计师确定的低于特定类别的交易、账户余额或披露的重要性水平的一个或多个金额,旨在将这些交易、账户余额或披露中未更正与未发现错报的汇总数超过这些交易、账户余额或披露的重要性水平的可能性降至适当的低水平。

确定实际执行的重要性并非简单机械的计算,需要注册会计师运用职业判断,并考虑下列因素的影响:

(1) 对被审计单位的了解(这些了解在实施风险评估程序的过程中得到更新);
(2) 前期审计工作中识别出的错报的性质和范围;
(3) 根据前期识别出的错报对本期错报作出的预期。

通常而言,实际执行的重要性通常为财务报表整体重要性的 50%~75%。接近财务报表整体重要性 50% 的情况包括:

(1) 经常性审计,以前年度审计调整较多,项目总体风险较高(如处于高风险行业,经常面临较大市场压力);
(2) 首次承接的审计项目;
(3) 需要出具特殊目的报告等。

接近财务报表整体重要性 75% 的情况包括:

(1) 经常性审计,以前年度审计调整较少;
(2) 项目总体风险较低(如处于低风险行业,市场压力较小)。

审计重要性技能案例

由于存在下列原因,注册会计师可能需要修改财务报表整体的重要性和特定类别的交易、账户余额或披露的重要性水平(如果适用):

(1) 审计过程中情况发生重大变化(如决定处置被审计单位的一个重要组成部分)。
(2) 获取新信息。
(3) 通过实施进一步审计程序,注册会计师对被审计单位及其经营的了解发生变化。

例如,注册会计师在审计过程中发现,实际财务成果与最初确定财务报表整体的重要性时使用的预期本期财务成果相比存在很大差异,则需要修改重要性。

【审计技能案例 3-6】甲集团公司拥有乙公司等五家全资子公司。ABC 会计师事务所负责审计甲集团公司 2021 年度财务报表,确定甲集团公司合并财务报表整体的重要性为 500 万元。集团项目组在审计工作底稿中记录了集团审计策略部分内容如表 3-5 所示。

表 3-5 甲集团公司审计策略(部分)

公司名称	是否集团重要组成部分	是否其他事务所执行相关工作	拟执行工作的类型	组成部分重要性	说明
乙公司	是	否	审计	500 万元	确定该组成部分实际执行的重要性为 300 万元

续表

公司名称	是否集团重要组成部分	是否其他事务所执行相关工作	拟执行工作的类型	组成部分重要性	说明
丙公司	是	是	审计	200万元	该组成部分实际执行的重要性由其他会计师事务所自行确定，无须评价
丁公司	是	是	审计	100万元	确定该组成部分实际执行的重要性为60万元
戊公司	否	否	审阅	不适用	执行审阅工作，无须确定组成部分重要性
庚公司	否	否	审计	400万元	确定该组成部分实际执行的重要性为240万元

讨论：假定不考虑其他条件，分别指出所列"组成部分重要性"是否恰当，如不恰当简要说明理由。

【解析】：(1)乙公司的重要性不当，组成部分重要性应当低于集团财务报表整体的重要性。(2)丙公司不当，如果实际执行的重要性由组成部分注册会计师确定，应当评价其适当性。(3)丁公司重要性恰当。(4)戊公司重要性不当，如果对组成部分财务信息执行审阅，应当确定组成部分重要性。(5)庚公司重要性恰当。

学习任务5　学习效果测试

一、判断题

1. 甲公司于2021年12月31日向B公司发出商品100万元，2022年1月4日办妥托收手续，甲公司在发出商品时已确认收入。甲公司的做法违反了"完整性"认定。（　　）
2. 注册会计师应当详细运用各类交易和事项、期末账户余额、期末列报认定，作为评估重大错报风险以及设计与实施进一步审计程序的基础。（　　）
3. 存在和完整性目标强调的是审计中关注的相反的两个方面，存在与交易和事项的真实性有关，而完整性则与未记录的交易和事项相关。（　　）
4. 审计业务约定书具有经济合同性质，一经双方签字认可，即具有法定约束力。（　　）
5. 所谓审计重要性是指重要的账户余额或某项交易的发生额。（　　）
6. 实际审计风险水平与收集的审计证据数量是同向变动的。（　　）
7. 具体审计计划用以确定审计范围、时间和方向并指导制定总体审计策略。（　　）
8. 某公司将2021年度的管理费用列入2022年度的财务报表，则其2021年度财务报表违背了完整性认定。（　　）
9. 重大错报风险包括财务报表层次和各类交易、账户余额以及列报和披露认定层次的重大错报风险。（　　）

二、单选题

1. 下列认定中，与财务报表列报无关的是(　　)。

A. 发生认定　　　　　　　　　　B. 权利和义务认定
　　C. 完整性认定　　　　　　　　　D. 截止认定

2. 交易和事项已记录于正确的会计期间是(　　)认定包括的内容。
　　A. 截止　　　B. 存在或发生　　C. 计价和分摊　　D. 权利和义务

3. 甲公司将2021年度的主营业务收入列入2020年度的财务报表，则其2020年度财务报表的(　　)认定是错误的。
　　A. 存在　　　B. 发生　　　　　C. 计价　　　　　D. 完整性

4. 下列各项中，(　　)违反了权利和义务认定。
　　A. 已发生的销售业务未登记入账　　B. 将未发生的销售登记入账
　　C. 待摊费用摊销期限不恰当　　　　D. 未将作为抵押物的存货披露

5. 会计师事务所接受委托时，应同被审计单位签订(　　)。
　　A. 审计准则　　　　　　　　　　B. 审计业务约定书
　　C. 审计通知书　　　　　　　　　D. 审计报告

6. 审计重要性水平与审计风险之间是(　　)。
　　A. 呈同向变动　　B. 呈反向变动　　C. 呈比例变化　　D. 不存在关系

7. 在特定审计风险水平下，检查风险同重大错报风险之间的关系是(　　)。
　　A. 同向变动关系　　　　　　　　B. 反向变动关系
　　C. 有时同向变动，有时反向变动　　D. 没有确切的关系

8. 在计划某项审计工作时，注册会计师应分别评价(　　)两个层次的重要性。
　　A. 总账层次和明细账层次　　　　B. 资产负债和利润表层次
　　C. 财务报表层次和认定层次　　　D. 记账凭证层次和原始凭证层次

9. (　　)用以确定审计范围、时间和方向。
　　A. 总体审计策略　　　　　　　　B. 审计业务约定书
　　C. 审计依据　　　　　　　　　　D. 具体审计计划

三、多选题

1. 下列认定中，与利润表组成要素相关的认定有(　　)。
　　A. 存在或发生　　B. 权利和义务　　C. 计价和分摊　　D. 截止

2. 若被审计单位粉饰财务报表，注册会计师应侧重验证(　　)的"完整性"。
　　A. 销售收入　　　B. 现金　　　　　C. 存货　　　　　D. 应收账款

3. "权利和义务"认定一般与(　　)的组成要素无关。
　　A. 全部财务报表　B. 现金流量表　　C. 资产负债表　　D. 利润表

4. 会计师事务所在承接审计业务时，与委托人签订审计业务约定书之前，首先应考虑(　　)。
　　A. 评价胜任能力　　　　　　　　B. 评价审计重要性
　　C. 评价独立性　　　　　　　　　D. 评价被审计单位的治理层、管理层是否诚信

5. 审计业务约定书的具体内容包括(　　)。
　　A. 财务报表审计的目标　　　　　B. 管理层对财务报表的责任
　　C. 执行审计工作的安排　　　　　D. 确定审计收费

6. 在制定总体审计策略时，注册会计师应考虑以下主要事项(　　)。

A. 审计工作范围 　　　　　　　B. 报告目标、时间安排和所需沟通
C. 审计工作方向 　　　　　　　D. 风险评估程序

7. 注册会计师应考虑两个层次的重大错报风险，即(　　)。
A. 财务报表层次　　B. 认定层次　　C. 账簿层次　　D. 凭证层次

8. 审计风险构成要素包括(　　)。
A. 重大错报风险　　B. 检查风险　　C. 审计重要性　　D. 经营风险

9. 注册会计师不能改变其实际水平的有(　　)。
A. 重大错报风险　　B. 检查风险　　C. 审计风险　　D. 审计重要性

四、审计技能案例

1. 巨丰会计师事务所注册会计师周彬通过检查、询问和分析某公司2021年度财务报表，发现以下疑点：

（1）6月15日该公司虚报冒领工资3 000元，被会计人员占为己有；

（2）11月15日收到一笔业务咨询费8 000元，列入小金库；

（3）年底存货盘点时，产成品仓库有6台电动机没有悬挂盘点标签，经询问仓库管理员说6台电动机是公司已承销了的产品；

（4）一间小仓库里存有五种已过了保质期的原材料，每种材料均挂有盘点单。经抽查，与盘点记录相符。

讨论：指出针对以上问题周彬应采用何种认定展开调查？

2. 注册会计师负责对常年审计客户甲公司2023年度财务报表进行审计，撰写了总体审计策略和具体审计计划，部分内容摘录如下。

（1）初步了解2023年度甲公司及其环境未发生重大变化，拟依赖以往审计中对管理层、治理层诚信形成的判断。

（2）因对甲公司内部审计人员的客观性和专业胜任能力存有疑虑，拟不利用内部审计的工作。

（3）如对计划的重要性水平做出修正，拟通过修改计划实施的实质性程序的性质、时间和范围降低重大错报风险。

（4）因甲公司于2023年9月关闭某地办事处并注销其银行账户，拟不再函证该银行账户。

（5）因审计工作时间安排紧张，拟不函证应收账款，直接实施替代审计程序。

（6）2023年度甲公司购入股票作为可供出售的金融资产核算。除实施询问程序外，预期无法获取有关管理层持有意图的其他充分、适当的审计证据，拟就询问结果获取管理层书面声明。

讨论：逐项指出注册会计师拟定的计划是否存在不当之处，如有不当简要说明理由。

自主学习3

学习情境 4
收集审计证据与编制工作底稿

【思维导图】

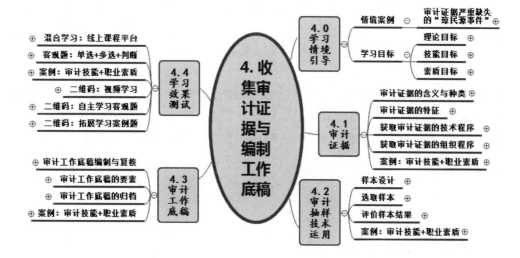

【理论目标】

理解审计证据的涵义、种类与特征;理解审计证据获取程序(方法步骤)的种类与要求;理解审计工作底稿的种类、基本要素与职业准则规范。

【技能目标】

掌握获取审计证据的职业技能;掌握审计抽样的各种技能应用;掌握审计工作底稿的格式与设计规范;掌握审计工作底稿的编制、复核和归档技能。

【素质目标】

培养学生收集、运用与保存证据的意识,树立职业风险意识;严格按照审计准则要求记录审计工作底稿,以避免未来可能面临的法律诉讼;培养审计责任意识,树立起奋发有为的职业精神。

【情境案例】 审计证据严重缺失的"琼民源事件"

琼民源公司股票于1993年4月以"琼民源A"的名称在深圳证券交易所上市,但因其经营业绩不佳,如1995年公布的年报每股收益不足0.001元,股价在低位徘徊无人问津。1997年1月22日琼民源公司率先公布1996年报表,每股收益0.87元,净利润比1995年增长1 290倍,分配方案为每10股转送9.8股。社会投资者对该公司异常变动的资本公积、未分配利润等项目提出质疑时,琼民源公司和审计该公司的海南中华会计师事务所均在媒体上表示该公司报表真实、正确。公司股价由1996年1月的2.01元被炒作到1997年1月的26.40元，有人为买入"琼民源"股票而欢呼，有人为错失良机而顿足；1997年2月28日罕见的、巨大的成交量之后，深圳证券交易所突然宣布该公司股票于3月1日停牌（停止股票交易），"琼民源A"成为中国股市此前停牌时间最长的公司之一。1998年中国证监会、人民法院对琼民源公司、海南中华会计师事务所以及相关机构及有关人员做出了行政处罚、追究直接责任人的刑事责任。

事后查明琼民源公司1996年舞弊情况：（1）虚构净利润5.66亿元，主要方法是将合作方香港冠联置业公司投入的股本及合作建房资金1.95亿元确认为收入；虚构收到转让北京民源大厦部分开发权和商场经营权的款项2.7亿元，从而确认收入3.2亿元；将收到合作的民源大厦的建设补偿费0.51亿元确认为收入。（2）虚增资本公积6.57亿元，方法是该公司将其未拥有的土地使用权和未有处置权的民源大厦对外投资，并对土地使用权和民源大厦进行评估，评估增值作为资本公积。上述虚构的结果导致公司的固定资产、在建工程、无形资产都大幅度增加。

回顾与引入：这是什么审计业务？审计失败的可能后果是什么？被审单位对财务报表有哪些认定？注册会计师财务报表审计目标是什么？

思考：审计工作的基本要求？审计证据的特征与取证技术方法有哪些？

学习任务1　审计证据

一、审计证据的含义与种类

注册会计师审计工作的基本要求是，获取充分、适当的审计证据，以得出合理的审计结论，作为形成审计意见的基础。

（一）审计证据的含义

注册会计师在财务报表审计工作中应当确定什么构成审计证据，如何获取审计证据，如何确定已收集的证据是否充分适当，收集的审计证据如何支持审计意见。所谓审计证据，是指注册会计师为了得出审计结论、形成审计意见时使用的所有信息，包括会计记录中含有的信息和从其他来源获取的信息两部分。

审计证据

（1）会计记录中含有的信息。会计记录既包括被审计单位内部生成的手工或电子形式的记录，也包括从与被审计单位进行交易的其他企业收到的记录。内部会计记录主要包括原始凭证、记账凭证、总分类账和明细分类账、未在记账凭证中反映的对财务报表的其他调整，以及支持成本分配、计算、调节和披露的手工计算表和电子数据表。上述会计记录是编制财务报表的基础，构成注册会计师执行财务报表审计业务所需获取的审计证据的重要部分。除此之外，会计记录还包括合同与协议、销售发运单、顾客对账单、供应商对账单、购销订单、财产保险清单、工时记录、支票或收据存根、账户调节表和银行对账单等。

（2）从其他来源获取的信息。注册会计师可用作审计证据的从其他来源获取的信息包括从被审计单位内部或外部获取的会议记录、内部控制手册、询证函的回函、分析师的报告、与竞争者的比较数据等；通过询问、观察和检查等获得的询问笔录、存货抽查盘点记录等；以及自身编制或获取的可以通过合理推断得出结论计算表、分析表等。

财务报表依据的会计记录中包含的信息和从其他来源获取的信息共同构成了审计证据，两者缺一不可。如果没有前者，审计工作将无法进行；如果没有后者，可能无法识别重大错报风险。只有将两者结合在一起，才能将审计风险降至可接受的低水平，为注册会计师发表审计意见提供合理基础。

（二）审计证据按其外形特征分类

审计证据按照审计人员获取该证据时的外形特征，可以分为书面证据、实物证据、口头证据、电子证据和环境证据。

1. 书面证据

书面证据是指审计人员所获取的以各种书面形式存在的、以其记载内容证明审计事项的证据。例如，被审计单位的会计凭证、会计账簿、会计报表、会议记录、合同，以及审计人员进行函证时的往来信件、鉴定和勘验证据（如字迹的鉴定，票据真伪的鉴别）等。书面证据是审计证据中最大量、最基本的证据，是审计证据的主体，是审计人员需要大量收集和利用的。书面证据证明力的强弱与其来源密切相关。

2. 实物证据

实物证据是指审计人员通过实际观察、实地盘点、检查有形资产等方法来获取的、以实物形式存在的、以其外部特征和内在本质证明审计事项的证据。例如，库存现金、有价证券、存货、固定资产等。实地盘点某类资产是确定其存在和数量的最佳实物证据，因为实物本身就具有很大的可靠性。但实地盘点通常只能确认实物资产的存在、数量、完好程度，无法确定其所有权归属、质量以及计价是否合理、适当。因此，在使用实物证据的同时，还需取得其他的审计证据。

3. 口头证据

口头证据是指审计人员收集的与审计事项有关的言词材料。例如，被审计单位职员对审计人员的询问做出的口头答复，审计事项有关人员做出的陈述等。由于口头证据往往带有个人观点，有时会影响被调查事项的真实性，因而证明力较差。一般而言，审计人员不能单凭口头证据做出审计结论，但可以通过口头证据发掘一些重要线索，从而有利于对某些需要审核的情况作进一步的调查，以收集更可靠的证据。审计人员应将重要的口头证据做好书面记录，并取得证据提供者的签字盖章。

4. 电子证据

电子证据是指以录音、录像、磁盘及其他电子计算机储存形式存在的、用于证明审计事项的证据，包括与信息系统控制相关的配置参数、反映交易记录的电子数据等。例如，与审计事项相关的当事人讲话的录音带、经济业务发生时现场的录像带、业务往来中的电子邮件、计算机中储存的资料等。随着科学技术的发展，电子技术越来越普遍地运用在各个行业中，而会计电算化也使凭证、账簿和报表等会计资料电子化。因此，电子证据的重要性日益明显，此类证据已成为审计人员执行审计业务过程中经常运用的证据之一。

5. 环境证据

环境证据也称状况证据，是指对审计事项产生影响的各种环境事实。例如，被审计单位的地理位置、内部控制状况、管理经营状况、管理人员的素质、国内外政治经济形势等。环境证据是对审计事项外部条件的证实，可以进一步了解被审计事项的性质。例如，观察现金报销过程，可以了解该业务的具体流程是否有内部控制，内部控制是否得到切实执行，这比单纯复核报销单据更能说明现金报销的真相。环境证据一般不作为主要证据，它可以为审计人员分析判断审计事项提供有用的信息，是审计人员必须掌握的资料。

（三）审计证据按其来源分类

审计证据按照审计人员获取该证据时的来源，可以分为亲历证据、外部证据、内部证据。

1. 亲历证据

亲历证据是指审计人员在被审计单位执行审计业务的过程中亲眼目击、亲自参与或亲自动手取得的一类证据。例如，审计人员监督财产物资盘点取得的盘点表；审计人员观察被审计单位经济业务执行情况所取得的记录；审计人员亲自动手编制的计算表、分析表等。亲历证据因为由审计人员亲自参与而产生，其可靠性很高，证明力也很强。

2. 外部证据

外部证据是指审计人员取得的由被审计单位以外的其他单位或人员提供的审计证据。这类证据包括外部单位或人员提供的由被审计单位编制但在外部流转的证据和外部单位或人员提供的非被审计单位编制的证据两类。前者包括审计人员在其他单位获取的被审计单位填制的销售发票、收款收据、被审单位采购人员索取购货折扣的信件或电子邮件等；后者包括审计人员直接获取的询证回函、从银行获取的被审计单位的对账单、从法院获取的被审计单位涉诉案件的判决书、从邮电部门获取的被审计单位的通话清单等。由于外部单位或个人一般与被审计单位没有直接的经济利害关系，而且不容易受控于被审计单位，因此，外部证据较为客观，其证明力也比较强。

3. 内部证据

内部证据是指由被审计单位内部机构或人员提供的审计证据。它包括被审计单位的各类会计凭证、会计账簿，被审计单位编制的各种试算表和汇总表，管理当局声明书，重要的计划，重要的合同资料，以及其他各种由被审计单位提供的外单位编制的银行对账单、往来信件等。一般而言，内部证据不如外部证据可靠。

需要说明的是，被审计单位填制的销售发票，若为被审计单位提供给审计人员则为内部证据，若为购货单位提供的则为外部证据；同样地，被审计单位的购货发票是由外单位填制的，若是被审计单位的原始凭证则为内部证据，若是从销货方复印获得的则为外部证据。

（四）审计证据按其相关程度分类

审计证据按其与审计目标或审计事项的相关程度，可以分为基本证据和辅助证据两大类。

1. 基本证据

基本证据是指对审计事项的某一审计目标有重要的、直接证明作用的审计证据。例如各种会计资料、银行对账单、盘点的实物资产、其他经济资料等，都是证明报表真实、正确性的基本证据。基本证据与所要证实的目标有极其密切的关系，审计人员有时可以根据基本证据直接得出审计结论，因此基本证据有时也称为直接证据。在审计实务工作中，审计人员要特别注意基本证据的收集。

2. 辅助证据

辅助证据是指与被审计事项间接相关，对被审计事项只具有间接证明力，需要与其他证据结合起来，经过分析、判断才能证明被审计事项的各种证据。例如口头证据、环境证据就属于此类。

一般而言，基本证据的证明力更强，尽可能多地收集基本证据，可以增强审计证据的证明力。辅助证据对于基本证据具有支持和加强作用，尤其当基本证据较少或无法收集到时，审计人员应注意对辅助证据的收集，加大辅助证据收集数量，综合分析各种辅助证据之间的内在联系，才能对被审计事项做出较为客观、公正的审计结论。

【审计技能案例 4-1】审计人员 2023 年 2 月在对某行政单位的出纳员经管的现金盘点时，清点现金实有 8 000 元，并发现有三张未经批准私自借出现金的白条 15 万元。出纳员亦承认私自出借这一事实并表示愿用自己的钱垫付归还，同时提供了 2022 年年底被审计单位的一张现金盘点表，以证明只私自出借了不足 2 个月。审计人员认定该出纳员挪用现金 15 万元。

要求：请指出审计人员收集的审计证据有哪些？各属何种证据？审计结论是否恰当？

【解析】：获取的审计证据有：（1）2023 年 2 月的现金盘点表：属于实物证据、亲历证据、基本证据。（2）2022 年年底的现金盘点表、三张白条：属于书面证据、内部证据、基本证据。（3）询问笔录：属于口头证据、亲历证据、辅助证据。

根据我国现行法律，国家工作人员利用职务便利，私自出借款项即为挪用，挪用 3 个月以上不还或无法归还的，应视为贪污；该出纳员只挪用了不足 2 月，所收集的审计证据能支持挪用的认定结论；由于询问笔录是口头证据，即便不收集，也能支持以上的认定结论。

二、审计证据的特征

注册会计师应当保持职业怀疑态度，运用职业判断，评价审计证据的充分性和适当性。受到成本的约束，注册会计师不可能检查和评价所有可能获取的证据，因此对审计证据充分性、适当性的判断是非常重要的。

（一）审计证据的充分性

审计证据的充分性是指审计证据的数量足以支持注册会计师形成审计意见，它是对审计证据数量的衡量和最低数量要求。获取的审计证据应当充分，足以将审计风险限制在可接受的水平。审计证据的充分性主要与注册会计师确定的样本量有关，例如，对销售发票实施审计，从 200 张中获得的证据要比从 100 张中获得的证据更充分。

审计证据的充分性受注册会计师对重大错报风险评估、审计证据质量的影响。一般来说，注册会计师评估的重大错报风险越高，需要的审计证据可能越多；审计证据质量越高，需要的审计证据可能越少。然而，注册会计师仅靠获取更多的审计证据可能无法弥补其质量上的缺陷。例如，注册会计师对从事电子产品、鲜活农副产品等经营的公司进行审计，经过分析认为，受被审计单位行业性质的影响，存货陈旧的可能性相当高，存货计价的错报可能性大；为此，注册会计师在审计中，就要选取更多的存货样本进行测试，以确定存货陈旧的程度，从而确认存货的价值是否被高估。

（二）审计证据的适当性

审计证据的适当性，是对审计证据质量的衡量，即审计证据在支持审计意见所依据的结论方面具有的相关性和可靠性。相关性和可靠性是审计证据适当性的核心内容，只有相关且可靠的审计证据才是高质量的。

1. 审计证据的相关性

审计证据的相关性，是指用作审计证据的信息与审计程序的目的和所考虑的被审计单位管理层认定（承诺）之间的逻辑联系。用作审计证据的信息的相关性可能受审计程序（方法）测试方向的影响。例如，如果某审计的目的是测试应付账款的虚构，则测试已记录的应付账款可能是相关的审计方法；如果某审计的目的是测试应付账款是否隐匿，因为账面没有该记录，根据账面记录进行审查不是相关的审计方法，相关的审计方法可能是测试期后支出、未支付发票、供应商结算单以及发票未到的收货报告单等。

特定的审计程序可能只为某些认定提供相关的审计证据，而与其他认定无关。例如，检查期后应收账款收回的记录和文件可以提供有关存在和计价的审计证据，但未必提供与截止测试相关的审计证据。类似地，存货盘点可获取存货存在认定的审计证据，但不能替代存货计价、所有权认定的审计证据。同时，不同来源或不同性质的审计证据可能与同一认定相关。

2. 审计证据的可靠性

审计证据的可靠性是指审计证据的可信程度。例如，注册会计师亲自检查存货所获得的证据，就比被审计单位管理层提供给注册会计师的存货数据更可靠。审计证据的可靠性受其来源和性质的影响，并取决于获取审计证据的具体环境。注册会计师在判断审计证据的可靠性时，通常会考虑下列原则。

（1）从外部独立来源获取的审计证据比从其他来源获取的审计证据更可靠。从外部独立来源获取的审计证据未经被审计单位有关职员之手，从而减少了伪造、更改凭证或业务记录的可能性，因而其证明力最强。此类证据如银行询证函回函、税务机关或保险公司出具的证明等。从其他来源获取的审计证据，如被审计单位的会计记录、会议记录等，由于证据提供者与被审计单位存在经济或行政关系等原因，其可靠性应受到质疑。

（2）内部控制有效时内部生成的审计证据比内部控制薄弱时内部生成的审计证据更可靠。如果被审计单位有着健全的内部控制且在日常管理中得到一贯的执行，会计记录的可信赖程度将会增加。如果被审计单位的内部控制薄弱，甚至不存在任何内部控制，被审计单位内部凭证记录的可靠性就大为降低。例如，如果与销售业务相关的内部控制有效，注册会计师就能从销售发票和发货单中取得比内部控制不健全时更加可靠的审计证据。

（3）直接获取的审计证据比间接获取或推论得出的审计证据更可靠。例如，注册会计师观察某项内部控制的运行得到的证据比询问被审计单位某项内部控制的运行得到的证据更可靠。间接获取的证据有被涂改及伪造的可能性，可信赖程度较低。推论得出的审计证据，其主观性较强，人为因素较多，可信赖程度也受到影响。

（4）以文件与记录形式存在的审计证据比口头形式的审计证据更可靠。例如，管理层的会议记录（包括纸质、电子或其他介质）比对讨论事项事后的口头表述更可靠。口头证据本身并不足以证明事实的真相，仅仅提供了一些重要线索，为进一步调查确认所用，需要得到其他相应证据的支持。例如，注册会计师在对应收账款进行账龄分析后，可以向应收账款负责人询问，如果该负责人的意见与注册会计师自行估计的坏账损失基本一致，则这一口头证据就可成为证实注册会计师对有关坏账损失判断的重要证据。

（5）从原件获取的审计证据比从传真件或复印件获取的审计证据更可靠。注册会计师可审查原件是否有被涂改或伪造的迹象，排除伪证，提高证据的可信赖程度。而传真件或复印件可能是篡改或伪造的结果，可靠性较低。

注册会计师在按照上述原则评价审计证据的可靠性时，还应当注意可能出现的重要例外情况。例如，审计证据虽然是从独立的外部来源获得，但如果该证据是由不知情者或不具备资格者提供，审计证据也可能是不可靠的。同样，如果注册会计师不具备评价证据的专业能力，那么即使是直接获取的证据，也可能不可靠。

（三）充分性和适当性之间的关系

充分性和适当性是审计证据的两个重要特征，两者缺一不可，只有充分且适当的审计证据才是有证明力的。

注册会计师需要获取的审计证据的数量也受审计证据质量的影响。审计证据质量越高，需要的审计证据数量可能越少。也就是说，审计证据的适当性会影响审计证据的充分性。例如，被审计单位内部控制健全时生成的审计证据更可靠，注册会计师只需获取适量的审计证据，就可以为发表审计意见提供合理的基础。

需要注意的是，尽管审计证据的充分性和适当性相关，但如果审计证据的质量存在缺陷，那么注册会计师仅靠获取更多审计证据可能无法弥补其质量上的缺陷。例如，注册会计师应当获取与销售收入完整性相关的证据，实际获取到的却是有关销售收入真实性的证据，审计证据与完整性目标不相关，即使获取的证据再多，也证明不了收入的完整性。同样地，如果注册会计师获取的证据不可靠，那么证据数量再多也难以起到证明作用。

【审计技能案例 4-2】某审计人员在执行审计业务过程中收集到以下五组审计证据：
（1）销货发票副本与购货发票；
（2）审计助理人员监盘存货的记录与客户自编的存货盘点表；
（3）审计人员收回的应收账款函证回函与询问客户应收账款负责人的记录；
（4）银行对账单与银行函证的回函；
（5）领料单与材料成本计算表。
讨论：指出上述每组证据中哪项审计证据更可靠，并分析原因。

（四）评价充分性和适当性时的特殊考虑

1. 对文件记录可靠性的考虑

审计工作通常不涉及鉴定文件记录的真伪，注册会计师也不是鉴定文件记录真伪的专家，但应当考虑用作审计证据的信息的可靠性，并考虑与这些信息生成和维护相关控制的有效性。

如果在审计过程中识别出的情况使其认为文件记录可能是伪造的，或文件记录中的某些条款已发生变动，注册会计师应当做出进一步调查，包括直接向第三方询证，或考虑利用专家的工作以评价文件记录的真伪。例如，如发现某银行询证函回函有伪造或篡改的迹象，注册会计师应当做进一步的调查，并考虑是否存在舞弊的可能性。必要时，应当通过适当方式聘请专家予以鉴定。再如，注册会计师利用被审计单位的销售收入数据分析销售变动趋势时，需要考虑被审计单位提供的上期、本期销售收入的准确性、可比性等。

2. 证据相互矛盾时的考虑

如果从不同来源获取的审计证据或获取的不同性质的审计证据能够相互印证，审计证据则具有更强的说服力。例如，注册会计师通过检查委托加工协议发现被审计单位有委托加工材料，且委托加工材料占存货比重较大，经发函询证后证实委托加工材料确实存在；委托加工协议和询证函回函这两个不同来源的审计证据互相印证，证明委托加工材料真实存在。

如果从不同来源获取的审计证据或获取的不同性质的审计证据不一致，表明某项审计证据可能不可靠，注册会计师应当追加必要的审计程序。上例中，如果注册会计师发函询证后证实委托加工材料已加工完成并返回被审计单位，委托加工协议和询证函回函这两个不同来源的证据不一致，委托加工材料是否真实存在受到质疑。这时，注册会计师应追查委托加工材料收回后是否未入库或被审计单位收回予以销售而未入账。

3. 获取审计证据时对成本的考虑

注册会计师可以考虑获取审计证据的成本与所获取信息的有用性之间的关系，但不应以获取审计证据的困难和成本为由减少不可替代的审计程序。

在保证获取充分、适当的审计证据的前提下，控制审计成本也是会计师事务所增强竞争能力和获利能力所必需的。但为了保证得出的审计结论、形成的审计意见是恰当的，注册会计师不应将获取审计证据的成本高低和难易程度作为减少不可替代的审计程序的理由。例如，在某些情况下，存货监盘是证实存货是否存在的不可替代的审计程序，注册会计师在审计中不得以检查成本高和难以实施为由而不执行该程序。

三、获取审计证据的技术程序

注册会计师面临的主要决策之一，就是通过实施审计程序，获取充分、适当的审计证据，以满足对财务报表发表意见的需要。获取审计证据涉及以下四个方面的决策：一是选用何种审计程序；二是对选定的审计程序，应当选取多大的样本规模；三是应当从总体中选取哪些项目；四是何时执行这些程序。审计程序是指注册会计师在审计过程中的某个时间，对将要获取的某类审计证据如何进行收集的详细指令，包括取证的技术程序（方法）、取证的组织程序（方法）。注册会计师取证的技术程序主要有如下七种。

确定重点审计项目技能案例

1. 检查

检查是指注册会计师对被审计单位内部或外部生成的，以纸质、电子或其他介质形式存在的记录和文件进行审查，或对资产进行实物审查。检查文件或记录主要涉及检查会计凭证、会计账簿、会计报表和其他记录，一般通过审视阅读、对比查看、勾对核查等方式进行。检查实物资产主要涉及存货和固定资产，以及库存现金、银行存款、应收票据和有价证券等，一般通过资产清查（如资产盘点或巡查）、账项调节（如未达账调节）等方式进行。

有时，可能需要区分检查资产与检查文件或记录。如果被检查的对象（如销售发票），其本身没有价值，则这种检查就是文件检查。如果被检查的对象从外形看是文件但本身有价值，则这种检查就是资产检查。例如，支票在签发以前是文件，签发以后变成了资产，核销以后，又变成了文件。只有在支票是一项资产时，才是对其进行资产检查。

检查记录或文件一般都可以提供可靠程度不同的书面证据，如通过检查被审计单位记账凭证的金额与原始凭证是否相符，判断已记录的交易是否按正确金额反映；再如，通过检查被审计单位的销售发货单是否连续编号、是否缺号、是否均已据此开具销售发票，再追查至被审计单位的账簿记录，可以判断销售业务是否隐匿，从而保证销售业务入账的完整性。若检查出纳付款凭证是否经适当的授权审批，则涉及环境证据；某些文件或记录本身就表明是一项资产如银行定期存单、银行本票、股票或债券，可以作为证明资产存在的实物证据。

检查有形资产是认定资产数量和规格、验证资产真实存在的手段，能提供资产存在的实物证据。若检查的是现金和银行存款等，则在验证资产是否存在，金额是否正确的同时，还可验证其所有权；但通常情况下，对有价证券、存货、固定资产等的检查不能确定该项资产的所有权。

2. 观察

观察是指注册会计师查看相关人员正在从事的活动或实施的程序。例如，注册会计师对被审计单位人员执行的存货盘点活动进行观察；再如，持续的观察出纳开具的支票是否经不同的经办人员加盖预留的银行印鉴后才能到银行提取现金。观察可以提供执行有关过程或程序的环境证据，但观察所提供的审计证据仅限于观察发生的时点，而且被观察人员的行为可能因被观察而受到影响，这也会使观察提供的审计证据受到限制。

需注意的是，注册会计师在审计中，对存货、现金、交易性金融资产等常用的"监盘"是一项复合程序，是观察程序和检查程序的结合运用，它是审计人员亲临现场观察被审计单位存货或现金等的盘点，并对已盘点的资产进行适当检查。所以，监盘既可获取实物证据，还能获得环境证据。

3. 询问

询问是指注册会计师以书面或口头方式，向被审计单位内部或外部的知情人员获取财务信息和非财务信息，并对答复进行评价的过程。作为其他审计程序的补充，询问广泛应用于整个审计过程中，在某些情况下，对询问的答复为注册会计师修改审计程序或实施追加的审计程序提供了基础。知情人员对询问的答复可能为注册会计师提供尚未获悉的信息或佐证证据。知情人员对询问的答复也可能提供与注册会计师已获取的其他信息存在重大差异的信息，例如，关于被审计单位管理层凌驾于控制之上的可能性的信息。针对某些事项，注册会计师可能认为有必要向管理层（如适用）获取书面声明，以证实对口头询问的答复。

尽管对通过询问获取的审计证据予以佐证通常特别重要，但在询问管理层意图时，获取的支持管理层意图的信息可能是有限的。在这种情况下，了解管理层过去所声称意图的实现情况、选择某项特别措施时声称的原因以及实施某项具体措施的能力，可以为佐证通过询问获取的证据提供相关信息。询问获取的审计证据一般不能作为结论性证据，仅仅提供一些重要线索，为进一步调查确认所用。也就是说，询问通常不足以发现认定存在的重大错报，也不足以测试控制运行的有效性。

4. 函证

函证是指注册会计师直接从第三方（被询证者）获取书面答复以作为审计证据的过程，书面答复可以采用纸质、电子或其他介质等形式。函证可以针对账户的余额、报表项目的金额，例如对应收账款、银行存款的函证；也可以针对被审计单位是否存在某些情况的证实，如与第三方之间的协议和交易条款进行函证，查证是否作过修改，若已作修改则要求被询证者提供相关信息。此外，函证程序还可以用于获取不存在某些情况的审计证据，如不存在可能影响被审计单位收入确认的"背后协议"。

函证强调从第三方直接获取有关信息，其证据来自独立于被审计单位的第三方，所以受到高度重视。函证的方式有积极式函证和消极式函证两种。积极式函证也称肯定式函证，是指要求被询证者在所有情况下都进行回函，确认询证函所列示信息是否正确，或填列询证函要求的信息。消极式函证也称否定式函证，是指要求被询证者在不同意询证函列示信息的情况下才予以回函。在采用消极式函证时，审计人员通常还需辅之以其他审计程序。

5. 重新计算

重新计算是指注册会计师对记录或文件中的数据计算的准确性进行验算或复算。重新计算可通过手工方式或电子方式进行。虽然重新计算的工作较机械、烦琐，但意义重大，因为数字计算错误，将对会计资料的正确性产生重大的影响。在运用重新计算的方法时，不仅要掌握有关会计核算的原理和计算方法，注意计算结果是否正确，而且还要对某些其他可能的差错（如计算结果的过账和转账等）予以关注。

6. 重新执行

重新执行是指注册会计师独立执行原本作为被审计单位内部控制组成部分的程序或控制。例如，审计人员利用被审计单位的银行存款日记账和银行对账单，重新编制银行存款余额调节表，并与被审计单位编制的银行存款余额调节表进行比较。审计人员按照被审计单位的业务流程重新执行业务活动，能够全面真实地再现被审计单位该项业务执行的真实情况，可用于测试和评价被审计单位内部控制的有效性，可能会产生新的审计证据，且可靠性较高。

通常，只有当询问、观察、检查等程序结合在一起仍无法获得充分的审计证据时，注册会计师才考虑通过重新执行来证实内部控制是否有效运行。例如，要审查销售发票的复核人员有没有履行职责，注册会计师不仅查看复核人员是否在相关发票上签字，获取该项内部控制是否存在的审计证据，还需要自己选取一部分销售发票进行重新计算以检查金额是否正确，并与相应的销售出库单、赊销批准手续等核对是否一致，以获取该项内部控制运行有效的证据。

7. 分析程序

分析程序是指注册会计师通过分析不同财务数据之间以及财务数据与非财务数据之间的内在关系，对财务信息作出评价。分析程序还包括在必要时对识别出的、与其他相关信息不一致或与预期值差异重大的波动或关系进行调查。例如，注册会计师对制造企业的营业收入进行分析时，可以考虑将产品销售量与被审计单位的生产能力及其利用情况（产量）、仓储条件（储量）联系起来；考虑将营业收入与成本、运费、水电费、办公经

审计分析程序
技能案例

费、广告费用、销售费用等进行配比分析；考虑将营业收入与相关的税金，如增值税进行对比分析，判断营业收入的合理性。

分析程序运用于整个审计过程，在风险评估程序、实质性程序和财务报表总体复核中被广泛应用。

（1）用于风险评估程序。注册会计师应当了解被审计单位及其环境，识别那些可能表明财务报表存在重大错报风险的异常变化，进而评估重大错报风险。例如，审计人员根据对被审计单位及其环境的了解，得知本期在生产成本中占较大比重的原材料成本大幅上升，而销售收入没有较大变化，因此，审计人员预期本期毛利率应下降。但是，审计人员通过分析程序发现，本期毛利率与上期毛利率相比变化不大，可能据此认为销售成本存在重大错报风险，应对其给予足够的关注。

（2）用于实质性程序。注册会计师可以将分析程序作为实质性程序的一种，以收集审计证据，直接识别重大错报，以适当减少交易、余额测试的工作量，节约审计成本，降低审计风险。例如：某公司2021年全年供产销形势很稳定，1月份至11月份月营业额在150万元左右，12月份营业额为240万元。12月份营业额比前11个月平均营业额增长60%，在全年供产销形势很稳定的情况下，12月份营业额的巨幅增长是不正常的，可能存在年底虚增营业收入的问题。实质性分析程序通常适用于在一段时期内存在稳定的可预期关系的大量交易，它不是必须实施的程序，并不适用于所有的财务报表认定。

（3）用于审计工作结束时对财务报表进行总体复核。总体复核时的分析程序往往集中在财务报表层次，主要解释财务报表项目自上个会计期间以来发生的重大变化，以证实财务报表中列报的所有信息与审计人员对被审计单位及其环境的了解是否一致、与审计人员取得的审计证据是否一致。

【审计技能案例4-3】注册会计应以职业谨慎态度执行审计业务，请以此态度分析以下两公司的财务数据。

（1）清河有限公司2020年、2021年主营业务收入分别为4 200万元、5 100万元，主营业务利润分别为480万元、500万元，利润总额分别为600万元、800万元，净利润分别为400万元、530万元，经营活动现金流入量分别为3 500万元、4 000万元，经营活动现金净流量分别为326万元、214万元。请代注册会计师运用利润比重、现金比率对清河有限公司的收入质量作出简短评价。

（2）晨明有限公司2020年、2021年资产平均占用额分别为1 000万元、1 300万元，主营业务收入6 000万元、9 000万元，经营活动现金流入量4 800万元、6 000万元，经营活动现金净流量分别为1 000万元（其中非付现营业成本400万元）、1 600万元（其中非付现营业成本700万元）。请代注册会计师运用资产周转率、现金比率进行简要评价。

【解析】：（1）清河有限公司2020年、2021年主营业务利润占利润总额比重分别为80%和62.5%，主营业务现金流量比率分别为83.3%和78.43%，净利润现金流量比率分别为81.5%和40.38%。故该公司的收入质量，不论是来源的稳定性、还是现金的支持能力，都有较大的下降，表明该公司存在过度经营的倾向。该公司未来经营理财过程中，不能只是单纯追求销售额的增加，还必须对收入质量加以关注，提高主营业务利润的比重，防止进入多元化经营的误区，并强化收款政策，提高收入的现金流入水平。

（2）晨明有限公司2020年、2021年资产周转率分别为6次和6.9次，百元资产现金净流量分别为 100 元和 123 元，销售现金流入比率分别为 80% 和 66.7%，非付现营业成本占现金净流量比率分别为 40% 和 43.8%。资产周转率、资产现金净流量比率有较大的提高，说明该公司的市场竞争力、营运效率、资产获现率得到了较大的增强。

四、获取审计证据的组织程序

获取审计证据的组织程序是指注册会计师对审计取证的先后顺序、审计取证的详略程度而进行规划与实施的程序（方法）。

1. 确定取证顺序的审计程序

按照注册会计师取证顺序与会计核算顺序的关系，审计程序分为顺查法和逆查法。

枣阳市审计局
出纳业务审查

（1）顺查法又称正查法，是按照会计业务核算程序进行审查的一种方法。具体审查顺序为：首先审查原始凭证，着重审查原始凭证内容是否真实、合法、正确、完整；其次审查记账凭证，着重审查会计科目、方向及金额是否正确、合规；再次审查各类会计账簿的记录是否正确，账证、账账是否相符；最后审查会计报表的各个项目是否正确、完整，核对账表、表表是否相符。对审查中发现的问题，应进一步分析原因，查明真相。由于顺查法的工作量大，费时费力，不利于提高审计工作效率，审计成本较高，所以，它一般适用于规模小，业务少的被审计单位，或者内部控制制度不够健全，存在问题较多的被审计单位。

（2）逆查法又称倒查法，是按照与会计业务核算相反的顺序进行审查的一种方法。具体审查顺序为：首先审查会计报表，从中找出增减变动异常或有错报风险的项目，据以确定下一步审计的重点项目；其次根据所确定的审计重点和可疑账项，审查相关的会计账簿，进行账表、账账核对；最后进一步审查相关记账凭证和原始凭证，查出问题的根源和真相。逆查法的优点是不必对会计报表项目一个一个的审查，可以节约审计时间和人力，提高审计工作效率和降低审计成本。逆查法的缺点是审查不够详尽，容易遗漏问题，要求审计人员必须具有一定的分析判断能力和工作经验。逆查法一般适用于规模较大、业务较多且内部控制制度比较健全的被审计单位。

通常情况下，顺查法可以判断被审计单位发生的所有交易或事项是否均已入账，查明是否有"漏记"的问题；逆查法可以判断被审计单位已入账的交易或事项是否确实已经发生，查明是否"虚构"的问题。顺查法和逆查法各有优缺点，在审计实务工作中，应将两种方法结合起来运用，取长补短，提高审计工作效率和效果。

2. 确定取证详略的审计程序

按照注册会计师取证的详略程度，审计程序分为详查法和抽查法。

（1）详查法又称详细审计法，是指对被审计单位一定时期内的全部会计资料，包括会计凭证、会计账簿和会计报表等进行全面详细审查的一种审计方法。检查时对会计凭证、会计账簿和会计报表都要详细地审查核对，以查找错弊为主要目标，并判断评价被审计单位经济活动的合法性、真实性和效益性。由于详查法的审计工作量大、费时费力、审计成本较高，所以详查法一般适用于规模小、业务少的被审计单位，以及存在严重问题、非彻底检查不可的专案审计。

（2）抽样法又称抽查法或抽样审计法，是指从被审计单位一定时期内的全部会计资料中，按照一定的方法抽查其中的一部分资料进行审查，根据审查结果推断全部资料有无错误和舞弊的一种审计方法。运用抽样审计法，若在所抽查的样本中没有发现明显的错弊，则对未抽取的会计资料可不再进行审查；反之，则应扩大抽样的范围，或改用详查法。抽样法的优点是可以减少审计的工作量，节约审计时间与成本，提高审计效率。抽样法的缺点是审计结果过分依赖抽查样本的合理性，如果样本选取不当或不具备代表性，就会使审计人员得出错误的结论，特别是对于发生频率较低的舞弊行为，较难发现，审计风险较大。抽样法一般适用于会计基础较好，内部控制制度比较健全的被审计单位。

学习任务 2　审计抽样技术运用

注册会计师在财务报表审计中一般使用审计抽样方法，主要分为样本设计、选取样本和评价样本结果三个阶段进行。

一、样本设计

审计抽样方法

在设计审计样本时，审计人员应考虑审计的目标和抽样总体的属性。也就是说审计人员首先应考虑拟实现的具体目标，并根据目标和总体的特点确定能够最好地实现该目标的审计程序组合，以及如何在实施审计程序时运用审计抽样。

（1）确定测试目标。审计抽样必须紧紧围绕审计测试的目标展开，例如，审计的目标是为了获取内部控制的设计或运行是否有效的证据，还是为了确定某类交易或账户余额的发生、完整性与准确性等的审计证据。

（2）定义总体和抽样单元。

①在实施抽样之前，审计人员必须定义总体，确定抽样总体的范围。总体可以包括构成某类交易或账户余额的所有项目，也可以只包括某类交易或账户余额中的部分项目。所定义的总体应当具备两个特征：

a. 适当性，即审计人员应确定总体适合于特定的审计目标，包括适合于测试的方向。

b. 完整性，即审计人员应从总体项目内容和涉及时间等方面确定总体的完整性。

②在定义抽样单元时，审计人员应使其与审计测试目标保持一致。审计人员在定义总体时通常都指明了适当的抽样单元。抽样单元可以是一个账户余额、一笔交易或交易中的一项记录，甚至每个货币单元；也可以是提供内部控制运行证据的文件资料，如一张销售发票或出库单。

（3）分层。分层是指将一个总体划分为多个子总体的过程，每个子总体由一组具有相同特征（通常为货币金额）的抽样单元组成。分层可以降低每一层中项目的变异性，从而在抽样风险没有成比例增加的前提下减小样本的规模。

审计人员通常按照金额对某类交易或账户余额进行分层，以将更多的审计资源投入到大额项目中。例如，在对被审计单位的财务报表进行审计时，为了函证应收账款，审计人员可以将应收账款账户按其金额大小分为三层,即账户金额在 10 万元以上的、账户金额在 5 万~10 万元的、账户金额在 5 万元以下的。然后,根据各层的重要性分别采取不同的选样方法:全部函证金额在 10 万元以上的应收账款账户,对于金额在 5 万~10 万元以及金额在 5 万元以下的应收账款账户则可采取适当的选样方法选取进行函证的样本。审计人员也可以按照显示较高误差风险的某一特定特征对总体进行分层。例如,在测试应收账款估价时,余额可以根据账龄分层。

二、选取样本

1. 影响样本规模的因素

样本规模是指从总体中选取样本项目的数量。在审计抽样中,如果样本规模过小,就不能反映出审计对象总体的特征,也无法获取充分的审计证据,其审计结论的可靠性会受到影响;相反,如果样本规模过大,则会增加审计工作量,加大审计成本,降低审计效率,失去审计抽样的意义。影响样本规模的因素主要包括以下五个方面的内容。

(1)可接受的抽样风险。在确定样本规模时,审计人员应当考虑能否将抽样风险降至可接受的低水平。可接受的抽样风险与样本规模成反比,审计人员愿意接受的抽样风险越低,样本规模通常越大;反之,审计人员愿意接受的风险水平越高,样本规模通常越小。

(2)可容忍误差。可容忍误差是指审计人员在认为测试目标已实现的情况下能够容忍的最大误差,如审计人员能够容忍的最大偏差数量、差错率,或审计计划阶段设定的重要性金额等。在其他因素既定的条件下,可容忍误差越大,所需的样本规模越小。

(3)预计总体误差。预计总体误差是审计人员预期在审计过程中发现的误差。预计总体误差越大,可容忍误差也应当越大;但预计总体误差不应超过可容忍误差。在既定的可容忍误差下,当预计总体误差增加时,所需的样本规模更大。

(4)总体变异性。总体变异性是指总体的某一特征(如金额)在各项目之间的差异程度。总体项目的变异性越低,通常样本规模越小。

(5)总体规模。除非总体非常小,一般而言,总体规模对样本规模的影响几乎为零。

2. 确定样本量的方法

样本量的确定方法有查表法、公式计算法等。以下介绍查表法的使用,查表法的测试程序如下。

(1)准备样本量确定表。样本量确定表分别根据属性抽样和变量抽样进行设计,它是按可靠程度(或可接受的抽样风险)用概率论的原理来计算得到的,不同抽样方式、抽样风险下,有不同的样本量确定表。表 4-1 是抽样风险(信赖过度风险)为 5% 的属性抽样表。

表 4-1 可靠程度 95% 的属性抽样表(即信赖过度风险 5%)

预计总体误差率/%	最大可容忍误差率/%									
	2	3	4	5	6	7	8	9	10	20
0.00	149(0)	99(0)	74(0)	59(0)	49(0)	42(0)	36(0)	32(0)	29(0)	14(0)
0.25	236(1)	157(1)	117(1)	93(1)	78(1)	66(1)	58(1)	51(1)	46(1)	22(1)

续表

预计总体误差率/%	最大可容忍误差率/%									
	2	3	4	5	6	7	8	9	10	20
0.50		157(1)	117(1)	93(1)	78(1)	66(1)	58(1)	51(1)	46(1)	22(1)
1.00			156(2)	93(1)	78(1)	66(1)	58(1)	51(1)	46(1)	22(1)
1.50			192(3)	124(2)	103(2)	66(1)	58(1)	51(1)	46(1)	22(1)
2.00				181(4)	127(3)	88(2)	77(2)	68(2)	46(1)	22(1)
3.00					195(6)	129(4)	95(3)	84(3)	61(2)	22(1)
4.00							146(6)	100(4)	89(4)	22(1)
5.00								158(8)	116(6)	30(2)

（2）根据测试目的选择不同的抽样表。若抽样的目的是判断内部控制是否有效，则应选择属性抽样表；若抽样的目的是为了测试交易或账户余额的发生、准确性等，则应选择变量抽样表。

（3）确定样本量。根据预计总体误差、最大可容忍误差，查找所需的样本量。

【审计技能案例 4-4】 某注册会计师决定对 32 000 张销售发票进行审查，以判断这些发票的差错率有多少，销售的内部控制是否有效。要求可靠程序为 95%（即可接受的抽样风险为 5%），可容忍误差确定为 6%，根据以往的经验，预计总体误差为 2%（也可对这些发票进行试审确定），确定注册会计师应抽查多少张发票。

【解析】：由于是为了判断这些发票的差错率有多少，销售的内部控制是否有效，所以应选择属性抽样表。根据已知资料，查表 4-1 的结果为 127（3），即注册会计师应从 32 000 张销售发票中抽查 127 张进行审查。

【后续提示】：表 4-1 中括号内的数字是指得出测试结论的最大样本差错数。如本例，注册会计师按照后述的抽样方法，从 32 000 张销售发票中抽出 127 张进行审查；若发现了三张以内的误差，即样本差错率低于 3/127 = 2.36% 时，则注册会计师可以合理地推判：以 95% 的保证程度（还有 5% 的风险），被审单位的 32 000 张销售发票的误差率不会超过 2.36%；若样本误差超过三张，应扩大样本量进行测试，或实施更严格的其他审计程序。

3. 选取样本

在选取样本项目时，注册会计师都应当使总体中的每个抽样单元都有被选取的机会。由于抽样的目的是为注册会计师得出有关总体的结论提供合理的基础，因此注册会计师通过选择具有总体典型特征的样本项目，从而选出有代表性的样本以避免偏向是很重要的。选取样本的方法有使用随机数表或计算机辅助审计技术选样、系统选样和随意选样等。

（1）使用随机数表或计算机辅助审计技术选样。使用随机数表或计算机辅助审计技术选样又称随机数选样。使用随机数选样需以总体中的每一项目都有不同的编号为前提。注册会计师可以使用计算机生成的随机数，如电子表格程序、随机数码生成程序、通用审计软件程序等计算机程序产生的随机数，也可以使用随机数表获得所需的随机数。

随机数是一组从长期来看出现概率相同的数码，且不会产生可识别的模式。随机数表也称乱数表，它是由随机生成的从 0~9 共 10 个数字所组成的数表，每个数字在表中出现的次数是大致相同的，但没有其他规律可循，即它们出现在表上的顺序是随机的，表4-2是5位随机数表的一部分。

表4-2 随机数表（部分列示）

行列号	(1)	(2)	(3)	(4)	(5)	(6)
(1)	10480	15011	01536	02011	81647	46505
(2)	22368	46573	25595	85313	30995	98425
(3)	24130	48360	22527	97265	76393	48432
(4)	42167	93093	06243	61680	07856	17705
(5)	37570	39975	81837	16656	06121	13827
(6)	77921	06907	11008	42751	27756	26987
(7)	99562	72905	56420	69994	98872	99801
(8)	96301	91977	05463	07972	18876	00023
(9)	89579	14342	63661	10281	17453	01287
(10)	85475	36857	53342	53988	53060	11635
(11)	28018	69578	88231	33276	70997	35897
(12)	63553	40961	48235	03427	49626	46879
(13)	09429	93069	52636	92737	88974	08937
(14)	10365	61129	87529	85689	48237	87003
(15)	07119	97336	71048	08178	77233	50083

注册会计师运用随机数表时，首先应将表中数字与总体项目之间建立对应关系。一般情况下，编号可利用总体项目中原有的某些编号，如凭证号、支票号、发票编号等。在没有事先编号的情况下，审计人员需按一定的方法进行编号。其次在选取数字时，应选择一个起点和选号路线；一经确定，则应从起点开始，按照选号路线依次选号，不得随意改变。从随机数表中任选一行或任何一栏开始，按照一定的方向（上下左右均可），依次查找，符合总体项目编号要求的数字，即为选中的号码，与此号码相对应的总体项目即为选取的样本项目，一直到选足所需的样本量为止。

随机数选样不仅使总体中的每个抽样单元被选取的概率相等，而且使相同数量的抽样单元组成的每种组合被选取的概率相等。

【审计技能案例4-5】注册会计师准备从编号为500~5000的转账支票中，采用随机数表的方法选取10个样本进行审查。

【解析】：首先，确定用随机数表中所列数字的前4位数字（也可后4位等）与转账支票号码对应。其次，确定以第5列第1个数字为起点，选号路线依次为第5列、第4列、第3列、第2列、第1列（上述对应、起点、顺序等一经确定不得改变）。然后，按照确定的起点和选号路线选出的10个数字依次为：3099、0785、0612、2775、1887、1745、4962、4823、1665、4275。最后，将选出的10个数字与其对应的10张转账支票作为选定样本进行审计。

注意，凡前4位数字在500以下或5000以上的，因为与转账支票的号码没有对应关系，均不入选，应予略过。

（2）系统选样。系统选样又称等距选样，是指按照相同的间隔从审计对象总体中等距离的选取样本的一种选样方法。此法首先根据总体容量与样本规模计算出选样间距，然后确定选样起点，最后再根据选样间距顺序地选取样本。计算选样间距的公式为

$$M = \frac{N}{n}$$ （选样间距 = 总体容量/样本规模）

系统选样方法的优点是使用方便，比其他选样方法节省时间，并可用于无限总体。但使用系统选样方法要求总体必须是随机排列的，否则容易发生较大的偏差，若不是随机排列，则不宜使用。

【审计技能案例4-6】注册会计师决定在500张销售发票中选取样本进行审查，采用系统选样法，样本规模为50张。

【解析】：首先，计算选样间距：$M = 500/50 = 10$；

其次，确定随机起点：从1~10中随机确定一个数，假定选取5。

最后，按照选样间距10，则以后等距离选取的样本依次为15、25、35、45、55、…。

（3）随意选样。随意选样又称任意选样，是指审计人员不带任何偏见地选取样本，即选样时不考虑项目的性质、大小、外观、位置或其他特征。此法虽然很简便，但样本是由审计人员任意选取，由于文化背景和经验等的不同，每个审计人员都可能无意识地带有某种偏好，因而很可能使样本失去代表性。例如，从发票柜中取发票时，审计人员可能倾向于抽取柜子中间位置的发票，这样就会使柜子上面和下面的发票缺乏同等的被选取机会。因此，在审计工作实践中，采用这种方法应尽量使所选取的样本具有代表性。

三、评价样本结果

1. 分析样本误差

注册会计师应当考虑样本的结果、已识别的所有误差的性质和原因，及其对具体审计目标和审计的其他方面可能产生的影响，并对样本结果进行定性评估和定量评估。即使样本的统计评价结果在可以接受的范围内，也应对样本中的所有误差进行定量、定性分析。

2. 推断总体误差

在实施内部控制有效性测试时，由于样本的误差率就是整个总体的推断误差率，注册会计师无须推断总体误差率。在实施交易、账户余额等测试时，应当根据样本中发现的误差金额推断总体的误差金额，并考虑推断误差对特定审计目标及审计的其他方面的影响。

3. 重估抽样风险

在实施内部控制有效测试时，如果推断的总体误差超过可容忍误差，经重估后的抽样风险不能接受，应增加样本量或执行替代审计程序；如果推断的总体误差接近可容误差，应考虑是否增加样本量或执行替代审计程序。在交易、账户余额等测试时，如果认为抽样结果无法达到其对所测试的预期信赖程度，则应考虑增加样本量或修改测试程序。

4. 形成审计结论

注册会计师在审计抽样结果评价的基础上，应根据所取得的证据，确定其是否足以证实某一审计总体的特征，从而得出审计结论。

学习任务 3　审计工作底稿

一、审计工作底稿的编制与复核

（一）审计工作底稿的含义

审计工作底稿是指注册会计师对制定的审计计划、实施的审计程序、获取的相关审计证据，以及得出的审计结论作出的记录。审计工作底稿是审计证据的载体，是注册会计师在审计过程中形成的审计工作记录和获取的资料。它形成于审计过程，也反映整个审计过程。

审计工作底稿在计划和执行审计工作中发挥着关键作用。它提供了审计工作实际执行情况的记录，并形成审计报告的基础。审计工作底稿也可用于质量控制复核、监督会计师事务所对审计准则的遵循情况以及第三方的检查等。会计师事务所因执业质量而涉及诉讼或有关监管机构进行执业质量检查时，审计工作底稿能够提供证据，证明会计师事务所是否按照中国注册会计师审计准则的规定执行了审计工作。

（二）审计工作底稿的存在形式

审计工作底稿可以以纸质、电子或其他介质的形式存在。随着信息技术的广泛运用，审计工作底稿的形式从传统的纸质形式扩展到电子或其他介质形式。为便于会计师事务所内部进行质量控制和外部执业质量检查或调查，以电子或其他介质形式存在的审计工作底稿，应与纸质形式的审计工作底稿一并归档，并可以通过打印等方式，转换成纸质形式的审计工作底稿。也可将电子或其他介质形式存在的审计工作底稿通过打印等方式转换成纸质形式并与其他纸质形式的审计工作底稿一并归档，同时单独保存这些以电子或其他介质形式存在的审计工作底稿。

但无论审计工作底稿以哪种形式存在，会计师事务所都应当针对审计工作底稿设计和实施适当的控制，以实现下列目的：

（1）使审计工作底稿清晰地显示其生成、修改及复核的时间和人员；

（2）在审计业务的所有阶段，尤其是在项目组成员共享信息或通过互联网将信息传递给其他人员时，保护信息的完整性和安全性；

（3）防止未经授权改动审计工作底稿；

（4）允许项目组和其他经授权的人员为适当履行职责而接触审计工作底稿。

在实务中，会计师事务所通常采取以下方法从整体上提高工作（包括复核工作）效率及工作质量，并进行统一质量管理：

（1）会计师事务所基于审计准则及在实务中的经验等，统一制定某些格式、索引及涵盖内容等方面相对固定的审计工作底稿模板和范例，如检查表、核对表、审计计划及业务约定书范例等，某些重要的或不可删减的工作会在这些模板或范例中予以特别标识；

（2）在此基础上，注册会计师再根据各具体业务的特点加以必要的修改，制定用于具体项目的审计工作底稿。

（三）审计工作底稿的编制要求

注册会计师编制的审计工作底稿，应当使未曾接触该项审计工作的有经验的专业人士清楚地了解：

（1）按照审计准则和相关法律法规的规定实施审计程序的性质、时间安排和范围；

（2）实施审计程序的结果和获取的审计证据；

（3）审计中遇到的重大事项、得出的结论以及在得出结论时作出的重大职业判断。

有经验的专业人士，是指会计师事务所内部或外部的具有审计实务经验，并且对下列方面有合理了解的人士：

（1）审计过程；

（2）审计准则和相关法律法规的规定；

（3）被审计单位所处的经营环境；

（4）与被审计单位所处行业相关的会计和审计问题。

（四）审计工作底稿的复核

1. 项目组成员实施的复核

在审计实施过程中，应由项目组内经验较多的人员（包括项目合伙人）复核经验较少人员的工作，并对执行业务的助理人员进行适当的督导（指导、监督和复核）。复核工作应当由至少具备同等专业胜任能力的人员完成，复核时应考虑是否已按照具体审计计划执行审计工作、审计工作和结论是否予以充分记录、所有重大事项是否已得到解决或在审计结论中予以反映、审计程序的目标是否已实现、审计结论是否与审计工作的结果一致并支持审计意见。有时由高级助理人员复核低层次助理人员执行的工作，有时由项目经理完成，并最终由项目合伙人复核。对工作底稿实施的复核必须留下证据，一般由复核者在相关审计工作底稿上签名并署明日期。

2. 项目质量控制复核

注册会计师在出具审计报告前，会计师事务所应当指定专门的机构或人员对审计项目组执行的审计实施项目质量控制复核。项目合伙人有责任采取以下措施：

（1）确定会计师事务所已委派项目质量控制复核人员；

（2）与项目质量控制复核人员讨论在审计过程中遇到的重大事项，包括项目质量控制复核中识别的重大事项；

（3）在项目质量控制复核完成后，才能出具审计报告。

项目质量控制复核应当包括客观评价下列事项：

（1）项目组作出的重大判断；

（2）在准备审计报告时得出的结论。

【审计技能案例4-7】 京渝会计师事务所的赵林于2021年2月18日对速城机械公司2020年的应付账款进行审计。经检查上年本所工作底稿，该项目期初数876 500元无误。经了解内部控制没发现不当的设计，经测试没有发现无效的控制事项（工作底稿索引号 C3 - 7）。根据该公司提供的本年应付账款明细表（工作底稿索引号 E5 - 6），未审数期末余额合计为 852 060 元。经实施各项实质性程序，只发现了该账户明细账借方余额 35 100 元包括在未审数中，该公司同意将其重分类列示在"预付账款"项目。京渝会计师事务所合伙人刘兵于 2021 年 2 月 26 日进行了项目质量控制复核。

【解析】：赵林可使用京渝会计师事务所预先设计的"应付账款审定表"，如表 4 - 3 所示，根据实施的风险评估程序、进一步审计程序编制的其他工作底稿，完成审定表的编制。再由刘兵完成项目质量控制复核。

表 4 - 3　京渝会计师事务所　应付账款审定表

客户名称：速城机械公司　　编制人：赵林　　日期：2021 - 02 - 18　　索引号：E5 - 3
截止日：2020 - 12 - 31　　复核人：刘兵　　日期：2021 - 02 - 26　　页次：1/1

项目	期初数	索引号	期末数	索引号	标识说明
未审数/元	876 500	本所上年工作底稿号	852 060 √	E5 - 6	√：数据无误
账项调整/元					∧：纵向复核
重分类调整/元			+35 100 <	E5 - 6	<：横向复核
审定数/元	876 500 √	E5 - 3	887 160 ∧		……
重大事项说明	风险评估程序与控制测试		未发现不当的控制设计，没发现无效的控制		C3 - 7
	实质性程序发现重大不符		没发现重大不符事项		
其他事项说明		经与公司财务经理×××沟通，同意重分类调整			
审计结论		重分类调整后可确认			

【思考】：上表中期初数、期末数中的"复核标识"应由谁填写？多个"索引号"的作用是什么？注册会计师获取了哪些审计证据？工作底稿应具备哪些要素？

二、审计工作底稿的要素

审计工作底稿通常包括下列全部或部分要素：审计工作底稿的标题、审计过程记录、审计结论、审计标识及其说明、索引号及编号、编制者姓名及编制日期、复核者姓名及复核日期、其他应说明事项。

（一）审计工作底稿的标题

每张底稿应当包括被审计单位的名称、审计项目的名称以及资产负债表日或底稿覆盖的会计期间（如果与交易相关）。

（二）审计过程记录

1. 具体项目或事项

注册会计师应当在审计工作底稿中记录审计测试流程的过程，即记录对具体审计项目或事项所实施审计程序的性质、时间和范围,并注意记录测试的具体项目或事项的识别特征。识别特征是指被测试的项目或事项表现出的征象或标志。识别特征因审计程序的性质和测试的项目或事项不同而不同。对某一个具体项目或事项而言,其识别特征通常具有唯一性、标志性,可以使其他人员根据识别特征在总体中识别该项目或事项并重新执行该测试,如采购发票的编号、销售出库单的编号、被询问人的姓名及职位、观察的地点和时间、现金结算在 3 万元以上的原始凭证、增长比例在 70% 以上的报表项目等。

2. 重大事项及相关重大职业判断

注册会计师应当根据具体情况判断某一事项是否属于重大事项。重大事项通常包括:

(1) 引起特别风险的事项;

(2) 审计测试结果表明财务信息可能存在重大错报或需采取应对措施的事项;

(3) 导致注册会计师难以实施必要审计程序的情形;

(4) 导致注册会计师发表非无保留意见的事项。

注册会计师可将这些分散在不同工作底稿中的重大事项汇总在重大事项概要工作底稿中。

注册会计师应当记录与管理层、治理层和其他人员对重大事项的讨论,包括所讨论的重大事项的性质以及讨论的时间、地点和参加人员。

注册会计师在执行审计工作和评价审计结果时,需在审计工作底稿中对重大职业判断进行记录,以解释注册会计师对"应当考虑"的信息或因素(如"存货应当监盘",注册会计师对海洋深处的货物没有实施监盘但实施了其他替代审计程序等)得出结论的理由,对某些主观判断合理性(如某些重大会计估计的合理性)得出结论的基础,对某些记录产生怀疑实施了进一步调查(如适当利用专家的工作或实施函证程序)而得出结论的基础。这些记录对审计工作底稿的复核人员非常有帮助,同样也有助于执行以后期间审计的人员查阅具有持续重要性的事项(如根据实际结果对以前作出的会计估计进行复核)。

3. 针对重大事项如何处理不一致的情况

如果识别出的信息与测试某重大事项的最终结论不一致,注册会计师应当记录如何处理不一致的情况,包括但不限于注册会计师针对该信息执行的审计程序、项目组成员对某事项的职业判断不同而向专业技术部门的咨询情况、不同意见的解决情况。但这并不意味着注册会计师需要保留不正确的或被取代的审计工作底稿,如:对某重大事项的初步判断与最终结论不一致,是因为初步判断基于不完整的资料或数据,则无须保留这些初步判断意见。

(三)审计结论

审计工作的每一部分都应包含与已实施审计程序的结果及其是否实现既定审计目标相关的结论,还应包括审计程序识别出的例外情况和重大事项如何得到解决的结论。注册会计师需要根据所实施的审计程序及获取的审计证据得出结论,并以此作为对财务报表发表审计意见的基础。在记录审计结论时需注意,在审计工作底稿中记录的审计程序和审计证据是否足以支持所得出的审计结论。

(四)审计标识及其说明

审计工作底稿中可使用各种审计标识,但应说明其含义,并保持前后一致,如"√"

表示无误、"∧"表示纵加核对、"＜"表示横加核对、"C"表示已发询证函等。

（五）索引号及编号

审计工作底稿需要注明索引号及顺序编号，相关审计工作底稿之间需要保持清晰的勾稽关系。为了便于汇总和复核，每张表或记录都应有一个索引号，例如，A1、D06 等，以说明该工作底稿的类别与顺序。同时，某张工作底稿中的信息被另一张底稿包含、引用和链接时，为了表述的简便，索引号及编号可用于信息的交叉索引。利用计算机编制工作底稿时，可以采用电子索引和链接，以便计算机自动更新。另外，还可以按所记录的审计工作的内容层次进行编号，例如，固定资产实质性程序工作底稿的编号为 D52，则房屋建筑物的底稿可编号为 D52 - 1、机器设备的底稿可编号为 D52 - 2 等。

（六）编制人员和复核人员及执行日期

为了明确责任，在各自完成与特定工作底稿相关的任务之后，编制者和复核者都应在工作底稿上签名并注明编制日期和复核日期。在需要项目质量控制复核的情况下，还需要注明项目质量控制复核人员及复核的日期。如果若干页的审计工作底稿记录同一性质的具体审计程序或事项，并且编制在同一个索引号中，此时可以仅在审计工作底稿的第一页上记录审计工作的执行人员和复核人员并注明日期。

三、审计工作底稿的归档

（一）审计工作底稿归档工作的性质

在出具审计报告前，注册会计师应完成所有必要的审计程序，取得充分、适当的审计证据并得出适当的审计结论。由此，在审计报告日后将审计工作底稿归整为最终审计档案是一项事务性的工作，不涉及实施新的审计程序或得出新的结论。

如果在归档期间对审计工作底稿做出的变动属于事务性的，注册会计师可以做出变动，主要包括：

（1）删除或废弃被取代的审计工作底稿；
（2）对审计工作底稿进行分类、整理和交叉索引；
（3）对审计档案归整工作的完成核对表签字认可；
（4）记录在审计报告日前获取的与项目组相关成员进行讨论并达成一致意见的审计证据。

（二）审计档案的结构

对每项具体审计业务，注册会计师应当将审计工作底稿归整为审计档案，纸质的审计档案可以分为永久性档案和定期档案；以电子形式存在时，可不区分永久性档案和定期档案。

1. 永久性档案

永久性档案是指那些记录内容相对稳定，具有长期使用价值，并对以后审计工作具有重要影响和直接作用的审计档案。例如，被审计单位的组织结构、批准证书、营业执照、章程、重要资产的所有权或使用权的证明文件复印件等。若永久件档案中的某些内容已发生变化，注册会计师应当及时予以更新。为保持资料的完整性以便满足日后查阅历史资料的需要，永久性档案中被替换下的资料一般也需保留。例如，被审计单位因增加注册资本而变更了营业执照等法律文件，被替换的旧营业执照等文件可以汇总在一起，与其他有效的资料分开，作为单独部分归整在永久性档案中。

2. 定期档案

定期档案是指那些记录内容经常变化，主要供当期和下期审计使用的审计档案。例如，总体审计策略和具体审计计划。典型的定期审计档案结构包括：沟通和报告相关工作底稿、审计完成阶段工作底稿、审计计划阶段工作底稿、特定项目审计程序表、进一步审计程序工作底稿等。

（三）审计工作底稿归档的期限

根据我国注册会计师《质量控制准则》的要求，注册会计师审计工作底稿的归档期限为审计报告日后六十天内。如果注册会计师未能完成审计业务，审计工作底稿的归档期限为审计业务中止后的六十天内。

如果针对客户的同一财务信息执行不同的委托业务，出具两个或多个不同的报告，会计师事务所应当将其视为不同的业务，根据会计师事务所内部制定的政策和程序，在规定的归档期限内分别将审计工作底稿归整为最终审计档案。

（四）审计工作底稿归档后的变动

在完成最终审计档案的归整工作后，注册会计师不应在规定的保存期限届满前删除或废弃任何性质的审计工作底稿。

1. 需要变动审计工作底稿的情形

注册会计师发现有必要修改现有审计工作底稿或增加新的审计工作底稿的情形主要有以下两种：

（1）注册会计师已实施了必要的审计程序，取得了充分、适当的审计证据并得出了恰当的审计结论，但审计工作底稿的记录不够充分。

（2）审计报告日后，发现例外情况要求注册会计师实施新的或追加审计程序，或导致注册会计师得出新的结论。

2. 变动审计工作底稿时的记录要求

在完成最终审计档案的归整工作后，如果发现有必要修改现有审计工作底稿或增加新的审计工作底稿，无论修改或增加的性质如何，注册会计师均应当记录下列事项：

（1）修改或增加审计工作底稿的理由；

（2）修改或增加审计工作底稿的时间和人员，以及复核的时间和人员。

（五）审计工作底稿的保存期限

会计师事务所应当自审计报告日起，对审计工作底稿至少保存10年。如果注册会计师未能完成审计业务，会计师事务所应当自审计业务中止日起，对审计工作底稿至少保存10

年。值得注意的是，对于连续审计的情况，当期归整的永久性档案可能包括以前年度获取的资料（有可能是10年以前）。这些资料虽然是在以前年度获取，但由于其作为本期档案的一部分，并作为支持审计结论的基础，因此，注册会计师对于这些对当期有效的档案，应视为当期取得并保存10年。如果这些资料在某一个审计期间被替换，被替换资料应当从被替换的年度起至少保存10年。在完成最终审计档案的归整工作后，注册会计师不应在规定的保存期届满前删除或废弃任何性质的审计工作底稿。

【审计技能案例4-8】注册会计师对甲公司2020年度财务报表进行审计，部分与审计工作底稿相关的事项为：

(1) 因在审计过程中识别出重大错报而重新评估并修改了重要性，用新的重要性工作底稿替换了原底稿。

(2) 注册会计师于2021年4月20日将日期为2021年4月18日的审计报告提交给甲公司管理层，并于2021年6月19日完成审计工作底稿的归档工作。

(3) 将归档过程中收到的一份银行询证函回函原件入档，而将审计过程中收到的与原件完全一致的回函传真件撕掉。

(4) 归档过程中对审计工作底稿进行了分类、整理和交叉索引。

(5) 归档之后收到询证被审单位客户的三份回函原件，用原件替换了审计档案中的回函传真件。

要求：逐项指出注册会计师的做法是否恰当，简要说明不恰当的理由。

学习任务4　学习效果测试

一、判断题

1. 现代审计已建立和运用完善的抽样技术，因此，详查法已不再适用。（　　）

2. 注册会计师对于直接从被审计单位获取的有关合同、章程等重要文件，如欲形成审计工作底稿，必须自行复印，并将复印件与原件相核对。（　　）

3. 审计人员所获取的每一个审计证据都要通过审计工作底稿加以记载，反之，每一张工作底稿都为证明被审计单位的财务报表是否存在重大错报提供了审计证据。（　　）

4. 审计人员编制的审计工作底稿，是其形成审计结论、发表审计意见的直接依据。（　　）

5. 会计师事务所根据审计准则的规定，保证审计工作底稿的完整性，并安全保管审计工作底稿，对审计工作底稿保密。（　　）

6. 注册会计师向被审计单位管理层出具的管理建议书等审计工作底稿，按照准则的规定至少应当保存10年。（　　）

7. 询问是指审计人员仅以口头方式，向被审计单位内部或外部的知情人员获取财务信息和非财务信息，并对答复进行评价的过程。（　　）

8. 由审计人员编制的审计工作底稿所有权属于该审计人员。（　　）

9. 重新执行是指审计人员查看相关人员正在从事的活动或执行的程序。（　　）

二、单项选择题

1. 审计人员在审计中收集到下列审计证据，其中证明力最弱的是（　　）。
   A. 向债务人进行函证所收回的回函　　B. 监盘存货的盘点表
   C. 银行对账单　　D. 被审单位应收账款总账及其明细账
2. 实物证据通常用来证明（　　）。
   A. 实物资产的所有权　　B. 实物资产的计价准确性
   C. 实物资产的存在　　D. 有关会计记录的正确性
3. 审计人员通常对应收账款余额或银行存款余额进行测试时，最常用的程序是（　　）。
   A. 检查文件或记录　　B. 函证　　C. 重新执行　　D. 观察
4. （　　）是指注册会计师通过研究不同财务数据之间以及财务数据与非财务数据之间的内在关系，对财务信息作出评价。
   A. 计算　　B. 检查　　C. 分析程序　　D. 比较
5. 关于审计证据的论述，下列说法不正确的是（　　）。
   A. 证据数量越多越好　　B. 证据要取证及时
   C. 证据要具有相关性　　D. 审计证据数量多少与证据证明力的强弱有关
6. 审计工作底稿的所有权应该属于（　　）。
   A. 委托单位　　B. 被审计单位　　C. 会计师事务所　　D. 编制的审计人员
7. 审计工作底稿的归档期限为审计报告日后或审计业务中止日后的（　　）天内。
   A. 30　　B. 45　　C. 60　　D. 120
8. 按照审计工作底稿相关准则的规定，对于审计档案，没有特殊情况的会计师事务所应自（　　）起至少保存10年。
   A. 审计报告日　　B. 审计报告定稿日
   C. 财务报表公布日　　D. 后续审计中止日
9. （　　）是指审计人员以书面或口头方式，向被审计单位内部或外部的知情人员调查获取财务信息和非财务信息，并对答复进行评价的过程。
   A. 函证　　B. 询问　　C. 分析程序　　D. 观察

三、多项选择题

1. （　　）是根据取证顺序与会计核算顺序的关系来区分的。
   A. 顺查法　　B. 抽查法　　C. 详查法　　D. 逆查法
2. 下列各项审计证据中，属于内部证据的有（　　）。
   A. 被审计单位提供的销售合同　　B. 被审计单位提供的供应商开具的发票
   C. 被审计单位已对外报送的会计报表　　D. 被审计单位管理当局声明书
3. 审计工作底稿，是指审计人员对（　　）作出的记录。
   A. 审计结论　　B. 实施的审计程序
   C. 获取的审计证据　　D. 审计意见
4. 审计人员判断审计证据是否充分、适当，应当考虑（　　）。
   A. 审计证据的类型与获取途径　　B. 具体审计项目的重要性
   C. 审计人员的审计经验　　D. 审计过程中是否发现错误或舞弊
5. 审计证据的适当性是指审计证据的（　　）。

A. 数量足够　　　B. 合法性　　　C. 可靠性　　　D. 相关性

6. 在实务中对库存现金、存货等常用的"监盘"是一项复合程序，由(　　)构成。

A. 检查记录或文件　　　　　　B. 观察

C. 检查有形资产　　　　　　　D. 重新执行

7. 审计人员制作审计工作底稿的主要目的是(　　)。

A. 帮助审计人员规范审计工作　　B. 为将来审计业务提供参考意见

C. 证实审计人员的审计意见　　　D. 使客户了解审计业务的执行情况

8. 函证的方式有(　　)。

A. 逆查　　　B. 积极式　　　C. 顺查　　　D. 消极式

9. 选取样本的方法可分为(　　)。

A. 系统选样　　B. 属性抽样　　C. 随意选样　　D. 随机数表选样

四、审计技能案例

1. 审计人员何佳对利星公司进行审计时，收集到以下审计证据：销货发票副本、监盘客户的存货（不涉及检查相关的所有权凭证）、律师提供的声明书、管理层声明书、会计记录、对行业成本变化趋势的分析。

要求：分析上述审计证据在该公司内部控制制度存在严重缺陷的情况下是否可靠。

2. 某公司应收账款的编号为0001~5000，注册会计师徐斌拟利用随机数表选择其中的150份进行函证，随机数表见表4-2。

要求：（1）以第2行、第1列数字为起始点，自左往右，以各数的后四位数为准，注册会计师徐斌选择的最初5个样本的号码分别是多少？

（2）以第4行、第2列数字为起始点，自上到下，以各数的后四位数为准，注册会计师徐斌选择的最初5个样本的号码分别是多少？

3. 注册会计师林强在对ABC电子公司2023年12月的工资结算单进行检查时，决定从300名职工中抽取10名职工的工资结算单进行检查，并使用系统选样法进行选样。

要求：（1）确定选样间距应是多少？

（2）假设注册会计师林强使用随机起点为编号026，应抽取的工资结算单编号分别为多少？

自主学习4

学习情境 5

掌握风险导向审计的测试流程

【思维导图】

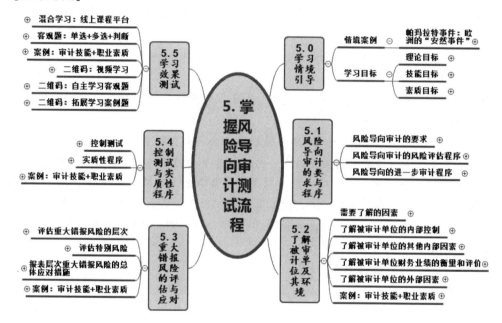

【理论目标】

理解注册会计师风险导向审计的原理;理解风险导向审计中需要了解的被审单位的内部与外部因素;理解重大错报风险的评估内容。

【技能目标】

掌握了解被审计单位及其环境(包括内部控制)的职业技能;掌握识别和评估财务报表层次和认定层次的重大错报风险;掌握重大错报风险的总体应对措施及进一步审计程序,包括控制测试和实质性程序。

【素质目标】

培养读者审计风险防范意识,在审计工作中始终保持客观谨慎的工作态度;合理评估与应对重大错报风险,以将审计风险降至可接受的低水平;增强维护社会公平正义的使命担当和崇高的职业理念,努力成为一个有德有能的审计人。

【情境案例】帕玛拉特事件——欧洲的"安然事件"

帕玛拉特公司是意大利的第八大企业,2003年11月突然宣布无法偿还巨额债务进行破产保护,股价在几周内下跌87%,随后涉案的公司高管、美洲银行、德勤会计师事务所和均富会计师事务所的30余名人员被追究责任。帕玛拉特公司高层作案手法相对简单,但持续时间长,148亿欧元的债务令人震惊,被称为欧洲的"安然事件"。

1. 帕玛拉特的财务欺诈

帕玛拉特公司由坦齐任董事长,坦齐家族占51%的股份,是家族控制的跨国公司。公司管理层在15年里,通过伪造会计记录,隐瞒公司长期扩张导致的严重财务亏空,并将资金从帕玛拉特转移到坦齐家族完全控股的其他公司。其财务欺诈的手法包括以下五个方面。

(1) 掩盖负债。帕玛拉特公司利用衍生金融工具和复杂的财务交易掩盖负债,如1999年向花旗集团借款1.17亿欧元却以"投资"形式流向帕玛拉特公司,从而掩盖了负债。

(2) 利用关联方转移资金。董事长坦齐指使伪造文件,虚构帕玛拉特公司对它注册在荷属安德列斯群岛两家公司的负债,以便帕玛拉特公司将资金注入这两家公司,再由这两家公司将资金转移到坦齐家族控制的公司。到1998年,帕玛拉特公司对两家公司的虚假负债达到了19亿美元。

(3) 伪造银行存款。通过伪造文件,虚构帕玛拉特公司凯曼群岛分公司有49亿美元(占其资产的38%)存在美洲银行。

(4) 设立投资基金转移资金。2002年帕玛拉特公司开曼群岛分公司投资6.17亿美元设立开曼群岛基金,成为该基金的最大股东,通过该基金向坦齐的家族企业转移资金。

(5) 相关利益者涉嫌合谋。花旗集团和美林证券等投资银行为帕玛拉特公司设计衍生金融工具,使之能够向海外转移资金。坦齐供认美洲银行行长向其施加压力,要求以较高的价格收购正在清算的公司,美洲银行也被司法部门查处。帕玛拉特公司向瑞典利乐集团的包装回扣,大部分装进了坦齐家族的口袋。

2. 均富和德勤审计失败

帕玛拉特公司由世界会计巨人德勤会计师事务所(现存的"国际四大"之一)审计,而帕玛拉特海外分公司由意大利均富会计师事务所审计。2002年12月审计师才第一次询问开曼群岛分公司的存款,帕玛拉特公司高管授意伪造了美洲银行确认有49亿美元存款归属于该公司的信件。均富会计师事务所、德勤会计师事务所收到此函后即确认了此项资产。2003年2月,帕玛拉特公司推迟对一笔到期债券的还本付息,此举引起投资者的不满,但均富会计师事务所轻信公司的解释后即认可了开曼群岛基金的投资。直到2003年8月,均富会计师事务所要求提供开曼群岛基金的资产负债表,以便对帕玛拉特公司的投资进行估价,帕玛拉特公司无法提供这些资料;均富会计师事务所随即转告德勤会计师事务所,德勤会计师事务所表示拒绝接受帕玛拉特公司第三季度财务报表审计,并通知了意大利证券监管机构。

引入与讨论:帕玛拉特公司审计失败的原因是什么?该事件产生的根源是什么?

思考:风险导向审计的目标与要求是什么?这是什么风险,如何应对?

学习任务1 风险导向审计的要求与程序

风险导向审计是当今主流的审计方法,它要求注册会计师评估财务报表重大错报风险，设计和实施进一步审计程序以应对评估的错报风险，根据审计结果出具恰当的审计报告。

一、风险导向审计的要求

注册会计师实施风险导向审计，其目标是对财务报表不存在由于错误或舞弊导致的重大错报获取合理保证。风险导向审计的要求如下。

（1）注册会计师必须了解被审计单位及其环境。注册会计师通过了解被审计单位及其环境（包括了解内部控制），为识别财务报表层次以及各类交易、账户余额和披露认定层次重大错报风险提供更好的基础。了解被审计单位及其环境是一个连续和动态地收集、更新与分析信息的过程，贯穿于整个审计过程的始终。

（2）注册会计师在审计的所有阶段都要实施风险评估程序。注册会计师应当将识别的风险与认定层次可能发生错报的领域相联系，实施更为严格的风险评估程序，以确定重要性水平，并随着审计工作的进程评估对重要性水平的判断是否仍然适当；考虑会计政策的选择和运用是否恰当，以及财务报表的列报是否适当；识别需要特别考虑的领域，包括关联方交易、管理层运用持续经营假设的合理性，或交易是否具有合理的商业目的等。

（3）注册会计师应将识别和评估的风险与实施的审计程序挂钩。注册会计师应当将审计程序的性质、时间安排和范围与识别、评估的风险相联系，以防止机械地利用程序表从形式上迎合审计准则对程序的要求；设计和实施进一步审计程序（控制测试和实质性程序），以将审计风险降至可接受的低水平。

（4）注册会计师必须针对重大的各类交易、账户余额和披露实施实质性程序。注册会计师对重大错报风险的评估是一种判断，被审计单位内部控制存在固有限制，无论评估的重大错报风险结果如何，注册会计师都应当针对重大的各类交易、账户余额和披露实施实质性程序，评价所获取审计证据的充分性和适当性，不得将实质性程序只集中在例外事项上。

（5）注册会计师应将识别、评估和应对风险的关键程序形成审计工作记录，以保证执业质量，明确执业责任。

二、风险导向审计的风险评估程序

风险评估程序是指注册会计师为了了解被审计单位及其环境从而识别和评估财务报表重大错报风险而实施的审计测试程序。注册会计师应当实施下列风险评估程序，依据实施这些程序（方法步骤）所获取的信息，评估重大错报风险。

风险评估程序

1. 询问管理层和被审计单位内部其他人员

注册会计师可以考虑向治理层、管理层、财务负责人、内部审计人员、销售人员、业务交易与记录人员等询问下列事项：管理层关注的竞争对手、主要客户和供应商的流失，新的税收法规的实施以及经营目标或战略的变化等；被审计单位最近的财务状况、经营成果和现金流量；影响财务报告的交易、事项和重大会计处理，如重大的购并事宜等；被审计单位发生的所有权结构、组织结构、内部控制的重要变化；诉讼、遵守法律法规的情况，影响被审计单位的舞弊或舞弊嫌疑；营销策略的变化，产品保证、售后责任、与客户的合同安排或合同条款的含义等。

2. 实施分析程序

分析程序是指注册会计师通过研究不同财务数据之间以及财务数据与非财务数据之间的内在关系，对财务信息做出评价。分析程序还包括调查识别出的、与其他相关信息不一致或与预期数据严重偏离的波动和关系。分析程序既可用于风险主体程序和实质性程序，也可用于对财务报表的总体复核。注册会计师实施分析程序有助于识别异常的交易或事项，以及对财务报表和审计产生影响的金额、比率和趋势。

3. 观察和检查

观察和检查程序可以支持对管理层和其他相关人员的询问结果，并可以提供有关被审计单位及其环境的信息，如观察被审计单位的经营活动；检查文件、记录和内部控制手册；阅读由管理层和治理层编制的报告；实地察看被审计单位的生产经营场所和厂房设备；追踪交易在财务报告信息系统中处理过程（穿行测试）。这是注册会计师了解被审计单位业务流程及其相关控制时经常使用的审计程序。

4. 其他审计程序

如果根据职业判断认为从被审计单位外部获取的信息有助于识别重大错报风险，注册会计师应当询问被审计单位聘请的外部法律顾问、专业评估师、投资顾问和财务顾问等，阅读包括证券分析师、银行、评级机构出具的有关被审计单位及其所处行业的经济或市场环境等状况的报告。同时，经济与贸易方面的报纸期刊、法规、金融出版物以及政府部门或民间组织发布的行业报告和统计数据等外部信息，也可能有助于注册会计师了解被审计单位及其环境。

三、风险导向的进一步审计程序

进一步审计程序相对于风险评估程序而言，是指注册会计师针对评估的各类交易、账户余额和披露认定层次重大错报风险实施的审计程序，包括控制测试和实质性程序。

设计进一步审计程序时的考虑因素包括：

（1）风险的后果越严重，就越需要注册会计师关注和重视，越需要精心设计有针对性的进一步审计程序。

（2）重大错报发生的可能性越大，越需要注册会计师精心设计进一步审计程序。

（3）区别对待并设计审计程序应对不同的交易、账户余额和披露所产生的认定层次的重大错报风险。

（4）区分人工控制与信息化控制环境下的不同性质的审计程序。

（5）考虑内部控制在防止或发现并纠正重大错报方面的有效性。

（6）考虑何时实施进一步审计程序，或审计证据适用的期间或时点等。

进一步审计程序的目的包括通过实施控制测试以确定内部控制运行的有效性，通过实施实质性程序以发现认定层次（各类交易、账户余额和披露）的重大错报。进一步审计程序的类型包括检查、观察、询问、函证、重新计算、重新执行和分析程序。例如，对于与收入完整性认定相关的重大错报风险，控制测试通常更能有效应对；对于与收入发生认定相关的重大错报风险，实质性程序通常更能有效应对。再如，实施应收账款的函证程序可以为应收账款在某一时点存在的认定提供审计证据，但通常不能为应收账款的计价认定提供审计证据；对应收账款的计价认定（涉及金额及坏账等），注册会计师通常需要实施其他更为有效的审计程序，如审查应收账款账龄和期后收款情况，了解欠款客户的信用情况等。

学习任务 2　了解被审计单位及其环境

一、需要了解的因素

中国注册会计师审计准则要求，实施风险导向审计时，注册会计师应当从下列方面了解被审计单位及其环境：

（1）相关行业状况、法律环境和监管环境及其他外部因素；
（2）被审计单位的性质；
（3）被审计单位对会计政策的选择和运用；
（4）被审计单位的目标、战略以及可能导致重大错报风险的相关经营风险；
（5）被审计单位的内部控制；
（6）对被审计单位财务业绩的衡量和评价。

其中，第（1）项是被审计单位的外部环境，第（2）、（3）、（4）、（5）项是被审计单位的内部因素，第（6）项则既有外部因素也有内部因素。

值得注意的是，被审计单位及其环境的各个方面可能会互相影响。例如，被审计单位的行业状况、法律环境与监管环境以及其他外部因素可能影响到被审计单位的目标、战略以及相关经营风险；而被审计单位的性质、目标、战略以及相关经营风险可能影响到被审计单位对会计政策的选择和运用，以及内部控制的设计和执行。因此，注册会计师在对被审计单位及其环境的各个方面进行了解和评估时，应当考虑各因素之时的相互关系。

二、了解被审计单位的内部控制

1. 内部控制的含义和局限

任何单位都应建立自己的内部控制，如会计与出纳分工、采购批准与执行职务的分离、销售发票的开具与收款不能由一人经办、收款收据与发料单必须编号控制等，这些控制与单位的经营管理形影相随。所谓内部控制，是指被审计单位为了合理保证财务报告的可靠性、经营的效率和效果以及对法律法规的遵守，由治理层、管理层和其他人员设计与执行的政策及程序。

可以从以下三方面理解内部控制的含义：

（1）内部控制的目标是合理保证财务报告的可靠性，这一目标与管理层履行财务报告编制责任密切相关；经营的效率和效果，即经济有效地使用企业资源，以最优方式实现企业的目标；遵守适用的法律法规的要求，即在法律法规的框架下从事经营活动。

（2）设计和实施内部控制的责任主体是治理层、管理层和其他人员，组织中的每一个人都对内部控制负有责任。

（3）实现内部控制目标的手段是设计和执行控制政策及程序，如职责分工，不相容职务的分离，内部相互复核、监控的措施，发现与纠正错弊的机制等。

被审计单位设计、执行和维护内部控制的方式会因被审计单位的规模和复杂程度的不同而不同，小型被审计单位可能采用非正式和简单的流程与程序实现内部控制的目标。所以被审计单位应当重点考虑，设计的某项控制是否能够以及如何防止或发现并纠正各类交易、账户余额和披露存在的重大错报，即内部控制能否实现控制目标。

内部控制无论如何健全、有效，都只能为被审计单位实现财务报告目标提供合理保证，因为内部控制实现目标的可能性受其固有限制的影响。

（1）内部控制设计中的局限性，即内部控制不健全，如内部控制一般都是针对经常、重复发生的业务而设置的，如果出现不经常发生或未预计到的业务，原有控制就可能不适用；被审计单位实施内部控制的成本效益问题也会影响其效能。

（2）内部控制执行中的局限性，即内部控制无效，如可能由于两个或更多的人员进行串通或管理层凌驾于内部控制之上而被规避；被审计单位内部行使控制职能的人员素质不适应岗位要求，也会影响内部控制功能的正常发挥；在执行时人为判断可能出现错误和由于人为失误，也会导致内部控制失效。

2. 内部控制的了解范围与程序

（1）了解范围。注册会计师审计的目标是对财务报表是否不存在重大错报发表审计意见，并非对被审计单位内部控制的有效性发表意见。因此，注册会计师需要了解和评价的内部控制只是与财务报表审计相关的内部控制，并非被审计单位所有的内部控制，即主要是评价被审计单位为实现财务报告可靠性目标设计和实施的控制。应考虑的主要因素有：相关风险的重要程度；被审计单位的规模；被审计单位业务的性质，包括组织结构和所有权特征；被审计单位经营的多样性和复杂性；适用的法律法规；内部控制的情况和适用的要素；作为内部控制组成部分的系统的性质和复杂性；一项特定控制（单独或连同其他控制）是否能够以及如何防止或发现并纠正重大错报；针对内部生成信息完整性和准确性的控制措施等。

（2）了解目的。注册会计师对内部控制的了解主要是评价内部控制的设计与执行，但不涉及内部控制的有效性评价（有效性由控制测试进行评价）。内部控制的设计与执行评价包括：①确定控制的设计是否存在值得关注的内部控制缺陷，识别"可能的错误"，以确定内部控制是否存在重大弱点，是否与审计相关。②确定控制是否得到执行，即被审计单位是否正在使用某项控制；主要是实施穿行测试，以确信识别的内部控制实际上确实存在；评估一项无效的或存在重大弱点控制的运行没有什么意义。③评价控制的存在与是否得到执行，不包括对控制是否得到一贯执行的测试；除非存在某些可以使控制得到一贯运行的自动化控制，否则注册会计师对控制的了解并不足以测试控制运行的有效性。

（3）了解程序。注册会计师通常实施下列风险评估程序，以获取有关控制设计和执行的审计证据：①询问被审计单位人员；②观察特定控制的运用；③检查文件和报告；④追踪交易在财务报告信息系统中的处理过程（穿行测试）。

3. 了解被审计单位的控制活动

控制活动是指有助于确保管理层的指令得以执行的政策和程序，包括与授权、业绩评价、信息处理、实物控制和职责分离等相关的活动。在了解控制活动时，注册会计师应当重点考虑一项控制活动单独或连同其他控制活动，是否能够以及如何防止或发现并纠正各类交易、账户余额和披露存在的重大错报。注册会计师的工作重点是识别和了解针对可能发生重大错报领域的控制活动。

（1）了解被审计单位的授权。注册会计师应当了解与授权有关的控制活动，授权的目的在于保证交易在管理层授权范围内进行，包括一般授权和特别授权。一般授权是指管理层制定的要求组织内部遵守的普遍适用于某类交易或活动的政策。特别授权是指管理层针对特定类别的交易或活动逐一设置的授权，如重大资本支出和股票发行等；特别授权还包括超过一般授权限制的常规交易，如对某个不符合一般信用条件的客户赊销商品等。

（2）了解被审计单位的信息系统及处理。由于国家实施信息化发展战略，很多单位都实施了会计信息化、财务业务一体信息化、ERP（企业资源计划）管理信息化等信息系统，所以，注册会计师应当了解与财务报告相关的信息系统，以及与信息处理有关的控制活动，以发现与财务报表错报的风险因素。

与财务报告相关的信息系统应当与业务流程（如购销活动等）相适应，涉及人工或自动化记录、处理和报告交易与事项，对资产、负债、所有者权益和履行经营管理责任的程序和记录，它通常包括：识别与记录所有的有效交易；及时、详细地描述交易，以便在财务报告中对交易做出恰当分类；恰当计量交易，以便在财务报告中对交易的金额做出准确记录；恰当确定交易生成的会计期间；在财务报表中恰当列报交易。

与信息处理有关的控制活动，包括信息技术的一般控制和应用控制。信息技术一般控制是指与多个应用系统有关的政策和程序，有助于保证信息系统持续恰当地运行，支持应用控制作用的有效发挥。它通常包括数据中心和网络运行控制，系统软件的购置、修改及维护控制，接触或访问权限控制，应用系统的购置、开发及维护控制。信息技术应用控制是指主要在业务流程层面运行的人工或自动化程序，与用于生成、记录、处理、报告交易或其他财务数据的程序相关。它通常包括检查数据计算的准确性，审核账户和试算平衡表，设置对输入数据和数字序号的自动检查以及对例外报告进行人工干预等。

（3）了解被审计单位的实物控制。注册会计师应当了解实物控制，例如，现金、有价证券和存货的定期盘点控制，效果影响资产的安全，从而对财务报表的可靠性及审计产生影响。了解实物控制主要包括了解对资产和记录采取适当的安全保护措施，对访问计算机程序和数据文件设置授权，定期盘点并将盘点记录与会计记录相核对。

（4）了解被审计单位的职责分离。注册会计师应当了解职责分离，职责分离要求不相容职务相互分离，主要包括了解被审计单位如何将交易授权、交易记录以及资产保管等职责分配给不同员工，以防范同一员工在履行多项职责时可能发生的舞弊或错误。当信息技术运用于信息系统时，职责分离可以通过设置安全控制来实现。

不相容职务是指那些若由一个人或一个部门承担，其发生舞弊的可能性就会大大增加的两项或两项以上的职务。一般情况下，不相容职务主要包括：业务批准与执行、保管职务的分离，如批准采购与货物采购，批准核销坏账与收款结算等；业务执行与记录职务的分离，如填制收款收据与收取现金等;财产保管与记录职务分离,如保管实物与记账等;出纳与编制银行存款余额调节表的分离,银行印鉴分管,出纳与保管会计档案职务的分离;手工账务处理下,记录总账、明细账与日记账职务的相互分离等。

【审计技能案例 5-1】 某公司 A、B、C 三名会计人员要完成的七项会计工作为:

(1) 记录总账;

(2) 记录应收账款明细账;

(3) 记录应付账款明细账;

(4) 保管并送存所收入的现金,登记现金日记账;

(5) 开具支票以便主管人员签章;

(6) 签发拒付理由通知书;

(7) 核对银行对账单,编制银行存款余额调节表。

已知这三名会计人员均具有相当的能力,除第(6)、(7)项的工作量较小外,其他五项会计工作量相当。

讨论:如何使三名会计人员的工作量相当,又符合内部控制的要求。

4. 了解被审计单位的其他控制要素

一般而言,被审计单位的内部控制包括五个基本要素:控制环境、风险评估过程、与财务报告相关的信息系统和沟通、控制活动、对控制的监督。所以,注册会计师除了了解内部控制外,还应了解其他内部控制要素。

(1) 了解被审计单位的控制环境。控制环境包括治理职能和管理职能,以及治理层和管理层对内部控制及其重要性的态度、认识和措施。控制环境主要包括:治理层的参与程度,以及管理层的经营理念与风格;管理层对诚信和道德价值观念的沟通与落实;管理层是否身体力行,高级管理人员是否起表率作用;对违反有关政策和行为规范的情况,管理层是否采取适当的惩罚措施;主要管理人员和其他相关人员是否能够胜任承担的工作和职责;人力资源政策与实务等。

注册会计师在评价控制环境的设计和实施情况时,应当了解管理层在治理层的监督下,控制环境各个要素是否得到执行,是否建立了防止或发现并纠正舞弊和错误的恰当控制。控制环境本身并不能防止或发现并纠正各类交易、账户余额、列报认定层次的重大错报,注册会计师在评估重大错报风险时,应当将控制环境连同其他控制要素产生的影响一并考虑,与其他风险评估程序相结合以获取审计证据。

(2) 了解被审计单位的风险评估过程。任何经济组织在经营活动中都会面临各种各样的风险,如经营环境的变化会导致竞争压力的变化,新员工可能对内部控制有不同的认识和关注点,业务快速扩张使原内部控制失效,海外扩张产生外汇交易风险等。管理层针对财务报告目标的风险评估过程包括:识别与财务报表相关的经营风险,评估风险的重大性和发生的可能性,以及采取措施管理这些风险。

注册会计师应当关注管理层识别出的经营风险,并考虑这些风险是否可能导致重大错报。如果发现与财务报表有关的重大错报风险,注册会计师可通过向管理层询问和检查有关文件确定被审计单位的风险评估过程是否也发现了该风险。如果识别出管理层未能识别的重大错报风险,注册会计师应当考虑被审计单位的风险评估过程为何没有识别出这些风险,以及评估过程是否适合于具体环境。

（3）了解被审计单位与财务报告相关的沟通。与财务报告相关的沟通包括使员工了解各自在与财务报告有关的内部控制方面的角色和职责、员工之间的工作联系以及向适当级别的管理层报告例外事项的方式，还包括管理层与治理层（特别是审计委员会）之间的沟通以及被审计单位与外部（包括与监管部门）的沟通等。

注册会计师应当了解被审计单位内部如何对财务报告的岗位职责以及与财务报告相关的重大事项进行沟通，如管理层与员工的职责沟通是否有效，沟通的充分性是否能够使内部人员有效地履行职责，针对不恰当事项和行为是否建立了沟通渠道等。

（4）了解被审计单位对控制的监督。对控制的监督是指被审计单位监控内部控制在一段时间内运行有效性的过程以及失效时的补救措施。持续的监督活动通常贯穿于被审计单位日常重复的活动中，包括常规管理和监督工作。例如，管理层对是否定期编制银行存款余额调节表进行复核，检查公司的道德规范和商务行为准则是否得以遵循；再如，使用内部审计人员或具有类似职能的人员对销售合同条款、职责分离控制等内部控制的设计和执行进行专门的评价，以找出内部控制的优点和不足，并提出改进建议等。监督对控制的持续有效运行十分重要，如，没有对银行存款余额调节表是否得到及时和准确的编制进行监督，该项控制可能无法得到持续的执行。

三、了解被审计单位的其他内部因素

注册会计师除了了解被审计单位的内部控制外，还应当了解被审计单位的其他内部因素，如被审计单位的性质、目标与经营风险，以及审计单位会计政策的选择和运用等。

1. 了解被审计单位的性质

注册会计师了解被审计单位的性质主要是了解其所有权结构、治理结构和组织结构，了解其经营活动、投资活动、筹资活动与财务报告。

（1）了解被审单位的结构。被审单位的结构包括所有权结构、治理结构和组织结构等。对被审计单位所有权结构的了解有助于注册会计师识别关联方关系、其控股母公司（股东）的情况。了解被审计单位的决策过程，如关联方关系是否已经得到识别，关联方交易是否得到恰当核算，控股母公司是否施加压力要求被审计单位达到其设定的财务业绩目标，控股母公司是否存在占用资金等。对治理结构的了解，如董事会中是否有独立董事、是否设有审计委员会或监事会等，有助于注册会计师考虑治理层是否能够在独立于管理层的情况下对被审计单位的经营和财务活动实施有效的监督，从而降低财务报表发生重大错报的风险。注册会计师应当了解被审计单位的组织结构，考虑复杂组织结构可能导致的重大错报风险，例如，对于在多个地区拥有子公司，或存在多个业务分部的被审计单位，不仅编制合并财务报表的难度增加，还存在股权投资类别判断与会计处理、商誉在不同业务分部间的减值等问题。

（2）了解被审单位的活动。被审单位的活动包括经营活动、投资活动和筹资活动等。了解被审计单位经营活动有助于注册会计师识别预期在财务报表中反映的主要交易类别、重要账户余额和列报，如主营业务范围、货物和服务的市场信息、地区分布与行业细分、生产设施、仓库和办公室的地理位置、关键客户与重要供应商、劳动用工安排等。了解被审计单位投资活动有助于注册会计师关注被审计单位在经营策略和方向上的重大变化，如并购重组与业务终止、证券投资与委托贷款、股权性投资活动、不纳入合并范围的投资等。了解被审计单位筹资活动有助于注册会计师评估被审计单位在融资方面的压力，并进一步考虑被审计单位在可预见未来的持续经营能力，如债务结构、抵押与质押贷款、还本付息的压力、股利分配政策、租赁安排、表外融资、衍生金融工具的使用等。

（3）了解被审单位的财务报告，如适用的会计准则、行业特定惯例、特定行业的重要活动（如银行业的贷款和投资、医药行业的研究与开发活动）、收入确认惯例、公允价值会计核算、外币资产、负债与交易、异常或复杂交易等。

2. 了解被审计单位会计政策的选择和运用

注册会计师了解被审计单位的会计政策主要是了解被审计单位重要项目的会计政策、重大和异常交易的会计处理方法以及会计政策的变更等。

（1）了解重要项目的会计政策。了解的内容主要有收入确认、存货计价、投资的核算、借款费用资本化、固定资产折旧等核算方法，确定坏账准备、存货跌价准备和其他资产减值准备的范围与步骤，完工产品成本的核算程序等。

（2）了解重大和异常交易的会计处理方法，包括：不经常发生的交易，如企业合并、国外投资、资产处置等的会计处理方法；与其所处行业相关的重大交易，如银行向客户发放贷款、证券公司对外投资、医药企业的研究与开发活动等的会计处理方法。

（3）了解会计政策的变更，主要是了解会计政策变更是否是法律、行政法规或者适用的会计准则和相关会计制度的要求；会计政策变更是否能够提供更可靠、更相关的会计信息；会计政策变更采用的追溯调整法和未来适用法是否符合规定；会计政策的变更是否得到充分披露等。

3. 了解被审计单位的目标与经营风险

注册会计师应当了解被审计单位是否存在与下列方面有关的目标和战略，并考虑相应的经营风险：企业是否具备足够应对行业变化的人力资源和业务范围，开发新产品或提供新服务可能使企业的责任增加，业务扩张但对市场需求的估计不准确，监管要求使企业的法律责任增加，无法满足融资条件而失去融资机会，信息系统与业务流程难以融合等。其中，经营风险比重大错报风险的范围更广，注册会计师了解它有助于其识别财务报表重大错报风险；因为多数经营风险最终都会产生财务后果，可能对各类交易、账户余额和披露的认定层次或财务报表层次产生直接影响，从而影响财务报表。但注册会计师没有责任识别或评估对财务报表没有影响的经营风险。

例如，企业当前的目标是在某一特定期间内进入某一新的海外市场，选择的战略是在当地成立合资公司。但是，成立合资公司会带来很多经营风险：企业如何与当地合资方在经营活动、企业文化等各方面协调，如何在合资公司中获得控制权或共同控制权，当地市场情况是否会发生变化，当地对合资公司的税收和外汇管理方面的政策是否稳定，合资公司的利润是否可以汇回，是否存在汇率风险等。这些经营风险反映到财务报表中，可能存在合资公司是子公司还是合营企业或联营企业的判断问题，投资是否存在减值的问题，对当地税收规定的理解以及外币折算等问题，从而导致财务报表出现重大错报风险。

四、了解被审计单位财务业绩的衡量和评价

1. 被审单位财务业绩衡量的主要内容

被审计单位财务业绩衡量和评价涉及的主要内容有：关键的财务或非财务业绩指标、关键比率、趋势和经营统计数据；内部财务业绩分析，如分部、部门或其他不同层次的预算、预测、差异分析，分部信息与业绩报告；员工业绩考核与激励性报酬政策；被审计单位与竞争对手的业绩比较；信用评级机构或上级主管部门等外部机构衡量和评价被审计单位财务业绩的报告等。

2. 注册会计师了解财务业绩衡量的注意事项

注册会计师了解被审计单位财务业绩衡量和评价时应注意以下两点：

蓝田财务
造假报错案

（1）关注内部财务业绩衡量的结果，即关注被审计单位内部财务业绩衡量所显示的未预期到的结果或趋势，管理层的调查结果和纠正措施，以及相关信息是否显示财务报表可能存在重大错报。

（2）考虑财务业绩衡量指标的可靠性，即如果拟利用被审计单位内部信息系统生成的财务业绩衡量指标，应当考虑相关信息是否可靠，以及利用这些信息是否足以实现审计目标；如果在实施分析程序时，还应考虑利用这些信息是否足以发现重大错报。

五、了解被审计单位的外部因素

1. 了解的内容

被审计单位的外部因素主要包括被审计单位所处的行业状况、法律与监管环境和其他外部因素。行业状况主要包括行业的市场与竞争，生产经营的季节性和周期性，能源供应与成本，行业关键指标和统计数据等。法律环境与监管环境主要包括行业特定惯例与限制，对被审计单位经营活动产生重大影响的法律法规、税收政策、货币政策、财政政策、贸易限制政策、环保要求等。其他外部因素主要包括总体经济情况、利率、融资的可获得性、通货膨胀水平或币值变动等。

2. 了解的重点

注册会计师对外部因素了解的重点因被审计单位所处行业、规模以及市场地位等的不同而不同。例如对从事计算机硬件制造的被审计单位，注册会计师可能更关心市场和竞争以及技术进步的情况；对金融机构，注册会计师可能更关心宏观经济走势以及货币、财政等方面的宏观经济政策；对化工等产生污染的行业，注册会计师可能更关心相关环保法规。注册会计师应当考虑将了解的重点放在对被审计单位的经营活动可能产生重要影响的关键外部因素以及与前期相比发生的重大变化上。

注册会计师应当考虑被审计单位的外部因素，以识别与被审计单位有关的可能导致特定的重大错报风险。例如，建筑行业长期合同涉及收入和成本的重大估计，可能导致重大错报风险；银行监管机构对商业银行的资本充足率有专门规定，不能满足这一监管要求的商业银行可能有操纵财务报表的动机和压力等。

【审计技能案例 5-2】 注册会计师对 STQ 公司 2021 年度财务报表进行审计；部分审计

工作底稿的记录如下。

(1) 该公司从事小型电子消费品的生产和销售,部分账面记录如表 5-1 所示。经查阅公司董事会授权记录,由于市场竞争很激烈并涉及环境污染等,公司决定在当年对主要产品进行更新换代、购买非专利技术。

表 5-1 STQ 公司 2021 年部分产品账面记录

万元

项目	2021 年未审数			2020 年已审数		
	S 产品	T 产品	其他产品	S 产品	T 产品	其他产品
营业收入	32 340	3 000	20 440	0	28 500	18 000
营业成本	27 500	2 920	19 800	0	27 200	15 300
存货账面余额	2 340	180	4 440	0	2 030	4 130
存货跌价准备	0	0	0	0	0	0

(2) 2021 年 2 月开发 S 产品并停产停售 T 产品,两产品所需原材料基本相同,制造成本只增加了 2%;S 产品功能齐全且设计新颖,全公司平均售价提高了 10%。

(3) 为加快新的 RQ 产品研发,当年 6 月支付 500 万元购入一项非专利技术并将其确认为无形资产;年底的行业分析报告显示,竞争对手乙公司已推出类似新产品,市场份额达到 70%。

(4) 经董事会决定,管理层以 1 800 万元受让盈利能力较强的丙公司 20% 股权,按权益法进行投资核算;并向丙公司派出 1 名董事参与其生产经营决策。

(5) 公司生产过程中产生的噪声和排放的气体对环境有很大影响,周围居民反映强烈,公司董事会决定一次性补偿居民 100 万元,管理层已将其列作当年的"预计负债";但现行法律没有相关规定,未与居民达成具体补偿方案。

讨论:注册会计师了解的因素有哪些?如何实施风险导向审计?

引入:逐项指出是否存在重大错报风险,该风险与哪些认定相关?

【讨论解析】(讨论已学习的内容):注册会计师主要了解了被审单位的治理结构、控制活动(授权与执行等)、生产经营情况、行业市场与竞争、经营风险、法律与监管环境、投资活动、会计政策等因素。注册会计师已对被审单位实施了上述风险评估的"了解"程序;还应当实施后述的识别重大错报风险、评估两个层次的重大错报风险(包括特别风险)的"评估"程序;并针对重大错报风险实施相应的措施(包括总体应对措施与进一步审计程序)。

【引入解析】(待学习内容的理解):

事项 (1) 可能存在重大错报风险。因为市场竞争激烈、环境污染、主要产品更新换代等,存在重大的不确定性。这类影响多项认定与财务报表整体广泛相关的重大错报风险,属于财务报表层次的重大错报风险。

事项 (2) 可能存在重大错报风险。因为 T 产品停产停售,账面余额有 180 万而存货跌价准备为 0。该风险与存货的存在、计价和分摊认定相关。

事项 (3) 可能存在错大错报风险;因为竞争对手推出类似新产品且市场份额大,说明购入的无形资产面临减值风险；该风险与无形资产的计价和分摊认定相关。

事项（4）没有发现重大错报风险（没发现不表示"没有"）。

事项（5）可能存在错大错报风险。因为噪音、气体产生环境污染又未与居民达成补偿方案，预计负债有很大的不确定性。该风险与预计负债的计价与分摊认定相关。

学习任务3 重大错报风险的评估与应对

一、评估重大错报风险的层次

风险评估程序包括了解被审计单位及其环境（包括内部控制），评估重大错报风险两个阶段。其中评估重大错报风险需要识别重大错报风险、评估报表层次与认定层次的重大错报风险，并在此基础上评估是否存在特别风险。

1. 识别重大错报风险

注册会计师应在了解被审计单位及其环境（包括内部控制）的整个过程中，结合对财务报表中各类交易、账户余额和披露的考虑，识别风险。例如，因新法规的实施需要更新设备使原有资产面临贬值的风险；宏观经济的低迷可能预示应收账款的回收存在问题；因竞争者的新产品上市导致主要产品出现存货跌价，使产品停产而产生固定资产减值等。在此基础上，注册会计师应当将识别出的一项或多项风险，考虑发生错报的可能性和重大程度，以及潜在错报的重大程度，结合重要性判断，识别是否足以导致重大错报风险。

2. 评估两个层次的重大错报风险

在对重大错报风险进行识别后，注册会计师应当确定，识别的重大错报风险是与特定的某类交易、账户余额和披露的认定相关，还是影响多项认定与财务报表整体广泛相关。

（1）评估认定层次的重大错报风险，具体包括以下四个步骤。

①首先是确定哪些重大错报风险与特定的交易、账户余额和披露的认定相关。如，被审计单位存在复杂的联营或合资，这一事项表明长期股权投资账户的认定可能存在重大错报风险。再如，被审计单位存在重大的关联方交易，该事项表明关联方及关联方交易的披露认定可能存在重大错报风险。

②其次是将识别的风险与认定层次重大错报相联系。例如，产品销售价格下降使其可变现净值低于成本时需要计提存货跌价准备，这显示存货的计价认定可能发生错报。

③再次是将所了解的控制与特定认定相联系。因为控制不当或缺乏控制，错报就会由可能变成现实，而有效的控制会减少错报发生的可能性，即控制对风险有抵消和遏制作用；同时，单个的控制活动本身不足以控制重大错报风险，只有多种控制活动和内部控制的其他要素综合作用才足以控制重大错报风险。所以，在评估认定层次重大错报发生的可能性时，应当将控制活动与其他要素综合考虑，关注有助于防止或发现并纠正特定认定发生重大错报的控制。如将销售和收款的控制置于其所在的流程和系统中考虑，以确定其能否实现控制目标。

④最后是注册会计师应当将各类交易、账户余额和披露认定层次的重大错报风险，考虑重要性水平予以分项汇总和评估，以确定进一步审计程序的性质、时间安排和范围。

另外，注册会计师对认定层次重大错报风险的评估，可能随着审计过程中不断获取审计证据而做出相应的变化。因此，评估重大错报风险与了解被审计单位及其环境一样，也是一个连续和动态的收集，更新与分析信息的过程，贯穿于整个审计过程的始终。

（2）评估报表层次的重大错报风险。其一是某些重大错报风险可能与财务报表整体广泛相关，进而影响多项认定。例如，在经济不稳定的地区开展业务，可能出现资产的流动性问题；在政局动荡、职工经常罢工的国家投资，以及重要客户流失、融资能力受到限制等，可能导致注册会计师对被审计单位的持续经营能力产生重大疑虑。又如，管理层缺乏诚信或承受异常的压力可能引发舞弊风险，这些风险与财务报表整体相关。其二是薄弱的控制环境可能带来财务报表层次重大错报。因为薄弱的控制环境带来的风险可能对财务报表产生广泛影响，难以限于某类交易、账户余额和披露。例如，被审计单位管理层对内部控制的重要性缺乏认识，没有建立必要的制度和程序；管理层经营观念偏于激进，又缺乏实现激进目标的人力资源等。

这些影响多项认定与财务报表整体广泛相关的重大错报风险、源于薄弱控制环境的重大错报风险，属于财务报表层次的重大错报风险，需要注册会计师采取总体应对措施。

【审计技能案例5-3】 甲公司是ABC会计师事务所的常年审计客户，主要从事A、B和C三类石化产品的生产和销售。注册会计师负责审计甲公司2021年度财务报表，按照税前利润的5%确定财务报表整体的重要性为60万元。

资料一：注册会计师在审计工作底稿中记录了所了解的甲公司情况及其环境，部分内容摘录如下：

（1）甲公司利用ERP信息系统核算生产成本，在以前年度，利用ERP系统之外的G软件手工输入相关数据后进行存货账龄的统计和分析。2021年，信息技术部门在ERP系统中开发了存货账龄分析子模块，于每月末自动生成存货账龄报告。甲公司会计政策规定，应当结合存货账龄等因素确定存货期末可变现净值，计提存货跌价准备。

（2）与以前年度相比，甲公司2021年度固定资产未大幅变动，与折旧相关的会计政策和会计估计未发生变更。

（3）甲公司委托第三方加工生产A产品。自2021年2月起，新增乙公司为委托加工方。甲公司支付给乙公司的单位产品委托加工费较其他加工方高20%。管理层解释，由于乙公司加工的产品质量较高，因此委托乙公司加工A产品并向其支付较高的委托加工费。A注册会计师发现，2021年A产品的退货大部分由乙公司加工。

（4）B产品5月至8月的直接人工成本总额较其他月份有明显增加，单位人工成本没有明显变化，销售部、生产部和人力资源部经理均解释由于B产品有季节性生产的特点，需要雇用大量临时工。这与A注册会计师在以前年度了解的情况一致。

（5）为方便安排盘点人员，甲公司将A和B产品的年度盘点时间确定为2021年12月31日，将C产品的年度盘点时间确定为2021年12月20日。自2021年12月25日起，由新入职的存货管理员负责管理C产品并在ERP系统中记录其数量变动。

（6）甲公司租用丙公司独立仓库储存部分产成品。2021年12月31日，该部分产成品的账面价值为300万元。甲公司与丙公司在年末对账时发现80万元的差异，丙公司解释，该差异是由于甲公司客户于2021年12月30日已提货，而相关单据尚未传至甲公司所致。

资料二：注册会计师审计工作底稿中记录的部分制造费用数据如表 5-2 所示。

表 5-2　制造费用部分比较数据

万元

明细项目	折旧费用	修理费	物料消耗	水电费	间接人工	其他	总计
2021 年未审数	1 000	300	200	150	100	50	1 800
2020 年已审数	1 200	310	210	130	90	60	2 000

讨论：针对资料一第（1）至（6）项，结合资料二，假定不考虑其他条件，逐项指出资料一所列事项是否可能表明存在重大错报风险。如果认为存在重大错报风险，简要说明理由，并说明该风险主要与哪些财务报表项目（仅限于营业收入、营业成本、资产减值损失、应收账款、存货、固定资产和应付职工薪酬）的哪些认定相关。

【解析】：事项（1）可能存在重大错报风险。因为信息技术控制薄弱导致账龄分析不准，影响存货跌价准备的准确性。与财务报表存货的计价和分摊、资产减值损失的准确性认定相关。事项（2）可能存在重大错报风险。因为其他因素没有明显变化的情况下，折旧费明显下降表明可能存在错报。与财务报表固定资产的计价和分摊、存货的计价和分摊、营业成本的准确性认定相关。事项（3）可能存在重大错报风险。因为委托加工费明显偏高，管理层的解释与注册会计师了解的情况不符，以上情况可能显示乙公司为未披露的关联方。事项（4）没有发现有重大错报的可能。事项（5）可能存在重大错报风险。因为盘点后负责存货记录的员工发生变更，存在盘点日至资产负债表日之间存货变动未得到恰当记录的风险；与财务报表存货的存在、完整性认定相关。事项（6）可能存在重大错报风险。因为存货对账差异可能表明存在收入截止错误。与财务报表营业收入的截止、应收账款的完整性、营业成本的截止、存货的存在认定相关。

二、评估特别风险

特别风险是指注册会计师识别和评估的、根据判断认为需要特别考虑的重大错报风险。日常的、不复杂的、经正规处理的交易不太可能产生特别风险；特别风险通常与重大的非常规交易和判断事项有关。非常规交易是指由于金额或性质异常而不经常发生的交易，例如，企业购并、债务重组、重大或有事项等。在确定哪些风险是特别风险时，注册会计师应当在考虑识别出的控制对相关风险的抵消效果前，根据风险的性质、潜在错报的重要程度（包括该风险是否可能导致多项错报）和发生的可能性，判断风险是否属于特别风险。

在确定风险的性质评估是否为特别风险时，注册会计师应当考虑下列事项：

（1）风险是否属于舞弊风险；

（2）风险是否与近期经济环境、会计处理方法或其他方面的重大变化相关，因而需要特别关注；

（3）交易的复杂程度；

（4）风险是否涉及重大的关联方交易；

（5）财务信息计量的主观程度，特别是计量结果是否具有高度不确定性；

(6) 风险是否涉及异常或超出正常经营过程的重大交易。

对特别风险，注册会计师应当评价相关控制的设计情况，并确定其是否已经得到执行。由于与重大非常规交易或判断事项相关的风险很少受到日常控制的约束，注册会计师应当了解被审计单位是否针对该特别风险设计和实施了控制。如果管理层未能实施控制以恰当应对特别风险，注册会计师应当认为内部控制存在重大缺陷，并考虑其对风险评估的影响。在此情况下，注册会计师应当就此类事项与治理层沟通。

例如，做出会计估计所依据的假设是否由管理层或专家进行复核，是否建立做出会计估计的正规程序，重大会计估计结果是否由治理层批准等。再如，管理层在收到重大诉讼事项的通知时采取的措施，包括这类事项是否提交适当的专家（如内部或外部的法律顾问）处理，是否对该事项的潜在影响做出评估，是否确定该事项在财务报表中的披露问题以及如何确定等。如果管理层未能实施控制以恰当应对特别风险，注册会计师应当认为内部控制存在重大缺陷，并考虑其对风险评估的影响。在此情况下，注册会计师应当就此类事项与治理层沟通。

【审计技能案例5-4】注册会计师审计甲公司2023年度财务报表时遇到下列事项：

（1）甲公司拥有3家子公司，分别生产不同的饮料产品。甲公司所处行业整体竞争激烈，市场处于饱和状态，同行业公司的主营业务收入年增长率低于5%，但甲公司董事会仍要求管理层将2023年度主营业务收入增长率确定为8%。管理层编制的甲公司2023年度财务报表显示，已按计划实现收入。

（2）甲公司管理层除领取固定工资外，其奖金金额与当年完成主营业务收入的情况挂钩。

讨论：分析甲公司存在舞弊风险可能性；该风险与主要什么认定相关。

【解析】：事项（1）可能存在舞弊风险。因为甲公司所在行业整体竞争激烈，市场处于饱和状态，董事会对管理层制定了过高的盈利能力指标，即存在较高的"压力"。事项（2）可能存在舞弊风险。因为管理层个人报酬中有相当一部分（如奖金）取决于公司能否实现激进的目标（经营成果），即存在"动机"。

该风险与主营业务收入的发生（可能虚构）认定、货币资金的存在（现销业务）认定、应收账款的存在（赊销业务）认定相关。

三、报表层次重大错报风险的总体应对措施

中国注册会计师审计准则规定，注册会计师应当针对评估的财务报表层次重大错报风险确定总体应对措施，并针对评估的认定层次重大错报风险设计和实施进一步审计程序，以将审计风险降至可接受的低水平。

应对重大错报风险

在风险的评估过程中，注册会计师识别的影响多项认定与财务报表整体广泛相关的重大错报风险，以及源于薄弱控制环境的重大错报风险，属于财务报表层次的重大错报风险，需要注册会计师采取总体应对措施。

1. 保持职业怀疑态度

注册会计师对财务报表层次的重大错报风险，应向项目组强调在收集和评价审计证据过程中保持职业怀疑态度的必要性，更具针对性的实施进一步审计程序。

2. 增强项目组专业胜任能力

由于各行业在经营业务、经营风险、财务报告、法规要求等方面具有特殊性，审计人员的专业细分成为一种趋势。审计项目组成员中应有一定比例的人员曾经参与过被审计单位以前年度的审计，或具有被审计单位所处特定行业的相关审计工作经验。必要时，要考虑利用信息技术、税务、评估、精算等方面的专家的工作。所以，对财务报表层次的重大错报风险的识别，会计师事务所应分派更有经验或具有特殊技能的注册会计师，或利用专家的工作。

3. 提供更多的项目督导

对于财务报表层次重大错报风险较高的审计项目，审计项目组的高级别成员，如项目合伙人、项目经理等经验较丰富的人员，应特别强调重大错报风险所在的领域，更具针对性的指导项目组成员了解拟执行工作的目标，对其他成员提供更详细、更经常、更及时的指导和监督并加强项目质量复核。会计师事务所应委派非项目组成员为项目质量控制复核人员，客观评价项目组对重大错报风险作出的重大判断、疑难问题或争议事项、意见分歧的解决等，以加强项目质量复核。

4. 增加审计程序的不可预见性

对于财务报表层次重大错报风险，注册会计师必须实施进一步审计程序，包括控制测试或实质性程序。被审计单位人员，尤其是管理层，如果熟悉注册会计师的审计套路，就可能采取种种规避手段，掩盖财务报告中的舞弊行为。为了避免既定思维对审计方案的限制，避免对审计效果的人为干涉，使得针对重大错报风险的审计程序更加有效，在选择进一步审计程序时，应当注意使某些程序不被管理层预见或事先了解。

注册会计师增加审计程序不可预见性的措施主要有：

（1）对某些以前未测试的低于设定的重要性水平或风险较小的账户余额和认定实施实质性程序；

（2）调整实施审计程序的时间，使其超出被审计单位的预期；

（3）采取不同的审计抽样方法，使当年抽取的测试样本与以前有所不同；

（4）选取不同的地点实施审计程序，或预先不告知被审计单位所选定的测试地点（如存货监盘等）。

增加审计程序不可预见性的方法举例如表 5-3 所示。

表 5-3 不可预见性的审计程序举例

存货	（1）向以前审计过程中接触不多的被审计单位人员询问； （2）在不事先通知被审计单位的情况下，选择以前未曾去过的地点进行存货监盘等
销售应收账款	（1）实施以前未曾考虑过的审计程序，如以前未关注的交易、函证金额为零的账户； （2）改变实施实质性分析程序的对象，例如对收入按细类进行分析； （3）针对销售和销售退回延长截止测试期间等
采购和应付款	（1）如果以前未曾对应付账款余额普遍进行函证，可考虑直接向供应商函证确认余额；如果经常函证可考虑改变函证的范围或时间； （2）对以前由于低于设定的重要性水平而未曾测试的采购项目进行细节测试等
现金和银行账户	（1）多选几个月的银行存款余额调节表进行测试； （2）对有大量银行账户的，考虑改变抽样方法等

5. 修改审计程序

财务报表层次的重大错报风险很可能源于薄弱的控制环境，此时，注册会计师应从总体上对拟实施审计程序的性质、时间安排和范围作出修改，如：在期末而非期中实施更多的审计程序（控制环境的缺陷通常会削弱期中获得的审计证据的可信赖程度）；主要依赖实质性程序获取审计证据（控制环境存在缺陷导致注册会计师可能无法信赖内部控制）；增加拟纳入审计范围的经营地点的数量等。

学习任务 4 控制测试与实质性程序

中国注册会计师审计准则规定，针对评估的重大错报风险，包括财务报表层次和认定层次的重大错报风险，注册会计师都应当设计和实施进一步审计程序，包括控制测试和实质性程序。

【审计技能案例 5-5】企业应建立出纳不能保管会计档案的预防性控制，以防止"一证二用"的错弊；同时还应经常检查出纳是否能够以各种理由接触会计档案，如是否常到会计档案室聊天、与档案保管人员是否有三代以内的血亲关系等，以监控这项措施的效果。

一、控制测试

1. 控制测试的含义和要求

控制测试是指用于评价内部控制在防止或发现并纠正认定层次重大错报方面的运行有效性的审计程序。

需注意的是，"了解内部控制"的目的是为了评价控制的设计、确定控制是否得到执行，而测试控制的目的是为了评价控制运行的有效性。在测试控制运行的有效性时，注册会计师应当从下列方面获取关于控制是否有效运行的审计证据：

（1）控制在所审计期间的相关时点是如何运行的；
（2）控制是否得到一贯执行；
（3）控制由谁或以何种方式执行；
（4）是人工控制还是自动化控制方式。

从这四个方面来看，控制运行有效性强调的是控制能够在各个不同时点按照既定设计得以一贯执行。因此，在了解控制是否得到执行时，注册会计师只需抽取少量的交易进行检查或观察某几个时点。但在测试控制运行的有效性时，注册会计师需要抽取足够数量的交易进行检查或对多个不同时点进行观察。

作为进一步审计程序的类型之一，控制测试并非在任何情况下都需要实施。当存在下列情形之一时，注册会计师应当实施控制测试：

（1）在评估认定层次重大错报风险时，预期控制的运行是有效的；
（2）仅实施实质性程序并不能够提供认定层次充分、适当的审计证据。

因此，只有认为控制设计合理、能够防止或发现和纠正认定层次的重大错报时，注册会计师才有必要对控制运行的有效性实施测试。

2. 控制测试的性质

控制测试的性质是指控制测试所使用的审计程序的类型及其组合。注册会计师应当选择适当类型的审计程序以获取有关控制运行有效性的保证。在计划和实施控制测试时，对控制有效性的信赖程度越高，注册会计师应当获取越有说服力的审计证据。虽然控制测试与了解内部控制的目的不同，但两者采用审计程序的类型通常相同，包括询问、观察、检查和重新执行等。

确定控制测试的性质时的要求包括以下三项：

（1）考虑特定控制的性质，如某项控制可能存在反映控制运行有效性的文件记录，则实施检查文件记录的程序获取证据；若没记录，则可实施询问、观察等程序。

（2）考虑测试与认定直接相关和间接相关的控制，如被审单位规定对新客户赊销既要审批还要事后报告；注册会计师不仅要检查审批与报告（与认定直接相关）控制的有效性，还要考虑报告信息准确性（与认定间接相关）控制是否有效运行。

（3）对于一项自动化的应用控制，由于信息技术处理过程的内在一贯性，注册会计师可以利用该项控制得以执行的审计证据和信息技术一般控制（特别是对系统变动的控制）运行有效性的审计证据，作为支持该项控制在相关期间运行有效性的重要审计证据。

【审计技能案例5-6】注册会计师观察到某单位的出纳与会计工作由A、B两人承担，经查阅岗位分工文件、抽查部分会计凭证的签字等，没有发现两人有混岗的现象。经进一步询问，这两人是父子（夫妻）关系。

讨论：注册会计师使用了哪些程序，获取了哪些证据，能得出什么结论。

3. 控制测试的时间

控制测试的时间包含两层含义：一是控制测试的时间是指何时实施控制测试；二是实施控制测试时获取审计证据适用的期间或时点。

注册会计师可以在期中或期末实施控制测试。在可能的情况下，注册会计师应分别在期中、期末或其他关键时间分别实施控制测试，以获取不同时点上内部控制运行的变化情况，以及是否持续有效运行的审计证据。注册会计师也可利用以前审计获取的有关控制运行有效性的审计证据，运用职业判断确定其是否在本期运行有效，并考虑在本期发生的变化而进行必要的测试，但两次测试的时间间隔不得超过两年。

注册会计师应根据控制测试的目的确定获取审计证据适用的期间或时点。如果仅需要测试内部控制在特定时点上运行是否有效性，如对被审计单位期末存货盘点有效性进行控制测试，则注册会计师只需要获取该时点的审计证据；某些控制活动可能仅在期中或期中以前发生，之后将难以观察到时，如发生管理层变更等，则应考虑在发生时点进行控制测试；如果需要获取控制在某一期间有效运行的审计证据，如对所审期间采购业务的批准与执行职务分离是否有效性进行控制测试，仅获取与时点相关的审计证据是不充分的，注册会计师应当辅以其他控制测试，包括测试被审计单位对控制的监督等。

4. 控制测试的范围

控制测试范围是指注册会计师对某项控制活动的测试次数。确定控制测试范围的基本要求是，获取内部控制在整个拟信赖的期间有效运行的充分、适当的审计证据。注册会计师在确定某项控制的测试范围时通常考虑下列因素。

（1）在整个拟信赖的期间，被审计单位执行控制的频率。控制执行的频率越高，控制测试的范围越大。

（2）拟信赖控制运行有效性的时间长度越长，在该时间长度内发生的控制活动次数也越多，注册会计师控制测试的范围越大。

（3）为证实控制能够防止或发现并纠正认定层次重大错报，所需获取审计证据的相关性和可靠性要求越高，控制测试的范围越大。

（4）通过测试与认定相关的其他控制获取的审计证据的充分性和适当性较高时，测试该控制的范围可适当缩小。

（5）注册会计师在风险评估时对控制运行有效性的拟信赖程度越高，需要实施控制测试的范围越大。

（6）控制的预期偏差。预期偏差可以用控制未得到执行的预期次数占控制应当得到执行次数的比率加以衡量（也可称为预期偏差率）。考虑该因素，是因为在考虑测试结果是否可以得出控制运行有效性的结论时，不可能只要出现任何控制执行偏差就认定控制运行无效，所以需要确定一个合理水平的预期偏差率。控制的预期偏差率越高，需要实施控制测试的范围越大。如果控制的预期偏差率过高，注册会计师应当考虑控制可能不足以将认定层次的重大错报风险降至可接受的低水平，从而针对某一认定实施的控制测试可能是无效的。

二、实质性程序

1. 实质性程序的含义

实质性程序是指注册会计师针对评估的重大错报风险实施的直接用以发现认定层次重大错报的审计程序，包括对各类交易、账户余额和披露的细节测试以及实质性分析程序。因此，注册会计师应当针对评估的重大错报风险（包括特别风险），设计和实施细节测试或实质性分析程序，以发现认定层次的重大错报。

进一步审计程序

进一步审计程序的目的包括通过实施控制测试以确定内部控制运行的有效性，通过实施实质性程序以发现认定层次的重大错报。所以控制测试的对象是被审计单位的内部控制，目的是确定控制运行的有效性；实质性程序的测试对象是各类交易、账户余额和披露，目的是确定认定层次是否存在重大错报。不同的审计程序应对特定认定错报风险的效力不同，如对于与收入完整性认定相关的重大错报风险，控制测试通常更能有效应对；对于与收入发生认定相关的重大错报风险，实质性程序通常更能有效应对。评估的认定层次重大错报风险越高，对通过实质性程序获取的审计证据的相关性和可靠性的要求越高，此时可能不信赖被审单位的内部控制（不实施控制测试）而直接实施实质性程序。在财务报表审计中，由于注册会计师实施风险评估程序对重大错报风险的评估是一种判断，可能无法充分识别所有的重大错报风险，并且由于内部控制存在固有局限性，所以，无论评估的重大错报风险结果如何，控制测试的内部控制是否有效，注册会计师都应当针对所有重大的各类交易、账户余额和披露实施实质性程序。

2. 实质性程序的性质

实质性程序的性质是指实质性程序的类型及其组合。实质性程序包括细节测试和实质性分析程序两种基本类型。

细节测试是对各类交易、账户余额或列报和披露的具体细节进行测试，目的在于直接识别认定是否存在错报。注册会计师可实施检查、观察、询问、函证、重新计算等技术程序获取细节测试的审计证据。细节测试适用于对各类交易、账户余额、列报的获取与某些认定相关的审计证据，特别适用于存在或发生、计价认定等的测试。注册会计师需要根据不同的认定层次的重大错报风险设计有针对性的细节测试，在针对存在或发生认定设计细节测试时，注册会计师应当选择包含在财务报表金额中的项目，并获取相关审计证据，如：根据营业收入的账面记录追查至销售发票与销售出库单、发运单等（逆查程序），以确定被审单位是否虚增收入。在针对完整性认定设计细节测试时，注册会计师应当选择有证据表明应包含在财务报表金额中的项目，并调查这些项目是否确实包括在内，如为应对被审计单位漏记本期应付账款的风险，注册会计师可以检查期后付款记录等；再如，为应对隐匿收入（完整性）的风险，实施逆查程序常常是无效的，此时，注册会计师可以从检查销售出库单、发货单开始，追查到账面记录（顺查程序）。

实质性分析程序从技术特征上讲仍然是分析程序，主要是通过研究数据间关系评价信息，只是将该技术方法用作实质性程序，即用以识别各类交易、账户余额、列报及相关认定是否存在错报。实质性分析程序通常更适用于在一段时间内存在可预期关系的大量交易。在设计实质性分析程序时应考虑对特定认定使用实质性分析程序的适当性，对已记录的金额或比率做出预期时所依据的内部或外部数据的可靠性，做出预期的准确程度是否足以在计划的保证水平上识别重大错报，已记录金额与预期值之间可接受的差异额。同时还应考虑到数据及分析的可靠性，当实施实质性分析程序时，如果使用被审计单位编制的信息，注册会计师应当考虑测试与信息编制相关的控制，以及这些信息是否在本期或前期经过审计。

【知识拓展】：控制测试的目的是评价控制是否有效运行；细节测试的目的是发现认定层次的重大错报。尽管两者目的不同，但注册会计师可以考虑针对同一交易同时实施控制测试和细节测试，以实现双重目的，例如，注册会计师通过检查某笔交易的发票可以确定其是否经过适当的授权，也可以获取关于该交易的金额、发生时间等细节证据。当然，如果拟实施双重目的的测试，注册会计师应当仔细设计和评价测试程序。

【审计技能案例5-7】注册会计师对A公司2021年的银行存款进行了以下审计工作：

（1）经询问出纳与会计稽核人员均答复，银行存款余额调节表由会计稽核人员按月与银行对账单核对后编制。

（2）经抽查三个月的银行存款余额调节表，发现2021年6月的银行存款余额调节表是出纳人员的笔迹。经询问，该月稽核人员休假由出纳代为编制。

（3）向银行函证获取了A公司2021年6月的银行对账单，与银行存款日记账的月初及月末余额核对无误。

（4）将该月的银行对账单与日记账逐笔核对，发现对账单有记录但日记账没有记录的一收一付的事项，金额均为38 500元；注册会计师据此编制了有银行已收付而企业未收付的未达账调节表。

（5）将两张调节表进行核对，发现出纳编制的调节表没有将上述一收一付的事项作未达账进行调节；出纳的答复是因为这两事项最终不影响存款的余额，所以没作未达账处理。

（6）再次向银行函证得知，38 500元的收款是B公司支付给A公司的货款，等额的付款是出纳开具的现金支票；出纳的答复是因个人急需资金暂时借用此款，但银行收支单据已遗失。

(7) 计算当月银行存款日记账的收支额合计数，再与银行存款总分类账的本月发生额核对，没有发现差异。

讨论：注册会计师实施了哪些审计程序，获得了哪些审计证据，可得出何种测试结论。

3. 实质性程序的时间

注册会计师可以在期中、期末或期末以后实施实质性程序。在很多情况下，可以根据具体情况选择实施实质性程序的时间，但也存在着一些限制性选择。这些限制性选择主要包括以下八个方面。

（1）注册会计师评估的某项认定的重大错报风险越高，针对该认定所需获取的审计证据的相关性和可靠性要求也就越高，注册会计师越应当考虑将实质性程序集中于期末或接近期末实施。

（2）将财务报表与会计分录的核对，检查财务报表编制过程中所作的会计调整等，应当考虑在期末或期末以后实施实质性程序。

（3）被审计单位在期末或接近于期末发生了重大交易，或重大交易在期末尚未完成，则交易的发生或截止认定可能存在重大错报的风险，应当考虑在期末或期末以后实施实质性程序。

（4）被审计单位可能为了保证盈利目标的实现，而在会计期末以后伪造销售合同以虚增收入，此时注册会计师需要考虑在期末（即资产负债表日）这些特定时点获取被审计单位截止期末所能提供的所有销售合同及相关资料，以防止被审计单位在资产负债表日后伪造销售合同以虚增收入的做法。

（5）为了获取资产负债表日的存货、现金等实物资产存在的证据，应在期末或接近于期末的时点实施存货、现金等的监盘程序。

（6）实施实质性程序所需信息在期中之后可能难以获取，如信息系统变动导致某类交易记录难以获取、对建筑物的地基工程量需要测算等，注册会计师应考虑在期中实施实质性程序。

（7）对于舞弊导致的重大错报风险（即特别风险），注册会计师应当考虑在期末或者接近期末实施实质性程序。

（8）某些交易或账户余额以及相关认定的特殊性质，如未决诉讼等，决定了注册会计师必须在期末或期末以后实施实质性程序。

4. 实质性程序的范围

风险评估程序和实施控制测试的结果是注册会计师在确定实质性程序范围时的重要考虑因素。如果注册会计师了解的内部控制设计不当，或没有执行，可以不进行控制测试而直接实施实质性程序。如果评估的认定层次的重大错报风险越高，需要实施实质性程序的范围越广。如果对控制测试结果不满意，注册会计师应当考虑扩大实质性程序的范围。

在设计细节测试时，注册会计师除了从样本量的角度考虑测试范围外，还要考虑选样方法的有效性等因素。例如，从总体中选取大额或异常项目，而不是进行代表性抽样或分层抽样。

实质性分析程序的范围有两层含义：第一层含义是对什么层次上的数据进行分析，注册会计师可以选择在高度汇总的财务数据层次进行分析，也可以根据重大错报风险的性质和水平调整分析层次。例如，按照不同产品线、不同季节或月份、不同经营地点或存货存放地点等实施实质性分析程序。第二层含义是需要对什么幅度或性质的偏差展开进一步调查。实施分析程序可能发现偏差，但并非所有的偏差都值得展开进一步调查。可容忍或可接受的偏差（即预期偏差）越大，作为实质性分析程序一部分的进一步调查的范围就越小。于是确定适当的预期偏差幅度同样属于实质性分析程序的范畴。因此，在设计实质性分析程序时，注册会计师应当确定已记录金额与预期值之间可接受的差异额。在确定该差异额时，注册会计师应当主要考虑各类交易、账户余额和披露及相关认定的重要性和计划的保证水平。

【审计技能案例 5-8】 根据"审计技能案例 5-3"提供的资料，注册会计师在审计工作底稿中记录了拟实施的进一步审计程序，部分内容摘录如下：

（1）测试信息技术一般性控制和与 ERP 系统中存货账龄分析子模块相关的信息技术应用控制。

（2）抽样检查各产品月度生产成本分配表，主要包括：①月末产品生产成本在产成品和在产品中分配的方法是否正确；②相关数据是否与产品成本计算表、会计记录一致；③是否经相关人员复核和批准等。

（3）对委托加工费实施实质性分析程序。

（4）对直接人工成本实施实质性分析程序。

（5）对 A 和 B 产品实施年末监盘程序。

（6）对 2021 年 12 月 31 日存放在丙公司的存货实施函证程序，并检查存货发运凭证、对账差异调节表等书面记录，确定差异原因是否为时间性差异。

讨论：根据上述第（1）至（6）项审计程序，假定不考虑其他条件，逐项指出相关审计程序与"实证与分析案例 5-3"中所识别的重大错报风险是否直接相关。如果不直接相关，指出与该审计程序直接相关的财务报表项目和认定。

【解析】：程序（1）与识别出的重大错报风险直接相关。程序（2）与识别出的重大错报风险不直接相关，该程序与财务报表存货的计价和分摊，营业成本的准确性认定相关。程序（3）与识别出的重大错报风险不直接相关，该程序与财务报表存货的计价和分摊，营业成本的准确性认定相关。程序（4）不适用，无。程序（5）与识别出的重大错报风险不直接相关，该程序与财务报表存货的存在、完整性、计价和分摊、权利和义务认定相关。程序（6）与识别出的重大错报风险直接相关。

学习任务5　学习效果测试

一、判断题

1. 风险评估程序包括了解程序、评估程序，不包括控制测试和实质性程序。（　　）

2. 注册会计师应当详细运用各类交易和事项、期末账户余额、列报和披露认定，作为评估重大错报风险以及实施进一步审计程序的基础。（　　）

3. 风险导向审计下，必须实施了解程序、风险评估程序和细节测试程序。（　　）

4. 控制测试与实质性程序是进一步审计程序，风险导向审计都必须实施。（　　）

5. 薄弱的控制环境带来的风险可能对财务报表产生广泛影响，难以限于某类交易、账户余额、列报，注册会计师应当采取总体应对措施。（　　）

6. 注册会计师可以通过实施风险评估程序获取充分、适当的审计证据，作为发表审计意见的基础。（   ）

7. 注册会计师没有责任识别和评估与财务无关的经营风险。（   ）

8. 如果实施实质性程序发现被审计单位没有识别的重大错报，通常表明内部控制存在重大缺陷。（   ）

9. 分析程序广泛运用于风险评估、进一步审计程序，但不适用于控制测试。（   ）

二、单选题

1. 在计划审计工作时注册会计师应分别评价（   ）两个层次的重要性。
   A. 总账层次和明细账层次　　　　B. 资产负债表和利润表层次
   C. 财务报表层次和认定层次　　　D. 记账凭证层次和原始凭证层次

2. （   ）通常更适用于在一段时间内存在可预期关系的大量交易。
   A. 控制测试　　　　　　　　　　B. 穿行测试
   C. 实质性分析程序　　　　　　　D. 细节测试

3. 财务报表层次的重大错报风险的应对措施不包括实施（   ）。
   A. 实质性程序　　B. 控制测试　　C. 提供更多督导　　D. 评估风险

4. 下列有关控制测试目的的说法中，正确的是（   ）。
   A. 评价控制运行有效性　　　　　B. 发现认定层次发生错报的金额
   C. 验证实质性程序结果的可靠性　D. 确定控制是否得到执行

5. 注册会计师实施的分析程序不能用于（   ）。
   A. 实质性程序　　B. 控制测试　　C. 风险评估　　D. 总体应对措施

6. 了解被审计单位的内部控制不包括内部控制的（   ）。
   A. 设计是否恰当　B. 是否有缺陷　C. 是否得到执行　D. 是否一贯执行

7. 注册会计师了解的（   ）不属于内部控制的要素。
   A. 控制活动　　B. 控制环境　　C. 内部审计　　D. 市场竞争

8. 注册会计师了解被审计单位的控制活动不包括（   ）因素的了解。
   A. 实物控制　B. 不相容职务　C. ERP处理流程　D. 对控制的监督

9. 了解被审计单位的性质不包括被审计单位的（   ）。
   A. 购销活动　　B. 股权结构　　C. 经营风险　　D. 组织结构

三、多选题

1. 在确定审计程序的性质、时间和范围时，注册会计师主要考虑（   ）。
   A. 审计风险　　B. 独立性　　C. 重要性　　D. 客观性

2. 在被审单位的内部控制（   ）时，可以不进行控制测试而直接实施实质性程序。
   A. 执行无效　　B. 执行有效　　C. 设计不当　　D. 没有执行

3. 重新计算折旧额是正确、会计分录是否恰当，实施的是（   ）。
   A. 控制测试　　　　　　　　　　B. 实质性程序
   C. 进一步审计程序　　　　　　　D. 细节测试

4. 进一步审计程序针对报表层与认定层的重大错报风险，包括（   ）。
   A. 风险了解　　B. 风险评估　　C. 控制测试　　D. 实质性程序

5. 报表层次的重大错报风险，必须实施（   ）。

A. 总体应对措施　　B. 风险评估　　C. 控制测试　　D. 实质性程序

6. 进一步审计程序包括控制测试与实质性程序，属于实质性程序的有（　　）。

　　A. 分析程序　　B. 观察和检查　　C. 函证　　D. 重新执行

7. 进一步审计程序包括控制测试与实质性程序，属于控制测试程序的有（　　）。

　　A. 重新计算　　B. 观察和检查　　C. 分析程序　　D. 穿行测试

8. 注册会计师实施的细节测试是实质性程序之一，包括实施的（　　）测试。

　　A. 各类交易　　B. 比率趋势分析　　C. 账户余额　　D. 列报和披露

9. 风险导向审计下，属于风险评估程序而不是进一步审计程序的是（　　）。

　　A. 了解内部控制　　B. 识别风险　　C. 评估风险　　D. 控制测试

四、审计技能案例

1. 注册会计师对STQ公司进行风险导向审计，已按要求实施"了解"与"评估"两项风险评估程序，见"审计技能案例5-2"。在此基础上实施了以下实质性程序：

（1）抽取一定数量的2021年度发运凭证，检查日期、品名、数量、单价与金额等是否与销售发票和记账凭证一致。

（2）计算期末存货的可变现净值，与存货账面价值比较，检查存货跌价准备的计提是否充分。

（3）对于外购无形资产，通过核对购买合同等资料，检查其入账价值是否正确。

（4）根据有关合同和文件，确认长期股权投资的股权比例和持有时间，检查股权投资的核算方法是否正确。

（5）要求被审计单位提供环境污染补偿的决策资料，或提请制定具体补偿方案进行公布，独立检查其金额是否恰当。

讨论：逐项指出这些程序与识别的风险是否直接相关，是否恰当。

2. 注册会计师在审计工作底稿中记录了所了解的甲公司情况及其环境，部分内容摘录如下：甲公司产品以美元定价，人民币对美元汇率由2021年年初的6.30下降至2021年6月的6.12，之后基本保持稳定。甲公司产品销售价格自2020年年初至2021年9月基本稳定。2021年10月起，受国际环境的影响，甲公司的出口订单数量和销售收入均出现较大幅度减少，2021年第4季度与前3个季度相比，主要产品平均销售价格（美元）有7%的下降。甲公司部分财务数据如表5-4所示。

表5-4　甲公司部分财务数据摘录

万元

项　目	营业收入	营业成本	备注
2021年（未审数）	65 030	55 720	2021年收入目标6.5亿元，毛利目标0.96亿元
2020年（已审数）	55 320	48 180	

注册会计师在审计工作底稿中记录了拟实施的实质性程序，部分内容摘录如下：

（1）计算本年重要产品的毛利率，与上年比较，检查是否存在异常，各年之间是否存在较大波动,查明原因。

(2) 获取产品销售价格目录,检查售价是否符合价格政策。

(3) 抽取本年一定数量的发运凭证,检查存货出库日期、品名、数量等是否与销售发票、销售合同、记账凭证等一致。

(4) 抽取本年一定数量的营业收入记账凭证,检查入账日期、品名、数量、单价、金额等是否与销售发票、发运凭证、销售合同等一致。

要求:判断甲公司否可能存在重大错报风险?该风险与营业收入、应收账款的哪些认定相关?判断注册会计师的实质性程序对发现重大错报是否有效?

自主学习 5

学习情境 6
掌握货币资金的审计

【思维导图】

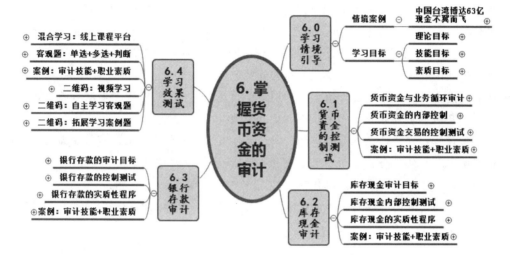

【理论目标】

理解货币资金构成及审计内容与业务循环审计的关系;理解被审计单位库存现金与银行存款的内部控制;理解注册会计师的库存现金与银行存款的审计目标。

【技能目标】

掌握注册会计师对货币资金相关交易进行控制测试的职业技能;掌握库存现金与银行存款进行控制测试的职业技能;掌握库存现金与银行存款实质性程序的职业技能。

【素质目标】

增强学生公平、公正与诚信的价值观;培养严谨细致、遵纪守法的职业素质;在正确的价值观的引领下,对被审计单位的货币资金不偏不倚并客观的做出职业判断;在审计工作的开展中"明大德、守公德、严私德",弘扬社会主义核心价值观。

【情境案例】 中国台湾博达 63 亿现金不翼而飞

2004 年第 1 季度末,以砷化镓为主业的中国台湾上市公司博达的资产负债表上"现金与约当现金"余额高达 63 亿元(新台币,下同),比上年增加了 25 亿元。因为账上现金数字明显高过"一年到期的长期借款",所以投资人放胆在市场上买进博达的可转换公司债,贷款银行也没有急着抽回长短期贷款 47 亿元。博达董事长叶素菲事后却说这些钱是衍生性金融商品,无法用来偿还即将到期的 30 多亿元可转换公司债借款。2004 年 6 月 15 日台湾有关主管部门侦查终结，博达公司掏空案的幕后黑手被法院揪出。因审计失职，台湾有关主管部门在2004年7月和12月分别处罚了勤业众信（台湾德勤）、安侯建业（台湾毕马威）的6位签证会计师，给予停签半年或两年的处分。

事后查明，博达涉嫌在美国等地虚设人头公司，以虚假销货的方式，膨胀应收账款高达141亿元，为了掩盖启人疑窦的巨额应收账款和虚灌的营收，博达董事长透过海外人头公司向国外银行借款买下这些应收账款或所衍生的应收账款连动证券（CLN），巧妙地将应收账款转变成账上的现金。然而博达所得到的资金必须存于这些国外银行，并限制用途（博达不能动用这笔资金）作为海外人头公司借款的抵押，当海外人头公司或者博达无法还款时，这些存款将与人头公司的借款自动抵销。

安侯建业负责博达公司2003年第2季以前的财务报表查核（审计），之后由勤业众信查核。安侯建业会计师事务所指出，博达公司于2002年9月在菲律宾首都银行开设账户，2003年6月该账户的资金约29亿元；经向银行函证，银行均回复这笔资金的所有权没有问题，也没有被限制用途。安侯建业认为，会计师只能查核客户在境外是否确实有这么多钱，而无法查核客户将资金放在国外的意图；同时，博达公司2003年第3季以后的财报并非由安侯建业（已改由勤业众信）查核，不便表达意见。

引入与讨论：这是什么类型的审计？审计主体与实体是什么？这类审计由哪几个阶段构成？银行函证获得的是什么审计证据，可验证被审计单位哪些认定？为了识别重大错报风险，注册会计师应如何开展审计工作？

思考：为何虚灌的营收与货币资金审计相关？注册会计师无法查核客户放在国外限制用途的抵押资金吗？

学习任务1 货币资金的控制测试

一、货币资金与业务循环审计

1. 业务循环审计

对交易和账户余额的实质性程序，既可采用账户法实施，也可采用循环法实施。由于控制测试通常按循环法实施，为有利于实质性程序与控制测试的衔接，提倡采用循环法。账户法审计是按六大会计要素来组织审计工作，对财务报表的每个账户余额单独进行审计，它与被审计单位账户设置及财务报表列示的项目相吻合。业务循环审计是为了加深审计人员对被审计单位经济业务的理解，将其划分为若干个业务循环，把紧密联系的交易种类和账户余额归入同一循环中，再按循环开展控制测试与实质性程序，并将特定循环所涉及的财务报表项目分配给一个或数个审计人员的审计方式。

由于各被审计单位的业务性质和规模不同，其业务循环的划分也应有所不同。一般而言，被审计单位的业务循环可划分为销售与收款循环、购货与付款循环、生产与存货循环和筹资与投资循环等几部分。按照财务报表项目与业务循环的相关程度，基本可以建立起各业务循环与其所涉及的主要财务报表项目之间的对应关系，如表6-1所示。

表6-1　业务循环与主要财务报表项目对照表

业务循环	资产负债表项目	利润表项目
销售与收款循环	应收票据、应收账款、长期应收款、预收款项、应交税费	营业收入、销售费用
采购与付款循环	应付票据、应付账款、预付款项、固定资产、在建工程、工程物资、固定资产清理、无形资产、开发支出、商誉、长期待摊费用、长期应付款	管理费用、营业税金及附加
生产与存货循环	存货、应付职工薪酬	营业成本
投资与筹资循环	交易性金融资产、应收利息、其他应收款、可供出售金融资产、持有至到期投资、长期股权投资、投资性房地产、递延所得税资产、短期借款、交易性金融负债、应付利息、应付股利、其他应付款、长期借款、应付债券、专项应付款、预计负债、递延所得税负债、其他负债、实收资本（或股本）、资本公积、盈余公积、未分配利润	财务费用、资产减值损失、公允价值变动收益、投资收益、营业外收入、营业外支出、所得税费用

2. 货币资金与业务循环审计的关系

根据货币资金存放地点及用途的不同，货币资金分为库存现金、银行存款及其他货币资金。货币资金是企业资产的重要组成部分，是企业资产中流动性最强的一种资产。任何企业进行生产经营活动都必须拥有一定数额的货币资金，持有货币资金是企业生产经营活动的基本条件。货币资金主要来源于资本投入和营业收入，主要用于取得资产和支付费用。只有保持健康的、正的现金流，企业才能够继续生存；如果出现现金流逆转迹象，产生了不健康的、负的现金流，长此以往，企业将会陷入财务困境，并导致对企业的持续经营能力产生疑虑。

货币资金与各交易循环均直接相关，图6-1显示了货币资金与各业务循环中具有代表性的会计科目或财务报表项目之间的关系。

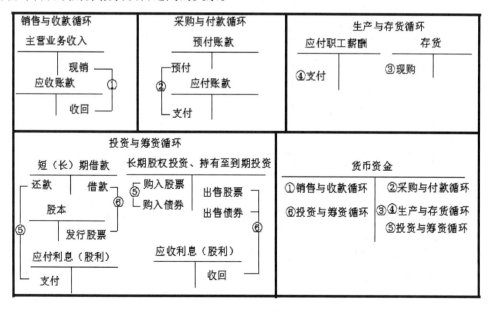

图6-1　货币资金与交易循环的关系

3. 货币资金交易涉及的主要凭证与记录

货币资金交易涉及的凭证和会计记录主要有：①现金盘点表；②银行对账单；③银行存款余额调节表；④有关科目的记账凭证；⑤有关会计账簿。

二、货币资金的内部控制

由于货币资金是企业流动性最强的资产，企业必须加强对货币资金的管理，建立良好的货币资金内部控制，以确保以下四点：（1）全部应收取的货币资金均能收取，并及时正确地予以记录；（2）全部货币资金支出是按照经批准的用途进行的，并及时正确地予以记录；（3）库存现金、银行存款报告正确，并得以恰当保管；（4）正确预测企业正常经营所需的货币资金收支额，确保企业有充足又不过剩的货币资金余额。

（一）岗位分工及授权批准

1. 建立岗位责任制

企业应当建立货币资金业务的岗位责任制，明确相关部门和岗位的职责权限，确保办理货币资金业务的不相容岗位相互分离、制约和监督。出纳人员不得兼任稽核、会计档案保管和收入、支出、费用、债权债务账目的登记工作。企业不得由一人办理货币资金业务的全过程。

2. 建立授权批准制度

企业应当对货币资金业务建立严格的授权批准制度，明确货币资金业务的授权批准方式、权限、程序、责任和相关控制措施，规定经办人办理货币资金业务的职责范围和工作要求。审批人应当根据货币资金授权批准制度的规定，在授权范围内进行审批，不得超越审批权限。经办人应当在职责范围内，按照审批人的批准意见办理货币资金业务。对于审批人超越授权范围审批的货币资金业务，经办人员有权拒绝办理，并及时向审批人的上级授权部门报告。企业对于重要货币资金支付业务，应当实行集体决策和审批，并建立责任追究制度，防范贪污、侵占、挪用货币资金等行为。严禁未经授权的机构或人员办理货币资金业务或直接接触货币资金。企业借出款项必须执行严格的授权批准程序，严禁擅自挪用、借出货币资金。

（二）现金和银行存款的管理

1. 规范货币资金收入的管理

企业取得的货币资金收入必须及时入账，不得私设"小金库"，不得账外设账，严禁收款不入账。企业现金收入应当及时存入银行，不得用于直接支付企业自身的支出。因特殊情况需坐支现金的，应事先报经开户银行审查批准。

2. 规范货币资金支付程序

（1）支付申请。企业有关部门或个人用款时，应当提前向审批人提交货币资金支付申请，注明款项的用途、金额、预算、支付方式等内容，并附有经济合同或相关证明。

（2）支付审批。审批人根据其职责、权限和相应程序对支付申请进行审批。对不符合规定的货币资金支付申请，审批人应当拒绝批准。

(3) 支付复核。复核人应当对批准后的货币资金支付申请进行复核，复核货币资金支付申请的批准范围、权限、程序是否正确，手续及相关单证是否齐备，金额计算是否准确，支付方式、收款公司是否适当等。复核无误后，交由出纳人员办理支付手续。

(4) 办理支付。出纳人员应当根据复核无误的支付申请，按规定办理货币资金支付手续，及时登记库存现金和银行存款日记账。

3. 规范结算与账户管理

(1) 企业必须根据《现金管理暂行条例》的规定，结合本企业的实际情况，确定本企业现金的开支范围。不属于现金开支范围的业务应当通过银行办理转账结算。

(2) 企业应当严格按照《支付结算办法》等国家有关规定，加强银行账户的管理，严格按照规定开立账户，办理存款、取款和结算。企业应当定期检查、清理银行账户的开立及使用情况，发现问题，及时处理。企业应当加强对银行结算凭证的填制、传递及保管等环节的管理与控制。

(3) 企业应当严格遵守银行结算纪律，不准签发没有资金保证的票据或远期支票，套取银行信用；不准签发、取得和转让没有真实交易和债权债务的票据，套取银行和他人资金；不准无理拒绝付款和任意占用他人资金；不准违反规定开立和使用银行账户。

4. 规范货币资金清查管理

(1) 企业应当定期和不定期地进行现金盘点，确保现金账面余额与实际库存相符。如发现不符，应及时查明原因，做出处理。

(2) 企业应当加强现金库存限额的管理，超过库存限额的现金应及时存入银行。

(3) 企业应当指定专人定期核对银行账户（每月至少核对一次），编制银行存款余额调节表，使银行存款账面余额与银行对账单调节相符。如调节不符，应查明原因，及时处理。出纳人员不得兼任银行存款未达账的调节工作。

(三) 票据及有关印章的管理

(1) 企业应当加强与货币资金相关票据的管理，明确各种票据的购买、保管、领用、背书转让、注销等环节的职责权限和程序，并专设登记簿进行记录，对银行票据进行编号控制，防止空白票据的遗失和被盗用。

(2) 企业应当加强银行预留印鉴的管理。财务专用章应由专人保管，个人名章必须由本人或其授权人员保管。严禁一人保管支付款项所需的全部印章。

按规定需要有关负责人签字或盖章的经济业务，必须严格履行签字或盖章手续。

【职业素质案例6-1】中华人民共和国审计署披露：2002年4月，审计署成都特派办的审计人员对重庆某国有企业财务收支进行审计时发现，2000年5月8日该单位银行对账单上有一笔621万元的进款在当天又被划出，会计人员未记账；5月30日该笔款项又回到账户上，记账凭证后未附任何原始单据，仅在摘要栏写明"票据贴现款"。审计人员到银行通过查询银行内部传票发现，该笔款是从以该单位名义在招商银行开设的账户上转入的，而该单位的财务资料显示未在招行开设账户。索取招商银行的相关资料后，审计人员发现：该账户开设时预留银行的印鉴为该单位负责人和邵某；通过该账户以该企业的名义向银行贷款，再将款项直接转给某经贸公司，并借新款用以归还旧款和支付利息；还有以邵某的名义大量提取现金,累计业务发生量达 100 多笔。

审计人员延伸调查某经贸公司时,该经贸公司以私有企业为由拒绝接受审计。审计机关迅速将经济犯罪线索移送检察机关,经过审计人员和检察人员的协同作战,整个案情真相终于大白:邵某利用职务之便,盗用单位名义和单位负责人的公章擅自在银行开设账户,向银行贷款 2 700 万元,借给某经贸公司 2 048 万元,在银行催还贷款的情况下,邵某又挪用单位的银行汇票贴现款。2002 年 10 月,邵某因挪用公款被追究刑事责任。

讨论:审计署成都特派办能否审计私有企业?审计人员使用了哪些审计程序?企业哪些内部控制存在问题?

(四) 监督检查

(1) 企业应当建立货币资金业务的监督检查制度,明确监督检查机构或人员的职责权限,定期和不定期地进行检查。对监督检查过程中发现的货币资金内部控制中的薄弱环节,应当及时采取措施,加以纠正和完善。

(2) 监督检查货币资金业务相关岗位及人员的设置情况。重点检查是否存在货币资金业务不相容职务混岗的现象。

(3) 货币资金授权批准制度的执行情况。重点检查货币资金支出的授权批准手续是否健全,是否存在越权审批行为。

(4) 支付款项印章的保管情况。重点检查是否存在办理付款业务所需的全部印章交由一人保管的现象。

(5) 票据的保管情况。重点检查票据的购买、领用、保管手续是否健全,银行票据是否编号控制,票据保管是否存在漏洞。

【审计技能案例 6-1】《楚天都市报》2002 年 2 月 26 日报道,中国工商银行湖北省分行武汉营业部 26 岁的储蓄员杨某(临时工)在正月初一(2002 年 2 月 12 日),利用春节代人值班上柜之机,在电脑上凭空划账 300 多万元转入自己的 35 个活期存折。此后 3 天,杨某租乘摩托奔赴武汉三镇,从 48 个储蓄所疯狂取款 116 笔,共计 337.3 万元人民币;同时盗走了外币钱箱中的 3 万美元、1 万港元。初六上午,该银行监管部门发现该笔存款疑点,遂案发;同日上午,杨某给家人留言并留下 20 万元后,携女友潜逃。

事后查明,杨某的作案手段其实并不高明,但蓄谋已久,他于 2001 年 9 月开了 35 个活期存折,瞅准春节休假期间监管松懈的时机下手。(1) 正月初一本不该杨某值班,但他与人换了班。(2) 过年几天值班人员少,平时分人掌管的"责任卡"这时可能集中到一人手中;杨某当天在电脑中虚增存款时,同时使用了本应由所主任掌管的"五级卡"和本应由储蓄主管员掌管的"四级卡"。(3) 按规定,储蓄所每天的借贷应是一本平账,每笔储蓄业务应隔日审核,但由于当天储蓄所值班人员工作不到位,隔日审核的部门又放了假,这个"黑洞"直到初六才被发现。(4) 平时看管很严的外币钱箱,在春节期间也无人管了,杨某利用手中的钥匙直接从钱箱中盗走了外币。

讨论:该案例中银行的货币资金交易中存在的问题。

三、货币资金交易的控制测试

企业货币资金的内部控制程序和活动,是企业针对需要实现的内部控制目标而设计和执行的。货币资金交易内部控制的主要目标有:登记入账的确实为企业已经收付的货币资金;收付的货币资金已全部登记入账;实际收付的与登记入账的货币资金相符;货币资金存在;货币资金在资产负债表中的披露正确等。

控制测试则是注册会计师针对企业的内部控制程序和活动而实施的,注册会计师可以根据被审计单位的内部控制目标,确定管理层的相关认定,进而确定控制测试的审计目标;根据内部控制目标,对被审单位及其环境(包括内部控制)的了解等,确定应特别关注的关键控制点或环节;根据管理层认定、审计目标与关键控制,确定注册会计师常用的控制测试程序(方法)。

【审计技能案例 6-2】根据货币资金交易的内部控制目标,确定管理层的认定,进而确定货币资金控制测试的目标;分析确定货币资金关键的内部控制,并代注册会计师设计控制测试的程序(方法)。

【解析】:内部控制目标→关键内部控制,内部控制目标→管理层认定→注册会计师控制测试目标,内部控制目标、控制测试目标及关键控制→注册会计师控制测试程序。根据这种思路,可确定货币资金交易的主要控制目标与控制测试程序,如表 6-2 所示。

表 6-2 货币资金交易的控制目标、关键内部控制和控制测试

内部控制主要目标	被审单位的关键内部控制	注册会计师常用控制测试
登记入账的确实为企业已经收付的货币资金(存在或发生)	(1) 货币资金收入符合规定; (2) 货币资金支付符合程序; (3) 定期盘点现金与核对存款; (4) 收付记录的内部复核; (5) 授权批准	(1) 观察; (2) 检查现金盘点表,存款未达账调节表; (3) 检查收付凭证是否经过恰当的审批、复核
收付的货币资金已全部登记入账(完整性)	(1) 货币资金收付与记账、核查等职务分离; (2) 及时记录货币资金收付日记账; (3) 定期盘点现金、核对银行存款并与账面金额核对	(1) 观察; (2) 检查是否存在未入账的货币资金收支; (3) 检查是否定期盘点,检查盘点记录; (4) 检查复核标记
实际收付与登记入账的货币资金相符(计价与分摊)	(1) 岗位责任制; (2) 账户与结算管理制度; (3) 监督检查的执行情况	(1) 观察; (2) 询问; (3) 检查相关收支记录
货币资金安全、存在(存在)	(1) 定期盘点现金、取得银行对账单; (2) 编制银行存款余额调节表; (3) 票据与印章管理	(1) 检查银行对账单、现金盘点表、余额调节表; (2) 观察、询问
货币资金在资产负债表中的披露正确(列报)	现金日记账与总账的登记职责分离	观察、检查

说明：（1）"内部控制目标"栏，列示了企业设立货币资金交易内部控制的目标；括号中标注的是被审计单位对交易的认定，也是注册会计师实施相应控制测试所要达到的审计目标。

（2）"关键内部控制"栏，列示了与内部控制目标相对应的一项或数项主要的内部控制；无论其他目标的控制如何有效，只要为实现某一项目标所必需的控制不健全，则与该目标有关的错误出现的可能性就随之增大，并且很可能影响企业整个内部控制的有效性。

（3）"常用的控制测试"栏，列示了注册会计师针对上述关键内部控制所实施的测试程序；注册会计师对每项关键控制至少要执行一项控制测试以核实其效果，并且控制测试需要有针对性地对应于某一具体的内部控制，否则就毫无意义。

（4）本表未包含货币资金交易所有的内部控制与关键内部控制环节，拟控制测试的程序等。

学习任务2　库存现金审计

一、库存现金审计目标

库存现金包括企业的人民币现金和外币现金。现金是企业流动性最强的资产，尽管其在企业资产总额中的比重不大，但企业发生的舞弊事件大都与现金有关，因此，注册会计师应该重视库存现金的审计。库存现金的审计目标一般应包括（括号内的为相应的财务报表认定）：

（1）确定被审计单位资产负债表的货币资金项目中的库存现金在资产负债表日是否确实存在（存在）。

（2）确定被审计单位所有应当记录的现金收支业务是否均已记录完毕，有无遗漏（完整性）。

（3）确定记录的库存现金是否为被审计单位所拥有或控制（权利和义务）。

（4）确定库存现金以恰当的金额包括在财务报表的货币资金项目中，与之相关的计价调整已恰当记录（计价和分摊）。

（5）确定库存现金是否已按照企业会计准则的规定在财务报表中做出恰当列报（列报）。

二、库存现金内部控制的测试

（一）库存现金内部控制的要求

由于现金是企业流动性最强的资产，加强现金管理对于保护企业资产安全完整、维护社会经济秩序具有重要的意义。在良好的现金内部控制下，企业的现金收支记录应及时、准确、完整，全部现金支出均按经批准的用途进行，现金得以安全保管。

一般而言，一个良好的现金内部控制应该达到以下六点：

(1) 现金收支与记账的岗位分离；
(2) 现金收支要有合理、合法的凭据；
(3) 全部收入及时准确入账，全部支出要有核准手续；
(4) 控制现金坐支，当日收入现金应及时送存银行；
(5) 按月盘点现金，做到账实相符；
(6) 加强对现金收支业务的内部审计。

（二）库存现金内部控制的测试

1. 了解现金内部控制

通常通过现金内部控制流程图来了解现金内部控制，编制现金内部控制流程图是现金控制测试的重要步骤。注册会计师在编制之前应通过询问、观察等调查手段收集必要的资料，然后根据所了解的情况编制流程图。对中小企业，也可采用编写现金内部控制说明的方法。

若以前年度审计时已经编制了现金内部控制流程图，注册会计师可根据调查结果加以修正，以供本年度审计之用。一般地，了解现金内部控制时，注册会计师应当注意检查库存现金内部控制的建立和执行情况，重点包括以下四点：

(1) 库存现金的收支是否按规定的程序和权限办理；
(2) 是否存在与被审计单位经营无关的款项收支情况；
(3) 出纳与会计的职责是否严格分离；
(4) 库存现金是否妥善保管，是否定期盘点、核对，等等。

2. 抽取并检查收款凭证

如果现金收款内部控制不强，很可能会发生贪污舞弊或挪用等情况。例如，在一个小企业中，出纳员同时负责登记应收账款明细账，很可能发生循环挪用货款的情况。为测试现金收款的内部控制，注册会计师应按现金的收款凭证分类，选取适当的样本量，做如下检查：

(1) 核对现金日记账的收入金额是否正确；
(2) 核对现金收款凭证与应收账款明细账的有关记录是否相符；
(3) 核对实收金额与销货发票是否一致，等等。

3. 抽取并检查付款凭证

为测试现金付款内部控制，注册会计师应按照现金付款凭证分类，选取适当的样本量，做如下检查：

(1) 检查付款的授权批准手续是否符合规定；
(2) 核对现金日记账的付出金额是否正确；
(3) 核对现金付款凭证与应付账款明细账的记录是否一致；
(4) 核对实付金额与购货发票是否相符，等等。

4. 抽取库存现金日记账与总账核对

注册会计师应抽取一定期间的库存现金日记账，检查其加总是否正确无误，库存现金日记账是否与总分类账核对相符。

5. 评价库存现金的内部控制

注册会计师在完成上述程序之后，即可对库存现金的内部控制进行评价。评价时，注册会计师应首先确定库存现金内部控制可信赖的程度以及存在的薄弱环节和缺点，然后据以确定在库存现金实质性程序中对哪些环节可以适当减少审计程序，对哪些环节应增加审计程序并作重点检查，以减少审计风险。

【审计技能案例6-3】审计人员部分记录某公司库存现金日记账如表6-3所示。

表6-3 库存现金日记账（部分记录）

元

月	日	凭证字号	摘要	对方科目	收入	付出	结存
1	1		上年结转				
	15	现收-4	销货收入		12 500		
	15	银收-5	存款入行			1 700	
	16	现付-6	付购货款			10 800	
	10	现付-2	付差旅费			600	
	3	现收-1	银行取款		1 200		
	5	现付-3	付运杂费			800	
	8	现付-5	付款单据7张			1 000	
	17	现付-9	收款		7 000		
	18	转-7	付款			5 000	1 240

【解析】：主要问题是没有登记"对方科目"；日记账没有序时登记和按日结计余额；现金日记账只能根据现收、现付、银付过账，故银收-5、现收-1、现付-9、转-7均不恰当；8日、17日、18日的摘要不清；从15日与16日、17日与18日的记录看，公司收款19 500元没及时入行，并坐支现金15 800元；18日的余额应为2 320元，相差1 080元，可能是计算余额时将3日的1 200元误算为120元的计算性差错。审计人员进一步应采用递查法审计，即根据上述问题抽查会计凭证并与日记账进行核对。

三、库存现金的实质性程序

1. 获取或编制库存现金余额明细表

注册会计师应获取或编制库存现金余额明细表作为测试现金余额的起点，并核对该明细表与库存现金日记账、总账的金额是否相符。如果不相符，应查明原因，必要时应建议做出适当调整。同时还应检查非记账本位币库存现金的折算汇率及折算金额是否正确。

2. 监盘库存现金

监盘库存现金是证实资产负债表中货币资金项目下所列库存现金是否存在的一项重要审计程序。企业盘点库存现金，通常包括对已收到但未存入银行的现金、零用金、找换金等的盘点。盘点库存现金的时间和人员应视被审计单位的具体情况而定，但现金出纳员和被审计单位会计主管人员必须参加，并由注册会计师进行监盘。盘点和监盘库存现金主要有以下七个步骤与方法：

库存现金监盘

（1）制定监盘计划，确定监盘时间。对库存现金的监盘最好实施突击性的检查，时间最好选择在上午上班前或下午下班时,盘点的范围一般包括被审计单位各部门经管的现金。在进行现金盘点前,应由出纳员将现金集中起来存入保险柜。必要时可加以封存,然后由出纳员把已办妥现金收付手续的收付款凭证登入库存现金日记账。如被审计单位库存现金存放部门有两处或两处以上的,应同时进行盘点。

(2) 审阅库存现金日记账并同时与现金收付凭证相核对。一方面检查库存现金日记账的记录与凭证的内容和金额是否相符;另一方面了解凭证日期与库存现金日记账日期是否相符或接近。

(3) 由出纳员根据库存现金日记账加计累计数额,结出现金结余额。

(4) 盘点保险柜内的现金实存数,同时由注册会计师编制库存现金监盘表,分币种、面值列示盘点金额。

(5) 将盘点金额与库存现金日记账余额进行核对,如有差异,应要求被审计单位查明原因,必要时应提请被审计单位做出调整;如无法查明原因,应要求被审计单位按管理权限批准后做出调整。

(6) 若有冲抵库存现金的借条、未提现支票、未报销的原始凭证,应在库存现金监盘表中注明,必要时应提请被审计单位做出调整。

(7) 在非资产负债表日进行盘点和监盘时,应调整至资产负债表日的金额。

3. 抽查大额、异常的库存现金收支

检查被审计单位日常库存现金余额是否合理,关注是否存在大额未缴存的现金。检查大额现金收支的原始凭证是否齐全、原始凭证内容是否完整、有无授权批准、记账凭证与原始凭证是否相符、账务处理是否正确、是否记录于恰当的会计期间等项内容。

4. 实施截止测试

抽查资产负债表日前后若干天的、一定金额以上的现金收支凭证实施截止测试。被审计单位资产负债表的货币资金项目中的库存现金数额,应以结账日实有数额为准。因此,注册会计师必须验证现金收支的截止日期,以确定是否存在跨期事项、是否应考虑提出调整建议。

5. 检查库存现金是否在财务报表中做出恰当列报

库存现金在资产负债表的"货币资金"项目中反映,注册会计师应在实施上述审计程序后,确定"库存现金"账户的期末余额是否恰当,进而确定库存现金是否在资产负债表中恰当披露。

【审计技能案例6-4】某市百货公司2021年年末库存现金日记账余额为30 100元,诚华会计师事务所的注册会计师陈兵于2022年2月10日上午8时参加了库存现金的清点工作,结果如下。(1) 盘点现金:100元币19张、50元币21张、10元币3张、5元币30张、1元币7张。(2) 保险柜中有未入账的单证:当年2月1~9日收款收据25张65 010元、费用支出单据38张76 120元;5个月前出纳私自借出款15 000元的借条一张(未经领导审批)。(3) 经查2022年现金日记账,1月31日现金日记账余额29 260元;1月1日~1月31日现金收入292 160元、现金支出293 000元。

【解析】:注册会计师应编制审计工作底稿如表6-4所示。

表 6-4 诚华会计师事务所——库存现金盘点核对表

客户名称：某市百货公司			编制人：陈兵		日期：2022 年 2 月 10 日	索引号：D1-4-1
截止日：2021 年 12 月 31 日			复核人：		日期： 年 月 日	页次：1/1 页

实有现金盘点记录			核对及追溯记录		审计分析与结论		
面额	张数	金额	1. 盘点日实有现金	3 137	差异	白条抵库 1 张	15 000
100 元币	19	1 900	加：未入账支出 38 张	76 120	原因	短款	13
50 元币	21	1 050	减：未入账收入 25 张	65 010	分析		
20 元币			加：已入账累计支出	293 000	审计说明：		
10 元币	3	30	减：已入账累计收入	292 160	1. 报表截止日库存现金审定数为 15 087 元。		
5 元币	30	150			2. 库存现金内控有缺陷：出纳挪用 15 000 元、单据入账不及时。应与公司管理层沟通。		
2 元币			2. 截止日实有现金	15 087			
1 元币	7	7	3. 截止日账面余额	30 100			
零钞			4. 截止日差异额	-15 013	审计结论：沟通后可确认		
出纳签名：×　×　×			会计主管签名：×　×　×		盘点日：2022 年 2 月 10 日 8 时		

学习任务 3　银行存款审计

一、银行存款的审计目标

银行存款是指企业存放在银行或其他金融机构的各种款项。按照国家有关规定，凡是独立核算的企业都必须在当地银行开设账户。企业在银行开设账户以后，除按核定的限额保留库存现金外，超过限额的现金必须存入银行；除了在规定的范围内可以用现金直接支付款项外，在经营过程中所发生的一切货币收支业务，都必须通过银行存款账户进行结算。银行存款的审计目标一般应包括以下五项（括号内的为相应的财务报表认定）：

（1）确定被审计单位资产负债表的货币资金项目中的银行存款在资产负债表日是否确实存在（存在）。

（2）确定被审计单位所有应当记录的银行存款收支业务是否均已记录完毕，有无遗漏（完整性）。

（3）确定记录的银行存款是否为被审计单位所拥有或控制（权利和义务）。

（4）确定银行存款以恰当的金额包括在财务报表的货币资金项目中，与之相关的计价调整已恰当记录（计价和分摊）。

（5）确定银行存款是否已按照企业会计准则的规定在财务报表中做出恰当列报（列报）。

二、银行存款的控制测试

(一) 银行存款内部控制的特点

巴林银行金融
期货倒闭案

一般而言,一个良好的银行存款的内部控制同现金的内部控制一样,也应做到以下五点:

(1) 银行存款收支与记账的岗位分离;
(2) 银行存款收支要有合理、合法的凭据,相关凭证应作为会计记录的附件;
(3) 全部收支及时准确登记入账,全部支出有核准手续;
(4) 按月编制银行存款余额调节表,以做到账实相符;
(5) 加强对银行存款收支业务的内部审计。

按照我国现金管理的有关规定,超过规定限额以上的现金支出一律使用支票。因此,企业应建立相应的支票申领制度,明确申领范围,严格申领批准及完备支票签发、支票报销手续等。对于支票报销和现金报销,企业应建立报销制度。报销人员报销时应当有正常的报批手续、适当的付款凭据,有关采购支出还应具有验收手续。会计部门应对报销单据加以审核,出纳员见到加盖核准戳记的支出凭据后方可付款。

(二) 银行存款的控制测试

1. 了解银行存款的内部控制

注册会计师对银行存款内部控制的了解一般与了解现金的内部控制同时进行。注册会计师应当注意的内容包括以下五点:

(1) 银行存款的收支是否按规定的程序和权限办理;
(2) 银行账户是否存在与本单位经营无关的款项收支情况;
(3) 是否存在出租、出借银行账户的情况;
(4) 出纳与会计的职责是否严格分离;
(5) 是否定期取得银行对账单并编制银行存款余额调节表等。

2. 抽取并检查银行存款收款凭证

注册会计师应选取适当的样本量,做如下五项检查:

(1) 核对银行存款收款凭证与存入银行账户的日期和金额是否相符;
(2) 核对银行存款日记账的收入金额是否正确;
(3) 核对银行存款收款凭证与银行对账单是否相符;
(4) 核对银行存款收款凭证与应收账款明细账的有关记录是否相符;
(5) 核对实收金额与销货发票是否一致,等等。

3. 抽取并检查银行存款付款凭证

为测试银行存款付款内部控制,注册会计师应选取适当的样本量,做如下五项检查:

(1) 检查付款的授权批准手续是否符合规定;
(2) 核对银行存款日记账的付出金额是否正确;
(3) 核对银行存款付款凭证与银行对账单是否相符;

（4）核对银行存款付款凭证与应付账款明细账的记录是否一致；

（5）核对实付金额与购货发票是否相符，等等。

4. 抽取银行存款日记账与总账核对

注册会计师应抽取一定期间的银行存款日记账，检查其有无计算错误，并与银行存款总分类账核对。

5. 抽查银行存款余额调节表

为证实银行存款记录的正确性，注册师必须抽取一定期间的银行存款余额调节表，将其同银行对账单、银行存款日记账及总账进行核对，确定被审计单位是否按月正确编制并复核银行存款余额调节表。

6. 检查外币银行存款的折算是否符合有关规定

对于有外币银行存款的被审计单位，注册会计师应检查外币银行存款日记账及"财务费用""在建工程"等账户的记录，确定有关外币银行存款的增减变动是否采用交易发生日的即期汇率将外币金额折算为记账本位币金额，或者采用按照系统合理的方法确定的、与交易发生日即期汇率近似的汇率折算为记账本位币，选择采用汇率的方法前后各期是否一致；检查企业的外币银行存款的余额是否采用期末即期汇率折算为记账本位币金额；折算差额的会计处理是否正确。

7. 评价银行存款的内部控制

注册会计师在完成上述程序之后，即可对银行存款的内部控制进行评价。评价时，注册会计师首先确定银行存款内部控制可信赖的程序以及存在的薄弱环节和缺点，然后据以确定在银行存款实质性程序中对哪些环节可以适当减少审计程序，对哪些环节应增加审计程序并作重点检查，以减少审计风险。

【审计技能案例 6-5】某中外合资公司的《公司章程》约定，按 1∶6 的汇率，中方用人民币投资 20 万美元（占 40% 的股权）、外商用美元投资 30 万美元（占 60% 的股权）。投资双方均在约定的期限内同一天出资，当日汇率为 6.25，中方投入 125 万元人民币，外商投入 30.24 万美元；该公司计入实收资本账户的金额中，中方为 125 万元人民币，外商为 189 万元人民币。

【解析】：根据章程约定，中方应投入 120 万元人民币、外商应投入 30 万美元折合为 180 万元人民币列作实收资本。中方多投资的 5 万元人民币、外商多投资的 0.24 万美元（折合 1.5 万元人民币），应退还投资各方或修改章程追加投资；资本汇率变动差额 7.5 万人民币不能计入实收资本。所以，审计人员应提请被审计单位调账：调增其他应付款 6.5 万元人民币，调增资本公积 7.5 万元人民币，调减实收资本 14 万元人民币。

注：本案例的注册会计师既实施了控制测试，又实施了后述的实质性程序。

三、银行存款的实质性程序

1. 获取或编制银行存款余额明细表

注册会计师测试银行存款余额的起点是核对银行存款日记账与总账的余额是否相符，所以应获取或编制银行存款余额明细表，复核加计是否正

银行存款的
实质性程序

确,并与总账数和日记账合计数核对是否相符;检查非记账本位币银行存款的折算汇率及折算金额是否正确。如果不相符,应查明原因,必要时应建议做出适当调整。

2. 实施实质性分析程序

计算银行存款累计余额应收利息收入,分析比较被审计单位银行存款应收利息收入与实际利息收入的差异是否恰当,评估利息收入的合理性,检查是否存在高息资金拆借,确认银行存款余额是否存在,利息收入是否已经完整记录。

3. 检查银行存单

编制银行存单检查表,检查是否与账面记录金额一致,是否被质押或限制使用,存单是否为被审计单位所拥有。

(1) 对已质押的定期存款,应检查定期存单,并与相应的质押合同核对,同时关注定期存单对应的质押借款有无入账;

(2) 对未质押的定期存款,应检查开户证实书原件;

(3) 对审计外勤工作结束日前已提取的定期存款,应核对相应的兑付凭证、银行对账单和定期存款复印件。

4. 取得并检查银行存款对账单和余额调节表

取得并检查银行存款余额对账单和银行存款余额调节表是证实资产负债表中所列银行存款是否存在的重要程序。银行存款余额调节表通常应由被审计单位根据不同的银行账户及货币种类分别编制。具体测试程序通常包括以下六个步骤:

(1) 将被审计单位资产负债表日的银行存款余额对账单与银行询证函回函核对,确认是否一致,核对账面记录的存款金额是否与对账单记录一致。

(2) 获取资产负债表日的银行存款余额调节表,检查调节表中加计数是否正确,调节后银行存款日记账余额与银行对账单余额是否一致。

(3) 检查是否存在跨期收支和跨行转账的调节事项。检查跨期、跨行转账业务是否同时对应转入和转出,未在同一期间完成的转账业务是否反映在银行存款余额调节表的调整事项中。

(4) 检查大额在途存款和未付票据。检查在途存款的日期,查明发生在途存款的具体原因,追查期后银行对账单存款记录日期,确定被审计单位与银行记账时间差异是否合理,确定在资产负债表日是否需提请被审计单位进行适当调整;检查被审计单位的未付票据明细清单,查明被审计单位未及时入账的原因,确定账簿记录时间晚于银行对账单的日期是否合理;检查被审计单位未付票据明细清单中有记录但截至资产负债表日银行对账单无记录且金额较大的未付票据,获取票据领取人的书面说明,确认资产负债表日是否需要进行调整;检查资产负债表日后银行对账单是否记录了调节事项中银行未付票据金额。

(5) 检查是否存在未入账的利息收入和利息支出。

(6) 当未经授权或授权不清支付货币资金的现象比较突出时,检查银行存款余额调节表中支付异常的领款(包括没有载明收款人)、签字不全、收款地址不清、金额较大票据的调整事项,确认是否存在舞弊。

【**审计技能案例6-6**】审计人员2021年3月18日随机抽查了某公司2021年2月银行日记账与对账单核对。2月28日银行对账单余额183 505元,日记账余额179 892元,核对后发现以下事项。

(1) 日记账无记载: 2月28日银行收到托收款4 500元; 2月13日银行对账单上有现金支票付款7 650元; 2月10日银行对账单有外地汇款14 475元。

(2) 银行对账单无记载: 2月27日公司开出转账支票1 850元; 2月12日出纳交现金入行6 825元。

(3) 错账: 2月6日误记入银行存款日记账贷方的50元, 应记入现金日记账贷方; 2月4日记入日记账贷方的3 580元, 实际应为3 850元。

【解析】: (1) 正常未达账的审查: 28日的银行已收公司未收款, 可审查3月的日记账确认; 27日的公司已付银行未付款, 可审查3月对账单确认。因为若属正常未达账, 下月必达, 所以应进行截止测试。

(2) 长期未达账的审查: 13日的现金支票公司应先入账而日记账无记载, 必有错、弊, 应进一步追查支票存根或到银行取证; 12日的出纳现金若已存行, 银行必已记账, 应进一步审查公司凭以记账的单据有无虚假或错、弊; 10日的汇款必已收到, 应进一步追查汇款单的去向或到银行取证。综合分析: 一收一付、一收多付且金额相等的长期未达账项 (一般是超过10天以上的未达账项) 必有错、弊; 该公司可能隐匿外地汇款14 475元, 出纳没有交款入行而伪造进账单6 825元、隐匿取现金7 650元的支票等方式进行贪污或挪用; 也可能是出租出借银行账户等。

(3) 错账更正: 责成出纳用划线更正法更正6日串户的错账、4日数字相邻颠倒的笔误, 并补记现金日记账贷方记录50元。

(4) 编制银行存款余额调节表如表6-5所示。日记账比对账单余额多2 417元, 应进一步审查1月及以前的记录, 可能还有银行已付公司未付、公司已收银行未收等长期未达账项。

表6-5 某公司2月银行存款余额调节表

元

日记账余额	179 892 - 50 - (3 850 - 3 580)	银行对账单余额	183 505
银行已收公司未收	4 500 + 14 475	公司已收银行未收	6 825
银行已付公司未付	7 650	公司已付银行未付	1 850
调节后余额	190 897	调节后余额	188 480

5. 函证银行存款余额

银行存款函证是指注册会计师在执行审计业务的过程中, 需要以被审计单位的名义向有关银行金融机构发函询证, 以验证被审计单位的银行存款是否真实、合法、完整。按照国际惯例, 财政部和中国人民银行于1999年1月6日联合颁发了《关于做好企业的银行存款、借款及往来款项函证工作的通知》(以下简称《通知》), 《通知》对函证工作提出了明确的要求, 并规定: 各商业银行、政策性银行、非银行金融机构要在收到询证函之日起10个工作日内, 根据函证的具体要求, 及时回函并可按照国家有关的规定收取询证费用; 各有关企业或单位根据函证的具体要求回函。

函证银行存款余额是证实资产负债表所列银行存款是否存在的重要程序。通过向往来银行函证, 注册会计师不仅可以了解企业资产的存在, 还可了解企业账面反映所欠银行债务的情况,并有助于发现企业未入账的银行借款和未披露的或有负债。

函证银行存款余额,编制银行函证结果汇总表,检查银行回函时应注意以下两点。

(1) 向被审计单位在本期存过款的银行发函,包括零余额账户和在本期内注销的账户。注册会计师应当对银行存款(包括零余额账户和在本期内注销的账户)及与金融机构往来的其他重要信息实施函证程序,除非有充分的证据表明某一银行存款及与金融机构往来的其他重要信息对财务报表不重要且与之相关的重大风险很低。如果不对这些项目实施函证程序,注册会计师应当在审计工作底稿中说明理由。注册会计师需要考虑是否对在本期内注销的账户的银行进行函证,这通常是因为有可能存款账户已注销但仍有银行借款或其他负债存在。

(2) 确定被审计单位账面余额与银行函证结果的差异,对不符事项做出适当处理。

【审计技能案例6-7】银行询证函格式

银行询证函　　　　　　　　　　编号:×××

××(银行):

本公司聘请的××会计师事务所正在对本公司××年度财务报表进行审计,按照中国注册会计师审计准则的要求,询证本公司与贵行相关的信息。下列信息出自本公司记录,如与贵行记录相符,请在本函下端"信息证明无误"处签单证明;如有不符,请在"信息不符"处列明不符项目及具体内容;如存在与本公司有关的未列入本函的其他重要信息,也请在"信息不符"处列出其详细资料。回函请直接寄到××会计师事务所。

回函地址:　　邮编:　　电话:　　传真:　　联系人:

截至××年××月××日,本公司与贵行相关的信息列示如下:

1. 银行存款

账户名称	银行账号	币种	利率	余额	起止日期	是否被质押、用于担保或其他使用限制	备注

除上述列示的银行存款外,本公司并无在贵行的其他借款。

注:"截止日期"一栏仅适用于定期存款,如为活期或保证金存款,可只填写"活期"或"保证金"字样。

2. 银行借款

借款人名称	币种	本息余额	借款日期	到期日期	利率	借款条件	抵(质)押品担保人	备注

除上述列示的银行借款外,本公司并无自贵行的其他借款。

注:此项仅函证截至资产负债表日本公司尚未归还的借款。

3. 截至函证日之前12个月内注销的账户

账户名称	银行账号	币种	注销账户日期

除上述列示的账户外，本公司并无截至函证日之前12个月内在贵行注销的其他账户。

4. 委托存款

账户名称	银行账号	借款方	币种	利率	余额	存款起止日期	备注

除上述列示的委托存款外，本公司并无通过贵行办理的其他委托存款。

5. 委托贷款

账户名称	银行账号	资金使用方	币种	利率	本金	利息	贷款起止日期	备注

除上述列示的委托贷款外，本公司并无通过贵行办理的其他委托贷款。

6. 担保

（1）本公司为其他单位提供的、以贵行为担保受益人的担保。

被担保人	担保方式	担保金额	担保期限	担保事由	担保合同编号	被担保人与贵行就担保事项往来的内容（借款等）	备注

除上述列示的担保外，本公司并无其他以贵行为担保受益人的担保。

注：如采用抵押或质押方式提供担保的，应在备注中说明抵押物或质押物情况。

（2）贵行向本公司提供的担保。

被担保人	担保方式	担保金额	担保期限	担保事由	担保合同编号	被担保人与贵行就担保事项往来的内容（借款等）	备注

除上述列示的担保外，本公司并无贵行提供的其他担保。

7. 本公司名称为出票人且由贵行承兑而尚未支付的银行承兑汇票

银行承兑汇票	票面金额	出票日	到期日

除上述列示的银行承兑汇票外，本公司并无由贵行承兑而尚未支付的其他银行承兑汇票。

8. 本公司向贵行已贴现而尚未到期的商业汇票

商业汇票号码	付款人名称	承兑人名称	票面金额	票面利率	出票日	到期日	贴现日	贴现率	贴现净额

除上述列示的商业汇票外，本公司并无向贵行已贴现而尚未到期的其他商业汇票。

9. 本公司为持票人且由贵行托收的商业汇票

商业汇票号码	承兑人名称	票面金额	出票日	到期日

除上述列示的商业汇票外，本公司并无由贵行托收的其他商业汇票。

10. 本公司为申请人，由贵行开具的、未履行完毕的不可撤销信用证

信用证号码	受益人	信用证金额	到期日	未使用金额

除上述列示的不可撤销信用证外，本公司并无由贵行开具的、未履行完毕的其他不可撤销信用证。

11. 本公司与贵行之间未履行完毕的外汇买卖合约

类别	合约号码	买卖币种	未履行的合约买卖金额	汇率	交收日期
贵行卖予本公司					
本公司卖予贵行					

除上述列示的外汇买卖合约外，本公司并无与贵行之间未履行完毕的其他外汇买卖合约。

12. 本公司存放于贵行的有价证券或其他产权文件

有价证券或其他产权文件名称	产权文件编号	数量	金额

除上述列示的有价证券或其他产权文件外，本公司并无存放于贵行的其他有价证券或其他产权文件。

注：此项不包括本公司存放在贵行保管箱中的有价证券或其他产权文件。

13. 其他重大事项：_____

注：此项应填列注册会计师认为重大且应予函证的其他事项，如信托存款等；如无则应填写"不适用"

（发函公司盖章）　　年　月　日

========== 以下仅供被询证银行使用 ==========

| 结论：1. 信息证明无误。 | （银行盖章） | 经办人： | 年　月　日 |

2. 信息不符，请列示不符项目及具体内容（对于在本函前述第1项至第13项中漏列的其他重要信息，请列出详细资料）。
（银行盖章）　　　经办人：　　年　月　日

6. 检查异常的银行存款

检查异常的银行存款主要包括以下三个方面：

（1）检查银行存款账户存款人是否为被审计单位，若存款人非被审计单位，应获取该账户户主和被审计单位的书面声明，确认资产负债表日是否需要提请被审计单位进行调整；

（2）关注是否存在质押、冻结等对变现有限制或存在境外的款项。如果存在，是否已提请被审计单位作必要的调整和披露；

（3）对不符合现金及现金等价物条件的银行存款在审计工作底稿中予以列明，以考虑对现金流量表的影响。

7. 抽查大额银行存款收支

抽查大额银行存款收支的原始凭证，检查原始凭证是否齐全、手续是否完备、记账凭证与原始凭证是否相符、账务处理是否正确等项内容。检查是否存在非营业目的的大额货币资金转移，并核对相关账户的进账情况；如有与被审计单位生产经营无关的收支事项，应查明原因并作相应的记录。

8. 检查银行存款收支的截止是否正确

选取资产负债表日前后若干张、一定金额以上的凭证实施截止测试，检查其是否记录于恰当的会计期间。关注业务内容及对应项目，如有跨期收支事项，应考虑是否提请被审计单位进行调整。

9. 检查银行存款是否在财务报表中做出恰当列报

企业的银行存款在资产负债表的"货币资金"项目中反映，注册会计师应在实施上述审计程序后，确定银行存款账户的期末余额是否恰当，进而确定银行存款是否在资产负债表中恰当披露。此外，如果企业的银行存款存在抵押、冻结等使用限制情况或者潜在回收风险，注册会计师应关注企业是否已经恰当披露有关情况。

学习任务4　学习效果测试

一、判断题

1. 对银行票据进行编号控制，防止空白票据的遗失和被盗用，涉及"完整性"认定。
（　　）

2. 检查现金付款的授权批准手续是否符合规定，属于库存现金控制测试的内容。
（　　）

3. 库存现金的盘点应事先告知被审计单位，以使其协助注册会计师的工作。（　　）

4. 盘点库存现金的时间和人员应视被审计单位的具体情况而定，但必须有被审计单位

会计主管人员和出纳参加。（　）

5. 如果出纳员同时登记应收账款明细账，很可能发生货款循环挪用的情况。（　）

6. 由于库存现金余额极小，注册会计师可以不进行实质性测试。（　）

7. 注册会计师如果从被审计单位内部获取了银行对账单，则无必要再对银行存款实施函证。（　）

8. 函证银行存款时，注册会计师应向被审计单位在本年存过款的所有银行发函。（　）

9. 为了提高工作效率、节约人工成本，货币资金业务的全过程可由一个工作人员办理。（　）

二、单选题

1. 注册会计师实施的下列程序中，属于控制测试程序的是（　　）。
   A. 取得银行存款余额调节表并检查未达账项的真实性
   B. 检查银行存款收支的正确截止
   C. 检查是否定期取得银行对账单并编制银行存款余额调节表
   D. 函证银行存款余额

2. 如果银行对账单余额与银行存款日记账余额不符，最有效的审计程序是（　　）。
   A. 重新测试相关的内部控制
   B. 检查银行存款日记账中记录的资产负债表日前后的收付情况
   C. 检查银行存款对账单中记录的资产负债表日前后的收付情况
   D. 检查该银行账户的银行存款余额调节表

3. 如果注册会计师要证实临近 2021 年 12 月 31 日签发的支票是否已登记入账，最有效的审计程序是（　　）。
   A. 函证 2021 年 12 月 31 日的银行存款余额
   B. 检查 2021 年 12 月 31 日的银行对账单
   C. 检查 2021 年 12 月 31 日的银行存款余额调节表
   D. 检查 2021 年 12 月的支票存根和银行存款日记账

4. 银行对账单余额为 1 585 000 元，在检查该账户银行存款余额调节表时，注册会计师注意到以下事项：在途存款 100 000 元，未提现支票 50 000 元，未入账的银行存款利息收入 35 000 元，未入账的银行代扣水电费 25 000 元。假定不考虑其他因素，注册会计师审计后确认的该银行存款账户余额应是（　　）。
   A. 1 535 000 元　　B. 1 575 000 元　　C. 1 595 000 元　　D. 1 635 000 元

5. 下列与现金业务有关的职责可以不分离的是（　　）。
   A. 现金支付的审批与执行　　　　B. 现金保管与现金日记账的记录
   C. 现金的会计记录与审计监督　　D. 现金保管与现金总分类账的记录

6. 没有违背货币资金"不相容职务分离控制原则"要求的是（　　）。
   A. 出纳员兼任会计档案保管工作　　B. 出纳员兼任收入明细账登记工作
   C. 出纳员保管签发支票所需的全部印章　　D. 出纳员兼任固定资产卡片的登记工作

7. 最可能表明被审计单位存在出租、出借银行账号的情况的是（　　）。
   A. 金额较大的未提现支票　　　　B. 银行已收而企业未收的款项
   C. 银行对账单上的在途存款　　　D. 企业已收而银行未收的款项

8. 注册会计师拟对甲公司银行存款余额实施函证程序，以下做法中正确的有(　　)。
   A. 以甲公司的名义寄发银行询证函
   B. 除余额为零的银行存款账户以外，必须对甲公司所有银行存款账户实施函证程序
   C. 由甲公司代为填写银行询证函后，交由注册会计师直接发出并回收
   D. 如果银行询证回函结果表明没有差异，则可以认定银行存款余额是正确的
9. 下列不符合现金内部控制的是(　　)。
   A. 超过库存限额的现金及时存入银行
   B. 现金收入及时存入银行，但存在紧急使用资金的情况时从收入的现金中直接支付
   C. 定期检查、清理银行账户的开立及使用情况
   D. 定期和不定期地进行库存现金盘点

三、多选题

1. 企业实施货币资金监督检查的内容主要包括(　　)。
   A. 检查货币资金支出的授权批准手续是否健全
   B. 是否存在货币资金业务不相容职务混岗的现象
   C. 是否存在办理付款业务所需的全部印章交由一人保管的现象
   D. 银行票据是否编号控制
2. 注册会计师向银行函证，可以了解(　　)。
   A. 资产负债表所列银行存款是否存在　　B. 银行存款收支记录是否完整
   C. 是否有欠银行的债务　　D. 是否存在抵押借款
3. 银行存款通常应列示于资产负债表的流动资产项内，除非其为(　　)。
   A. 一年以上的定期存款　　B. 外埠存款
   C. 限定用途的存款　　D. 投资者缴入的投资款
4. 下列(　　)情况下，注册会计师仍须函证被审计单位银行存款。
   A. 企业银行存款账户为零
   B. 信用证存款
   C. 外埠存款
   D. 注册会计师直接从某一银行取得对账单和所有已付支票
5. 下列(　　)交易可以通过银行存款余额调节表来揭示。
   A. 银行已付但企业未入账
   B. 银行已收但企业未入账
   C. 年前开出支票未入账，并要求顾客年后办理转账手续
   D. 将资产负债表日后收到的银行存款记入被审计年度
6. 以下各项中，货币资金审计涉及的凭证和会计记录包括(　　)。
   A. 现金盘点表　　B. 银行对账单
   C. 银行存款余额调节表　　D. 银行存款日记账
7. 单位在办理货币资金支付业务时，应按(　　)程序进行。
   A. 支付申请　　B. 支付复核　　C. 支付审批　　D. 办理支付
8. 以下关于货币资金的内部控制，(　　)说法是正确的。
   A. 重要货币资金支付业务应集体决策和审批

B. 未经授权的机构或人员不得办理货币资金业务或直接接触货币资金
C. 办理货币资金业务的不相容岗位应相互分离、制约和监督
D. 单位应对货币资金业务建立严格的授权批准制度

9. 注册会计师通过向开户银行发函询证，可以证实被审计单位银行存款的（　　）。
A. 银行存款的存入时间　　　　　　B. 有息账户的利率
C. 银行借款的条件　　　　　　　　D. 银行借款的到期时间

四、职业素质案例

云南省罗平县社保中心出纳员史勇利用自己管理的 7 个银行账号，在 3 年期间窃用社保资金 196.57 万元。曲靖市中级人民法院依法判处史勇有期徒刑 15 年，并处没收财产 10 万元，继续追缴未追回的赃款 133.91 万元。

（1）自制假单据"自收自支"。2000 年 9 月史勇大学毕业后分配到该县社保中心负责开具住院医疗发票等工作。有一次同学聚会，其他同学与自己经济实力的反差强烈地刺激了史勇，成为他日后犯罪的主要动因。2002 年 8 月自制收据收取当地居民的住院治疗费用 1.38 万元，但单据没交给当时的出纳员。这样，史勇以隐瞒收入不上交的方式贪污了数笔款项。

（2）自己给自己划支票。2003 年 1 月，史勇任社保中心出纳员，他再也用不着采用截流收入的方式作案了，而是通过私自购买银行现金支票、转账支票，并偷盖财务公章、开具现金支票、电汇等手段贪污公款，在自己管理的 7 个银行账户中进行了 75 次取款操作，共计盗用资金 220 万元，所开具的银行结账单据存根都被其烧掉或丢掉。其间，史勇还采用隐瞒支出、账户间相互拆补、串户记账等方式对其盗用的资金进行了掩饰，并存入了部分现金弥补被其盗用的资金损失。2006 年某单位向社保中心转账 35.1 万元，因为作案多年都未出事，史勇像往常一样将该款隐藏；付款单位随后向社保中心会计询问此事，史勇随即回存了 30 万元到社保中心账户中，事情由此败露。截至 2006 年 3 月 31 日，史勇造成资金损失 195.78 万元。

（3）会计三年未到银行对账。经查明，该中心取款或汇款时，没有实行银行印鉴分管；银行存款未达账调节表由出纳本人编制；定期由出纳打印一份银行对账单给会计进行对账；史勇仿照银行对账单的格式在微机上编制并打印银行对账单应付审计。

讨论：该单位银行存款内部控制存在的问题。

五、审计技能案例

审计人员审计某公司银行存款发现，12 月 31 日银行存款日记账余额为 133 750 元，银行对账单余额为 137 000 元。核对后发现以下未达账：

（1）12 月 29 日委托银行收款 12 500 元，银行已入账，公司尚未收到收款通知单；
（2）12 月 30 日公司开出现金支票一张 400 元，银行尚未入账；
（3）12 月 30 日银行代付公司电费 250 元，公司尚未收到付款通知单；
（4）12 月 30 日公司收到转账支票 16 000 元，银行尚未入账。

要求：指出审计人员如何进一步开展审计工作。

自主学习 6

学习情境 7
掌握销售与收款循环的审计

【思维导图】

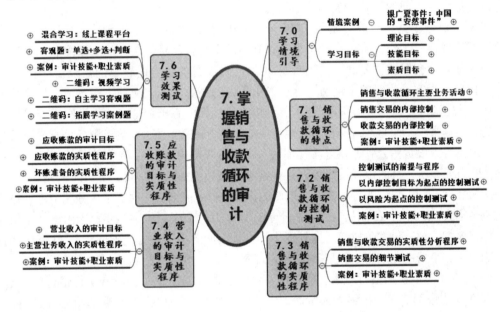

【理论目标】

理解销售与收款循环的主要业务活动;理解被审计单位销售交易与收款交易的内部控制;理解注册会计师实施销售交易与收款交易的控制测试的前提、内容与要求。

【技能目标】

掌握以内部控制目标为起点和以风险为起点的控制测试程序;掌握销售与收款交易的实质性分析程序和细节测试程序;掌握营业收入的审计目标与实质性程序;掌握应收账款、坏账准备的审计目标与实质性程序。

【素质目标】

培养学生市场经济是法治经济也是信用经济的理念;树立国无信不强、民无信不立、商无信不兴的企业诚信经营观念;在正确的人生观的引领下,始终保持审计的独立性、客观性,按照审计准则诚信审计。

【情境案例】银广夏事件——中国的"安然事件"

"银广夏A"通过会计造假成为中国"第一蓝筹股",2001年骗局败露后,银广夏集团崩溃,股价由每股33元跌至2元,审计银广夏的深圳中天勤会计师事务所(当时是我国最大的会计师事务所）解体。公司高管李有强、董博，以及注册会计师刘加荣、徐林文等被司法机关追究刑事责任。

1. 银广夏疑云

广夏（银川）实业股份有限责任公司，于1994年6月17日在深圳交易所以"银广夏A"的名称上市，从其公开资料看存在以下疑点。

（1）利润离谱。银广夏2000年销售利润率高达46%（其控股子公司天津广夏的销售利润率达66%），而沪深两市同类上市公司的利润率鲜有超过20%的。在股本扩大一倍的情况下，每股收益由1999年的0.51元达到2000年的0.83元（净利润是上年的3.26倍），其股价上涨了440%。

（2）增值税失常。2000年工业生产性收入毛利5.43亿元，按17%计算抵扣进项税额后还应交纳增值税9 231万元，但该年末应交增值税余额为负数（销项税额还不足抵扣进项税额）。天津广夏向德国诚信贸易公司出口上百亿元商品，应办理近亿元的出口退税，但年报里找不到出口退税的项目。

（3）原材料惊人。天津广夏每次购买上千吨的桂皮、生姜等原材料，整个厂区都容纳不下，公司以保密为由，库房、工艺不许外人察看。

（4）水电费离奇。公司产品是高温高压高耗电加工，但水电费每年仅为20万~70万元。

2. 银广夏骗局

天津广夏的高产高价、离谱的利润率、银广夏集团不合常理的每股收益、疯涨的股价，使得社会各界对银广夏的"传奇业绩"深表怀疑。

（1）记者揭露骗局。中国《财经》杂志的两名记者经过一年多的奔波、多方调查，2001年8月发表"银广夏陷阱"一文指出：天津广夏出口的是普通产品（姜油精萃取），但价格高到近乎荒谬；以天津广夏的产能，不可能产出惊人的出口量；天津广夏的出口报关单在天津海关根本不存在；德国诚信贸易公司仅是一个注册资金为10万元的小公司，却与天津广夏每年签订60亿元的巨额订单。记者得出"三不"结论：银广夏的年报反映的是"不可能的产品、不可能的产量、不可能的价格"。至此真相大白：从天津广夏产品出口到银广夏利润猛增、再到股价的疯涨，都是一场精心策划、彻头彻尾的骗局。

（2）伪造原始凭证。经法院审理，银广夏造假是由公司高管李有强同意、丁功民授意、董博实施、阎金岱协助实施的。从原料购进到生产、销售、出口等环节，公司伪造了全部单据，包括销售合同和发票、银行票据、海关出口报关单和所得税免税文件。涉及的公章，都是在电脑上制作出来的。

（3）隐匿财务资料。经法院审理，控股子公司天津广夏1998年及以前年度的财务资料丢失。

（4）虚构利润。中国证监会认定，公司1998—2001年累计虚增利润7.72亿元（1998年前因天津广夏财务资料"失踪"而无法核实），仅2000年天津广夏就伪造利润4.176亿元人民币。

3. 中天勤审计失败

深圳中天勤会计师事务所由天勤和中天合并成立，是当时我国最大的会计师事务所，审计银广夏集团的年报8年，签署的均为无保留意见的审计报告。中国证监会认定存在以下问题。

（1）注册会计师未能有效执行应收账款函证程序。在对天津广夏的审计过程中，将所有询证函交由公司发出，未要求公司债务人将回函直接寄达会计师事务所。2000年发出14封询证函，没有收到一封回函。对于无法执行函证程序的应收账款，审计人员在运用替代程序时，未取得海关报关单、运单、提单等外部证据，仅根据公司内部证据便确认了应收账款。

（2）注册会计师未有效执行分析性测试程序。例如对于银广夏在2000年度主营业务收入大幅增长的同时，生产用的电费反而降低的情况没有发现或报告；面对银广夏2000年度生产卵磷脂的投入产出比率较1999年度大幅下降的异常情况，注册会计师既未实地考察，又没有咨询专家意见，而轻信银广夏管理当局声称的"生产进入成熟期"。

（3）审计人员素质低。对于不符合国家税法规定的异常增值税及所得税政策披露情况，审计人员没有予以应有关注；天津广夏审计项目负责人由非注册会计师担任，审计人员普遍缺乏外贸业务知识，不具备专业胜任能力；在收集了真假两种海关报关单后未予以必要关注，例如注册会计师审查的几份事实上根本不存在的盖有"天津东港海关"字样的报关单上，每种商品前的"出口商品编号"均为空白，懂外贸实务的人都能发现，这是违反报关单填写基本要求的；对于境外销售合同的行文不符合一般商业惯例的情况，未能予以关注。

（4）审计态度随意。中天勤对审计风险的判断近乎错误：因为银广夏不断进行频繁的关于高科技方面的信息披露，就认为信息是真的；由于银广夏是高科技公司，就应当有高额利润；因为有众多的各级领导的视察并合影留念，就相信银广夏真的底气充足。审计人员对审计目标、范围以及需要重点关注的问题、风险所在等，多数表达不清。未收集或严格审查重要的法律文件，未关注重大不良资产；银广夏编制合并报表时，未抵销与子公司之间的关联交易，也未按股权协议的比例合并子公司，从而虚增巨额资产和利润，只需审查合并底稿或重新计算即能发现，但注册会计师却没有发现或报告。

（5）内部管理混乱。中天勤为了追求规模全国第一，事务所仅进行了名称合并，没有进行业务管理的实质性合并，忽视业务风险管理。业务和客户实际上被各合伙人分割，主办业务的工作人员长期不变，难以形成一个统一的业务管理体系和不同部门的交叉复核与工作轮换。天勤和中天的审计报告书编号和业务专用章都不同；以预审代替年审，审计工作底稿的三级复核制度流于形式。这也是现存较多的规模大、业务多、上档次的会计师事务所合并后的顽疾之所在。

回顾与引入：这是什么类型的审计，审计目标是什么？销售与收款循环涉及哪些报表项目？该公司伪造销售合同及赊销发票的行为，与报表项目的哪项认定相关？注册会计师函证应收账款可获取什么审计证据，实现什么审计目标，从而验证被审计单位管理层的哪些认定？

思考：试比较银行存款与应收账款函证的不同之处；分析此案例中注册会计师的职业谨慎性、审计风险与审计测试问题；讨论注册会计师的审计取证问题，会计师事务所质量控制问题，注册会计师的职业道德建设问题。

学习任务 1 销售与收款循环的特点

一、销售与收款循环的主要业务活动

1. 接受客户订购单

企业可通过销售人员或电话、信函等方式获得客户购买某种货物或接受某种劳务的订购单,它是整个销售与收款循环的起点,客户的订购单只有在符合企业管理层的授权标准时才能被接受,若某客户未被列入管理层的销售客户名单时,需要履行相关的批准手续。销售单管理部门在接受了客户订购单之后,应编制一式多联的列示客户所订商品或劳务的名称、规格、数量以及有关客户订购信息的销售单,它是此笔销售交易轨迹的起点之一。客户订购单、销售单是证明管理层有关销售交易的"发生"认定的凭据之一。

2. 批准赊销信用

赊销业务应根据管理层的赊销政策由信用管理部门在合理划分工作职责的基础上,将销售单与该客户已被授权的赊销信用额度以及至今尚欠的账款余额加以比较执行信用检查;对新客户应进行信用调查,包括获取信用评审机构对客户信用等级的评定报告。无论是否批准赊销,信用管理部门都应在销售单上签署意见并送回销售单管理部门。设计信用批准控制的目的是为了降低坏账风险,这些控制与应收账款账面余额的"计价和分摊"认定有关。

3. 按销售单供货及装运货物

企业已批准销售单的一联应送达仓库,作为仓库按销售单供货和发货给装运部门的授权依据,以防止仓库在未经授权的情况下擅自发货。为避免在未经授权的情况下装运产品,供货与装运的职责应分离,按销售单装运货物前必须独立验证,以确定从仓库提取的商品都附有经批准的销售单,所提取商品的内容与销售单一致。

4. 向客户开具销售发票(账单)

销售发票是一种用来表明已销售商品的名称、规格、数量、价格、销售金额、运费和保险费、开票日期、付款条件等内容的凭证,也称销售账单。开具并向客户寄送事先连续编号的销售发票,这项功能所针对的主要问题是:

(1)是否对所有装运的货物都开具了账单(即"完整性"认定问题);

(2)是否只对实际装运的货物才开具账单,有无重复开具账单或虚构交易(即"发生"认定问题);

(3)是否按已授权批准的商品价目表所列价格计价开具账单(即"准确性"认定问题)。

为了降低开具账单过程中出现遗漏、重复、错误计价或其他差错的风险,应设立以下控制程序:

(1)开具账单部门职员在开具每张销售发票之前,独立检查是否存在装运凭证和相应的经批准的销售单;

(2)依据已授权批准的商品价目表开具销售发票;

(3)独立检查销售发票计价和计算的正确性;

（4）将装运凭证上的商品总数与相对应的销售发票上的商品总数进行比较。上述控制程序有助于确保用于记录销售交易的销售发票的正确性。因此，这些控制与销售交易的"发生""完整性"以及"准确性"认定有关。

5. 记录销售

记录销售的过程包括区分赊销、现销，按销售发票编制转账凭证或现金、银行存款收款凭证，再据以登记销售明细账和应收账款明细账或库存现金、银行存款日记账，按月定期向客户寄送对账单。

记录销售的控制程序包括以下内容：

（1）只依据附有有效装运凭证和销售单的销售发票记录销售；

（2）控制所有事先连续编号的销售发票；

（3）独立检查销售发票上的销售金额与会计记录金额的一致性，是否归属于适当的会计期间；

（4）记录销售的职责应与处理销售交易的其他功能相分离；

（5）对记录过程中所涉及的有关记录的接触予以限制，以减少未经授权批准的记录发生；

（6）定期独立检查应收账款的明细账与总账的一致性；

（7）定期向客户寄送对账单，并要求客户将任何例外情况直接向指定的未执行或未记录销售交易的会计主管报告。

以上这些控制与"发生""完整性""准确性"以及"计价和分摊"认定有关。

6. 办理和记录现金、银行存款收入

这项业务涉及的是有关货款收回，现金、银行存款增加以及应收账款减少的活动。在办理和记录现金、银行存款收入时，最应关心的是货币资金失窃的可能性，货币资金失窃可能发生在货币资金收入登记入账之前或登记入账之后。处理货币资金收入时最重要的是要保证全部货币资金都必须如数、及时地记入库存现金、银行存款日记账或应收账款明细账，并如数、及时地将现金存入银行。在这方面，汇款通知单起着很重要的作用。

7. 销售退回与折扣、折让的处理

客户如果对商品不满意，销售企业一般都会同意接受退货，或给予一定的销售折让后收款；客户如果提前支付货款，销售企业则可能会给予一定的现金折扣。发生此类事项时，必须经授权批准，并应确保与办理此事有关的部门和职员各司其职，分别控制实物流和会计处理。在这方面，严格使用贷项通知单无疑会起到关键的作用。贷项通知单的格式通常与销售发票的格式相同，只不过它不是用来证明应收账款的增加，而是用来证明由于销售退回或折让引起的应收账款的减少，实际工作中常用红字销售发票（红字销售账单）代替贷项通知单。

8. 注销坏账与提取坏账准备

销售企业若认为客户因经营不善、宣告破产、死亡等原因无法收回某项货款，应注销这笔货款。对这些坏账，正确的处理方法应该是获取货款无法收回的确凿证据，经适当审批后及时做会计调整。企业应定期提取坏账准备，坏账准备的提取数额必须能够抵补企业以后无法收回的销货款。

【审计技能案例7-1】注册会计师可将销售与收款循环的主要业务活动，涉及哪些凭证与业务记录，它们与管理层的哪些认定相关，分析如表7-1所示。

表7-1 销售与收款循环的业务活动、凭证与记录、管理层认定的关系

业务活动	凭证与记录	管理层认定
接受客户订购单	客户订货单	发生
批准赊销信用	销售单	准确性、计价和分摊
按销售单供货及装运货物	销售单、发运单	发生、完整性
向客户开具发票	价目表、销售发票	发生、完整性、准确性、计价和分摊
记录销售	转账凭证、收款凭证，应收及收入明细账、日记账	发生、完整性、准确性、计价和分摊
办理和记录货币资金收入	对账单、汇款通知书、收款凭证、日记账	发生、完整性、准确性、计价和分摊
销售退回与折扣、折让的处理	贷项通知单，折扣、折让明细账	发生、完整性、准确性、计价和分摊
注销坏账与提取坏账准备	坏账审批表、管理层决议	准确性、计价和分摊

二、销售交易的内部控制

1. 适当的职责分离

适当的职责分离有助于防止各种有意或无意的错误。例如，主营业务收入账户如果由记录应收账款账之外的职员独立登记，并由另一位不负责账簿记录的职员定期调节总账和明细账，就构成了一项自动交互牵制；规定负责主营业务收入和应收账款记账的职员不得经手货币资金，也是防止舞弊的一项重要控制。另外，销售人员通常有一种追求更大销售数量的自然倾向，而不问它是否将以巨额坏账损失为代价，赊销的审批则在一定程度上可以抑制这种倾向。因此，赊销批准职能与销售职能的分离，也是一种理想的控制。

为确保办理销售与收款业务的不相容岗位相互分离、制约和监督，一个企业有关销售与收款业务相关职责适当分离的基本要求通常将办理销售、发货、收款三项业务的部门（或岗位）分别设立。企业在销售合同订立前，应当指定专门人员就销售价格、信用政策、发货及收款方式等具体事项与客户进行谈判；谈判人员至少应有两人以上，并与订立合同的人员相分离；编制销售发票通知单的人员与开具销售发票的人员应相互分离；销售人员应当避免接触销货现款；企业应收票据的取得和贴现必须经由保管票据以外的主管人员的书面批准。

2. 恰当的授权审批

对于授权审批问题，企业应当特别关注以下四个关键点上的审批程序：其一，在销售发生之前，赊销已经正确审批；其二，非经正当审批，不得发出货物；其三，销售价格、销售条件、运费、折扣等必须经过审批；其四，审批人应当根据销售与收款授权批准制度的规定，在授权范围内进行审批，不得超越审批权限，对于超过企业既定销售政策和信用政策规

定范围的特殊销售交易，企业应当进行集体决策。

前两项控制的目的在于防止企业因向虚构的或者无力支付货款的客户发货而蒙受损失；价格审批控制的目的在于保证销售交易按照企业定价政策规定的价格开票收款；对授权审批范围设定权限的目的则在于防止因审批人决策失误而造成严重损失。

3. 充分的凭证和记录

每个企业交易的产生、处理和记录等制度都有其特点，也许很难评价其各项控制是否足以发挥最大的作用。然而，只有具备充分的记录手续，才有可能实现其他各项控制目标。例如，企业在收到客户订购单后，就立即编制一份预先编号的一式多联的销售单，分别用于批准赊销、审批发货、记录发货数量以及向客户开具销售账单（发票）等。在这种制度下，只要定期清点销售单和销售发票，漏开账单的情形几乎不会发生。相反的情况是，有的企业只在发货以后才开具账单，如果没有其他控制措施，这种制度下漏开账单的情况就很可能会发生。

4. 凭证的预先编号

对凭证预先进行编号，旨在防止销售以后遗漏向客户开具账单或登记入账，也可防止重复开具账单或重复记账。当然，如果对凭证的编号不作清点，预先编号就会失去其控制意义。由收款员对每笔销售开具账单后，将发运凭证按顺序归档；而由另一位职员定期检查全部凭证的编号，并调查凭证缺号的原因，就是实施这项控制的一种方法。

5. 按月寄出对账单

由不负责现金出纳和销售及应收账款记账的人员按月向客户寄发对账单，能促使客户在发现其应付账款余额不正确后及时反馈有关信息。为了使这项控制更加有效，最好将账户余额中出现的所有核对不符的账项，指定一位既不掌管货币资金也不记录主营业务收入和应收账款账户的主管人员处理，然后由独立人员按月编制对账情况汇总报告并交管理层审阅。

6. 内部核查程序

由内部审计人员或其他独立人员核查销售交易的处理和记录，是实现内部控制目标所不可缺少的一项控制措施。表 7-2 所列程序是针对相应控制目标的典型的内部核查程序。

表 7-2 内部核查程序

内部控制目标	内部核查程序举例
登记入账的销售交易真实	检查登记入账的销售交易所附的佐证凭证，如发运凭证等
销售交易均经适当审批	了解客户的信用情况，确定是否符合企业的赊销政策
所有销售交易均已登记入账	检查发运凭证的连续性，并将其与主营业务收入明细账核对
登记入账的销售交易均经正确估价	将登记入账的销售发票上的数量与发运凭证上的记录进行比较
登记入账的销售交易分类恰当	将登记入账和销售交易的原始凭证与会计科目表比较核对
销售交易的记录及时、正确	检查未开票的发运凭证，是否有未在恰当期间及时开票的发运凭证

销售与收款内部控制检查的主要内容包括：

（1）销售与收款交易相关岗位及人员的设置情况，重点检查是否存在销售与收款交易不相容职务混岗的现象；

（2）销售与收款交易授权批准制度的执行情况，重点检查授权批准手续是否健全，是否存在越权审批行为；

（3）销售的管理情况，重点检查信用政策、销售政策的执行是否符合规定；

（4）收款的管理情况，重点检查销售收入是否及时入账，应收账款的催收是否有效，坏账核销和应收票据的管理是否符合规定；

（5）销售退回的管理情况，重点检查销售退回手续是否齐全，退回货物是否及时入库。

【审计技能案例7-2】 注册会计师对甲公司销售业务流程内部控制各环节进行了解、识别和评估，相关内容摘录如下：

（1）每笔赊销业务均由信用管理经理对赊销信用进行审核，同时对超过公司信用额度的还需要总经理审核或公司集体决策。

（2）每笔销售业务均由销售经理根据销售政策审核。

（3）仓库部门根据已批准的销售单供货，并且编制连续编号的出库单。

（4）发运部门按照审核批准的销售单供货。

（5）负责开具发票的人员在编制每张销售发票之前，独立检查是否存在发运凭证和相应的经批准的销售单，并根据已授权批准的商品价目表的价格开具销售发票。

（6）记账会计根据发运凭证、销售单和销售发票编制记账凭证并确认当期主营业务收入。

讨论：逐项指出与营业收入的什么认定相关？对哪一事项进行测试最能实现营业收入审计的发生目标？

【解析】：事项（1）与营业收入认定无关，它与应收账款的计价与分摊认定相关。事项（2）与营业收入发生认定相关。事项（3）与营业收入的发生和完整性认定相关。事项（4）与营业收入的发生认定相关。事项（5）与营业收入的发生和准确性认定相关。事项（6）与营业收入的发生、准确性认定相关。

注册会计师最应当选择事项（6）进行控制测试。因为甲公司记账会计同时根据发运凭证、销售单和销售发票编制记账凭证并确认当期营业收入，能够有效降低虚构销售业务的错报风险。

三、收款交易的内部控制

销售与收款循环包括销售和收款两个方面，企业的性质、所处行业、规模以及内部控制健全程度等不同，使得其与收款交易相关的内部控制内容有所不同，但以下与收款交易相关的内部控制通常是应当共同遵循的。

（1）企业应当按照《现金管理暂行条例》《支付结算办法》等规定，及时办理销售收款业务。

（2）企业应将销售收入及时入账，不得账外设账，不得擅自坐支现金，销售人员应当避免接触销售现款。

（3）企业应当建立应收账款账龄分析制度和逾期应收账款催收制度，销售部门应当负责应收账款的催收，财会部门应当督促销售部门加紧催收，对催收无效的逾期应收账款可通过法律程序予以解决。

（4）企业应当按客户设置应收账款台账，及时登记每一客户应收账款余额增减变动情况和信用额度使用情况，对长期往来客户应当建立起完善的客户资料，并对客户资料实行动态管理，及时更新。

（5）企业对于可能成为坏账的应收账款应当报告有关决策机构，由其进行审查，确定是否确认为坏账，企业发生的各项坏账，应查明原因，明确责任，并在履行规定的审批程序后做出会计处理。

（6）企业注销的坏账应当进行备查登记，做到账销案存，已注销的坏账又收回时应当及时入账，防止形成账外资金。

（7）企业应收票据的取得和贴现必须经由保管票据以外的主管人员的书面批准。应有专人保管应收票据，对于即将到期的应收票据，应及时向付款人提示付款；已贴现票据应在备查簿中登记，以便日后追踪管理；并应制定逾期票据的冲销管理程序和逾期票据追踪监控制度。

（8）企业应当定期与往来客户通过函证等方式核对应收账款、应收票据、预收款项等往来款项。如有不符，应查明原因，及时处理。

学习任务 2　销售与收款循环的控制测试

一、控制测试的前提与程序

作为注册会计师进一步审计程序的类型之一，控制测试并非在任何情况下都需要实施。但当存在下列情形之一时，应当实施控制测试：

（1）在评估认定层次重大错报风险时，预期控制的运行是有效的；

（2）仅实施实质性程序不足以提供认定层次充分、适当的审计证据。

这意味着注册会计师无须测试针对销售与收款交易的所有控制活动，若被审计单位的相关内部控制不存在，或被审计单位的相关内部控制未得到有效执行，则注册会计师不应再继续实施控制测试，而应直接实施实质性程序。

所以，实施销售与收款循环控制测试前，必须评估认定层次的重大错报风险。与收入交易和余额相关的重大错报风险主要存在于销售交易、现金收款交易的发生、完整性、准确性、截止和分类认定，以及会计期末应收账款、货币资金和应交税费的存在、权利和义务、完整性、计价和分摊认定。收入交易和余额存在的重大错报风险可能包括：

（1）管理层对收入造假的偏好和动因，如，吸引潜在投资者或影响公司股价；

（2）收入的复杂性，如，对特殊的退货约定或服务期限缺乏判断经验；

（3）管理层凌驾于控制之上的风险，如，年末编造虚假销售然后在次年转回；

（4）采用不正确的收入截止；

（5）低估应收账款坏账准备、款项无法收回的风险；

（6）发生错误、舞弊和盗窃的风险，以及隐瞒盗窃的风险，如，利用销售退回与折让等隐瞒盗窃现金行为，将导致收入、应收账款的高估和货币资金的低估。

控制测试所使用的审计程序的类型主要包括询问、观察、检查、重新执行和穿行测试等，注册会计师应当根据特定控制的性质选择所需实施审计程序的类型。

二、以内部控制目标为起点的控制测试

内部控制程序和活动是企业针对需要实现的内部控制目标而设计和执行的，控制测试则是注册会计师针对企业的内部控制程序和活动而实施的。因此，在审计实务中，注册会计师可以考虑以被审计单位的内部控制目标为起点实施控制测试。

【审计技能案例7-3】根据上述内部核查程序确定的被审计单位六个销售交易的内部控制目标（见表7-2），代注册会计师确定常用的控制测试程序。

【解析】：注册会计师在进行销售交易的控制测试时，可以根据被审计单位的内部控制目标（见表7-2），确定管理层的相关认定（见表7-3），进而确定控制测试的审计目标；根据内部控制目标确定被审单位与注册会计师都应特别关注的关键内部控制点或环节；根据管理层认定、审计目标与关键控制，确定注册会计师常用的控制测试程序（方法）。

表7-3 销售交易的控制目标、关键内部控制和测试程序

内部控制目标	关键内部控制	常用的控制测试程序
登记入账的销售交易已经审批且确系发货给真实的客户（发生）	（1）销售交易以经过审核的发运凭证及经过批准的客户订购单为依据登记入账； （2）发货前，客户的赊购已经被授权批准； （3）销售发票均经事先编号，并已恰当地登记入账； （4）每月向客户寄送对账单，对客户提出的意见做专门追查	（1）检查销售发票副联是否附有发运凭证（或提货单）及销售单（或客户订购单）； （2）检查客户的赊购是否经授权批准； （3）检查销售发票连续编号的完整性； （4）观察是否寄发对账单，并检查客户回函档案
所有销售交易均已登记入账（完整性）	（1）发运凭证（或提货单）均经事先编号并已经登记入账； （2）销售发票均经事先编号，并已登记入账	（1）检查发运凭证连续编号的完整性； （2）检查销售发票连续编号的完整性
登记入账的销售数量确系已发货的数量，已正确开具账单并登记入账（计价和分摊）	（1）销售价格、付款条件、运费和销售折扣的确定已经适当的授权批准； （2）由独立人员对销售发票进行内部核查	（1）检查销售发票是否经适当的授权批准； （2）检查有关凭证上的内部复核和核查标记
销售交易的分类恰当（分类）	（1）采用适当的会计科目表； （2）内部复核和核查	（1）检查会计科目表是否适当； （2）检查有关凭证上内部核查标记

续表

内部控制目标	关键内部控制	常用的控制测试程序
销售交易的记录及时（截止）	（1）采用在销售发生时开具收款账单和登记入账的控制方法； （2）每月末由独立人员对销售部门的销售记录、发运部门的发运记录和财务部门的销售入账情况作内部核查	（1）检查尚未开具收款账单的发货和尚未登记入账的销售交易； （2）检查有关凭证上内部核查的标记
销售交易已经正确地记入明细账，并经正确汇总（准确性、计价和分摊）	（1）每月定期给客户寄送对账单； （2）由独立人员对应收账款明细账作内部核查； （3）将应收明细账余额合计数与其总账余额进行比较	（1）观察对账单是否已经寄出； （2）检查内部核查标记； （3）检查将应收账款明细账余额合计数与其总账余额进行比较的标记

说明：本表未包含销售交易所有的内部控制、控制测试程序，也未涉及收款交易控制。注册会计师应根据本表的内容，从实际出发，将其转换为更实用、高效的审计计划。

三、以风险为起点的控制测试

由于实施销售与收款循环控制测试前，必须识别、评估认定层次的重大错报风险。所以在审计实务中，注册会计师可以考虑以识别的重大错报风险为起点实施控制测试。注册会计师应当在识别销售与收款交易认定层次重大错报风险时，评估预期控制的运行是否有效，若有效则可对销售与收款循环实施控制测试。

以风险为起点的控制测试（销+收）

【审计技能案例 7-4】根据销售与收款循环的主要业务活动，代注册会计师分析销售与收款交易中可能存在的风险，并设计相应的控制测试程序。

【解析】：根据销售与收款循环的主要业务活动，注册会计师可以确定被审计单位应实施的关键内部控制（如表 7-3 的"关键内部控制"栏），根据这些关键控制可分析出销售与收款交易中可能存在的风险，然后设计相应的控制测试程序如表 7-4 所示。

表 7-4 销售与收款交易的可能风险与控制测试程序

业务活动	可能存在的风险	常用的控制测试
信用控制和赊销	可能向没有获得赊销授权或超出了其信用额度的客户赊销	询问员工、检查相关文件证实上述控制的实施
发运商品	（1）可能在没有批准发运凭证的情况下发出了商品； （2）已发出商品可能与发运凭证上的商品种类和数量不符； （3）客户可能拒绝承认已收到商品	（1）执行观察、检查程序； （2）检查发运凭证上相关员工和客户的签名； （3）检查例外报告和暂缓发货的清单

续表

业务活动	可能存在的风险	常用的控制测试
开具发票	(1) 由于计价不正确,以及订购单或发运凭证错误,可能使销售价格不正确; (2) 发票上的金额可能出现计算错误	(1) 检查价格更改是否经授权; (2) 重新执行业务检查; (3) 检查发票相关的人员的签名; (4) 重新计算发票金额; (5) 询问发票复核审批程序
记录赊销	(1) 销售发票入账的会计期间可能不正确; (2) 销售发票可能计入不正确的应收账款账户	(1) 检查发票,重新执行销售截止检查程序; (2) 检查应收账款客户名称是否与发票名称一致; (3) 检查客户质询信件并确定问题是否已解决
记录现金销售	(1) 现金销售可能没有在销售时被记录; (2) 收到的现金可能没有存入银行	(1) 实地检查收银台、销售点并询问管理层,以确定在这些地方是否有足够的物理监控; (2) 检查存款单和销售汇总表上的签名,证明已实施复核; (3) 重新检查已存入金额和销售汇总表金额
应收账款收款	客户使用支票支付货款,收取后可能未被存入银行	(1) 检查支票签收清单、存款清单上相关人员签字; (2) 检查邮寄收到的支票是否都被存入银行
记录收款	(1) 收款可能被记入不正确的应收账款账户; (2) 收款与存款可能不一致	(1) 检查客户质询信件并确定问题是否已被解决; (2) 检查银行存款余额调节表

说明:本表未列出全部业务活动、可能存在的风险与对应的控制测试程序。

【审计技能案例7-5】 新艺公司部分工作实施信息化管理,注册会计师在审计工作底稿中记录了所了解的销售与收款循环的部分控制如下:

(1) 销售部门在批准经销商的订货单后编制发货通知单交仓库和会计部门;仓库根据发货通知单备货,在货物装运后编制出库单交销售部门、会计部门和运输部门;会计部门根据发货通知单和出库单在信息系统中手工录入相关信息并开具销售发票,系统自动生成确认主营业务收入的会计分录并过入相应的账簿;销售部门每月末与仓库核对发货通知单和出库单,并将核对结果交销售部经理审阅。

(2) 信息系统每月末根据汇总的产成品销售数量及各产成品的加权平均单位成本自动计算主营业务成本,自动生成结转主营业务成本的会计分录并过入相应的账簿。

注册会计师对新艺公司的销售与收款循环的控制实施测试,部分内容如下:

(1) 从新艺公司主营业务收入明细账中选取2021年12月的1笔交易,注意到相应记账凭证只附有若干销售发票记账联。财务人员解释,在审核出库单并据以开具销售发票后,已在销售发票的记账联上注明出库单号,并将连续编号的出库单另外装订存档。审计选取了1张注有2个出库单号的销售发票记账联,在出库单存档记录里找到了相应的出库单;出库单日期分别为12月14日和12月16日,销售发票日期为12月16日。

(2) 在抽样追踪2021年11月10个主要产品的主营业务成本在信息系统中的结转过程时,注意到有2笔主营业务成本的金额存在手工录入修改痕迹。财务人员解释,由于信息系统的相关数据模块运行不够稳定，部分产成品的加权平均单位成本的运算结果有时存在误差，因此采用手工录入方式予以修正，并且只有财务经理有权在系统中录入修正数据。审计检查了相关样本的手工修正后产成品加权平均单位成本，没有发现差异。

讨论：分析内部控制（1）、（2）在设计上是否存在缺陷，指出主要与财务报表项目的哪些认定相关。假定不考虑其他条件以及可能存在的控制设计缺陷，指出审计程序（1）、（2）的测试结果是否表明相关内部控制得到有效执行。

【解析】：控制（1）存在缺陷：销售部门将核对工作结果交销售部门经理不当，应将结果交会计部门，以便对可能的差异进行调整。控制（1）与财务报表的营业收入项目相关，涉及发生、完整性认定。

控制（2）没有发现缺陷。控制（2）与财务报表的营业成本、存货项目相关，涉及准确性、计价和分摊认定。

审计程序（1）的测试结果表明内部控制得到了有效执行。审计程序（2）的测试结果表明内部控制无效：如果信息系统有问题，不能用手工录入方式改错，应更正信息系统使其缺陷得到彻底的解决。

学习任务 3　销售与收款循环的实质性程序

如前所述，根据财务报表项目与业务循环的相关程度，销售与收款循环涉及的资产负债表项目主要有应收票据、应收账款、预收款项、应交税费等，涉及的利润表项目主要有营业收入、营业税金及附加、销售费用等。

一、销售与收款交易的实质性分析程序

1. 识别需要运用实质性分析程序的账户或交易

就销售与收款交易和相关余额而言，通常需要运用实质性分析程序的是销售交易、收款交易、营业收入项目和应收账款项目。

2. 确定期望值与可接受的差异额

期望值基于注册会计师对被审计单位的相关预算情况、市场份额、可比的行业信息、经济形势和发展历程的了解，确定的与营业额、毛利率和应收账款等的预期相关的指标。

在确定可接受的差异额时，注册会计师首先应关注所涉及的重要性和计划保证水平的影响。此外，根据拟进行实质性分析的具体指标的不同，可接受差异额的确定有时与管理层使用的关键业绩指标相关，并需考虑这些指标的适当性和监督过程。

3. 识别与分析差异

注册会计师应当计算实际和期望值之间的差异，识别并分析异常数据关系以确定需要进一步调查的重大差异，这涉及一些比率和比较，包括以下四点：

（1）观察月度（或每周）的销售记录趋势，与往年或预算或者同行业公司的销售情况相比较，关注或沟通异常波动；

（2）将分类或分品种的商品销售毛利率与以前年度和预算或者同行业公司的销售毛利

率相比较，关注或沟通重大的差异；

（3）计算应收账款周转率和存货周转率，并与以前年度或者预算或者同行业公司的相关指标相比较，关注差异是否由未记录销售、虚构销售记录或截止问题引起；

（4）检查异常项目的销售，例如，大额销售、大额退货与临近年末的销售记录等。

4. 调查重大差异并评价结果

注册会计师在分析上述与预期相联系的指标后，如果认为存在未预期的重大差异，就可能需要对营业收入发生额和应收账款余额实施更加详细的细节测试。同时，注册会计师应当就收集的审计证据是否能支持其试图证实的审计目标和认定形成结论。

【审计技能案例 7-6】注册会计师对甲股份有限公司 2021 年度会计报表进行审计，该公司 2021 年度未发生购并、分立和债务重组行为，供产销形势与上年相当，未经审计的 2021 年度合并会计报表附注的部分内容如下。

（1）坏账核算的会计政策：坏账核算采用备抵法，按本期应收账款余额的 5% 计提。

（2）应收账款附注：2021 年年末应收账款、坏账准备余额为 16 553 万元、52.77 万元。

（3）应收账款账龄分析如表 7-5 所示。

表 7-5　应收账款账龄分析表

万元

账龄	1 年以内	1～2 年	2～3 年	3 年以上	合计
年初数	8 392	1 186	1 161	1 421	12 160
年末数	10 915	1 399	1 365	2 874	16 553

（4）主营业务收入和主营业务成本项目附注如表 7-6 所示。

表 7-6　主营业务收入与主营业务成本表

万元

品名	主营业务收入发生额		主营业务成本发生额	
	2020 年	2021 年	2020 年	2021 年
A 产品	40 000	41 000	38 000	33 800
B 产品	20 000	20 020	19 000	19 019
合计	60 000	61 020	57 000	52 819

（5）公司于 2021 年 10 月销售一批 B 产品，按规定在当月确认收入 1 000 万元、结转成本 900 万元。由于质量问题，该批产品于 2022 年 1 月 15 日被退回。公司 2021 年财务报告批准报出日为 2022 年 1 月 24 日。公司将该项销售退回事宜在 2021 年度合并会计报表附注的"资产负债表日后事项"部分披露为："本公司于 2021 年 10 月销售 B 产品一批，按规定在当月确认收入 1 000 万元、结转成本 900 万元；由于质量问题，该批产品于 2022 年 1 月 15 日被退回，本公司因此将调整 2022 年 1 月份的主营业务收入和主营业务成本"。

要求：假定上述附注内容中的年初数和上年比较数均已审定无误，请运用专业判断、分析性复核方法，指出上述附注内容中存在或可能存在的不合理之处，并简要说明理由。

【解析】：（1）坏账准备年末余额52.77万元÷应收账款年末余额16 553万元＝3.2‰，与会计政策规定的5‰的坏账准备计提比例不符。

（2）应收账款账龄分析中"2～3年"和"3年以上"这两部分的年初数之和仅2 582万元，而"3年以上"的年末数却为2874万元。通常，在公司2021年度未发生购并、分立和债务重组行为等的前提下是不可能的。

（3）A产品2021年的销售毛利率为17.56%，大大高于2020年的5%，既然公司2021年的供产销形势与上年相当，通常应维持大致相当的销售毛利水平。

（4）销售退回事宜不应在2021年度合并会计报表附注的"资产负债表日后事项"部分披露，而应采用追述调整2021年度会计报表的主营业务收入和主营业务成本。

二、销售交易的细节测试

有些交易细节测试程序与环境条件关系不大，适用于各审计项目，有些则取决于被审计单位内部控制的健全程度和注册会计师实施控制测试的结果。以下根据细节测试的审计目标介绍销售交易常用的细节测试程序。需注意的是，这些细节测试程序并未包含销售交易全部的细节测试程序，同时，有些程序可以实现多项目标，而非仅能实现一项审计目标。

1. 登记入账的销售交易是真实的

对这一目标，注册会计师一般关心三类错误的可能性：一是未曾发货却已将销售交易登记入账；二是销售交易的重复入账；三是向虚构的客户发货，并作为销售交易登记入账。前两类错误可能是有意的，也可能是无意的；而第三类错误肯定是有意的，使得注册会计师较难发现。将不真实的销售登记入账的情况虽然极少，但其后果却很严重，这会导致高估资产和收入，注册会计师就有必要制定并实施适当的细节测试以发现这种有意的高估。对"发生"这一目标而言，注册会计师通常只在认为内部控制存在薄弱环节时，才实施细节测试。

（1）针对未曾发货却已将销售交易登记入账这类错误的可能性，注册会计师可以从主营业务收入明细账中抽取若干笔分录，追查有无发运凭证及其他佐证；如有怀疑，可进一步追查存货的永续盘存记录，测试存货余额有无减少；并考虑是否检查更多涉及外部单位的单据，例如外部运输单位出具的运输单据、客户签发的订货单据和到货签收记录等。

（2）针对销售交易重复入账这类错误的可能性，注册会计师可以通过检查企业的销售交易记录清单以确定是否存在重号、缺号。

（3）针对向虚构的客户发货并作为销售交易登记入账这类错误发生的可能性，注册会计师应当检查主营业务收入明细账中与销售分录相应的销货单，以确定销售是否履行赊销审批手续和发货审批手续。如果注册会计师认为被审计单位虚构客户和销售交易的风险较大，需要考虑是否对相关重要交易和客户情况（例如相关客户的经营场所、财务状况和股东情况等）专门展开进一步的独立调查。

检查上述三类高估销售错误的可能性的另一有效的办法是追查应收账款明细账中贷方发生额的记录。如果应收账款最终得以收回货款或者由于合理的原因收到退货，则记录入账的销售交易一开始通常是真实的；如果贷方发生额是注销坏账，或者直到审计时所欠货款仍未收回而又没有合理的原因，就需要考虑详细追查相应的发运凭证和客户订购单等，因为这些迹象都说明可能存在虚构的销售交易。

2. 已发生的销售交易均已登记入账

销售交易的审计一般更多侧重于检查高估资产与收入的问题。但是，如果内部控制不健全，比如被审计单位没有由发运凭证追查至主营业务收入明细账这一独立内部核查程序，就有必要对完整性目标实施交易的细节测试。

从发货部门的档案中选取部分发运凭证，追查至有关的销售发票副本和主营业务收入明细账，是测试未入账发货的一种有效程序。为使这一程序成为一项有意义的测试，注册会计师必须能够确信全部发运凭证均已归档，一般可以通过检查发运凭证的顺序编号来查明。

由原始凭证追查至明细账与从明细账追查至原始凭证是有区别的：前者是用来测试遗漏的交易（"完整性"目标），后者用来测试不真实的交易（"发生"目标）。测试完整性目标时，起点应是发运凭证，即从发运凭证中选取样本，追查至销售发票存根和主营业务收入明细账，以确定是否存在遗漏事项；测试发生目标时，起点是明细账，即从主营业务收入明细账中抽取一个销售交易明细记录，追查至销售发票存根、发运凭证以及客户订购单。

设计发生目标和完整性目标的细节测试程序时，确定追查凭证的起点即测试的方向很重要。例如，注册会计师如果关心的是发生目标，但弄错了追查的方向（即由发运凭证追查至明细账），就属于严重的审计缺陷。在测试其他目标时，方向一般无关紧要，例如，测试交易业务计价的准确性时，可以由销售发票追查至发运凭证，也可以反向追查。

3. 登记入账的销售交易均经正确计价

销售交易计价的准确性包括：按订货数量发货，按发货数量准确地开具账单以及将账单上的数额准确地记入会计账簿。对这三个方面，每次审计中一般都要实施细节测试，以确保其准确无误。

典型的细节测试程序包括复算会计记录中的数据。通常的做法是，以主营业务收入明细账中的会计分录为起点，将所选择的交易业务的合计数与应收账款明细账和销售发票存根进行比较核对。销售发票存根上所列的单价，通常还要与经过批准的商品价目表进行比较核对，对其金额小计和合计数也要进行复算。发票中列出的商品的规格、数量和客户名称等，则应与发运凭证进行比较核对。另外，往往还要审核客户订购单和销售单中的同类数据。

将计价准确性目标中的控制测试和细节测试程序进行比较，便可作为例证来说明有效的内部控制如何节约了审计时间。很明显，评价目标的控制测试几乎不花太多时间，因为有时可能只需审核一下签字或者其他内部核查的证据即可。内部控制如果有效，细节测试的样本量便可以减少，审计成本也因控制测试的成本较低而将大为降低。

4. 登记入账的销售交易分类恰当

销售分类恰当的测试一般可与计价准确性测试一并进行。注册会计师可以通过审核原始凭证确定具体交易业务的类别是否恰当，并以此与账簿的实际记录作比较。如果销售分为现销和赊销两种，应注意不要在现销时借记应收账款，也不要在收回应收账款时贷记主营业务收入，同样不要将营业资产的转让（例如固定资产转让）混做正常销售。对那些采用不止一种销售分类的企业，例如需要编制分部报表的企业来说，正确的分类是极为重要的。

5. 销售交易的记录及时

发货后应尽快开具账单并登记入账，以防止无意中漏记销售交易，确保它们记入正确的会计期间。在实施计价准确性细节测试的同时，一般要将所选取的提货单或其他发运凭证的日期与相应的销售发票存根、主营业务收入明细账和应收账款明细账上的日期做比较。如有重大差异，被审计单位就可能存在销售截止期限上的错误。

6. 销售交易已正确地记入明细账并正确地汇总

应收账款明细账的记录若不正确，将影响被审计单位收回应收账款，因此，将全部赊销业务正确地记入应收账款明细账极为重要。同理，为保证财务报表准确，主营业务收入明细账必须正确地加总并过入总账。在多数审计中，通常都要加总主营业务收入明细账，并将加总数和一些具体内容分别追查至主营业务收入总账和应收账款明细账或库存现金、银行存款日记账，以检查在销售过程中是否存在有意或无意的错报问题。从主营业务收入明细账追查至应收账款明细账，一般与为实现其他审计目标所实施的测试一并进行；而将主营业务收入明细账加总，并追查、核对加总数至其总账，则应作为一项单独的测试程序来执行。

【审计技能案例7-7】注册会计师审计内城商贸公司时发现，12月20日销售彩电30 000台，每台售价2 000元，合同约定分四次收款，合同价款与公允价值相同，不具备融资性质，当月收取40%的价款，以后平均每月收取剩余价款，每台彩电成本1 150元。当日发出商品后列作主营业务收入6 000万元，同时结转主营业务成本3 450万元。

【解析】：该经济业务为分期收款销售，应按合同约定的时间、金额确认收入，并配比结转成本。该公司在发出商品时作收入、转成本违反了收入确认原则。正确做法是：发出商品时，将其成本3 450万元由库存商品转入发出商品账户，当月只确认40%主营业务收入2 400万元及相应的增值税销项税额、主营业务成本1 380万元（由发出商品结转），以后3月每月确认20%的收入、成本。

学习任务4 营业收入的审计目标与实质性程序

一、营业收入的审计目标

营业收入项目核算企业在销售商品、提供劳务等主营业务活动中所产生的收入，以及企业确认的除主营业务活动以外的其他经营活动实现的收入，包括出租固定资产、出租无形资产、出租包装物和商品、销售材料等实现的收入。其审计目标一般包括：确定利润表中记录的营业收入是否已发生，且与被审计单位有关；确定所有应当记录的营业收入是否均已记录；确定与营业收入有关的金额及其他数据是否已恰当记录，包括对销售退回、销售折扣与折让的处理是否适当；确定营业收入是否已记录于正确的会计期间；确定营业收入是否已按照企业会计准则的规定在财务报表中做出恰当的列报。

二、主营业务收入的实质性程序

1. 获取或编制主营业务收入明细表

注册会计师应获取或编制主营业务收入明细表，复核加计是否正确，并与总账数和明细账合计数核对是否相符；检查以非记账本位币结算的主营业务收入的折算汇率及折算是否正确。

2. 检查主营业务收入的确认

检查主营业务收入的确认条件、方法是否符合企业会计准则，前后期是否一致；关注周期性、偶然性的收入是否符合既定的收入确认原则、方法；关注被审计单位采取的不同销售方式，确认销售的时点是否恰当；关注附有销售退回条件的商品销售、委托代销、售后回购、以旧换新、商品需要安装和检验的销售、分期收款销售等特殊的销售行为，确认销售的时点与条件是否恰当。

【审计技能案例 7-8】企业商品销售收入的确认条件有哪些？

【解析】：企业商品销售收入应在下列条件均能满足时予以确认：

（1）企业已将商品所有权上的主要风险和报酬转移给购货方；

（2）企业既没有保留通常与所有权相联系的继续管理权，也没有对已售出的商品实施有效控制；

（3）收入的金额能够可靠地计量；

（4）相关的经济利益很可能流入企业；

（5）相关的已发生或将发生的成本能够可靠地计量。

3. 实施实质性分析程序（必要时）

针对已识别需要运用分析程序的有关项目，基于对被审计单位及其环境的了解，通过数据与期望值的比较识别数据间关系，然后分析、调查差异，并评估分析程序的测试结果。

通常情况下，注册会计师对主营业务收入实施实质性分析程序的内容主要有以下五项：

（1）将本期的主营业务收入与上期的主营业务收入、销售预算或预测数等进行比较，分析主营业务收入及其构成的变动是否异常，并分析异常变动的原因；

（2）计算本期重要产品的毛利率，与上期或预算或预测数据比较，检查是否存在异常，各期之间是否存在重大波动，查明原因；

（3）比较本期各月各类主营业务收入的波动情况，分析其变动趋势是否正常，是否符合被审计单位季节性、周期性的经营规律，查明异常现象和重大波动的原因；

（4）将本期重要产品的毛利率与同行业企业进行对比分析，检查是否存在异常；

（5）根据增值税发票或普通发票的报表数据，估算全年收入，与实际收入金额比较。

【审计技能案例 7-9】注册会计师 2022 年 2 月审计某上市公司 2021 年报表时发现，毛利率比 2020 年增长了近一倍而引起关注。经审查，是因为该公司在 2021 年 8 月开发并销售了某高科技产品，该产品在当年已累计确认主营业务收入 30 亿元（其中 8 月 4 亿、9 月 5 亿），销项税额 3.9 亿元（增值税率 13%），货款已收回 23.37 亿元，年末应收账款 10.53 亿元，已提取了坏账准备 1.8 亿元；当年结转主营业务成本 13.8 亿元。

注册会计师认为：公司高科技产品"销售合同"中有约定"货到付款 70%，半年试用期内不满意则无条件退货，试用期满半月内支付剩余30%的货款"，所以不能确认新产品的收入。

该公司认为：新产品销售后在前4个月是不可能退货的，而12月的退货只占已确认收入30亿元的5%，按新产品含税销售额33.9亿元的5%为1.695亿元，但公司已按1.8亿元提取了坏账准备；虽然2022年1月退货占2021年新产品销售额的14%，但已超出2021年报表审计范围，这是2022年报表审计的事项，不可能由你们事务所来承担责任；销售的产品按合同已收到70%的货款，况且增值专用发票已开出，公司已交增值税约2.5亿元，相应的税金及附加已抵减了当年利润总额0.28亿元（主要是城建税和教育费附加）；若不确认新产品收入，公司2021年将由盈利转为巨额亏损，2022年将无法通过增发新股在股票市场上融资80亿元。若你们能出具无保留意见的审计报告，公司可以在原审计费用的基础上多付50%，否则公司将不再支付剩余40%的审计费用20万元。面对客户推心置腹、威胁利诱且很充分的理由，注册会计师应如何应对。

【解析】：新产品收入在2021年无法估计退货情况，表明产品所有权上的主要风险和报酬并未随实物的交付而发生转移，不能确认收入。根据新产品销售额与退货情况，以及注册会计师的了解、公司的回复情况，可测算该公司新产品销售后的退货率情况：1~4月0%、第5月37.5%〔30×5%÷4〕、第6月58.13%〔(30×14%－5×37.5%)÷4〕，说明新产品到期不满意的退货率达到95.63%，公司新产品开发失败。

因此，注册会计师应坚持提请被审单位调整2021年报表：已收货款扣除销项税额后转作预收账款19.47亿元，同时冲减主营业务收入30亿元、应收账款10.53亿元；冲销已提取的坏账准备1.8亿元；将主营业务成本转作存货（发出商品）13.8亿元。并提取新产品开发失败而必然要产生的巨额存货减值损失，包括没销售的高科技产品及其相应的原材料；冲减已提取的所得税费用；调整利润分配的相关账务；重新计算报表的相关项目。

因为增值税专用发票已开具，不得冲减销项税额及相应的税金及附加等；需在退货时符合税法规定的条件下，才能开具红字增值税专用发票（贷项通知单），开具红字专用发票后才能按规定冲减销项税额，以及冲减相关的税金及附加。

4. 检查销售价格与数量金额

获取产品价格目录，抽查售价是否符合价格政策，并注意销售给关联方或关系密切的重要客户的产品价格是否合理，有无以低价或高价结算的方法相互之间转移利润的现象。抽取本期一定数量的发运凭证，审查存货出库日期、品名、数量等是否与销售发票、销售合同、记账凭证等一致。抽取本期一定数量的记账凭证，审查入账日期、品名、数量、单价、金额等是否与销售发票、发运凭证、销售合同等一致。

5. 实施函证程序

主营业务收入一般不单独函证，应结合对应收账款实施的函证程序，选择主要客户函证本期销售额。对于出口销售，应当将销售记录与出口报关单、货运提单、销售发票等出口销售单据进行核对，必要时向海关函证。

6. 实施销售的截止测试

对销售实施截止测试，其目的主要在于确定被审计单位主营业务收入的会计记录归属期是否正确，即应记入本期或下期的主营业务收入是否被推延至下期或提前至本期。

营业收入的截止测试

与主营业务收入确认有着密切关系的三个日期是，发票开具日期、记账日期、发货日期（服务业则是提供劳务的日期）。注册会计师可以考虑以下三条审计路径实施主营业务收入的截止测试，以确定销售是否存在跨期现象。

一是以账簿记录为起点。从资产负债表日前后若干天的账簿记录查至记账凭证，检查发票存根与发运凭证，目的是证实已入账收入是否在同一期间已开具发票并发货，有无多记收入。这种方法缺乏全面性和连贯性，只能查多记，无法查漏记，尤其是与本期漏记收入延至下期而审计时被审计单位尚未及时登账时，不易发现应记入而未记入报告期收入的情况。

二是以销售发票为起点。从资产负债表日前后若干天的发票存根查至发运凭证与账簿记录，确定已开具发票的货物是否已发货并于同一会计期间确认收入，查明有无漏记收入现象。这种方法较费时费力，有时难以查找相应的发货及账簿记录，而且不易发现多记的收入。使用该方法时应注意：发运凭证是否齐全、销售发票存根的连续编号是否完整。

三是以发运凭证为起点。从资产负债表日前后若干天的发运凭证查至发票开具情况与账簿记录，确定主营业务收入是否已记入恰当的会计期间。使用这种方法主要也是为了防止少计收入。

注册会计师还应取得资产负债表日后所有的销售退回记录，检查是否存在提前确认收入的情况。结合对资产负债表日应收账款的函证程序，检查有无未取得对方认可的大额销售。

【审计技能案例7-10】 注册会计师应如何检查不同销售方式的收入确认时点，以检查被审计单位主营业务收入的会计记录归属期的正确性（截止认定）？并检查被审计单位销售收入有无虚列（发生认定）或隐匿（完整性认定）的情况？

【解析】：（1）采用交款提货销售方式，通常应于货款已收到或取得收取货款的权利，同时已将发票账单和提货单交给购货单位时确认收入的实现。对此，注册会计师应着重检查被审计单位是否收到货款或取得收取货款的权利，发票账单和提货单是否已交付购货单位。应注意有无积压结算凭证，将当期收入转入下期入账的现象，或者虚记收入、开具假发票、虚列购货单位，将当期未实现的收入虚转为收入记账，在下期予以冲销的现象。

（2）采用预收账款销售方式，通常应于商品已经发出时，确认收入的实现。对此，注册会计师应重点检查被审计单位是否收到了货款，商品是否已经发出。应注意是否存在对已收货款并已将商品发出的交易不入账、转为下期收入，或开具虚假出库凭证、虚增收入等现象。

（3）采用托收承付结算方式，通常应于商品已经发出，劳务已经提供，并已将发票账单提交银行、办妥收款手续时确认收入的实现。对此，注册会计师应重点检查被审计单位是否发货，托收手续是否办妥，货物发运凭证是否真实，托收承付结算回单是否正确。

（4）长期工程合同收入，如果合同的结果能够可靠估计，通常应当根据完工百分比法确认合同收入。注册会计师应重点检查收入的计算、确认方法是否符合规定，并核对应计收入与实际收入是否一致，注意查明有无随意确认收入、虚增或虚减本期收入的情况。

（5）销售商品房的，通常应在商品房已经移交并将发票结算账单提交对方时确认收入。对此，注册会计师应重点检查已办理的移交手续是否符合规定要求，发票账单是否已交对方。如果被审计单位事先与买方签订了不可撤销合同，按合同要求开发房地产，则通常应按建造合同的处理原则处理。

7. 检查销售退回与折扣折让

存在销货退回的，检查相关手续是否符合规定，结合原始销售凭证检查其会计处理是否正确，结合存货项目审计关注其真实性。

销售折扣与折让的实质性程序主要包括：

（1）获取或编制折扣与折让明细表，复核加计正确，并与明细账合计数核对相符；

（2）取得被审计单位有关折扣与折让的具体规定和其他文件资料，并抽查较大的折扣与折让发生额的授权批准情况，与实际执行情况进行核对，检查其是否经授权批准，是否合法、真实；

（3）销售折扣与折让是否及时足额提交对方，有无虚设中介、转移收入、私设账外"小金库"等情况；

（4）检查折扣与折让的会计处理是否正确。

【审计技能案例7-11】审计人员审查某公司时了解到甲公司为新客户，2023年"应收账款"有巨额欠款引起注意，抽查凭证为年末赊销A产品2 500台，每台含税售价为33.9万元。经追查：2024年该公司作了销售退回处理，2023年该公司"库存商品——A产品"数量金额账有红字余额为38 000万元、红字结存量2 000台。函证甲公司的结果是：没有向该公司购货。经到仓库实地检查并询问仓库保管员，A产品的结存数量通常为500台左右。

【解析】根据异常记录（新客户巨额欠款和库存商品红字记录）、回函与监盘结果可知：该公司故意虚开赊销发票和退货发票，将2024年的主营业务收入7.5亿元（增值税率13%）、主营业务成本4.75亿万元提前到2023年入账。即该公司违背了截止认定（承诺）。

应提请该公司将虚增的2023年毛利2.75亿元及相关税费，在2024年通过"以前年度损益调整"进行账务处理，调整利润分配的相关记录，再追溯调整2023年度的相关会计报表。

进一步讨论：实质性程序有哪些？收集了哪些审计证据？实现了哪些审计目标？

8. 调查向关联方销售的情况

调查向关联方销售的情况，记录其交易品种、价格、数量、金额以及占主营业务收入总额的比例。对于合并范围内的销售活动，记录应予合并抵销的金额。调查集团内部销售的情况，记录其交易价格、数量和金额，并追查在编制合并财务报表时是否已予以抵销。

9. 确定主营业务收入的列报是否恰当

检查利润表中的营业收入项目的列报金额，是否为已审定的主营业务收入与其他业务收入相加之和。

学习任务5　应收账款的审计目标与实质性程序

应收账款指企业因销售商品、提供劳务而形成的债权，即由于企业销售商品、提供劳务等原因，应向购货客户或接受劳务的客户收取的款项或代垫的运杂费，是企业的债权性资产。应收账款的审计应结合销售交易来进行。应收账款余额一般包括应收账款账面余额和相应的坏账准备两部分。

一、应收账款的审计目标

应收账款的审计目标一般包括：确定资产负债表中记录的应收账款是否存在；确定所有应当记录的应收账款是否均已记录；确定记录的应收账款是否为被审计单位拥有或控制；确定应收账款是否可收回，坏账准备的计提方法和比例是否恰当，计提是否充分；确定应收账款及其坏账准备期末余额是否正确;确定应收账款及其坏账准备是否已按照企业会计准则的规定在财务报表中做出恰当列报。

二、应收账款的实质性程序

1. 取得或编制应收账款明细表

取得或编制应收账款明细表,复核加计正确,并与总账数和明细账合计数核对是否相符;检查非记账本位币应收账款的折算汇率及折算是否正确;分析有贷方余额的项目,查明原因,必要时,建议做重分类调整;结合其他应收款,预收款项等往来项目的明细余额,调查有无同一客户多处挂账、异常余额或与销售无关的其他款项(如关联方账户或员工账户),如有,必要时提出调整建议。

2. 检查涉及应收账款的相关财务指标

(1) 复核应收账款借方累计发生额与主营业务收入关系是否合理,并将当期应收账款借方发生额占销售收入净额的百分比与管理层考核指标比较和被审计单位相关赊销政策比较,如存在异常应查明原因。

(2) 计算应收账款周转率、应收账款周转天数等指标,并与被审计单位相关赊销政策、被审计单位以前年度指标、同行业同期相关指标对比分析,检查是否存在重大异常。

3. 检查应收账款账龄分析是否正确

(1) 获取或编制应收账款账龄分析表。注册会计师可以通过获取或编制应收账款账龄分析表,来分析应收账款的账龄,以便了解应收账款的可收回性。应收账款的账龄,通常是指资产负债表中的应收账款从销售实现、产生应收账款之日起,至资产负债表日止所经历的时间。编制应收账款账龄分析表时,可以考虑选择重要的客户及其余额单独列示,而将不重要的或余额较小的汇总列示。应收账款账龄分析表的合计数减去已计提的相应坏账准备后的净额,应该等于资产负债表中的应收账款项目余额。

(2) 测试应收账款账龄分析表计算的准确性,并将应收账款账龄分析表中的合计数与应收账款总分类账余额相比较,并调查重大调节项目。

(3) 检查原始凭证,如销售发票、运输记录等,测试账龄划分的准确性。

4. 向债务人函证应收账款

函证应收账款的目的在于证实应收账款账户余额的真实性、正确性,防止或发现被审计单位及其有关人员在销售交易中发生的错误或舞弊行为。通过函证应收账款,可以比较有效地证明被询证者(即债务人)的存在和被审计单位记录的可靠性。

应收账款的
函证程序

注册会计师应当考虑被审计单位的经营环境、内部控制的有效性、应收账款账户的性质、被询证者处理询证函的习惯做法及回函的可能性等,确定应收账款函证的范围、对象、方式和时间。

(1) 函证的范围和对象。除非有充分证据表明应收账款对被审计单位财务报表而言是不重要的,或者函证很可能是无效的,否则注册会计师应当对应收账款进行函证。如果注册会计师不对应收账款进行函证，应当在审计工作底稿中说明理由。如果认为函证很可能是无效的，注册会计师应当实施替代审计程序，获取相关、可靠的审计证据。

函证范围是由诸多因素决定的，主要有：①应收账款在全部资产中的重要性。若应收账款在全部资产中所占的比重较大，则函证的范围应大一些。②被审计单位内部控制的强弱。若内部控制制度较健全，则可以减少函证量；反之，则应扩大函证范围。③以前期间的函证结果。若以前期间函证中发现过重大差异，或欠款纠纷较多，则函证范围应扩大一些。

一般情况下，注册会计师应选择以下项目作为函证对象：大额或账龄较长的项目、与债务人发生纠纷的项目、重大关联方项目、主要客户（包括关系密切的客户）项目、交易频繁但期末余额较小甚至余额为零的项目、可能产生重大错报或舞弊的非正常的项目。

（2）函证的方式。注册会计师可采用积极的或消极的函证方式实施函证，也可将两种方式结合使用。

【审计技能案例7-12】积极式企业询证函

企业询证函　　　　　　　　编号：××××

××（公司）：

本公司聘请的××会计师事务所正在对本公司××年度财务报表进行审计，按照中国注册会计师审计准则的要求，应当询证本公司与贵公司的往来账项等事项。下列数据出自本公司账簿记录，如与贵公司记录相符，请在本函下端"信息证明无误"处签章证明；如有不符，请在"信息不符"处列明不符金额。回函请直接寄至××会计师事务所。

回函地址：　　　邮编：　　　电话：　　　传真：　　　联系人：

1. 本公司与贵公司的往来账项列示如下：

截止日期	贵公司欠/元	欠贵公司/元	备注

2. 其他事项。本函仅为复核账目之用，并非催款结算。若款项在上述日期之后已经付清，仍请及时函复为盼。

（发函公司盖章）　　年　　月　　日

==

××会计师事务所：　　　　　　　　　　　　　　　　（回函公司盖章）

结论（打√）：1. 信息证明无误（　　）。　　　　　年　　月　　日

2. 信息不符（　　），差异如下：　　　　　　　经办人：

【审计技能案例7-13】　　消极式询证函格式

企业询证函　　　　　　　　编号：×××××

××（公司）：

本公司聘请的××会计师事务所正在对本公司××年度财务报表进行审计，按照中国注册会计师审计准则的要求，应当询证本公司与贵公司的往来账项等事项。下列数据出自本公司账簿记录，如与贵公司记录相符，则无须回复；如有不符，请直接通知会计师事务所，并请在空白处列明贵公司认为是正确的信息。回函请直接寄至××会计师事务所。

回函地址：　　　邮编：　　　电话：　　　传真：　　　联系人：

1. 本公司与贵公司的往来账项列示如下

截止日期	贵公司欠/元	欠贵公司/元	备注

2. 其他事项。本函仅为复核账目之用，并非催款结算。若款项在上述日期之后已经付清，仍请及时核对为盼。

            （发函公司盖章） 年 月 日

＝＝＝＝＝＝＝＝＝＝＝＝＝＝＝＝＝＝＝＝＝＝＝＝＝＝＝＝＝＝＝＝＝

××会计师事务所：   （回函公司盖章）

  上面的信息不正确，差异如下：   年 月 日

                     经办人：

（3）函证时间的选择。注册会计师通常以资产负债表日为截止日，在资产负债表日后适当时间内实施函证。如果重大错报风险评估为低水平，注册会计师可选择资产负债表日前适当日期为截止日实施函证，并对所函证项目自该截止日起至资产负债表日止发生的变动实施实质性程序。

（4）函证的控制。注册会计师通常利用被审计单位提供的应收账款明细账户名称及客户地址等资料编制询证函，但注册会计师应当对确定需要确认或填列的信息、选择适当的被询证者、设计询证函以及发出和跟进（包括收回）询证函保持控制。

注册会计师可通过函证结果汇总表的方式对询证函的收回情况加以控制。函证结果汇总表如表7-7所示。

表7-7 应收账款函证结果汇总表

被审计单位名称：   制表：   日期：   索引号：

截止日： 年 月 日 复核：   日期：   共 页第 页

询证函编号	债务人名称	地址及联系方式	账面金额	函证方式	函证日期		回函日期	替代程序	确认余额	差异金额及说明	备注或索引
					第一次	第二次					
合计											

（5）对不符事项的处理。对应收账款而言，登记入账的时间不同而产生的不符事项主要表现为：①询证函发出时，债务人已经付款，而被审计单位尚未收到货款；②询证函发出时，被审计单位的货物已经发出并已作销售记录，但货物仍在途中，债务人尚未收到货物；③债务人由于某种原因将货物退回，而被审计单位尚未收到；④债务人对收到的货物的数量、质量及价格等方面有异议而全部或部分拒付货款等。如果不符事项构成错报，注册会计师应当评价该错报是否表明存在舞弊，并重新考虑所实施审计程序的性质、时间和范围。

（6）对函证结果的总结和评价。注册会计师对函证结果可进行如下评价：①重新考虑

对内部控制的原有评价是否适当,控制测试的结果是否适当;分析程序的结果是否适当;相关的风险评价是否适当等。②如果函证结果表明没有审计差异,则可以合理地推论,全部应收账款总体是正确的。③如果函证结果表明存在审计差异,则应当估算应收账款总额中可能出现的累计差错是多少,估算未被选中进行函证的应收账款的累计差错是多少。为取得对应收账款累计差错更加准确的估计,也可以进一步扩大函证范围。

需要指出的是,注册会计师应当将询证函回函作为审计证据,纳入审计工作底稿管理,询证函回函的所有权归属所在会计师事务所。除法院、检察院及其他有关部门依法查阅审计工作底稿,注册会计师协会对执业情况进行检查以及前后任注册会计师沟通等情形外,会计师事务所不得将询证函回函提供给被审计单位作为法律诉讼证据。

5. 对未函证应收账款实施替代审计程序

注册会计师不可能对所有应收账款进行函证,因此,对于未函证应收账款,注册会计师应抽查有关原始凭据,如销售合同、销售订购单、销售发票副本、发运凭证及回款单据等,以验证与其相关的应收账款的真实性。

【**审计技能案例7-14**】注册会计师选取甲公司4个应收账款明细账户,对截至2021年12月31日的余额实施函证,回函结果与审计程序摘录如表7-8所示。

表7-8 应收账款函证结果与审计说明表

万元

客户名称	账面金额	回函金额	差异金额	回函方式	回函收取地址	审计说明
A公司	7 616	5 000	2 616	原件	直接寄回本所	(1)
B公司	9 054	6 054	3 000	原件	直接寄回本所	(2)
C公司	7 618	7 618	0	传真件	C公司传真至本所	(3)
E公司	1 448	未回函	不适用			(4)
审计说明与审计结论	(1) 经询问甲公司财务经理,回函差异是由于A公司在2021年12月31日支付了2 616万元的货款,甲公司2022年1月4日收到。结论:该回函差异不构成错报,无须实施进一步的审计程序					
	(2) 经询问甲公司财务经理,回函差异是2021年12月30日按合同发出产品,确认了应收账款及相应的销售收入3 000万元;B公司于2022年1月5日收到这批产品。我们检查了销售合同、销售发票、出库单以及相关记账凭证,没有发现异常。结论:该回函差异不构成错报,无须实施进一步的审计程序					
	(3) 结论:回函没有差异,无须实施进一步的审计程序					
	(4) 执行替代测试程序:从应收账款借方发生额选取样本,检查相关的销售合同、销售发票、出库单以及相关记账凭证。结论:没有发现异常,无须实施进一步的审计程序					

要求:分析注册会计师实施的审计程序及其结论是否存在不当之处。

【解析】:说明(1)不当。未对被审计单位资产负债表日后是否真实收到2 616万元货款进行追查;应结合货币资金审计,确认资产负债表日后是否实际收到货款。

说明(2)不当。未第二次函证;应当向B公司再次函证,次年是否收到这批产品,以验证赊销业务的真实性。

说明(3)不当。未获取回函原件;还应当要求将原件寄到会计师事务所。

说明(4)不当。未第二次函证;应当向E公司再次函证。

6. 对应收账款实施关联方及其交易审计程序

标明应收关联方［包括持股5%以上（含5%）股东］的款项，实施关联方及其交易审计程序，并注明合并财务报表时应予抵销的金额。对关联企业、有密切关系的主要客户交易事项做专门核查：

（1）了解交易事项目的、价格和条件，做比较分析；
（2）检查销售合同、销售发票、发运凭证等相关文件资料；
（3）检查收款凭证等货款结算单据；
（4）向关联方或有密切关系的主要客户函询，以确认交易的真实性、合理性。

应收款审查
技能案例

7. 实施其他实质性程序

（1）确定已收回的应收账款金额。请被审计单位协助，在应收账款账龄明细表中标出至审计时已收回的应收账款金额，对已收回金额较大的款项进行常规检查，如核对收款凭证、银行对账单、销货发票等，并注意凭证发生日期的合理性，分析收款时间是否与合同相关要素一致。

（2）检查坏账的确认和处理。首先，注册会计师应检查有无债务人破产或者死亡的，以其破产财产或遗产清偿后仍无法收回的，或者债务人长期未履行清偿义务的应收账款；其次，应检查被审计单位坏账的处理是否经授权批准，有关会计处理是否正确。

（3）抽查有无不属于结算业务的债权。不属于结算业务的债权，不应在应收账款中进行核算。因此，注册会计师应抽查应收账款明细账，并追查有关原始凭证，查证被审计单位有无不属于结算业务的债权。如有，应建议被审计单位作适当调整。

（4）检查应收账款的贴现、质押或出售。检查银行存款和银行借款等询证函的回函、会议纪要、借款协议和其他文件，确定应收账款是否已被贴现、质押或出售，应收账款贴现业务是否满足金融资产转移终止确认条件，其会计处理是否正确。

8. 确定应收账款的列报是否恰当

结合坏账准备科目与报表数核对是否相符。如果被审计单位为上市公司，则其财务报表附注通常应披露期初、期末余额的账龄分析，期末欠款金额较大的单位账款，以及持有5%以上（含5%）股份的股东单位账款等情况。

【审计技能案例7-15】 审计人员审查某公司上年账务时发现，应收账款各明细账记录如表7-9所示（该公司未使用"预收账款"科目），资产负债表"应收账款"年末数为295万元。请分析该公司的经济业务，并选择三个公司函证，未函证的公司用什么替代程序审查；若审查后无其他问题，怎样提请被审单位调账，资产负债表应怎样列示。

表7-9　某公司应收账款明细账记录

元

客户名称	年初余额	本年借方	本年贷方	年末余额	备注
A公司	10 000	13 090 000	13 100 000	—	
B公司	—	800 000	750 000	50 000	
C公司	1 200 000	1 500 000	50 000	2 650 000	

续表

客户名称	年初余额	本年借方	本年贷方	年末余额	备注
D 公司	300 000	300 000	—	600 000	
E 公司	120 000	—	—	120 000	已破产清算
F 公司	-300 000	—	200 000	-500 000	预收货款

【解析】：A 公司赊销额占全公司赊销款的 83%（借方），说明是其主要客户；B 公司可能是新客户，发生额及余额不大，应属正常情况；C 公司是老客户，仅收回欠款 2%，年末欠款比年初增加 121%，说明大量赊销款没能收回；D 公司旧账没还又欠新账；E 公司已破产，属于无法收回的债权；收 F 公司上年货款本年一直没发货而没确认收入，本年还继续预收货款。所以，应向 A 公司、C 公司和 D 公司发函；收集 E 公司破产清算文件；审查有无向 F 公司发货的仓储记录、送货记录、查阅相关经济合同等，以确定是否隐匿收入；B 公司可以不审查。

应提请被审单位在次年通过"以前年度损益调整"核销 12 万元坏账，并追溯调整上年相关报表项目。若审查后无其他问题（也不考虑坏账准备余额的情况下），资产负债表年末数：应收账款为 330 万元、预收账款为 50 万元。

三、坏账准备的实质性程序

企业会计准则规定，企业应当在期末对应收款项进行检查，并合理预计可能产生的坏账损失。应收款项包括应收票据、应收账款、预付款项、其他应收款和长期应收款等，下面以应收账款相关的坏账准备为例，阐述坏账准备审计常用的实质性程序。

1. 取得或编制坏账准备明细表

复核加计坏账准备明细表是否正确，与坏账准备总账数、明细账合计数核对是否相符。

2. 检查坏账准备的计提

将应收账款坏账准备本期计提数与资产减值损失相应明细项目的发生额核对是否相符。检查应收账款坏账准备计提的批准程序，取得书面报告等证明文件，评价计提坏账准备所依据的资料、假设及方法。企业应根据所持应收账款的实际可收回情况，合理计提坏账准备，不得多提或少提，否则应视为滥用会计估计，按照重大会计差错更正的方法进行会计处理。

对于单项金额重大的应收账款，企业应当单独进行减值测试，如客观证据证明其实已发生减值，应当计提坏账准备。对于单项金额不重大的应收账款，可以单独进行减值测试，或包括在具有类似信用风险特征的应收账款组合中（例如账龄分析）进行减值测试。此外，单独测试未发生减值的应收账款，应当包括在具有类似信用风险特征的应收账款组合中（例如账龄分析）再进行减值测试。

采用账龄分析法时，收到债务单位当期偿还的部分债务后，剩余的应收账款，不应改变其账龄，仍应按原账龄加上本期应增加的账龄确定；在存在多笔应收账款且各笔应收账款账龄不同的情况下，收到债务单位当期偿还的部分债务，应当逐笔认定收到的是哪一笔应收账款；如果确实无法认定的，按照先发生先收回的原则确定，剩余应收账款的账龄按上述同一原则确定。在确定坏账准备的计提比例时,企业应当在综合考虑以往的经验、债务单位的实际财务状况和预计未来现金流量(不包括尚未发生的未来信用损失)等因素,以及其他相关信息的基础上做出合理估计。

3. 检查坏账的核销处理

实际发生坏账损失的,检查转销依据是否符合有关规定,会计处理是否正确。对于被审计单位在被审计期间内发生的坏账损失,注册会计师应检查其原因是否清楚,是否符合有关规定,有无授权批准,相应的会计处理是否正确。对有确凿证据表明确实无法收回的应收账款,如债务单位已撤销、破产、资不抵债、现金流量严重不足等,企业应根据管理权限,经股东(大)会或董事会,或经理(厂长)办公会或类似机构批准作为坏账损失,冲销提取的坏账准备。已经确认并转销的坏账重新收回的,检查其会计处理是否正确。

4. 检查函证结果

对债务人回函中反映的例外事项及存在争议的余额,注册会计师应查明原因并做记录。必要时,应建议被审计单位做相应的调整。

5. 实施分析程序

通过比较前期坏账准备计提数和实际发生数,以及检查期后事项,评价应收账款坏账准备计提的合理性。

应收款函证技能案例

6. 确定应收账款坏账准备的披露是否恰当

企业应当在财务报表附注中清晰地说明坏账的确认标准、坏账准备的计提方法和计提比例。上市公司还应在财务报表附注中分项披露如下事项:

(1)本期全额计提坏账准备,或计提坏账准备的比例较大的(计提比例一般超过40%及以上的,下同),应说明计提的比例以及理由;

(2)以前期间已全额计提坏账准备,或计提坏账准备的比例较大但在本期又全额或部分收回的,或通过重组等其他方式收回的,应说明其原因、原估计计提比例的理由以及原估计计提比例的合理性;

(3)本期实际冲销的应收款项及其理由,其中,实际冲销的关联交易产生的应收账款应单独披露。

学习任务6　学习效果测试

一、判断题

1. 对未曾发货而将销售交易登记入账的情况,注册会计师可以从主营业务收入明细账中抽查几笔记录,追查有无发货单与装运凭证。（　　）

2. 注册会计师通常通过观察被审计单位有关人员的活动,以及与这些人员进行讨论,来实施对被审计单位相关职责是否分离的控制测试。（　　）

3. 注册会计师计划测试主营业务收入的完整性,采取测试程序是从发运凭证中选取样本,追查至销售发票存根和主营业务收入明细账。（　　）

4. 被审计单位对售出的商品由收款员对每笔销货开具账单后,将发运凭证按顺序归档,且收款员定期检查全部凭证的编号是否连续,注册会计师认可了该做法。（　　）

5. 采用预收款方式销售货物，在商品已经发出时确认收入实现。（   ）

6. 应收账款贷方发生额是注销坏账或长期挂账，说明入账的销售业务是虚构的。（   ）

7. 对营业收入实施截止测试，其目的在于确定营业收入是否发生。（   ）

8. 在实施主营业务收入的实质性程序中，测试发生目标的起点应是发运凭证；测试完整性目标的起点应是明细账。（   ）

9. 公司向虚构的客户发货并作为收入登记入账，这将涉及完整性认定。（   ）

二、单选题

1. 注册会计师通过实施函证程序最可能证实应收账款的(   )认定。

    A. 计价和分摊   B. 分类   C. 存在   D. 完整性

2. 通过比较资产负债表日前后几天的发货单日期与记账日期，注册会计师认为最可能证实销售收入的(   )认定。

    A. 发生   B. 完整性   C. 截止   D. 分类

3. 在对营业收入进行细节测试时，注册会计师对顺序编号的销售发票进行了检查，记录的识别特征通常是(   )。

    A. 销售发票的开具人   B. 销售发票的编号

    C. 销售发票的金额   D. 销售发票的付款人

4. 注册会计师对应收账款账龄分析的目的主要是为了确认(   )。

    A. 坏账准备的计提充分性   B. 赊销业务的审批情况

    C. 应收账款的可收回性   D. 应收账款的存在

5. 不是应收账款审计目标的是(   )。

    A. 确定应收账款是否存在

    B. 确定应收账款记录的完整性

    C. 确定应收账款的回收日期

    D. 确定应收账款在财务报表上披露的恰当性

6. 注册会计师核对被审计单位销货发票日期、登记入账日期与发货日期三者是否属于同一会计期间，是审查营业收入(   )认定的实质性程序。

    A. 发生   B. 完整性   C. 准确性   D. 截止

7. 某公司向顾客发出货物前核准赊销政策是否执行，是为了应收款的(   )认定。

    A. 计价和分摊   B. 完整性   C. 存在或发生   D. 权利和义务

8. 证实所有销售业务均已记录的最有效的实质性审计程序是(   )。

    A. 抽查出库单   B. 抽查营业收入明细账

    C. 抽查应收账款明细账   D. 抽查银行对账单

9. 2021年12月甲产品销售激增而导致其库存数量下降为零，注册会计师采取的(   )措施，可能难以发现虚假的销售。

    A. 计算甲产品2021年12月的毛利率，并与以前月份的毛利率进行比较

    B. 进行销售截止测试

    C. 将甲产品列入监盘范围

    D. 选择2021年12月大额销售客户寄发询证函

三、多选题

1. 为证实"登记入账的销售是否真实"这一目标，应当关注的事项包括(   )。
   A. 未曾发货却已登记入账　　　　B. 销售交易重复入账
   C. 向虚构的客户发货并登记入账　　D. 已经发货但未曾入账

2. 已发生的销货业务是否均已登记入账的控制测试程序有(   )。
   A. 检查发运凭证连续编号的完整性　　B. 检查赊销业务是否经过授权批准
   C. 检查销售发票连续编号的完整性　　D. 观察已经寄出的对账单的完整性

3. 如果应收账款账龄分析表由客户提供，注册会计师应当(   )。
   A. 弃之不用，重新独立编制
   B. 验算其中的计算是否有误
   C. 将分析表中的合计数与应收账款总账的余额相核对
   D. 从分析表所列项目中抽取样本与应收账款明细账余额相核对

4. 在对特定会计期间主营业务收入进行审计时，注册会计师应重点关注与被审计单位主营业务收入确认有密切关系的日期包括(   )。
   A. 销售截止测试实施日期　　　B. 记账日期
   C. 发票开具日期或者收款日期　　D. 发货日期或提供劳务日期

5. 可防止因向无力支付货款的顾客发货而使企业蒙受损失的审批程序有(   )。
   A. 未经批准不得赊销　　　　B. 未经批准不得发货
   C. 销售价格和条件须经批准　　D. 运费、折扣与折让须经批准

6. 注册会计师确定应收账款函证数量的大小与范围时，下列说法正确的有(   )。
   A. 应收账款在全部资产中越重要，应收账款函证数量越多
   B. 被审计单位内部控制制度越不健全，应收账款函证数量越少
   C. 以前年度的回函差异越大，应收账款函证数量越多
   D. 消极函证方式时，应收账款函证数量多

7. 在对主营业务收入进行销售截止测试时，正确程序的有(   )。
   A. 以账簿记录为起点　　　　B. 以销售发票为起点
   C. 以发运凭证为起点　　　　D. 以上三种方式同时采用

8. 当同时存在下列情况时，注册会计师可考虑采用消极的函证方式(   )。
   A. 重大错报风险评估为低水平
   B. 涉及大量余额较小的账户
   C. 预期不存在大量的错误
   D. 没有理由相信被询证者不认真对待函证

9. 注册会计师应选择(   )作为应收账款的函证对象。
   A. 账龄较长且金额较大的项目
   B. 与债务人发生纠纷的项目
   C. 交易频繁但期末余额较小甚至余额为零的项目
   D. 可能产生重大错报或舞弊的非正常项目

四、审计技能案例

1. 注册会计师审查与销售相关的内部控制，内容摘录如下：

(1) 每笔销售业务均需与客户签订销售合同。
(2) 赊销业务需由专人进行信用审批。
(3) 仓库只有在收到经批准的发货通知单时才能供货。
(4) 负责开具发票的人员无权修改开票系统中已设置好的商品价目表。
(5) 财务人员根据核对一致的销售合同、客户签收单和销售发票编制记账凭证并确认销售收入。
(6) 每月末，由独立人员对应收账款明细账和总账进行调节。

讨论：逐项指出是否与销售收入的发生认定直接相关？对哪一事项进行测试最能实现营业收入审计的发生目标？

2. 甲公司编制的2024年年初、年末应收账款账龄分析如表7-10所示（其中，2024年12月31日汇率为1美元=6.18元人民币）。

表7-10 甲公司应收账款账龄分析

万元

年度	客户类别	美元余额	人民币余额	其中（人民币）：			
				1年以内	1~2年	2~3年	3年以上
2024年年末	国内客户		41 158	28 183	7 434	4 341	1 200
	国外客户	2 046	15 345	10 981	2 164	2 200	0
2023年年末	国内客户		31 982	23 953	4 169	3 860	0
	国外客户	2 006	14 046	11 337	2 539	170	0

要求：指出上述应收账款账龄分析表中可能存在的问题。

3. 注册会计师在函证应收账款时，可能未收到个别债务人对积极式询证函的答复，请回答：
(1) 未得到询证函回函的可能原因有哪些？
(2) 若第二次发出询证函仍未得到答复，注册会计师应如何实施进一步审计程序？

自主学习7

学习情境 8
掌握采购与付款循环的审计

【思维导图】

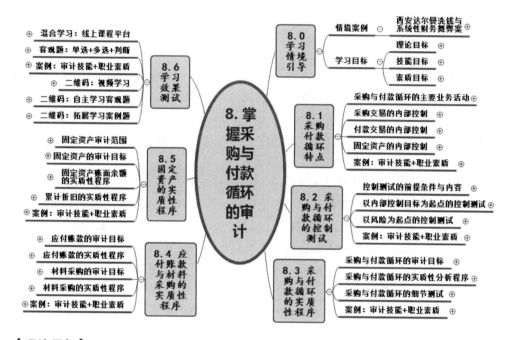

【理论目标】

理解采购与付款循环的主要业务活动；理解被审计单位采购与付款循环的内部控制；理解注册会计师采购与付款循环的审计目标；理解注册会计师实施控制测试的前提条件与内容。

【技能目标】

掌握以内部控制目标为起点的控制测试、以风险为起点的采购与付款循环的控制测试技能；掌握该循环实质性分析程序、交易和相关余额的细节测试技能；掌握应付账款的实质性程序、材料采购的实质性程序技能；掌握固定资产账面价值（含固定资产原值、折旧与减值准备）的实质性程序技能。

【素质目标】

通过本情境的教与学，结合习近平总书记在经济新常态下对审计工作提出"应审尽审、凡审必严、严肃问责"的十二字原则，弘扬革命精神、审计精神；培养学生树立"以审计精神立身，以创新规范立业，以自身建设立信"的审计工作理念。

【情境案例】 西安达尔曼洗钱与系统性财务舞弊案

西安达尔曼实业股份有限公司1996年12月在上交所挂牌上市，主要从事珠宝、玉器的加工和销售，2005年3月25日成为中国第一个因无法披露定期报告而退市的上市公司，证监会对该公司的财务舞弊行为进行了处罚（证监罚字〔2005〕10号）。

1. 达尔曼财务舞弊主要事实

（1）伪造销售与业绩。达尔曼公司每年制定经营计划，再组织有关部门和人员按照生产、销售各环节，制作虚假的材料入库单、生产报表和销售合同、增值税发票等进行业绩造假。2000年以前主要通过与大股东翠宝集团及下属子公司之间的关联交易虚构销售与应收账款，2000年向翠宝集团的关联销售占达尔曼营业收入的42.4%。2001年虚构关联交易受阻，则向其他公司借用账户进行资金的转入转出，虚构租金收入、其他收入及相关费用。2002年至2003年利用与"壳公司"交易的方式虚构销售收入4.06亿元，虚增利润1.52亿元。

（2）伪造采购与存货。有的是为了配合业绩造假而伪造向关联公司的采购，如2001年向翠宝集团的采购占全年购货额的26%，2003年欠前五位供应商的货款占全部应付账款的91%。有的则是为了转移现金而伪造向"壳公司"的采购，如2002年期末存货增加86%，系年末购进估价1.06亿元的钻石毛坯；事后查明，是从"壳公司"购入未取得购货发票的低廉的锆石。

（3）伪造项目与投资。为隐瞒长达八年财务造假所形成的资金黑洞，除了虚构应收账款与存货外，还虚增了大量的在建工程、固定资产和对外投资。该公司上市后投资了15个项目约10.6亿元，其中的"珠宝一条街""钻石中心"等项目在投入巨额资金后未见到实物形态，公司也无法给出合理的解释；很多项目以进口设备未到或未安装为借口长期挂账，如2003年年底虚增在建工程2.16亿元。通过这种手法，既可转出资金用于循环造假使用，也可掩盖资金真实流向而转移到个人账户。

（4）伪造现金流。为了使虚构业绩看起来更真实，达尔曼设立了大量的"壳公司"，利用上市公司为其贷款提供担保，通过"壳公司"从银行大量融资注入上市公司作为收入，再通过支出成本的方式将部分资金转出，从而伪造出与业绩相关的现金收支流，使购销业务都有资金流转轨迹和银行单据。在虚假业绩、现金流的支撑下，达尔曼在银行获得的融资额高达23亿元，并于1998年、2001年两次配股融资7.17亿元。

2. 达尔曼财务舞弊的特点

（1）造假"一条龙"。达尔曼高薪聘请专家对造假过程进行一系列有计划、有组织的精心策划和严密伪装，在上市的八年时间里，不断变换造假手法，比起银广夏、东方电子和博达公司的造假更具系统性和欺骗性。公司的虚假业绩有明确的规划流程，并有配套的现金流转规划，编制了充分的原始资料和单据，并且按照账面收入真实缴纳税款。公司原董事长许宗林控制了30多个关联公司或"壳公司"，现金可随意在不同公司的多个银行账户间变换倒账"洗钱"，加上相关的协议、单据和银行记录等都完整齐备，因此从形式上很难发现其造假行为。将造假过程分解到不同部门和多家"壳公司"，每个部门只负责造假流程的一部分，只有个别关键人员能够掌握全部情况、了解资金真实去向。在造假后期，许宗林逐步变更关键岗位负责人，将参与造假及资金转移的关键人员送往国外。在上市期间，达尔曼公司还频繁更换负责外部审计的会计师事务所，八年期间更换了三次。

（2）以"圈钱"为目的。达尔曼公司通过复杂的交易从证券市场和银行融入资金30多亿元，但并未全部用于项目投资和扩大生产，很多用于造假、设立公司与"洗钱"。许宗林以投资和采购设备为名，通过设立的"壳公司"将总数高达6亿元的巨额资金转移到国外，并于2004年携妻儿等移民加拿大。

（3）审计失败。证监会处罚了担任达尔曼公司审计工作的三名注册会计师，理由是注册会计师在对货币资金、存货项目的审计过程中，未能充分勤勉尽责，未能揭示4.27亿元大额定期存单质押情况和未能识别1.06亿元虚假钻石毛坯。

（4）银行监管缺失。达尔曼公司有大量银行贷款、违规担保、巨额转移资金，未及时披露担保质押信息等，如果贷款银行实施必要的监管，该公司是很难持续八年大规模造假的。因为，上市公司每年都要详细公开披露银行贷款、对外担保、重大资产的抵押和质押、重大诉讼等事项；该公司未披露的存单质押和大量对外担保等事项，贷款银行应该很容易发现。

（5）造假成本巨大且社会后果严重。为了使造假活动达到"以假乱真"，达尔曼公司不但对虚假收入全额纳税，而且还多次对虚假收益实施分配，支付巨额利息维持造假资金运转，造假成本达数亿元。这也导致资金在造假循环中不断消耗而难以为继。为此，达尔曼公司通过不断增加银行借款维持公司繁荣的假象，银行贷款规模剧增必然造成债务危机；日趋严重的债务危机使资金链断裂，银行争相讨债而使财务风险爆发，最终给投资者和债权人造成了巨大损失。

回顾与引入：该公司伪造的销售业务涉及的主要活动与管理层认定有哪些？伪造销售、采购业务主要涉及哪些报表项目的发生或存在认定？转移现金主要涉及货币资金的什么认定？伪造项目投资涉及固定资产的哪些认定？采购与付款循环主要涉及哪些报表项目？

思考：该公司伪造的采购业务主要涉及哪些活动与管理层认定？如何理性看待企业的现金流？达尔曼公司骗局给你什么启迪？

学习任务1　采购与付款循环的特点

一、采购与付款循环的主要业务活动

采购与付款循环的
主要业务活动

企业的采购与付款循环包括购买商品、劳务和固定资产，以及企业在经营活动中为获取收入而发生的直接或间接的支出。采购与付款交易通常要经过请购—订货—验收—付款这样的程序，企业应将该循环的各项职能活动指派给不同的部门或职员来完成，每个部门或职员都可以独立检查其他部门和职员工作的正确性。

1. 请购商品和劳务

大多数企业对正常购买商品或接受劳务均作一般授权，比如，仓库在现有库存达到再订购点时就可直接提出采购申请，设备部门或管理部门等也可为正常的维修工作和类似工作直接申请采购有关物品。但对购建固定资产等资本支出和租赁合同，企业则通常要求经过特别授权，只允许指定人员提出请购。由于企业内不少部门都可以填列请购单，可能不便事先编号，为加强控制，每张请购单必须经过对这类支出预算负责的主管人员签字批准。请购单是证明有关采购交易的"发生"认定的凭据之一,也是采购交易轨迹的起点。

2. 编制订购单

采购部门在收到请购单后,只能根据经过批准的请购单向另一企业发出订购单。对每张订购单,采购部门应确定最佳的供应来源;对一些大额、重要的采购项目,应采取竞价方式来确定供应商,以保证供货的质量、及时性和成本的低廉。订购单应一式多联,正确填写所需要的商品品名、数量、价格、厂商名称和地址等,订购单应预先予以顺序编号并经过被授权的采购人员签名。随后,应独立检查订购单的处理,以确定是否确实收到商品并正确入账。这项检查与采购交易的"完整性"认定有关。

3. 验收与储存商品

订购的商品运到时,验收部门应比较所收商品与订购单上的商品品名、数量、到货时间等是否相符,盘点商品并检查商品有无损坏;然后对已收货的每张订购单编制一式多联、预先按顺序编号的验收单;将商品送交仓库或其他请购部门时,应要求其在验收单上签收,以确立他们对所采购的资产应负的保管责任。验收人员还应将其中的一联验收单送交应付凭单部门。验收单是支持资产或费用以及与采购有关的负债的"存在或发生"认定的重要凭证。定期独立检查验收单的顺序以确定每笔采购交易都已编制凭单,则与采购交易的"完整性"认定有关。

将已验收商品的保管与采购的其他职责相分离,可减少未经授权的采购和盗用商品的风险。存放商品的仓储区应相对独立,限制无关人员接近。这些控制与商品的"存在"认定有关。

4. 编制付款凭单

付款凭单是采购方企业的应付凭单部门编制的,载明已收到的商品、资产或接受的劳务、应付款金额和付款日期的凭证。编制付款凭单的控制包括:

(1) 确定供应商发票的内容与相关的验收单、订购单的一致性;

(2) 确定供应商发票计算的正确性;

(3) 编制有预先顺序编号的付款凭单,并附上支持性凭证(如订购单、验收单和供应商发票等);

(4) 独立检查付款凭单计算的正确性;

(5) 在付款凭单上填入应借记的资产或费用账户名称;

(6) 由被授权人员在凭单上签字,以示批准照此凭单要求付款。

所有未付凭单的副联应保存在未付凭单档案中,以待日后付款。

经适当批准和有预先编号的凭单为记录采购交易提供了依据,因此,这些控制与"存在""发生""完整性""权利和义务"和"计价和分摊"等认定有关。

5. 确认与记录负债

正确确认已验收货物和已接受劳务的债务,要求准确、及时地记录负债。在收到供应商发票时,应付账款部门应将发票上所记载的品名、规格、价格、数量、条件及运费等与订购单上的有关资料核对,如有可能,还应与验收单上的资料进行比较。应付账款确认与记录的一项重要控制是要求记录现金支出的人员不得经手现金、有价证券和其他资产。

应付账款部门应将已批准的未付款凭单送达会计部门,据以编制有关记账凭证和登记有关账簿。会计主管应监督为采购交易而编制的记账凭证中账户分类的适当性;通过定期核对编制记账凭证的日期与凭单副联的日期，监督入账的及时性。而独立检查会计人员则应核对所记录的凭单总数与应付凭单部门送来的每日凭单汇总表是否一致，并定期独立检查应付账款总账余额与应付凭单部门未付款凭单档案中的总金额是否一致。定期与供应商编制并送达的对账单（标明期初余额、本期购买、本期支付给供应商的款项和期末余额）进行核对。

6. 付款

通常是由应付凭单部门负责确定未付凭单在到期日付款。企业有多种款项结算方式，以支票结算方式为例，编制和签署支票的有关控制包括：

（1）独立检查已签发支票的总额与所处理的付款凭单的总额的一致性；

（2）应由被授权的财务部门人员负责签署支票；

（3）被授权签署支票的人员应确定每张支票都附有一张已经适当批准的未付款凭单，并确定支票收款人姓名和金额与凭单内容一致；

（4）支票一经签署就应在其凭单和支持性凭证上加盖印戳或打洞等方式将其注销，以免重复付款；

（5）支票签署人不应签发无记名甚至空白的支票；

（6）支票应预先顺序编号，保证支出支票存根的完整性和作废支票处理的恰当性；

（7）应确保只有被授权的人员才能接近未经使用的空白支票。

7. 记录现金、银行存款支出

以支票结算方式为例，会计部门应根据已签发的支票编制付款记账凭证，并据以登记银行存款日记账及其他相关账簿。以记录银行存款支出为例，有关控制包括：

（1）会计主管应独立检查记入银行存款日记账和应付账款明细账的金额的一致性，以及与支票汇总记录的一致性；

（2）通过定期比较银行存款日记账记录的日期与支票副本的日期，独立检查入账的及时性；

（3）独立编制银行存款余额调节表。

【审计技能案例8-1】 注册会计师可将采购与付款循环的每项主要业务活动，涉及哪些凭证与业务记录，它们与管理层的哪些认定相关，分析如表8-1所示。

表8-1 采购与付款循环的业务活动、凭证与记录、管理层认定的关系

业务活动	主要部门	凭证与记录	管理层认定
请购商品和劳务	仓库、需求部门	请购单	存在或发生
编制订购单	采购部门	订购单	完整性、存在或发生
验收商品	验收部门	验收单	完整性、存在或发生
储存商品	仓库、请购部门	入库单	存在或发生
编制付款凭单	应付款部门	付款凭单、供应商发票	完整性、存在或发生、估价或分摊

续表

业务活动	主要部门	凭证与记录	管理层认定
确认与记录负债	应付款部门、会计部门	应付款明细账、卖方对账单、转账凭证	完整性、存在或发生、估价或分摊
付款	应付款部门、会计部门	支票、供应商发票	完整性、存在或发生、估价或分摊
记录货币资金支出	会计部门	付款凭证、日记账	完整性、存在或发生、估价或分摊

二、采购交易的内部控制

鉴于采购交易与销售交易无论在控制目标还是在关键内部控制方面，就原理而言大同小异，因此，以下仅就采购交易内部控制的特殊之处予以说明。

1. 适当的职责分离

与销售和收款交易一样，采购与付款交易也需要适当的职责分离，适当的职责分离有助于防止各种有意或无意的错误。企业应当建立采购与付款交易的岗位责任制，明确相关部门和岗位的职责、权限，确保办理采购与付款交易的不相容岗位相互分离、制约和监督。采购与付款交易不相容岗位至少包括：请购与审批，询价与确定供应商，采购合同的订立与审批，采购与验收，采购、验收与相关会计记录，付款审批与付款执行。这些都是对企业提出的、有关采购与付款交易相关职责适当分离的基本要求，以确保办理采购与付款交易的不相容岗位相互分离、制约和监督。

2. 内部核查程序

企业应当建立对采购与付款交易内部控制的监督检查制度。采购与付款交易内部控制监督检查的主要内容通常包括以下四项：

（1）采购与付款交易相关岗位及人员的设置情况，重点检查是否存在采购与付款交易不相容职务混岗的现象；

（2）采购与付款交易授权批准制度的执行情况，重点检查大宗采购与付款交易的授权批准手续是否健全，是否存在越权审批的行为；

（3）应付账款和预付账款的管理，重点审查应付账款和预付账款支付的正确性、时效性和合法性；

（4）有关单据、凭证和文件的使用和保管情况，重点检查凭证的登记、领用、传递、保管、注销手续是否健全，使用和保管制度是否存在漏洞。

三、付款交易的内部控制

采购与付款循环包括采购和付款两个方面，由于企业的性质、所处行业、规模以及内部控制健全程度等不同，使得与付款交易相关的内部控制内容可能有所不同，但以下与付款交易相关的内部控制是通常应当共同遵循的。

（1）企业应当按照《现金管理暂行条例》《支付结算办法》等有关货币资金内部会计控制的规定办理采购付款交易。

（2）企业财会部门在办理付款交易时，应当对采购发票、结算凭证、验收证明等相关凭证的真实性、完整性、合法性及合规性进行严格审核。

（3）企业应当建立预付账款和定金的授权批准制度，加强预付账款和定金的管理。

（4）企业应当加强应付账款和应付票据的管理，由专人按照约定的付款日期、折扣条件等管理应付款项。已到期的应付款项需经有关授权人员审批后方可办理结算与支付。

（5）企业应当建立退货管理制度，对退货条件、退货手续、货物出库、退货货款回收等做出明确规定，及时收回退货款。

（6）企业应当定期与供应商核对应付账款、应付票据、预付款项等往来款项。如有不符，应查明原因，及时处理。

四、固定资产的内部控制

固定资产归属采购与付款循环，为了确保固定资产的真实、完整、安全和有效利用，企业应当建立和健全固定资产的内部控制。

1. 固定资产的预算制度

预算制度是固定资产内部控制中最重要的部分，大中型企业应编制旨在预测与控制固定资产增减和合理运用资金的年度预算；小规模企业即使没有正规的预算，对固定资产的购建也要事先加以计划。

2. 授权批准制度

完善的授权批准制度包括：企业的资本性预算只有经过董事会等高层管理机构批准方可生效；所有固定资产的取得和处置均需经企业管理层书面认可。

3. 账簿记录制度

除固定资产总账外，被审计单位还需设置固定资产明细分类账和固定资产登记卡，按固定资产类别、使用部门和每项固定资产进行明细分类核算。固定资产的增减变化均应有充分的原始凭证。

4. 职责分工制度

对固定资产的取得、记录、保管、使用、维修、处置等，均应明确划分责任，由专门部门和专人负责。

5. 资本性支出和收益性支出的区分制度

企业应制定区分资本性支出和收益性支出的书面标准。通常需明确资本性支出的范围和最低金额，凡支出的范围、金额低于资本性支出下限的，均应列作费用并抵减当期收益。

6. 固定资产的处置制度

固定资产的处置，包括投资转出、报废、出售等，均要有一定的申请报批程序。

7. 固定资产的定期盘点制度

对固定资产的定期盘点，是验证账面各项固定资产是否真实存在、了解固定资产放置地点和使用状况以及发现是否存在未入账固定资产的必要手段。

8. 固定资产的维护保养制度

固定资产应有严密的维护保养制度，以防止其因各种自然和人为的因素而遭受损失，并应建立日常维护和定期检修制度，以延长其使用寿命。

严格地讲，固定资产的保险不属于企业固定资产的内部控制范围，但它作为一项针对企业重要资产的特别保障，往往对企业非常重要。

学习任务 2　采购与付款循环的控制测试

一、控制测试的前提条件与内容

在实施控制测试程序之前，注册会计师需要了解被审计单位采购与付款循环的内部控制的设计、执行情况，从而识别、评估重大错报风险。注册会计师可以通过审阅以前年度审计工作底稿、观察内部控制执行情况、询问管理层和员工、检查相关的文件和资料等方法加以了解。对相关文件和资料的检查可以提供审计证据，比如通过检查供应商对账表和银行对账单，能够发现差错并加以纠正。

影响采购与付款交易和余额的重大错报风险可能包括：

（1）管理层错报费用支出的偏好和动因，如：为吸引投资者、误导股东并影响公司股价将应计入损益的费用资本化而调节利润，或通过复杂的税务安排而错报支出等。

（2）费用支出的复杂性，如：以复杂的交易安排多种服务而缺乏足够的判断能力导致费用支出分配或计提的错误。

（3）管理层凌驾于控制之上和员工舞弊的风险，如：与第三方串通将私人费用计入企业费用支出，或有意无意地重复付款。

（4）采用不正确的费用支出截止期，将本期采购并收到的商品计入下一会计期间，或者将下一会计期间采购的商品提前计入本期，未及时计提尚未付款的已经购买的服务支出等。

（5）低估，如：在承受高盈利水平的压力下，管理层可能试图低估应付账款、售后服务承诺等。

（6）舞弊和盗窃的固有风险，如：大型零售业容易造成商品发运错误，员工与客户串通发生舞弊和盗窃的风险较高。

（7）存货采购成本没有按照适当的计量属性确认，结果可能导致存货成本和销售成本的核算不正确。

（8）存在未记录的权利和义务，这可能导致资产负债表分类错误以及财务报表附注不正确或披露不充分。

当被审计单位管理层具有高估利润的动机时，注册会计师应当主要关注费用支出和应付账款的低计。这时，重大错报风险可能集中体现在遗漏交易，采用不正确的费用支出截止期，以及错误划分资本性支出和费用性支出。这些将对完整性、截止、发生、存在、准确性和分类认定产生影响。

在正常的审计中，如果被审计单位具有健全并且运行良好的相关内部控制，注册会计师把审计重点放在采购与付款循环的控制测试和交易的实质性程序上,则既可以降低审计风险,又可大大减少该循环涉及的报表项目实质性程序的工作量,提高审计效率。采购与付款循环的控制测试包括采购控制测试和付款控制测试两个部分。采购控制测试涉及本循环的请购商品、劳务,编制订购单,验收商品,储存已验收的商品,编制付款凭单,确认与记录债务这六项业务活动;付款控制测试则涉及支付负债,记录现金、银行存款支出两项业务活动。由于采购和付款交易同属一个交易循环,联系紧密,因此,对付款交易的部分测试可与测试采购交易一并实施;当然,另一些付款交易测试仍需单独实施。

二、以内部控制目标为起点的控制测试

注册会计师必须了解被审计单位的内部控制,确定其内部控制的目标,存在哪些关键的内部控制。注册会计师确认每一目标的关键控制和薄弱环节后,就要对该目标的控制风险做出初步评估,通过制定计划确定对哪些控制实施控制测试。注册会计师可以考虑以被审计单位的内部控制目标为起点实施控制测试,并实施相应的控制测试程序(方法)。

【审计技能案例8-2】被审计单位采购交易内部控制的主要目标有:记录的采购确已收到商品或已接受劳务、已发生的采购交易均已记录、记录的采购交易估价正确、采购交易的分类正确、采购交易按正确的日期记录、采购交易被正确记入相关明细账并汇总等。请代注册会计师确定对其实施控制测试的目标,分析相应的关键内部控制,并设计常用的控制测试程序(方法)。

【解析】:根据采购交易的控制目标,注册会计师可以确定管理层的相关认定、内部控制测试的目标(见表8-2的"内部控制目标"栏);根据目标与认定即可确定关键内部控制;再根据目标、关键控制等可设计相应的常用控制测试程序(方法),如表8-2所示。

表8-2 采购交易内部控制目标、关键控制与常用控制测试程序

内部控制目标	关键内部控制	常用的控制测试
记录的采购确已收到商品或已接受劳务(存在)	(1)付款凭单后附有请购单、订购单、验收单和卖方发票;(2)采购经适当批准;(3)注销已用单证防止重复使用;(4)内部核查卖方发票、验收单、订购单和请购单;(5)存货采用永续盘存制	(1)查验付款凭单后是否附有完整的相关单据;(2)检查批准标记;(3)检查注销单证的标记;(4)检查内部核查的标记;(5)检查存货盘点表
已发生的采购交易均已记录(完整性)	(1)订购单均经事先连续编号并将已完成采购登记入账;(2)验收单均经事先连续编号并已登记入账;(3)应付凭单经事先连续编号并已登记入账	(1)检查订购单连续编号的完整性;(2)检查验收单连续编号的完整性;(3)检查应付凭单连续编号的完整性
记录的采购交易估价正确(准确性、计价和分摊)	(1)对计算准确性进行内部核查;(2)采购价格和折扣的批准	(1)检查内部核查的标记;(2)检查批准采购价格和折扣的标记

续表

内部控制目标	关键内部控制	常用的控制测试
采购交易的分类正确（分类）	(1) 采用适当的会计科目表；(2) 分类的内部核查	(1) 检查工作手册和会计科目表；(2) 检查凭证的核查标记
采购交易按正确的日期记录（截止）	(1) 收到商品或接受劳务后及时记录采购交易；(2) 内部核查	(1) 观察有无未记录的卖方发票存在；(2) 检查内部核查的标记
采购交易被正确记入相关明细账并汇总（准确性、计价和分摊）	应付账款与存货明细账内容的内部核查	检查内部核查的标记

说明：本表未包含采购交易所有的内部控制、控制测试程序，也未涉及付款交易控制。

三、以风险为起点的控制测试

注册会计师应当在识别采购与付款交易认定层次重大错报风险时，评估预期控制的运行是否有效，若有效则可对采购与付款循环实施控制测试。在审计实务中，注册会计师可以以识别的重大错报风险为起点实施控制测试。

以风险为起点的控制测试（购+付）

【审计技能案例8-3】 根据采购与付款循环的主要业务活动，代注册会计师确定被审计单位应实施的关键内部控制，分析采购与付款交易中可能存在的风险，并设计相应的控制测试程序。

【解析】：根据采购与付款循环的主要业务活动，注册会计师可以确定被审计单位应实施的关键内部控制（见表8-2的"关键内部控制"栏），根据这些关键控制可分析出采购与付款交易中可能存在的风险，然后设计相应的控制测试程序，如表8-3所示。

表8-3 采购与付款交易的风险、控制和控制测试

业务活动	可能存在的风险	常用的控制测试
订购商品和劳务	(1) 可能向未经批准的供应商采购；(2) 采购可能由未经授权的员工执行；(3) 订购的商品或劳务可能未被提供	(1) 检查授权与批准文件；(2) 检查订购单是否在授权批准的范围之内执行；(3) 追踪未执行的订购单；(4) 检查例外、越权处理报告；(5) 询问
收到商品和劳务	(1) 收到商品可能未被记录；(2) 收到的商品可能不符合订购单的要求或可能已被损坏	(1) 追踪未完成订购单；(2) 检查应付账款调整的正确性；(3) 商品实物与订购单核对；(4) 询问、观察
记录采购和应付账款	(1) 采购发票可能未被记录于正确的会计期间；(2) 记录的采购价格可能不正确；(3) 供应商与存货明细账记录错误	(1) 询问；(2) 执行截止、价格测试程序；(3) 检查发票、订购单与验收单的时间、价格；(4) 检查发票、验收单并与相应明细账核对；(5) 检查例外报告

续表

业务活动	可能存在的风险	常用的控制测试
记录开具的支票	（1）开具的支票可能未被记录；（2）可能重复开具支票；（3）开具的支票可能未被及时记录；（4）可能就虚构或未经授权的采购开具支票；（5）开具支票的金额可能不正确	（1）检查支票登记簿的编号是否连续；（2）检查和调节银行余额；（3）检查已注明"已付讫"标记的凭据；（4）检查例外报告；（5）询问并观察支票、印鉴的实物控制和接触控制；（6）询问和观察支票开具流程

说明：本表未列出该循环全部的业务活动、可能存在的风险与对应的控制测试程序。

学习任务 3　采购与付款循环的实质性程序

一、采购与付款循环的审计目标

如前所述，采购与付款循环涉及的资产负债表项目主要有材料采购（在途物资）、预付账款、应付票据、应付账款、固定资产、在建工程、工程物资、固定资产清理、无形资产、长期待摊费用、长期应付款等，涉及的利润表项目主要是管理费用等。

采购与付款交易的主要重大错报风险通常是低估费用和应付账款，从而高估利润、粉饰财务状况。因此，实施实质性程序，如对收到的商品和付款实施截止测试，以获取交易是否已被计入正确的会计期间的证据就显得非常重要。该交易循环中的另一项重大错报风险是采购的商品、资产被错误分类，即对本应资本化的予以费用化或对本应费用化的予以资本化，这都将影响利润和资产或负债。此外，对于付款交易，还应关注被审计单位是否存在未经授权或无效的付款，是否将应计入费用的付款有意无意地冲销了不相关的应付账款。

针对上述重大错报风险实施实质性审计程序的目标在于获取关于发生、完整性、准确性、截止、存在、权利和义务、计价和分摊、分类等多项认定的审计证据。

为实现上述审计目标，注册会计师应当采取以下措施：

通过识别管理层用于监控费用和应付账款的关键业绩指标，来识别重要类别的采购交易和应付账款余额；

将有关资产或负债项目的期初余额与以前年度工作底稿核对相符；

复核管理层对主要费用和负债项目（如采购支出、资产的修理和维护支出、应付账款项目）出现的异常情况采取的措施；

将期末余额或本期发生额与总分类账核对相符。

在此基础上，对采购与付款交易实施的实质性程序通常包括实质性分析程序、交易和相关余额的细节测试两个方面。

二、采购与付款循环的实质性分析程序

1. 确定期望值与可接受差异

根据对被审计单位的经营活动、供应商的发展历程、贸易条件和行业惯例的了解,确定应付账款和费用支出的期望值。根据本期应付账款余额组成与以前期间交易水平和预算的比较,定义采购和应付账款可接受的重大差异额。

2. 识别与分析差异

识别并分析异常数据关系以确定需要进一步调查的重大差异,如与周期趋势不符的费用支出。这类程序通常包括:

(1) 观察月度(或每周)已记录采购总额趋势,与往年或预算相比较;

(2) 将分类或分品种的商品销售毛利率与以前年度和预算或者同行业公司的销售毛利率相比较,关注或沟通重大的差异,因为毛利可能由于销售额、销售成本的错误被歪曲,而销售成本的错误则又可能是受采购记录的错误所影响;

(3) 计算记录在应付账款上的赊购天数,并将其与以前年度相比较,关注超出预期的变化是否由未记录采购、虚构采购记录或截止问题造成;

(4) 检查常规账户和付款的月度变动情况,如,租金、电话费和电费通常按月支付并有一定的规律;

(5) 检查异常项目的采购,如,大额采购、从不经常发生交易的供应商处采购以及未通过采购账户而是通过其他途径计入存货和费用项目的采购。

3. 调查重大差异并评价结果

通过询问管理层和员工,调查重大差异额是否表明存在重大错报风险,是否需要设计恰当的细节测试程序以识别和应对重大错报风险。然后形成结论,即实质性分析程序是否能够提供充分、适当的审计证据,或需要对交易和余额实施细节测试以获取进一步的审计证据。

三、采购与付款循环的细节测试

(一)需进行细节测试的情形

当出现下列情形时,注册会计师通常应考虑对采购与付款的交易和相关余额实施细节测试:

采购付款审查技能案例

(1) 重大错报风险评估为高,例如,存在非正常的交易,包括在期末发生对账户的非正常调整和缺乏支持性文件的关联方交易等;

(2) 实质性分析程序显示出超预期的趋势;

(3) 需要在财务报表中单独披露的金额或很可能存在错报的金额,例如,差旅费、修理和维护费、广告费、税费、咨询费等;

(4) 对需要在纳税申报表中单独披露的事项进行分析;

(5) 需要为有些项目单独出具审计报告,例如,被审计单位如果要向国外的特许权授予方支付特许权使用费,就可能存在这种需要。

（二）交易细节测试：对主要交易流实施抽样审查

注册会计师应从被审计单位业务流程层面的主要交易流中选取样本，检查其支持性证据。例如，从采购和付款记录中选取样本：①检查支持性的订购单、商品验收单、发运凭证和发票，追踪至相关费用或资产账户以及应付账款账户。②必要时，检查其他支持性文件，如交易合同条款。③检查已用于付款的支票存根或电子货币转账付款证明以及相关的汇款通知，如果付款与发票对应，则检查相关供应商发票，并追踪付款至相关的应付账款或费用账户。

（三）交易细节测试：对主要交易流实施截止测试

1. 采购交易的截止测试

该测试包括：

（1）选择已记录采购的样本，检查相关的商品验收单，保证交易已计入正确的会计期间。

（2）确定期末最后一份验收单的顺序号码并审查代码报告，以检测记录在本会计期间的验收单是否存在更大的顺序号码，或因采购交易被漏记或错计入下一会计期间而在本期遗漏的顺序号码。

2. 付款交易的截止测试

该测试包括：

（1）确定期末最后签署支票的号码，确保其后的支票支付未被当作本期的交易予以记录。

（2）追踪付款至期后的银行对账单，确定其在期后的合理期间内被支付。

（3）询问期末已签署但尚未寄出的支票，考虑该项支付是否应在本期冲回，计入下一会计期间。

3. 寻找未记录的负债的截止测试

该测试主要包括：

（1）确定被审计单位期末用于识别未记录负债的程序，获取相关交易已记入应付账款的证据。

（2）复核供应商付款通知和供应商对账单；获取发票被遗失或未计入正确的会计期间的证据；询问并确定在资产负债表日是否应增加一项应计负债。

（3）调查关于订购单、商品验收单和发票不符的例外报告，识别遗漏的交易或计入不恰当会计期间的交易。

（4）复核截至审计外勤结束日记录在期后的付款，查找其是否在年底前发生的证据。

（5）询问审计外勤结束时仍未支付的应付账款。

（6）对于在建工程，检查承建方的证明或质量监督报告，以获取存在未记录负债的证据。

（7）复核资本预算和董事会会议纪要，获取是否存在承诺和或有负债的证据。

（四）余额的细节测试

（1）复核供应商的付款通知，与供应商对账，获取发票遗漏、未计入正确的会计期间的证据。询问并检查对收费存在争议的往来信函，确定在资产负债表日是否应增加一项应计负债。

（2）在特殊情况下，注册会计师需要决定是否通过供应商来证实被审计单位期末的应付余额。这种情况通常在被审计单位对采购与付款交易的控制出现严重缺失，记录被毁损时才会发生，或者在怀疑存在舞弊或会计记录在火灾或水灾中遗失时才会发生。

采购与付款循环的实质性程序

【审计技能案例8-4】审计人员审查某公司账务时发现，11月底购入材料一批，材料已验收入库但结算凭证未到，以计划价格865 000元借记原材料、贷记应付账款。12月结算凭证到达后，借记材料采购850 000元，借记应交税费（应交增值税）110 500元、贷记银行存款960 500元。

【解析】：这是料到单未到的暂估账款业务，高估了负债、资产各865 000元，属于会计分录不全的原理性差错。应提请被审单位在12月补充账务处理：红字冲销原暂估账款；再按计划成本865 000元借记原材料、贷记材料采购；然后将节约差异15 000元转入材料成本差异科目的贷方。

学习任务4　应付账款与材料采购的实质性程序

应付账款是企业在正常经营过程中，因购买材料、商品和接受劳务供应等经营活动而应付给供应商的款项。注册会计师应结合赊购交易进行应付账款的审计。

一、应付账款的审计目标

应付账款的审计目标一般包括：确定资产负债表中记录的应付账款是否存在；确定所有应当记录的应付账款是否均已记录；确定资产负债表中记录的应付账款是否为被审计单位应当履行的现时义务；确定应付账款是否以恰当的金额包括在财务报表中，与之相关的计价调整是否已恰当记录；确定应付账款是否已按照企业会计准则的规定在财务报表中做出恰当的列报。

二、应付账款的实质性程序

1. 获取或编制应付账款明细表

注册会计师应获取或编制应付账款明细表，复核加计是否正确，并与报表数、总账数和明细账合计数核对是否相符；检查非记账本位币应付账款的折算汇率及折算是否正确；分析出现借方余额的项目，查明原因，必

应付账款的实质性程序

要时，建议做重分类调整；结合预付账款、其他应付款等往来项目的明细余额，调查有无同挂的项目、异常余额或与购货无关的其他款项（如关联方账户或雇员账户），如有，应做出记录，必要时建议作调整。

【审计技能案例 8-5】 审计人员 2024 年 9 月对某公司应付款审计发现，年初应付 A 公司货款 92 000 元，本年无借贷发生额。经追溯检查，为 2019 年 3 月赊购产品 20 台，每台 4 600 元的货款。

【解析】：该公司在 5 年多均没支付此赊购款，审计人员应进一步审查 2019 年 3 月的原始凭证，或向 A 公司函证，或向相关人员询问，查明是否为虚构债务、有无经济纠纷、是否为会计错账等。

2. 执行实质性分析程序

针对已识别需要运用分析程序的有关项目，基于对被审计单位及其环境的了解，通过数据与期望值的比较识别数据间关系，然后分析、调查差异，并评估分析程序的测试结果。

注册会计师对应付账款实施实质性分析程序的内容主要有：

（1）将期末应付账款余额与期初余额进行比较，分析波动原因。

（2）分析长期挂账的应付账款，要求被审计单位做出解释，判断被审计单位是否缺乏偿债能力或利用应付账款隐瞒利润，并注意其是否可能无须支付；对确实无须支付的应付账款的会计处理是否正确，依据是否充分；关注账龄超过 3 年的大额应付账款在资产负债表日后是否偿付，检查偿付记录、单据及披露情况。

（3）计算应付账款与存货的比率，应付账款与流动负债的比率，并与以前年度相关比率对比分析，评价应付账款整体的合理性。

（4）分析存货和营业成本等项目的增减变动，判断应付账款增减变动的合理性。

3. 函证应付账款

应付账款并非必须函证，这是因为函证不能保证查出未记录的应付账款，况且注册会计师能够取得采购发票等外部凭证来证实应付账款的余额。但如果控制风险较高，某应付账款明细账户金额较大，则应考虑进行应付账款的函证。

进行函证时，注册会计师应选择较大金额的债权人，以及那些在资产负债表日金额不大，甚至为零，但为被审计单位重要供应商的债权人，作为函证对象。函证最好采用积极函证方式，并具体说明应付金额。与应收账款的函证一样，注册会计师必须对函证的过程进行控制，要求债权人直接回函，并根据回函情况编制与分析函证结果汇总表，对未回函的，应考虑是否再次函证。

如果存在未回函的重大项目，注册会计师应采用替代审计程序。比如，可以检查决算日后应付账款明细账及库存现金和银行存款日记账，核实其是否已支付，同时检查该笔债务的相关凭证资料，如合同、发票、验收单，核实应付账款的真实性。

4. 检查应付账款的完整性与截止期间

检查应付账款是否计入了正确的会计期间，是否存在未入账的应付账款：

（1）检查债务形成的相关原始凭证，如供应商发票、验收报告或入库单等，查找有无未及时入账的应付账款，确认应付账款期末余额的完整性。

（2）检查资产负债表日后应付账款明细账贷方发生额的相应凭证，关注其购货发票的日期，确认其入账时间是否合理。

（3）获取被审计单位与其供应商之间的对账单，并将对账单和被审计单位财务记录之间的差异进行调节（如在途款项、在途商品、付款折扣、未记录的负债等），查找有无未入账的应付账款，确定应付账款金额的准确性。

（4）针对资产负债表日后付款项目，检查银行对账单及有关付款凭证（如银行汇款通知、供应商收据等），询问被审计单位内部或外部的知情人员，查找有无未及时入账的应付账款。

（5）结合存货监盘程序，检查被审计单位在资产负债日前后的存货入库资料（验收报告或入库单），检查是否有大额货到单未到的情况，确认相关负债是否计入了正确的会计期间。

如果注册会计师通过这些审计程序发现某些未入账的应付账款，应将有关情况详细记入审计工作底稿，并根据其重要性确定是否建议被审计单位进行相应的调整。

5. 实施其他检查程序

针对已偿付的应付账款，追查至银行对账单、银行付款单据和其他原始凭证，检查其是否在资产负债表日前真实偿付。针对异常或大额交易及重大调整事项（如大额的购货折扣或退回、会计处理异常的交易、未经授权的交易或缺乏支持性凭证的交易等），检查相关原始凭证和会计记录，以分析交易的真实性、合理性。被审计单位与债权人进行债务重组的，检查不同债务重组方式下的会计处理是否正确。

6. 检查应付账款是否恰当列报

一般来说，"应付账款"项目应根据"应付账款"和"预付账款"科目所属明细科目的期末贷方余额的合计数填列。如果被审计单位为上市公司，则通常在其财务报表附注中应说明有无欠持有5%以上（含5%）表决权股份的股东账款；说明账龄超过3年的大额应付账款未偿还的原因，并在期后事项中反映资产负债表日后是否偿还。

三、材料采购的审计目标

材料采购的审计目标是：所记录的采购都属于真实的采购业务或劳务；已发生的采购交易均已记录；所记录的采购交易估价正确；采购交易已按正确的日期记录；采购交易的列报是否适当。

四、材料采购的实质性程序

1. 获取或编制材料采购明细表

获取或编制材料采购（在途物资）明细表，复核加计是否正确，并与总账数、明细账合计数核对是否相符。

2. 检查在途物资是否确实存在

检查材料采购（在途物资）的期末余额，核对有关凭证，查看是否存在不属于材料采购（在途物资）核算的交易或事项；检查该货物是否存在，必要时发函询证。

3. 检查异常事项

检查材料采购是否存在长期挂账事项，有无异常的余额记录（如红字余额）、异常的调账记录,若有应查明原因,必要时建议审计调整。

4. 实施截止测试

查阅资产负债表日前后若干天的材料采购(在途物资)增减变动的有关账簿记录和收料报告单等资料实施截止测试,检查有无跨期现象,必要时提出调整建议。

5. 检查采购成本归集与结转是否正确

对大额材料采购或在途物资,追查至相关的购货合同及购货发票,复核采购成本的正确性,并抽查期后入库情况,必要时发函询证。抽查相关的材料验收单、采购成本计算表等,测试计划成本核算的材料成本差异的计算和处理是否正确,或测试实际成本计价的单位采购成本的计算与处理是否正确。检查月末转入原材料等科目的会计处理是否正确。

6. 检查材料采购的列报是否恰当

【审计技能案例8-6】注册会计师张宏对银化有限公司(增值税一般纳税人)2021年财务报表进行审计,抽查了该公司"材料采购——A材料"的明细账及其原始凭证,发现:(1)该账户借方记载为:材料购价65万元、材料13%的增值税8.45万元、材料运费2.5万元、采购人员差旅费0.32万元、上下车及市内运费0.21万元、挑选整理费1.35万元,包装物押金3.9万元。(2)该账户贷方记载:按计划成本验收入库80.4万元、结转材料成本差异1.33万元。

【解析】:材料增值税8.45万元(假设其他费用均无专用发票而不能计算进项税额)应列作"应交税费——应交增值税(进项税额)";差旅费及市内运费应列作"管理费用";包装物押金应列作"其他应收款"。即采购成本为688 500元,材料成本差异为节约115 500元,差异率达14.4%,表明计划成本与实际情况严重不符。同时,该单位将实际成本核算为817 300元,结转超支差异13 300元,应调增材料成本的节约差异128 800元。

学习任务5 固定资产的实质性程序

一、固定资产审计范围

固定资产科目余额反映企业所有固定资产的原价,累计折旧科目余额反映企业固定资产的累计折旧数额,固定资产减值准备科目余额反映企业对固定资产计提的减值准备数额,资产负债表固定资产项目的金额由固定资产科目余额扣除累计折旧科目余额和固定资产减值准备科目余额构成,这三项无疑属于固定资产的审计范围。除此之外,由于固定资产的增加包括购置、自行建造、投资者投入、融资租入、更新改造、以非现金资产抵偿债务方式取得或以应收债权换入、以非货币性资产交换方式换入、经批准无偿调入、接受捐赠和盘盈等多种途径,相应涉及货币资金、应付账款、预付款项、在建工程、股本、资本公积、长期应付款、递延所得税负债等项目;企业的固定资产又因出售、报废、投资转出、捐赠转出、抵债转出、以非货币性资产交换方式换出、无偿调出、毁损和盘亏等原因而减少,与固定资产清理、其他应收款、营业外收入和营业外支出等项目有关;另外,企业按月计提固定资产折旧,这又与制造费用、销售费用、管理费用等项目联系在一起。因此,在进行固定资产审计时,应当关注这些相关项目。广义的固定资产审计范围，自然也包括这些相关项目在内。

【审计技能案例 8-7】何种情况下应计提固定资产减值准备，如何进行会计处理，它对固定资产折旧有何影响？

【解析】：固定资产的可收回金额低于其账面价值称为固定资产减值。这里的可收回金额应当根据固定资产的公允价值减去处置费用后的净额与资产预计未来现金流量的现值两者之间的较高者确定。这里的处置费用包括与固定资产处置有关的法律费用、相关税费、搬运费以及为使固定资产达到可销售状态所发生的直接费用等。

企业应当在资产负债表日判断固定资产是否存在可能发生减值的迹象，如存在下列迹象则表明固定资产可能发生了减值：

（1）固定资产的市价当期大幅度下跌，其跌幅明显高于因时间的推移或正常使用而预计的下跌。

（2）企业经营所处的经济技术或者法律等环境以及固定资产所处的市场在当期或者将在近期发生重大变化，从而对企业产生不利影响。

（3）市场利率或者其他市场投资回报率在当期已经提高，从而影响企业计算固定资产预计未来现金流量现值的折现率，导致固定资产可收回金额大幅度降低。

（4）有证据表明固定资产陈旧过时或者其实体已经损坏。

（5）固定资产已经或者将被闲置、终止使用或者计划提前处置。

（6）企业内部报告的证据表明固定资产的经济绩效已经低于或者将低于预期，如固定资产所创造的净现金流量或者实现的营业利润（或者损失）远远低于（或者高于）预计金额等。

（7）其他表明固定资产可能已经发生减值的迹象。

如果由于该固定资产存在上述迹象，导致其可收回金额低于账面价值的，应当将固定资产的账面金额减记至可收回金额，将减记的金额确认为固定资产减值损失，计入当期损益，同时计提相应的固定资产减值准备。

已计提减值准备的固定资产的应计折旧额应当扣除已计提的固定资产减值准备累计金额，按照该固定资产的账面价值以及尚可使用寿命重新计算确定折旧率和折旧额。已全额计提减值准备的固定资产，应当停止计提折旧。

二、固定资产的审计目标

固定资产的审计目标一般包括：确定资产负债表中记录的固定资产是否存在；确定所有应记录的固定资产是否均已记录；确定记录的固定资产是否由被审计单位拥有或控制；确定固定资产以恰当的金额包括在财务报表中，与之相关的计价或分摊已恰当记录；确定固定资产原价、累计折旧和固定资产减值准备是否已按照企业会计准则的规定在财务报表中做出恰当列报。

三、固定资产——账面余额的实质性程序

1. 获取或编制固定资产和累计折旧分类汇总表

获取或编制固定资产和累计折旧分类汇总表，检查固定资产的分类是否正确并与总账数和明细账合计数核对是否相符。固定资产和累计折旧分

固定资产的实质性程序

类汇总表又称一览表或综合分析表,是审计固定资产和累计折旧的重要工作底稿,参考格式如表8-4所示。

表8-4 固定资产和累计折旧分类汇总表

被审计单位:　　　　　　　编制人:　　　　　日期:　　　　索引号:D36-01
截止日:　年　月　日　　　复核人:　　　　　日期:　　　　共　　页第　　页

资产类别	固定资产原值/万元				累计折旧/万元			
	年初数	本年增加	本年减少	年末数	年初数	本年增加	本年减少	年末数
房屋建筑物	20 930	2 655	21	23 564	3 490	898	31	4 357
通用设备	8 612	1 158	62	9 708	863	865	34	1 694
专用设备	10 008	3 854	121	13 741	3 080	1 041	20	4 101
运输工具	1 681	460	574	1 567	992	232	290	934
土地	472			472		15		15
其他设备	389	150	11	528	115	83	3	195
合计	42 092	8 277	789	49 580	8 540	3 134	378	11 296
审计说明					审计结论			

汇总表包括固定资产与累计折旧两部分,应按照固定资产类别分别填列。需要解释的是期初余额栏,注册会计师对其审计应分三种情况:一是在连续审计情况下,应注意与上期审计工作底稿中的固定资产和累计折旧的期末余额审定数核对相符。二是在变更会计师事务所时,后任注册会计师应查阅前任注册会计师有关工作底稿。三是如果被审计单位以往未经注册会计师审计,即在首次接受审计情况下,注册会计师应对期初余额进行较全面的审计,尤其是当被审计单位的固定资产数量多、价值高、占资产总额比重大时,最理想的方法是全面审计被审计单位设立以来"固定资产"和"累计折旧"账户中的所有重要的借贷记录。这样,既可核实期初余额的真实性,又可从中加深对被审计单位固定资产管理和会计核算工作的了解。

【审计技能案例8-8】注册会计师从固定资产明细账的期初余额中选取样本,检查采购合同和发票等原始单证,以获取与固定资产原值的期初余额相关的各项认定的审计证据。

讨论:上述程序能否获取固定资产期初余额计价和分摊、发生认定的证据。

思考:指出针对固定资产期初余额的存在、完整性、权利和义务认定应当实施的实质性程序。

2. 对固定资产实施实质性分析程序

基于对被审计单位及其环境的了解,通过数据比较,并考虑有关数据间关系的影响,建立有关数据的期望值;确定可接受的差异额;将实际情况与期望值相比较,识别需要进一步调查的差异;如果其差额超过可接受的差异额,调查并获取充分的解释和恰当的佐证审计证据,如检查相关的凭证;评估实质性分析程序的测试结果。

3. 实地检查重要固定资产

实施实地检查审计程序时,注册会计师可以以固定资产明细分类账为起点,进行实地追查，以证明会计记录中所列固定资产确实存在，并了解其目前的使用状况，关注是否存在已报废但仍未核销的固定资产；也应考虑以实地为起点，追查至固定资产明细分类账，以获取实际存在的固定资产均已入账的证据。

当然，注册会计师实地检查的重点是本期新增加的重要固定资产，有时，观察范围也会扩展到以前期间增加的重要固定资产。观察范围的确定需要依据被审计单位内部控制的强弱、固定资产的重要性和注册会计师的经验来判断。如为首次接受审计，则应适当扩大检查范围。

4. 检查固定资产的所有权或控制权

对各类固定资产，注册会计师应获取、收集不同的证据以确定其是否确实归被审计单位所有：对外购的机器设备等固定资产，通常应审核采购发票、采购合同等予以确定；对于房地产类固定资产，需查阅有关的合同、产权证明、财产税单、抵押借款的还款凭据、保险单等书面文件；对融资租入的固定资产，应验证有关融资租赁合同，证实其并非经营租赁；对汽车等运输设备，应验证有关运营证件等；对受留置权限制的固定资产，通常还应审核被审计单位的有关负债项目等予以证实。

5. 检查本期增加的固定资产

被审计单位如果不正确核算固定资产的增加，将对资产负债表和利润表产生长期的影响。因此，审计固定资产的增加，是固定资产实质性程序中的重要内容。固定资产的增加有多种途径，审计中应注意以下三点：

（1）询问管理层本年固定资产的增加情况，并与获取或编制的固定资产明细表进行核对；

（2）检查本年度增加固定资产的计价是否正确，手续是否齐备，会计处理是否正确；

（3）检查购置固定资产时是否存在与资本性支出有关的财务承诺。

【**审计技能案例8-9**】注册会计师如何检查本年度增加固定资产的计价是否正确，手续是否齐备，会计处理是否正确？

【**解析**】：（1）对于外购固定资产，通过核对采购合同、发票、保险单、发运凭证等资料，抽查测试其入账价值是否正确，授权批准手续是否齐备，会计处理是否正确；如果购买的是房屋建筑物，还应检查契税的会计处理是否正确；检查分期付款购买固定资产的入账价值及会计处理是否正确。

（2）对于在建工程转入的固定资产，应检查在建工程转入固定资产的时点是否符合会计准则的规定，入账价值与在建工程的相关记录是否核对相符，是否与竣工决算、验收和移交报告等一致；对已经达到预定可使用状态，但尚未办理竣工决算手续的固定资产，检查其是否已按估计价值入账，相关估价是否合理，并按规定计提折旧。

（3）对于投资者投入的固定资产，检查投资者投入的固定资产是否按投资各方确认的价值入账，并检查确认价值是否公允，交接手续是否齐全；涉及国有资产的，是否有评估报告并经国有资产管理部门评审备案或核准确认。

（4）对于更新改造增加的固定资产，检查通过更新改造而增加的固定资产，增加的原值是否符合资本化条件，是否真实，会计处理是否正确，重新确定的剩余折旧年限是否恰当。

（5）对于融资租赁增加的固定资产，获取融资租入固定资产的相关证明文件，检查融资租赁合同的主要内容，并结合长期应付款、未确认融资费用科目检查相关的会计处理是否正确。

（6）对于企业合并、债务重组和非货币性资产交换增加的固定资产，检查产权过户手续是否齐备，检查固定资产入账价值及确认的损益和负债是否符合规定。

（7）对于通过其他途径增加的固定资产，应检查增加固定资产的原始凭证，核对其计价及会计处理是否正确，法律手续是否齐全。

6. 检查本期减少的固定资产

固定资产的减少主要包括出售、向其他单位投资转出、向债权人抵债转出、报废、毁损、盘亏等。有的被审计单位在全面清查固定资产时，常常会出现固定资产账存实亡现象，这可能是由于固定资产管理或使用部门不了解报废固定资产与会计核算两者间的关系，擅自报废固定资产而未及时通知财务部门作相应的会计核算所致，这样势必造成财务报表反映失真。

审计固定资产减少的主要目的就在于查明业已减少的固定资产是否已作适当的会计处理。其审计要点如下：

（1）结合固定资产清理科目，抽查固定资产账面转销额是否正确；

（2）检查出售、盘亏、转让、报废或毁损的固定资产是否经授权批准，会计处理是否正确；

（3）检查因修理，更新改造而停止使用的固定资产的会计处理是否正确；

（4）检查投资转出固定资产的会计处理是否正确；

（5）检查债务重组或非货币性资产交换转出固定资产的会计处理是否正确；

（6）检查转出的投资性房地产账面价值及会计处理是否正确；

（7）检查其他减少固定资产的会计处理是否正确。

7. 检查固定资产的租赁

（1）在经营租赁中，租入固定资产企业的固定资产价值并未因此而增加，企业对以经营性租赁方式租入的固定资产，不在"固定资产"账户内核算，只是另设备查簿进行登记。而租出固定资产的企业，仍继续提取折旧，同时取得租金收入。

检查经营性租赁时，应查明：固定资产的租赁是否签订了合同、租约，手续是否完备，合同内容是否符合国家规定，是否经相关管理部门审批；租入的固定资产是否确属企业必需，或出租的固定资产是否确属企业多余、闲置不用，双方是否认真履行合同，是否存在不正当交易；租金收取是否签有合同，有无多收、少收现象；租入固定资产有无久占不用、浪费损坏的现象；租出的固定资产有无长期不收租金、无人过问，是否有变相馈送、转让等情况；租入固定资产是否已登入备查簿；必要时，向出租人函证租赁合同及执行情况；租入固定资产改良支出的核算是否符合规定。

（2）在融资租赁中，租入企业在租赁期间，对融资租入的固定资产应按企业自有固定资产一样管理，并计提折旧、进行维修。如果被审计单位的固定资产中融资租赁占有相当大的比例，应当复核租赁协议，确定租赁是否符合融资租赁的条件，结合长期应付款、未确认融资费用等科目检查相关的会计处理是否正确（资产的入账价值、折旧、相关负债）。

在审计融资租赁固定资产时，除可参照经营租赁固定资产检查要点以外，还应补充实施以下审计程序：复核租赁的折现率是否合理；检查租赁相关税费、保险费、维修费等费用的会计处理是否符合企业会计准则的规定；检查融资租入固定资产的折旧方法是否合理；检查租赁付款情况；检查租入固定资产的成新程度；检查融资租入固定资产发生的固定资产后续支出，其会计处理是否遵循自有固定资产发生的后续支出的处理原则。

8. 检查固定资产的抵押、担保情况

结合对银行借款等的检查，了解固定资产是否存在重大的抵押、担保情况。如存在，应取证，并做相应的记录，同时提请被审计单位作恰当披露。

9. 检查应计入固定资产的借款费用

对应计入固定资产的借款费用，应根据企业会计准则的规定，结合长短期借款、应付债券或长期应付款的审计，检查借款费用（借款利息、折溢价摊销、汇兑差额、辅助费用）资本化的计算方法和资本化金额，以及会计处理是否正确。

【审计技能案例8-10】审计人员审查某公司发现，上年11月1日因建厂房（预计半年后竣工）借入年利率7.2%（利息到期支付）、两年期的外币100万美元，汇率6.29；此款于借款当日全部用于在建工程。12月15日归还10万美元，汇率6.28。长期借款年末余额为566.1万元人民币，年末汇率6.3。

【解析】：经测算566.1万元人民币余额，是按借款时的汇率对长期借款的借入、偿还进行账务处理的结果（100×6.29－10×6.29）；不符合"除资本项目以外，外币业务应按业务发生时的汇率折合为记账本位币进行账务处理"的规定，也没有计提利息、期末调汇。

审计人员应收集借款合同、在建工程批文及工程预算等资料，核实年末的美元汇率，抽查上述经济业务会计凭证；经测算长期借款年末数应为5 743 710元人民币（借款本金为90万美元、借款利息1.17万美元）。在借款全部用于在建工程的情况下，审计人员应提请被审单位调增在建工程、长期借款余额各82 710元人民币（长期借款的美元余额调增1.17万美元）。

10. 检查固定资产的其他事项

若发生了固定资产后续支出，应确定有关的后续支出是否满足资本化确认条件；如不满足，该支出是否在该后续支出发生时计入当期损益。获取暂时闲置固定资产的相关证明文件，并观察其实际状况，检查是否已按规定计提折旧，相关的会计处理是否正确。获取已提足折旧仍继续使用固定资产的相关证明文件，并做相应记录。获取持有待售固定资产的相关证明文件，并做相应记录，检查对其预计净残值调整是否正确、会计处理是否正确。检查固定资产保险情况，复核保险范围是否足够。检查有无与关联方的固定资产购售活动，是否经适当授权，交易价格是否公允；对于合并范围内的购售活动，记录应予合并抵销的金额。

11. 检查固定资产是否恰当列报

结合累计折旧、减值准备科目与报表数核对固定资产项目是否恰当列报。财务报表附注通常应说明固定资产的标准、分类、计价方法和折旧方法；融资租入固定资产的计价方法；固定资产的预计使用寿命和预计净残值；对固定资产所有权的限制及其金额（这一披露要求是指，企业因贷款或其他原因而以固定资产进行抵押、质押或担保的类别、金额、时间等情况）；已承诺将为购买固定资产支付的金额；暂时闲置的固定资产账面价值（这一披露要求是指，企业应披露暂时闲置的固定资产账面价值，导致固定资产暂时闲置的原因，如开工不足、自然灾害或其他情况等）；已提足折旧仍继续使用的固定资产账面价值；已报废和准备处置的固定资产账面价值。固定资产因使用磨损或其他原因而需报废时，企业应及时对其处置，如果其已处于处置状态而尚未转销时，企业应披露这些固定资产的账面价值。

如果被审计单位是上市公司，则通常应在其财务报表附注中按类别分项列示固定资产期初余额、本期增加额、本期减少额及期末余额；说明固定资产中存在的在建工程转入、出售、置换、抵押或担保等情况；披露通过融资租赁租入的固定资产每类租入资产的账面原值、累计折旧、账面净值；披露通过经营租赁租出的固定资产每类租出资产的账面价值。

【审计技能案例 8 – 11】 甲公司 2021 年财务报表部分资料如表 8 – 5 所示。

表 8 – 5　甲公司 2021 年部分财务数据

万元

项目	年初数（已审）	本年增加（未审）	本年减少（未审）	年末数（未审）
在建工程——TD 生产线		962		962
固定资产——机器设备	8 912	160	73	8 999
减值准备——固定资产	183	65	69	179
减值准备——在建工程				

注册会计师审计工作底稿部分内容为：（1）2021 年 7 月，由于发生重大施工安全事故，甲公司将本年 1 月开工建设的 TD 生产线停建；2021 年年末，TD 生产线拟生产产品的市场前景不佳，董事会决定暂不启动 TD 生产线的建设，并于 2021 年年末按期向银行归还了 1 年期、年利率为 7% 的 1 000 万元专项借款；相应的借款利息 70 万元计入了"在建工程——TD 生产线"账户。（2）2021 年 12 月，甲公司决定淘汰一批账面价值为 98 万元的旧机器设备，约定转让价格为 15 万元；2022 年 1 月移交该批设备，并收讫转让款。

注册会计师在审计工作底稿中记录了实施的实质性程序如下：A. 获取暂时闲置固定资产的相关证明文件，检查是否已按规定计提折旧。B. 获取持有待售固定资产的相关证明文件，检查账面价值是否恰当、会计处理是否正确。C. 查阅资本支出预算、公司相关会议决议等，检查本年增加的在建工程是否全部得到记录。

要求：判断事项（1）、（2）是否可能存在重大错报风险，与报表项目的哪些认定相关；注册会计师的实质性程序对发现这些可能重大错报是否有效。

【解析】：事项（1）可能存在重大错报风险。甲公司的 TD 生产线很可能面临减值，但未对该生产线计提减值准备；同时，在建工程非正常原因间断超过 6 个月，应暂停借款费用资本化而增加财务费用 35 万元（1 000 × 7% × 50%），存在费用资本化多记的风险。该风险与在建工程的计价和分摊，财务费用的完整性，资产减值损失的完整性认定相关。

事项（2）可能存在重大错报风险。甲公司 2021 年年底账面价值为 98 万元的设备有 83 万元的减值损失，账面显示只计提了 65 万元减值准备，存在固定资产减值计提不足的错报风险；同时，没有证据表明甲公司可以冲回已经计提的固定资产减值，存在冲回减值准备 69 万元的错报风险。该风险与固定资产的计价和分摊，资产减值损失的完整性、准确性认定相关。

注册会计师实施的程序 A、程序 C，对事项（1）、（2）可能存在的重大错报风险无效。程序 B 对事项（2）所发现的重大错报风险有效，通过实施该程序能获取证据证明已计提减值准备是否充分。

四、固定资产——累计折旧的实质性程序

影响固定资产折旧的因素主要包括折旧的基数、累计折旧、固定资产减值准备、固定资产预计净残值和固定资产尚可使用年限五个方面。在计算折旧时,对固定资产的残余价值和清理费用只能人为估计;对固定资产的使用寿命,由于固定资产的有形和无形损耗难以准确计算,因而也只能估计;同样,对固定资产减值准备的计提也带有估计的成分。因此,固定资产折旧主要取决于企业根据其固定资产特点制定的折旧政策,在一定程度上具有主观性。累计折旧的实质性程序通常包括以下内容。

1. 获取或编制固定资产和累计折旧分类汇总表

固定资产和累计折旧分类汇总表又称为一览表和综合分析表,是审计固定资产和累计折旧的重要工作底稿,参考格式如前表 8-4 所示。

2. 检查被审计单位选择的折旧政策

检查被审计单位选择的折旧政策是否符合相关会计准则的规定,确定其所采用的折旧方法能否在固定资产预计使用寿命内合理分摊其成本,前后期是否一致,预计使用寿命和预计净残值是否合理。

折旧错报风险与认定技能案例

3. 复核本期折旧费用的计提和分配

(1) 了解被审计单位的折旧政策是否符合规定,计提折旧的范围是否正确,确定的使用寿命、预计净残值和折旧方法是否合理;如采用加速折旧法,是否取得批准文件。

(2) 检查被审计单位折旧政策前后期是否一致。如果折旧政策或者相关会计估计(例如使用寿命、预计净残值)有变更,变更理由是否合理;如果没有变更,是否存在需要提请被审计单位关注的对折旧政策或者会计估计产生重大影响的事项(例如重大技术更新或者设备使用环境的恶化等)。

(3) 复核本期折旧费用的计提是否正确。

(4) 检查折旧费用的分配方法是否合理,是否与上期一致;分配计入各项目的金额占本期全部折旧计提额的比例与上期比较是否有重大差异。

(5) 注意固定资产增减变动时,有关折旧的会计处理是否符合规定,查明通过更新改造、接受捐赠或融资租入而增加的固定资产的折旧费用计算是否正确。

4. 检查累计折旧本期发生额

将"累计折旧"账户贷方的本期计提折旧额与相应的成本费用中的折旧费用明细账户的借方相比较,以查明所计提折旧金额是否已全部摊入本期产品成本或费用。若存在差异,应追查原因,并考虑是否应建议做适当调整。检查累计折旧的减少是否合理、会计处理是否正确。

5. 确定累计折旧的披露是否恰当

如果被审计单位是上市公司,通常应在其财务报表附注中按固定资产类别分项列示累计折旧期初余额、本期计提额、本期减少额及期末余额。

【**审计技能案例 8-12**】注册会计师对春林股份有限公司 2021 年度会计报表进行审计,摘录的固定资产及累计折旧项目附注如表 8-4,长期借款项目附注如表 8-6 所示。

表8-6　长期借款项目附注

贷款单位	金额/万元	借款期限	年利率/%	抵押借款
a银行第一营业部	1 800	2019.8—2023.7	9.72	抵押借款
b银行第一营业部	11 650	2018.9—2022.8	7.65	
c银行第二营业部	280	2021.1—2023.2	5.925	抵押借款

要求：假定上述附注内容中的年初数和上年比较数均已审定无误，请运用专业判断、分析性复核方法，指出上述附注存在或可能存在的不合理之处，并简要说明理由。

【解析】：(1) "累计折旧——土地"的本年增加数为15万元，这与国家规定土地不提折旧的要求相悖。(2) "固定资产原价——房屋及建筑物"的本年减少数为21万元，小于"累计折旧——房屋及建筑物"的本年减少数31万元；而根据会计核算的基本原理，考虑固定资产净残值率这一因素，即便这些减少的房屋及建筑物已提足折旧，其累计折旧数也应小于相应的固定资产原价。(3) 公司向b银行第一营业部借入的11 650万元长期借款的借款期限为"2018年9月—2022年8月"，应对其进行重分类调整，并入"一年内到期的长期负债"报表项目。

学习任务6　学习效果测试

一、判断题

1. 在对被审计单位连续编号的订购单进行测试时，注册会计师可以以订购单的编号作为所测试订购活动的识别特征。　　　　　　　　　　　　　　　　　　　　　　（　　）

2. 注册会计师审计应付账款时，应核实企业所有在资产负债表日以前收到的购货发票均已计入当年应付账款。　　　　　　　　　　　　　　　　　　　　　　　（　　）

3. 采购与付款交易中的实物控制主要是指对已验收入库商品的实物控制，限制非经授权人员接近存货。实物保管应由独立于验收、采购和会计部门的人员来担任。（　　）

4. 进行应付账款函证时，注册会计师应选择的函证对象是较大金额的债权人，那些在资产负债表日金额为零的债权人不必函证；同样，当选择重要的应付账款项目进行函证时，就应包括余额为零的项目。　　　　　　　　　　　　　　　　　　　　（　　）

5. 注册会计师在了解采购与付款循环内部控制后，对采购业务检查了订货单、验收单和卖方发票连续编号的完整性测试，可得出所记录的采购业务计价正确的审计结论。
　　　　　　　　　　　　　　　　　　　　　　　　　　　　　　　　　　　　（　　）

6. 检查是否存在未入账的应付账款，可通过检查债务形成的相关原始凭证，如供应商发票、验收报告或入库单等，对照应付账款明细账，确认其是否及时入账。（　　）

7. 为了实现完整性目标，注册会计师可以以实地为起点，追查至固定资产明细分类账，以获取实际存在的固定资产均已入账的证据。　　　　　　　　　　　　　　（　　）

8. 一般情况下，应付账款不需要函证，这是因为函证不能保证查出未记录的应付账款，

况且注册会计师能够取得采购发票等外部凭证来证实应付账款的余额。（   ）

9. 对房地产类固定资产，注册会计师需要查阅有关的合同、产权证明、财产税单、抵押借款的还款凭据、保险单等书面文件来证实其所有权。（   ）

二、单选题

1. 能够获取采购交易"发生"认定相关的审计证据的控制测试程序是（   ）。
   A. 检查验收单是否连续编号　　　　B. 检查有无未记录的供应商发票
   C. 检查付款凭单是否附有购货发票　D. 审核批准采购价格和折扣的授权签字

2. 最有可能获取审计证据证明已记录的应付账款存在认定不存在错报的是（   ）。
   A. 以应付账款明细账为起点，追查至采购相关的原始凭证，如采购订单、供应商发票和入库单等
   B. 检查采购订单文件以确定是否预先连续编号
   C. 从采购订单、供应商发票和入库单等原始凭证，追查至应付账款明细账
   D. 向采购供应商函证零余额的应付账款

3. 对采购交易从验收单追查至相应的供应商发票、订购单，同时再追查至应付账款明细账，是为了获取审计证据证明应付账款的（   ）认定不存在错报。
   A. 存在　　　　B. 完整性　　　　C. 计价和分摊　　　　D. 准确性

4. 最有可能获取审计证据证明财务报表存在未入账负债的是（   ）。
   A. 审查财务报表日后货币资金支出情况
   B. 审查批准采购价格和折扣标记
   C. 审查应付账款、应付票据的函证回函
   D. 审查供应商发票与债权人名单

5. 向生产负责人询问固定资产的相关情况最可能了解到的是（   ）。
   A. 固定资产的抵押情况　　　　B. 固定资产的报废或毁损情况
   C. 固定资产的投保及其变动情况　D. 固定资产折旧的计提情况

6. 与固定资产存在认定最相关的是（   ）。
   A. 观察经营活动，并将固定资产本期余额与上期余额进行分析比较
   B. 询问被审计单位的管理层和生产部门固定资产闲置情况
   C. 以固定资产实物为起点，追查至固定资产明细账和相关凭证
   D. 以固定资产明细账为起点，追查至固定资产实物和相关凭证

7. 对固定资产折旧费用实施分析程序时，很可能表明折旧计提不足的是（   ）。
   A. 经常发生大额的固定资产清理损失
   B. 累计折旧与固定资产原值比率不断增大
   C. 本年固定资产账面价值增加幅度很大
   D. 固定资产保险额每年成两位数百分比递增

8. 采购与付款相关控制活动与相关认定的陈述中，不恰当的是（   ）。
   A. 连续编号的验收单与应付账款的"存在"认定最有关
   B. 支票预先顺序编号能够确保支出支票存根的完整性和作废支票处理的恰当性
   C. 订购单的连续编号控制能够有效降低应付账款"完整性"认定错报风险
   D. 确定供应商发票计算的正确性能够降低应付账款的计价和分摊认定、相关费用的

准确性认定的错报风险

9. 了解和测试采购与付款循环的内部控制时,可能构成重大缺陷的是(　　)。
   A. 仓库负责人根据需要填写请购单,并经预算主管人员签字批准
   B. 采购部门根据经批准的请购单编制订购单采购货物
   C. 货物到达,由独立的验收部门验收,并填制一式多联连续编号的验收单
   D. 记录采购交易之前,由应付凭单部门编制付款凭单

三、多选题

1. 能够控制应付账款"完整性"认定错报风险的有(　　)。
   A. 应付凭单均经事先连续编号并确保已付款的交易登记入账
   B. 订购单均经事先连续编号并确保已完成的采购交易登记入账
   C. 验收单、供应商发票上的日期与采购明细账中的日期已经核对一致
   D. 验收单均经事先连续编号并确保已验收的采购交易登记入账

2. 发生采购业务时,企业采购部门应将订购单的副联送交(　　)。
   A. 供应商的销售部门　　　　　B. 本企业的验收部门
   C. 本企业的应付凭单部门　　　D. 本企业编制请购单的部门

3. 测试"所记录的购货都确已收到商品或接受劳务"有助于发现(　　)。
   A. 职员在付款凭单登记簿上虚记采购而侵吞公款
   B. 中层或高层管理人员未经批准购买个人用品
   C. 支付管理人员的个人会员费
   D. 支付管理人员家属的休假差旅费

4. 审查是否存在高估固定资产数额时,可采取(　　)程序加以验证。
   A. 以新增固定资产替换已报废固定资产,报废资产是否已做减少记录
   B. 分析营业外收支账户
   C. 向固定管理部门查询本年投资转出的固定资产是否均已记录
   D. 复核固定资产保险

5. 证实外购固定资产所有权认定的有效的实质性程序有(　　)。
   A. 通过审阅内部会议记录、借款合约、银行函证等方式,查明固定有无提供担保抵押或受限制使用等情况,并汇总列示其数量及账面价值
   B. 检查购货合同、购货发票、保险单、发运凭证、所有权证等
   C. 检查本年度减少的固定是否经授权批准,是否正确及时入账
   D. 实地抽查部分金额较大或异常的固定资产,确定其是否实际存在,有无有物无账或有账无物的情况

6. 恰当的采购与付款业务中编制订购单环节的控制程序包括(　　)。
   A. 采购部门只对经过批准的请购单编制订购单
   B. 采购部门编制的订购单与生产或仓库部门编制的请购单从业务流程的角度分析具有对应关系
   C. 采购环节中的询价与确定供应商的职责应当分离,而且对于大额、重要的采购项目,应采取竞价方式来确定供应商
   D. 采购部门对收到的请购单均要求采购经理审批

7. 恰当的储存商品环节的控制活动以及与相关认定的对应关系是(　　)。
   A. 储存岗位与验收岗位的职责分离可以降低存货舞弊风险
   B. 限制无关人员接近储存的商品存货可以降低存货舞弊风险
   C. 验收管理员将商品送交仓库时在验收单副联上签收与固定资产、存货"存在"认定有关
   D. 储存管理员应当定期检查、比较所储存商品与采购发票、订购单、请购单的一致性，并且检查所储存商品是否损坏
8. 编制付款凭单环节的控制活动陈述中，恰当的包括(　　)。
   A. 独立检查付款凭单计算的正确性
   B. 确定供应商发票的内容与相关的验收单、订购单的一致性
   C. 付款凭单的连续编号与外购固定资产或存货"计价和分摊"认定最相关
   D. 付款凭单必须由被授权人员签字，否则不能执行付款
9. 检查采购与付款内部控制是否健全，是否有效执行的内容有(　　)。
   A. 检查业务的授权批准手续是否健全，是否存在越权审批的行为
   B. 检查是否存在不相容职务混岗现象
   C. 审查应付账款的入账时间是否适当，金额是否正确
   D. 检查凭证的登记、领用、传递、保管、注销手续是否健全

四、审计技能案例

1. 注册会计师陈波对沱桥有限公司审计时，抽查12月存货账户记录如表8-7所示。

表8-7　原材料与材料成本差异账户记录

元

摘要	原材料		材料成本差异	
	借方	贷方	借方	贷方
月初余额	863 630			68 300
本月购货	708 930		13 520	62 186
A产品领料并分配差异		963 180	71 858	
车间领料并分配差异		12 680	1 098	

讨论：说明进一步审计的方法并提出存在的问题。

2. 注册会计师对甲公司的应付账款项目进行审计时，四个明细账记录情况是：
(1) A公司年末余额42 650元，本年贷方发生额66 100元；
(2) B公司年末无余额，本年贷方发生额2 880 000元；
(3) C公司年末余额85 000元，本年贷方发生额95 000元；
(4) D公司年末余额289 000元，本年贷方发生额3 032 000元。
要求：(1) 注册会计师应向哪两个供应商进行函证，为什么？
(2) 注册会计师拟实施分析程序识别和评估其重大错报风险，分析性程序的内容有哪些？

3. 注册会计师在实施函证程序审计应收账款和应付账款时，主要不同点是什么？

4. 注册会计师审计甲公司 2022 年财务报表，注意到采购与付款循环某些内部控制环节可能存在缺陷，在财务报表日故意推迟记录发生的应付账款，于是决定实施审计程序获取有效的审计证据证明甲公司是否存在未入账的应付账款。

要求：指出注册会计师应设计怎样的审计程序证实未入账的应付账款？

自主学习 8

学习情境 9
掌握生产与存货循环的审计

【思维导图】

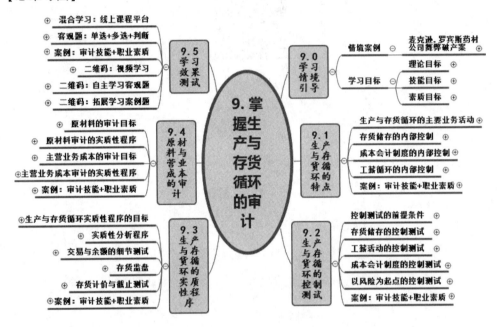

【理论目标】

理解生产与存货循环涉及主要业务活动；理解被审计单位的存货储存、成本会计制度和工薪循环的内部控制；理解注册会计师生产交易与存货交易的控制测试前提；理解注册会计师生产交易与存货交易的实质性程序审计目标。

【技能目标】

掌握存货储存、成本会计制度、工薪循环的控制测试，以及以风险为起点的控制测试的技能；掌握实质性分析程序、交易的细节测试、存货余额的细节测试技能；掌握存货监盘、存货计价与截止测试技能；掌握原材料与主营业务成本项目的审计技能。

【素质目标】

培养从被审计单位的维度强调真实、准确、完整，诚实和正直，坚决"不做假账"；从审计主体的维度强调注册会计师应遵从职业道德，对存货实施监盘或其他替代程序等恰当的审计程序；对于不符合商业逻辑的舞弊迹象，应保持足够的职业怀疑和警觉。

【情境案例】麦克逊·罗宾斯药材公司舞弊破产案

1938 年年初，美国麦克逊·罗宾斯药材公司的最大债权人汤普森公司发现该公司的财务资料有异常：制药材料盈利高但却没有扩大再生产，制药材料增加但保险金额减少。在罗宾斯公司拒绝了汤普森公司要求提供制药材料确实存在的证据后，引起了美国证券交易委员会对该公司的立案调查。调查结果为：(1) 该公司的有价证券在纽约证券交易所注册登记、公开上市。(2) 1937 年 12 月 31 日该公司合并总资产 8 700 万美元中有虚假资产 1 907.5 万美元（其中存货 1 000 万美元、应收账款 900 万美元、银行存款 7.5 万美元）。(3) 1937 年度有虚假销售收入 1 820 万美元，虚假毛利 180 万美元。(4) 现任总经理科斯特及其 3 位兄弟均使用化名在该公司任要职，共同舞弊，贪污巨款。

罗宾斯公司及其子公司 10 多年来的会计报表均由美国普赖斯·沃特豪斯会计师事务所执行审计，对其财务状况及经营成果出具了无保留意见审计报告。汤普森公司认为其所以贷款给该公司，是因为信赖了沃特豪斯会计师事务所出具的审计报告，要求沃特豪斯会计师事务所赔偿全部损失。沃特豪斯会计师事务所则认为，美国注册会计师协会 1936 年颁布的《财务报表检查》没有要求注册会计师必须实地检查存货、函证应收账款等；罗宾斯公司的欺诈是由于经理部门串通合谋所致，注册会计师对此不负责任。在证券交易委员会的调解下，沃特豪斯会计师事务所以历年来收取的审计费用共 50 万美元作为对汤普森公司债权损失的赔偿。

随后，美国证券交易委员会颁布了审计报告规范：增加了对应收账款函证，对存货实地检查，对内部控制系统详细评价的条款，强调了审计人员对公共持股人的责任及加强对管理部门的检查，对发表审计意见的具体要求等规范。

美国执业会计师协会也建立了"审计程序委员会"，1939 年制定的《审计程序的扩展》要求：(1) 对存货检查，通过实地盘存确认存货数量，并将之作为必需的审计程序；(2) 对应收账款检查，应采用积极函询法，并对债务人直接询证；(3) 对审计报告格式及内容加以规范，将其分为范围段和意见段；(4) 通过董事会任命或股东大会投票选举独立注册会计师等。

在此基础上，该协会于 1947 年颁布了《审计准则草案》，1954 年修改为《公认审计准则》，成为注册会计师审计的公认执业标准。

回顾与引入：该公司虚假存货 1 000 万美元涉及哪些认定？存货检查获得的是什么证据，主要证实哪项认定？审计准则是什么，用来规范谁的？生产与存货循环涉及哪些报表项目？购销活动中哪些与"物流"相关？

思考：生产与存货循环涉及哪些主要的业务活动与管理层认定？汤普森使用的方法若由注册会计师实施称为什么实质性程序，应如何实施？注册会计师在存货监盘现场应做哪些工作？试分析该案件的影响与意义。

学习任务 1　生产与存货循环的特点

一、生产与存货循环的主要业务活动

生产与存货循环所涉及的主要业务活动包括：计划和安排生产、发出原材料、生产产品、核算产品成本、储存产成品、发出产成品等。上述业务活动通常涉及的

生产与存货循环的
主要业务活动

部门有：生产计划部门、仓库部门、生产部门、人事部门、销售部门、会计部门等。

1. 计划和安排生产

生产计划部门的职责是根据客户订购单或者对销售预测和产品需求的分析来决定生产授权。如决定授权生产，即签发预先顺序编号的生产通知单（也称生产指令或生产任务通知单），它是企业下达制造产品等生产任务的书面文件，用以通知供应部门组织材料发放，生产车间组织产品制造，会计部门组织成本计算的依据。广义的生产指令也包括用于指导产品加工的工艺规程，如机械加工企业的"路线图"等。该部门通常应将发出的所有生产通知单顺序编号并加以记录控制。此外，该部门通常还需要编制一份材料需求报告，列示所需要的材料和零件及其库存。

1. 发出原材料

仓库部门的责任是根据从生产部门收到的领料单发出原材料，领料单上必须列示所需的材料数量和种类，以及领料部门的名称。领发料单是企业为控制材料发出所采用的各种凭证，如材料发出汇总表、领料单、限额领料单、领料登记簿、退料单等。它可以一料一单，也可以多料一单，通常需一式三联。仓库发料后，将其中一联连同材料交给领料部门，一联留在仓库登记材料明细账，一联交会计部门进行材料收发核算和成本核算。

3. 生产产品

生产部门在收到生产通知单及领取原材料后，便将生产任务分解到每一个生产工人，并将所领取的原材料交给生产工人，据以执行生产任务。生产工人在完成生产任务后，将完成的产品交生产部门查点，然后转交检验员验收并办理入库手续；或是将所完成的产品移交下一个部门，做进一步加工。生产过程中应做好产量和工时记录，常见的产量和工时记录主要有工作通知单、工序进程单、工作班产量报告、产量通知单、产量明细表、废品通知单等。

4. 核算产品成本

为了正确核算并有效控制产品成本，必须建立健全成本会计制度，将生产控制和成本核算有机结合在一起。一方面，生产过程中的各种记录、生产通知单、领料单、计工单、入库单等文件资料都要汇集到会计部门，由会计部门对其进行检查和核对，了解和控制生产过程中存货的实物流转；另一方面，会计部门要设置相应的会计账户，会同有关部门对生产过程中的成本进行核算和控制。成本会计制度可以非常简单，只是在期末记录存货余额；也可以是完善的标准成本制度，持续地记录所有材料处理、在产品和产成品，并形成对成本差异的分析报告。完善的成本会计制度应该提供原材料转为在产品，在产品转为产成品，以及按成本中心、分批次生产任务通知单或生产周期所消耗的材料、人工和间接费用的分配与归集的详细资料。这个过程中一般都要编制工薪汇总表及工薪费用分配表、材料费用分配表、制造费用分配汇总表、成本计算单，并登记生产成本、存货明细账等。

5. 储存产成品

产成品入库，须由仓库部门先行点验和检查，然后签收。签收后，将实际入库数量通知会计部门。据此，仓库部门确立了本身应承担的责任，并对验收部门的工作进行验证。除此之外，仓库部门还应根据产成品的品质特征分类存放，并填制标签。

6. 发出产成品

产成品的发出须由独立的发运部门进行。装运产成品时必须持有经有关部门核准的发运通知单，并据此编制出库单。出库单一般为一式四联，一联交仓库部门、一联由发运部门留存、一联送交顾客、一联作为向顾客开发票的依据。

【审计技能案例 9-1】 注册会计师可将生产与存货循环的每项主要业务活动，涉及哪些凭证与业务记录，它们与管理层的哪些认定相关，分析如表 9-1 所示。

表 9-1　生产与存货循环的业务活动、凭证与业务记录、管理层认定的关系

业务活动	凭证与记录	管理层认定
计划和安排生产	生产通知单	存在或发生
发出原材料	领料单	存在或发生、完整性
生产产品	产量和工时记录、产品检验单	存在或发生、完整性、估价或分摊
核算产品成本	料工费分配表、成本计算单、存货与成本明细账	存在或发生、完整性、估价或分摊
储存产成品	验收入库单	存在或发生、完整性
发出产成品	出库单、发运单	存在或发生、完整性

二、存货储存的内部控制

总体上看，生产与存货循环的内部控制主要包括存货储存的内部控制、成本会计制度的内部控制和工薪管理的内部控制等内容。

存货存储控制的总体目标是确保与存货的接触必须得到管理当局批准；控制措施是存货的定期盘点制度，且存货的永续盘存记录应置于会计部门。

【审计技能案例 9-2】 注册会计师林彬对四通有限公司存货进行审计时，进行了内部控制测试：①以前年度没对存货实施盘点，但有完整的存货会计记录和仓库记录；②销售发出的彩电未全部按顺序记录；③生产彩电所需的零星材料由江阳公司代管，故该公司没对这些材料的变动进行会计记录；④公司每年 12 月 25 日会计轧账后发出的存货在仓库明细账上记录，财务部门没作账务处理。⑤仓库根据材料耗用计划填制发料单，生产部门领料。

要求：指出上述存货的内部控制有无缺陷，并说明理由。

【解析】：①有严重缺陷，因为保证存货账实相符是存货内部控制的重要目标，定期盘点是实现该目标的重要控制措施。②有缺陷，因为发出产品的原始凭证不连续编号，会导致销售业务不完整；没按顺序记录可能出现销货业务提前或推后入账。③有缺陷，因为只要是公司的存货就应在账上记录，该公司不做记录则不能反映材料的购入和发出，会导致存货成本不正确，也不能保证材料的安全、完整。④有缺陷，因为在一个会计期间，实物保管明细账应与财务部门的会计记录完全相符；12 月 25 日后发出的存货在仓库记录而财务部门不入账，会使账账、账实不符，且会计记录不及时、不完整。⑤有缺陷，因为存货保管与记录人员职务应分离，发料单应由生产部门填制；否则可能产生舞弊行为。

三、成本会计制度的内部控制

成本会计制度的内部控制目标、管理层认定与关键内部控制如表 9-2 所示。

表 9-2 成本会计制度的内部控制目标与关键控制

内部控制目标（认定）	关键内部控制
生产业务是根据管理层一般或特定的授权进行的（发生）	检查生产指令的授权批准；检查领料单的授权批准；检查工薪的授权批准
记录的成本为实际发生的而非虚构的（发生）	成本的核算以审核的生产通知单、领发料单、产量和工时记录、工薪与材料费用分配表、制造费用分配表为依据
所有耗费和物化劳动均已反映在成本中（完整性）	生产通知单、领发料凭证、产量和工时记录、工薪与材料费用分配表、制造费用分配表均事先编号并已经登记入账
成本以正确的金额，在恰当的会计期间记录于适当的账户（发生、完整性、准确性、计价和分摊）	成本核算方法适当且前后期一致；费用分配方法适当且前后期一致；成本核算流程和账务处理流程适当；内部核查
对存货实施保护措施，保管与记录、批准人员相互独立（存在、完整性）	存货保管人员与记录人员职务相分离
账面数额与实际存货定期核对相符（存在、完整性、计价和分摊）	定期进行存货盘点

四、工薪循环的内部控制

工薪内部控制的关键控制程序主要是：岗位、工作时间、薪金制度、工资结算等的授权审批；人事、考勤、工薪发放、记录等职务相互分离。

学习任务 2　生产与存货循环的控制测试

一、控制测试的前提条件

在实施控制测试程序之前，注册会计师需要了解被审计单位生产与存货循环的内部控制，评估认定层次的财务报表重大错报风险。如果被审计单位具有健全并且运行良好的相关内部控制，注册会计师把审计重点放在采购与付款循环的控制测试。影响生产与存货交易和余额的重大错报风险可能包括：

（1）交易的数量和复杂性。企业交易的数量庞大、业务复杂，错误和舞弊的风险就会增加。

（2）成本基础的复杂性。这涉及原材料和直接人工、间接费用的认定、计量和分配等。

（3）产品的多元化。这可能需要专家来验证其质量、状况或价值，或用特殊方法进行生产、成本等的计量。

（4）某些存货项目的可变现净值难以确定。

（5）存货存放在很多地点，并且可以在不同的地点之间配送存货。这将增加商品途中毁损或遗失的风险，或者导致存货在两个地点被重复列示，也可能产生转移定价的错误或舞弊。

二、存货储存的控制测试

注册会计师应当根据被审计单位存货的特点、盘存制度和存货内部控制的有效性等情况，并考虑获取、审阅和评价被审计单位的预定盘点程序，对存货的储存进行控制测试。

由于生产与存货循环同其他业务循环的内在联系，生产与存货循环中某些审计测试，特别是对存货的审计测试，与其他相关业务循环的审计测试同时进行将更为有效。例如，原材料的取得和记录是作为采购与付款循环的一部分进行测试的，而装运产成品和记录营业收入与成本则是作为销售与收款循环审计的一部分进行测试的。

存货储存审查技能案例

三、工薪活动的控制测试

进行工薪内部控制测试时，应选择若干月份工资汇总表、银行付款凭单、员工工资卡或人事档案、工时或产量统计等资料，检查是否相符，有无授权批准、发放、签收手续等。

在测试工薪内部控制时，首先，应选择若干月份工薪汇总表，做如下检查：计算复核每一份工薪汇总表；检查每一份工薪汇总表是否经授权批准；检查应付工薪总额与人工费用分配汇总表中的合计数是否相符；检查其代扣款项的账务处理是否正确；检查实发工薪总额与银行付款凭单及银行存款对账单是否相符，并正确过入相关账户。其次，从工资单中选取若干个样本（应包括各种不同类型人员），做如下检查：检查员工工薪卡或人事档案，确保工薪发放有依据；检查员工工资率及实发工薪额的计算；检查实际工时统计记录（或产量统计报告）与员工个人钟点卡（或产量记录）是否相符；检查员工加班加点记录与主管人员签证的月度加班汇总表是否相符；检查员工扣款依据是否正确；检查员工的工薪签收证明；实地抽查部分员工，证明其确在本公司工作，如已离开本公司，需获得管理层证实。

【审计技能案例9-3】注册会计师对甲公司进行审计，经检查，甲公司报表中应付职工薪酬项目上年年末已审数为5万元，本年年末未审数为6万元。甲公司董事会2023年年初决定将每月薪酬发放日由当月最后1日推迟到次月5日，同时将员工薪酬水平平均上调10%；该年员工队伍基本稳定。注册会计师针对此事项设计的相关实质性程序是：根据不同类别员工的薪酬标准和平均人数，估算2023年度应计提的员工薪酬，与2023年度实际计提的金额进行比较。

讨论：上述事项是否存在重大错报风险，与报表什么项目的认定相关？注册会计师实施的程序与识别重大错报风险是否直接相关？

【解析】上述事项可能表明存在重大错报风险。因为：考虑到应付职工薪酬在资产负债表日要比年初数多出一个月的金额，且工薪上涨达10%，总体应付职工薪酬年末数应当远远大于年初数；而被审计单位账面仅有少量余额，与上年年末余额很接近，存在重大错报风险。该事项与财务报表的应付职工薪酬项目的完整性、计价和分摊相关。

注册会计师实施的实质性程序与识别该重大错报风险直接相关。因为：该程序可以估算2023年度应计提的员工薪酬，与2023年度实际计提的金额进行比较；比较后能够发现被审计单位应付职工薪酬计提数整体上是否合理。

四、成本会计制度的控制测试

成本会计制度的控制测试包括直接材料成本控制测试、直接人工成本控制测试、制造费用控制测试和生产成本在当期完工产品与在产品之间分配的控制测试四项内容。

1. 直接材料成本控制测试

对采用定额单耗的企业，可选择某一成本报告期若干种具有代表性的产品成本计算单，获取样本的生产指令或产量统计记录及其直接材料单位消耗定额，根据材料明细账或采购业务测试工作底稿中各该直接材料的单位实际成本，计算直接材料的总消耗量和总成本，与该样本成本计算单中的直接材料成本核对，并注意下列事项：生产指令是否经过授权批准；单位消耗定额和材料成本计价方法是否适当，在当年度有无重大变更。

对未采用定额单耗的企业，可获取材料费用分配汇总表、材料发出汇总表（或领料单）、材料明细账（或采购业务测试工作底稿）中各该直接材料的单位成本，做如下检查：成本计算单中直接材料成本与材料费用分配汇总表中该产品负担的直接材料费用是否相符，分配标准是否合理；将抽取的材料发出汇总表或领料单中若干种直接材料的发出总量和各该种材料的实际单位成本之积，与材料费用分配汇总表中各该种材料费用进行比较，并注意领料单的签发是否经过授权批准，材料发出汇总表是否经过适当的人员复核，材料单位成本计价方法是否适当，在当年有无重大变更。

对采用标准成本法的企业，获取样本的生产指令或产量统计记录、直接材料单位标准用量、直接材料标准单价及发出材料汇总表或领料单，检查下列事项：根据产量、直接材料单位标准用量和标准单价计算的标准成本与成本计算单中的直接材料成本核对是否相符；直接材料成本差异的计算与账务处理是否正确，并注意直接材料的标准成本在当年度内有无重大变更。

2. 直接人工成本控制测试

对采用计时工资制的企业，获取样本的实际工时统计记录、职员分类表和职员工薪手册（工资率）及人工费用分配汇总表，做如下检查：成本计算单中直接人工成本与人工费用分配汇总表中该样本的直接人工费用核对是否相符；样本的实际工时统计记录与人工费用分配汇总表中该样本的实际工时核对是否相符；抽取生产部门若干天的工时台账与实际工时统计记录核对是否相符；当没有实际工时统计记录时，则可根据职员分类表及职员工薪手册中的工资率，计算复核人工费用分配汇总表中该样本的直接人工费用是否合理。

对采用计件工资制的企业，获取样本的产量统计报告、个人（小组）产量记录和经批准的单位工薪标准或计件工资制度,检查下列事项:根据样本的统计产量和单位工薪标准计算的人工费用与成本计算单中直接人工成本核对是否相符;抽取若干个直接人工(小组)的产量记录,检查是否被汇总记入产量统计报告。

对采用标准成本法的企业,获取样本的生产指令或产量统计报告、工时统计报告和经批准的单位标准工时、标准工时工资率、直接人工的工薪汇总表等资料,检查下列事项:根据产量和单位标准工时计算的标准工时总量与标准工时工资率之积同成本计算单中直接人工成本核对是否相符;直接人工成本差异的计算与账务处理是否正确,并注意直接人工的标准成本在当年内有无重大变更。

3. 制造费用控制测试

获取样本的制造费用分配汇总表、按项目分列的制造费用明细账、与制造费用分配标准有关的统计报告及其相关原始记录,做如下检查:制造费用分配汇总表中,样本分担的制造费用与成本计算单中的制造费用核对是否相符;制造费用分配汇总表中的合计数与样本所属成本报告期的制造费用明细账总计数核对是否相符;制造费用分配汇总表选择的分配标准(机器工时数、直接人工工资、直接人工工时数、产量等)与相关的统计报告或原始记录核对是否相符,并对费用分配标准的合理性做出评估;如果企业采用预计费用分配率分配制造费用,则应针对制造费用分配过多或过少的差额,检查其是否做了适当的账务处理;如果企业采用标准成本法,则应检查样本中标准制造费用的确定是否合理,计入成本计算单的数额是否正确,制造费用差异的计算与账务处理是否正确,并注意标准制造费用在当年度内有无重大变更。

4. 完工产品成本的控制测试

生产成本在当期完工产品与在产品之间分配的控制测试,检查成本计算单中在产品数量与生产统计报告或在产品盘存表中的数量是否一致;检查在产品约当产量计算或其他分配标准是否合理;计算复核样本的总成本和单位成本,最终对当年采用的成本会计制度做出评价。

【审计技能案例 9-4】审计人员抽查某公司 12 月份甲产品成本时发现,该产品已完工 600 件,月末在产品 300 件,完工程度为 50%,原材料在生产开始时一次投入,成本计算单如表 9-3 所示。

表 9-3 某公司 12 月份甲产品成本计算单

元

成本项目	月初在产品	本期生产费	完工成本	月末在产品
直接材料	16 000	119 000	108 000	27 000
直接人工	5 800	48 200	43 200	10 800
制造费用	2 350	16 400	15 000	3 750
合计	24 150	183 600	166 200	41 550

【解析】:审计人员重新计算甲产品成本计算单如表 9-4 所示。

表 9-4　重新计算甲产品成本计算单

元

成本项目	月初在产品	本期生产费	合计	约当产量	单位成本	完工成本	月末在产品
直接材料	16 000	119 000	135 000	900	150	90 000	45 000
直接人工	5 800	48 200	54 000	750	72	43 200	10 800
制造费用	2 350	16 400	18 750	750	25	15 000	3 750
合计	24 150	183 600	207 750		247	148 200	59 550

经对比可知：根据该公司完工产品、月末在产品单位耗材测算，是按约当产量750件进行分配的，所以，纵向分配直接材料有误。材料一次投入时，应使用实际产量900件进行分配。完工成本多计18 000元（每件多计30元），应进一步审查该产品是否销售而多结转主营业务成本。

五、以风险为起点的控制测试

注册会计师应当在识别生产与存货交易认定层次重大错报风险时，评估预期控制的运行是否有效，若有效则可对生产与存货循环实施控制测试。在审计实务中，注册会计师可以以识别的重大错报风险为起点实施控制测试。

生产与存货交易的
内部控制和控制测试

【审计技能案例9-5】根据生产与存货循环的主要业务活动，内部控制的目标与关键内部控制（见表9-2），请代注册会计师分析生产与存货交易中可能存在的风险，并设计相应的控制测试程序。

【解析】：根据该循环的主要业务活动、内部控制的目标与关键内部控制，注册会计师可以在风险评估中分析出该循环交易中可能存在的风险，并设计相应的控制测试程序如表9-5所示。

表 9-5　生产与存货交易的风险、控制和控制测试

业务活动	可能存在的风险	常用的控制测试
计划和开始生产	可能因生产过量导致存货滞销，或者因产量不足导致存货脱销；可能没按客户的要求生产产品	检查授权生产的证据；检查客户签署的认可函；检查生产任务单的批准
发出原材料	发出原材料未经授权；发出原材料可能不正确；原材料缺货可能导致生产延误；发出原材料可能未正确分配到生产任务；原材料可能被盗	检查生产任务通知单；跟进原材料分配表及相关附件；查询没有分配的原材料发出通知单；询问和观察以获取控制被执行的证据
在生产阶段间转移商品	人工与机器工时可能未被记录；工时可能未被分配至正确的生产任务	检查生产报告、考勤与产量记录的复核标记；检查工时差异例外报告的复核

续表

业务活动	可能存在的风险	常用的控制测试
转移产品至产成品仓库	仓库可能未记录接收的已完工产品，或接收了生产的残次品；产成品可能被盗；在产品和产成品的间接费用分配可能不正确	检查产品入库单；检查管理层例外报告；询问并观察安全措施；监盘和观察盘点程序；检查存货损耗的调整；检查成本费用的分配
保管维护存货	记录的存货数量可能与实际存货数量不一致；存货过时或者状况恶化，以至于其账面价值可能超过了可变现净值	检查存货盘点记录的存货余额；检查存货账面记录的调整；检查存货过时和存货减值的复核标记

说明：本表未列出该循环全部的业务活动、可能存在的风险与对应的控制测试程序。

学习任务 3　生产与存货循环的实质性程序

如前所述，生产与存货循环涉及的资产负债表项目主要是存货、应付职工薪酬等，涉及的利润表项目主要是营业成本等。其中，存货主要有原材料、材料成本差异、库存商品、发出商品、商品进销差价、委托加工物资、委托代销商品、周转材料、生产成本、制造费用、存货跌价准备等。

一、生产与存货循环实质性程序的目标

存货容易被盗和变质、毁损等，不同于其他财务报表项目的特性，生产与存货交易的重大错报风险通常影响到存货的存在、完整性、权利和义务、计价和分摊等认定。相应地，注册会计师针对上述重大错报风险实施实质性审计程序的目标在于获取关于存货存在、完整性、权利和义务、计价和分摊、列报等多项认定的审计证据。为实现上述审计目标，注册会计师应当识别管理层用于监控生产与存货交易和余额的关键性业绩指标；确定影响被审计单位核心业务的重要的内部、外部经营风险，并考虑其对生产与存货流程可能产生的影响；将有关存货项目的期初余额与以前年度工作底稿核对相符；复核制造费用和销售成本总分类账中的异常情况，以及原材料、在产品和产成品等余额的变动情况，调查异常的会计处理；并将有关存货项目的期末余额与总分类账核对相符。在此基础上，对生产与存货交易实施实质性程序，包括实质性分析程序、交易和余额的细节测试。

存货审计，尤其是对年末存货余额的测试，通常是审计中最复杂也最费时的部分，对存货存在性和存货价值的评估常常十分困难。导致存货审计复杂的主要原因包括：

（1）存货通常是资产负债表中的一个主要项目，而且通常是构成营运资本的最大项目。

（2）存货存放于不同的地点，这使得对它的实物控制和盘点都很困难。企业必须将存货置放于便于产品生产和销售的地方，但是这种分散也带来了审计的困难。

（3）存货项目的多样性也给审计带来了困难。例如，化学制品、宝石、电子元件以及其他的高科技产品。

（4）存货本身的陈旧以及存货成本的分配也使得存货的估价存在困难。

（5）不同企业采用的存货计价方法存在的多样性。

正是由于存货对于企业的重要性、存货问题的复杂性以及存货与其他项目密切的关联度，要求注册会计师对存货项目的审计应当予以特别的关注。相应地，要求实施存货项目审计的注册会计师应具备较高的专业素质和相关业务知识，分配较多的审计工时，运用多种有针对性的审计程序。

二、实质性分析程序

1. 确定期望值与可接受重大差异额

根据对被审计单位的经营活动、供应商的发展历程、贸易条件、行业惯例和行业现状的了解，确定营业收入、营业成本、毛利以及存货周转和费用支出项目的期望值。根据本期存货余额组成、存货采购、生产水平与以前期间和预算的比较，定义营业收入、营业成本和存货可接受的重大差异额。

2. 比较分析实际差异额

计算实际数和预计数之间的差异，并同管理层使用的关键业绩指标、存货余额和预期周转率等进行比较、分析。实施实质性分析程序的目的在于获取支持相关审计目标的证据，应注意以下四点。

（1）注册会计师利用所掌握的、适用于被审计单位的销售毛利率知识，判断各类产品的销售毛利率是否符合期望值，存货周转率或者周转能力是否随着重要存货项目的变化而变化。

（2）按区域分析被审计单位各月存货变动情况，并考虑存货变动情况是否与季节性变动和经济因素变动一致。

（3）对周转缓慢或者长时间没有周转（如超过半年）以及出现负余额的存货项目单独摘录并列表。

（4）由于可能隐含着重要的潜在趋势，注册会计师应当注意不要过分依赖计算的平均值。

各个存货项目的潜在重大错报风险可能并不一致，实质性分析程序应该用来查明单项存货或分类别存货的一些指标关系。

3. 调查重大差异并形成结论

通过询问管理层和员工，调查实质性分析程序得出的重大差异额是否表明存在重大错报风险，是否需要设计恰当的细节测试程序以识别和应对重大错报风险。形成结论，即实质性分析程序能够提供充分、适当的审计证据，或需要对交易和余额实施细节测试以获取进一步的审计证据。

【审计技能案例9-6】注册会计师刘榕收集了宏化有限公司2021年的主营业务收入、主营业务成本和制造费用的数据如表9-6所示。经查，该公司本年增加一套生产设备的折旧费用计算无误。

表 9－6　宏化有限公司 2021 年收入成本分析工作底稿表

万元

项目	主营业务收入	主营业务成本	制造费用					
			折旧	修理	水电	房租	工资	合计
2021 年数	14 300	11 800	3.69	0.48	1.35	0.84	5.01	11.37
2020 年数	11 000	10 300	1.56	1.29	1.37	0.70	5.01	9.93

【解析】：将本年与上年制造费用的各项目进行简单对比分析，除工资与上年度保持一致、修理费和水电费有所下降外，其余项目均呈一定幅度增长，其原因主要是本年度收入增长所致，说明制造费用的变动基本正常且制造费用占收入的比例较小，审计时对制造费用进行一般关注即可。主营业务毛利率由上年的 6.4% 上升到本年的 17.5%，属于异常变动，可能是产品销售结构、产品价格、材料及人工生产成本等某些因素发生了较大的变化。故此，注册会计师应重点审查生产过程中的材料费、人工费，以及新增设备所生产的商品的销售量、售价和收入的确认情况。

三、交易与余额的细节测试

1. 对主要交易流实施抽样审查

注册会计师应从被审计单位存货业务流程层面的主要交易流中选取一个样本，检查其支持性证据。例如，从存货采购，完工产品的转移，销售和销售退回记录中选取一个样本：①查支持性的供应商文件、生产成本分配表、完工产品报告、销售和销售退回文件；②从供应商文件、生产成本分配表、完工产品报告、销售和销售退回文件中选取一个样本，追踪至存货总分类账户的相关分录；③重新计算样本所涉及的金额，检查交易经授权批准而发生的证据。

2. 对主要交易流实施截止测试

对期末前后发生的诸如采购、销售退回、销售、产品存货转移等主要交易流，实施截止测试。确认本期末存货收发记录的最后一个顺序号码，并详细检查随后的记录，以检测在本会计期间的存货收发记录中是否存在更大的顺序号码，或因存货收发交易被漏记或错计入下一会计期间而在本期遗漏的顺序号码。

3. 存货余额的细节测试

存货余额的细节测试内容很多，比如，观察被审计单位存货的实地盘存；通过询问确定现有存货是否存在寄存情况，或者被审计单位存货在盘点日是否被寄存在他人处；获取最终的存货盘点表，并对存货的完整性、存在和计量进行测试；检查、计算、询问和函证存货价格；检查存货的抵押合同和寄存合同；检查、计算、询问和函证存货的可变现净值等。

【审计技能案例 9－7】某注册会计师编制的工作底稿部分内容如表 9－7 所示，请指出是否存在不当之处，如果存在不当之处，简要提出改进建议。

表 9-7　存货账面价值审计部分记录

万元

项目	2020年	2021年			索引号	说明
	已审数	未审数	审计调整	审定数		
A产品	150	450		450		注（1）
B产品	500	280	40	320		注（2）
C产品	300	170	20	190		注（3）
……（略）						
减：存货跌价准备	0	0	0	0		注（4）

注（1）：根据该公司年末A产品盘点表，有1 000件（成本30万元）未包含在"未审数"中，属于2021年12月30日向客户开具销售1 800件的发票中的未发货数（已全额确认收入），2022年1月10日发货。我们检查了销售发票、次年交货记录，没发现异常。审计建议：无须调整。

注（2）：B产品是高能耗过时产品，2021年12月赊销B产品1 000件（成本为40万元）在2022年1月5日退回，冲减了2022年1月份的收入。我们检查了退货协议、次年入库记录，没发现异常。审计建议：公司同意调减2021年的主营业务收入、主营业务成本和应收账款，并调增B产品余额40万元。

注（3）：C产品于2022年1月停产，我们测试了该产品的发出计价，多转2021年主营业务成本20万元。审计建议：公司同意调增2021年年末C产品余额20万元，调减主营业务成本20万元。

注（4）：经存货减值测试，B产品应按30%、C产品应按20%提取存货减值准备。审计建议：公司不同意，作为待审事项。

【解析】：注（1）不当。注册会计师不能仅检查发票和交货记录就确认这1 000件是"已销售未发货"，应根据公司盘点表追查到A产品实物（即检查产品是否存在）。注（2）不当。不能仅检查退货协议与入库单就调增存货，应追查实物（即检查产品是否存在）。注（3）适当。注（4）不当。应直接作为重大差错处理。

四、存货监盘

（一）存货监盘的特点

存货监盘

存货监盘是指注册会计师现场监督被审计单位存货的盘点，并进行适当的抽查。存货监盘有两层含义，一是注册会计师现场监督被审计单位存货的盘点，二是注册会计师根据需要进行适当的抽查。检查、观察被审计单位的存货盘点，这些程序用做控制测试还是实质性程序，取决于注册会计师的风险评估结果、审计方案和实施的特定程序。

存货监盘针对的主要是存货的存在认定、完整性认定以及权利义务认定，注册会计师监盘存货的目的在于获取有关存货数量和状况的审计证据，以确证被审计单位记录的所有存货确实存在，已经反映了被审计单位拥有的全部存货，并属于被审计单位的合法财产。存货监盘作为存货审计的一项核心审计程序，通常可同时实现上述多项审计目标。需注意的是，存货存在与完整性的认定具有较高的重大错报风险，而且注册会计师通常只有一次机会通过存货的实地监盘对有关认定做出评价；同时，注册会计师在测试存货的权利和义务认定和完整性认定时，可能还需要实施其他审计程序，这些将在本学习情境的其他部分讨论。

需要说明的是，尽管实施存货监盘，获取有关期末存货数量和状况的充分、适当的审计证据是注册会计师的责任，但这并不能取代被审计单位管理层定期盘点存货、合理确定存货的数量和状况的责任。事实上，管理层通常制定程序，要求对存货每年至少一次实物盘点，以作为编制财务报表的基础，并用以确定被审计单位永续盘存制的可靠性（如适用）。

（二）制定存货监盘计划

1. 制定存货监盘计划应考虑的事项

（1）与存货相关的重大错报风险。影响存货重大错报风险的内部因素主要有：存货的数量和种类、成本归集的难易程度、陈旧过时的速度或易损坏程度、遭受失窃的难易程度等。如，服装或电子行业的产品的过时风险高可能导致存货价值高估，鲜活商品变质的风险很高，珠宝存货的错报风险通常高于铁制纽扣类存货的错报风险。同时，注册会计师还应当了解被审计单位与存货相关的采购、验收、仓储、领用、加工、装运出库等方面的内部控制，根据内部控制的完善程度确定进一步审计程序的性质、时间安排和范围。

（2）与存货实地盘点相关的内部控制。被审计单位与存货实地盘点相关的内部控制通常包括：制定合理的存货盘点计划、确定合理的存货盘点程序、配备相应的监督人员、对存货进行独立的内部验证、存货计量工具和计量方法的控制、盘点时存货收发截止与移动的控制、将盘点结果与永续存货记录进行独立的调节、对盘点表和盘点标签进行充分控制。

（3）对存货盘点是否制定了适当的程序，并下达了正确的指令。注册会计师需要复核或与管理层讨论其存货盘点程序，如果认为被审计单位的存货盘点程序存在缺陷，注册会计师应当提请被审计单位调整。

（4）存货盘点的时间安排。如果存货盘点在财务报表日以外的其他日期进行，注册会计师除实施存货监盘相关审计程序外，还应当实施其他审计程序，以获取审计证据，确定存货盘点日与财务报表日之间的存货变动是否已得到恰当的记录。

（5）被审计单位是否一贯采用永续盘存制。存货数量的盘存制度一般为实地盘存制和永续盘存制。如果被审计单位通过实地盘存制确定数量，则注册会计师要参加此种盘点；如果被审计单位采用永续盘存制，注册会计师应在年度中一次或多次参加。

（6）存货的存放地点，以确定适当的监盘地点。注册会计师应了解所有的存货存放地点，既可以防止被审计单位或自己发生任何遗漏，也有助于恰当地分配审计资源。

（7）是否需要专家协助。注册会计师可能不具备其他专业领域专长与技能，在确定资产数量或资产实物状况（如矿石堆），或在收集特殊类别存货（如艺术品、稀有玉石、房地产、电子器件、工程设计等）的审计证据，或评估在产品完工程度时，注册会计师可以考虑利用专家的工作。

2. 存货监盘计划的主要内容

（1）存货监盘的目标、范围及时间安排。存货监盘的主要目标包括获取被审计单位资产负债表日有关存货数量和状况以及有关管理层存货盘点程序可靠性的审计证据，检查存货的数量是否真实完整，是否归属被审计单位，存货有无毁损、陈旧、过时、残次和短缺等状况。

存货监盘范围的大小取决于存货的内容、性质以及与存货相关的内部控制的完善程度和重大错报风险的评估结果。

存货监盘的时间,包括实地察看盘点现场的时间、观察存货盘点的时间和对已盘点存货实施检查的时间等,应当与被审计单位实施存货盘点的时间相协调。

(2)存货监盘的要点及关注事项。存货监盘的要点主要包括注册会计师实施存货监盘程序的方法、步骤,各个环节应注意的问题以及所要解决的问题。注册会计师需要重点关注的事项包括盘点期间的存货移动、存货的状况、存货的截止确认、存货的各个存放地点及金额等。

(3)参加存货监盘人员的分工。注册会计师应当根据被审计单位参加存货盘点人员分工、分组情况、存货监盘工作量的大小和人员素质情况,确定参加存货监盘的人员组成以及各组成人员的职责和具体的分工情况,并加强督导。

(4)检查存货的范围。注册会计师应当根据对被审计单位存货盘点和对被审计单位内部控制的评价结果确定检查存货的范围。在实施观察程序后,如果认为被审计单位内部控制设计良好且得到有效实施,存货盘点组织良好,可以相应缩小实施检查程序的范围。

(三)实施存货监盘程序

1. 评价管理层用以记录和控制存货盘点结果的指令和程序

注册会计师在实施存货监盘过程中,应当评价管理层收集存货盘点记录、清点未使用盘点表单、实施盘点和复盘程序等的适当性;管理层准确认定在产品完工程度、过时或毁损存货、第三方保管存货、估计存货数量等方法的适当性;盘点时存货移动以及截止日前后期间出入库的控制措施等。

2. 观察存货盘点程序的执行情况

观察管理层制定的存货盘点程序的执行情况,有助于注册会计师获取有关管理层指令和程序是否得到适当设计和执行的审计证据。如,管理层对盘点时及其前后的存货移动的控制措施与要求是什么,实际盘点中是否得到执行等,并获取移动的具体情况以便日后对存货移动的会计处理实施审计程序。此外,注册会计师可以获取有关截止性信息(如存货移动的具体情况)的复印件,有助于日后对存货移动的会计处理实施审计程序。

3. 检查存货

在存盘监盘过程中检查存货,有助于确定存货的存在,以及识别过时、毁损或陈旧的存货。注册会计师应当把所有过时、毁损或陈旧存货的详细情况记录下来。这既便于进一步追查这些存货的处置情况,也能为测试被审计单位存货跌价准备计提的准确性提供证据。

对所有权不属于被审计单位的存货,注册会计师应当取得其规格、数量等有关资料,确定是否已单独存放、标明,且未被纳入盘点范围。在存货监盘过程中,注册会计师应当根据取得的所有权不属于被审计单位的存货的有关资料,观察这些存货的实际存放情况,确保其未被纳入盘点范围。即使在被审计单位声明不存在受托代储等存货的情况下,注册会计师在存货监盘时也应当关注是否存在某些存货不属于被审计单位的迹象,以避免盘点范围不当。

4. 执行存货抽盘

在对存货盘点结果进行测试时,注册会计师可以从存货盘点记录中选取项目追查至存货实物,以及从存货实物中选取项目追查至盘点记录,以获取有关盘点记录准确性和完整性的审计证据。需要说明的是，注册会计师应尽可能避免让被审计单位事先了解将抽盘的存货项目。除记录注册会计师对存货盘点结果进行的测试情况外，获取管理层完成的存货盘点记录的复印件也有助于注册会计师日后实施审计程序，以确定被审计单位的期末存货记录是否准确地反映了存货的实际盘点结果。

注册会计师在实施抽盘程序时发现差异，很可能表明被审计单位的存货盘点在准确性或完整性方面存在错误。由于检查的内容通常仅仅是已盘点存货中的一部分，所以在检查中发现的错误很可能意味着被审计单位的存货盘点还存在着其他错误。一方面，注册会计师应当查明原因，并及时提请被审计单位更正；另一方面，注册会计师应当考虑错误的潜在范围和重大程度，在可能的情况下，扩大检查范围以减少错误的发生。注册会计师还可要求被审计单位重新盘点，重新盘点的范围可限于某一特殊领域的存货或特定盘点小组。

5. 对无法监盘的存货实施替代程序

被审计单位存货的性质或位置等原因，无法实施存货监盘时，如存货的机密配方、危险的化学物品、大海中的鱼苗、在途存货、存放外地的存货等，可实施替代程序：检查进货交易凭证或生产记录以及其他相关资料；检查资产负债表日后发生的销货交易凭证；向顾客或供应商函证等。注册会计师无法亲临现场，如无法到达存货储放地点、木材被积雪覆盖等，可以考虑改变存货监盘日期，或选派其他人员实施存货监盘、或聘请专家协助。对被审计单位委托其他单位保管或已作质押的存货，注册会计师应当向保管人或债权人函证，并可考虑利用其他注册会计师的工作，必要时对此类存货实施监盘程序。如果不能实施替代审计程序，或者实施替代审计程序可能无法获取有关存货的存在和状况的充分、适当的审计证据，注册会计师可能需要发表非无保留意见。

接受委托时被审计单位的期末存货盘点已经完成，注册会计师应当评估存货内部控制的有效性，对存货进行适当抽查或提请被审计单位另择日期重新盘点，同时测试抽查日（或重新盘点日）与资产负债表日之间发生的存货交易。注册会计师首次接受委托未能对上期期末存货实施监盘，且该存货对本期会计报表存在重大影响时，应当：①查阅前任注册会计师工作底稿；②审阅上期存货盘点记录及文件；③抽查上期存货交易记录；④运用毛利率法等进行分析。

【审计技能案例9-8】 被审计单位有钢筋、堆积煤、贵金属、散装粮食、木材等存货时，请分析对这些存货盘点的潜在问题，并说明注册会计师可供实施的审计程序。

【解析】：这些存货数量难以估计，或者其质量难以确定，或者盘点人员无法对其移动实施控制等。注册会计师需要运用职业判断，根据被审计单位所处行业的特点、存货的类别和特点以及内部控制等具体情况，并在通用的存货监盘程序基础上，设计特殊类型存货监盘的具体审计程序，对存货的数量和状况获取审计证据，如表9-8所示。

表9-8 特殊类型存货的监盘程序

存货类型	存货盘点潜在的问题	可供实施的审计程序
木材、钢筋盘条、管子	通常无标签，但在盘点时会做上标记或用粉笔标识；难以确定存货的数量或等级	检查标记或标识；利用专家或内部有经验人员的工作；依赖永续存货记录

续表

存货类型	存货盘点潜在的问题	可供实施的审计程序
堆积型存货（如矿石、煤、钢废料）	通常既无标签也不做标记；在估计存货数量时存在困难	运用工程估测、几何计算、高空勘测；进行实地监盘，或旋转存货堆加以估计
散装物品（如液体、气体、粮食等）	在估计存货数量时存在困难；在确定存货质量时存在困难	利用专家的工作；选择样品进行化验与分析；依赖永续存货记录；使用工程报告
贵金属、石器、艺术品与收藏品	在存货辨认与质量确定方面存在困难	选择样品进行化验与分析；利用专家的工作
牲畜、未开采矿石、森林	在存货辨认与数量确定方面存在困难；可能无法对此类存货的移动实施控制	高空摄影以确定其存在性；比较不同时点的数量；依赖永续存货记录

6. 存货监盘结束时的工作

在被审计单位存货盘点结束前，注册会计师应当：①再次观察盘点现场，以确定所有应纳入盘点范围的存货是否均已盘点。②取得并检查已填用、作废及未使用盘点表单的号码记录，确定其是否连续编号，查明已发放的盘点表单是否均已收回，并与存货盘点的汇总记录进行核对。③根据在存货监盘过程中获取的信息对被审计单位最终的存货盘点结果汇总记录进行复核，并评估其是否正确地反映了实际盘点结果。

如果存货盘点日不是资产负债表日，注册会计师应当实施适当的审计程序，确定盘点日与资产负债表日之间存货的变动是否已得到恰当的记录。

当设计审计程序以获取关于盘点日的存货总量与期末存货记录之间的变动是否已被适当记录的审计证据时，注册会计师考虑的相关事项包括：①对永续盘存记录的调整是否适当；②被审计单位永续盘存记录的可靠性；③从盘点获取的数据与永续盘存记录存在重大差异的原因。

【审计技能案例9-9】丰华有限责任公司投入1件A材料可产出0.9千克甲产品，材料陆续投入，2021年12月31日在产品账面结存1 050千克、加工程度为40%。注册会计师彭兵于2022年1月25日进行监盘，在产品实存235千克、加工程度为60%；收集到2022年1月1—24日投入A材料1 200件，甲产品完工1 300千克；另外1月产出已完工的废品50千克。

【解析】：产成品数量 = 耗料量 × 产成品投入产出率 = 投料量 × (1 − 产成品损耗率)

在产品数量 = 耗料总量 × 在产品投入产出率 = 投料总量 × (1 − 在产品损耗率)

　　　　　　= 耗料总量 × (1 − 产成品损耗率 × 在产品完工程度)

故：1月25日在产品耗料 = 235/[1 − (1 − 0.9) × 0.6] = 250（件）；

1日至24日完工产品耗料 = 1 350/0.9 = 1 500（件）；

上年12月在产品实耗料 = 250 + 1 500 − 1 200 = 550（件）；

上年12月在产品应存 = 550 × [1 − (1 − 0.9) × 0.4] = 528（千克）。

所以：上年12月在产品审定数量为528千克，盘亏522千克。

五、存货计价与截止测试

监盘程序主要是对存货的结存数量予以确认,为验证财务报表上存货余额的真实性,还必须对存货的计价进行审计,即确定存货实物数量和永续盘存记录中的数量是否经过正确地计价和汇总。存货计价测试主要是针对被审计单位所使用的存货单位成本是否正确所做的测试,当然,广义地看,存货成本的审计也可以被视为存货计价测试的一项内容。

(一) 单位成本测试

单位成本充分的内部控制与生产和会计记录结合起来,对于确保用于期末存货计价成本合理性十分重要。

1. 样本的选择

计价审计的样本,应从存货数量已经盘点、单价和总金额已经计入存货汇总表的结存存货中选择。选择样本时应着重选择结存余额较大且价格变化比较频繁的项目,同时考虑所选样本的代表性。抽样方法一般采用分层抽样法,抽样规模应足以推断总体的情况。

2. 计价方法的确认

存货的计价方法多种多样,被审计单位应结合企业会计准则的基本要求选择符合自身特点的方法。注册会计师应了解掌握被审计单位的存货计价方法外,如先进先出法、移动加权平均法、售价法、计划成本法等,还应对这种计价方法的合理性与一贯性予以关注,没有足够理由,计价方法在同一会计期间内不得变动。

3. 计价测试

进行计价测试时,注册会计师首先应对存货价格的组成内容予以审核,然后按照所了解的计价方法对所选择的存货样本进行计价测试。测试时,应尽量排除被审计单位已有计算程序和结果的影响,进行独立测试。测试结果出来后,应与被审计单位账面记录对比,编制对比分析表,分析形成差异的原因。如果差异过大,应扩大测试范围,并根据审计结果考虑是否应提出审计调整建议。

【审计技能案例 9-10】 注册会计师吴文秀对新世界有限公司的存货进行计价审计,从库存商品数量金额式明细账中抽取样本审查,样本中有一张账页记载的是坑装液体材料,如表 9-9 所示。

表 9-9 坑装液体材料明细账

日期	摘要	借方		贷方		结存	
		数量/吨	金额/元	数量/吨	金额/元	数量/吨	金额/元
1月1日	上年结转					100	21 000
1月8日	购进	900	198 000			1 000	219 000
1月12日	销售			700	153 000	300	66 000
1月20日	购进	500	115 000			800	181 000
1月28日	销售			400	92 000	400	89 000

【解析】：计价测试情况，该商品月初结存单价为210元，1月8日购进的单价为220元，购进后的加权平均单价为219元，1月12日销售700吨结转的销售成本，经测试为100×210+600×220=153 000（元），故采用的是先进先出法；1月12日结存单价为220元，1月20日购进的单价为230元，1月28日销售400吨结转的成本，经测试为400×230=92 000（元），故采用的是后进先出法；违背了会计核算的一贯性原则。同时，一个月内采购价格变化过大，应结合购货与付款循环审查采购价格的真实、合法性。

对存货计价方法的合理性进行审查，根据实物流转情况，坑装液体应采用加权平均法、有保质期的食品应采用先进先出法结转销售成本；故此，应结转坑装液体成本为：700×219+400×225.875=243 650（元），该公司结转的成本为245 000（元），多结转销售成本1 350元。

（二）存货可变现净值测试

在存货计价审计中，由于被审计单位对期末存货采用成本与可变现净值孰低的方法计价，所以注册会计师应充分关注其对存货可变现净值的确定及存货跌价准备的计提。

可变现净值是指企业在日常活动中，存货的估计售价减去至完工时估计将要发生的成本、估计的销售费用以及相关税费后的金额。企业确定存货的可变现净值，应当以取得的确凿证据为基础，并且考虑持有存货的目的以及资产负债表日后事项的影响等因素。

【审计技能案例9-11】江城公司年末原材料360万元、存货跌价准备3.1万元。原材料中有成本为100万元的A类材料专门为客户加工甲产品10台、合同价为每台20万元，另有成本为60万元的A类材料可加工甲产品6台、每台市价为17万元（没有签订相关合同）；甲产品估计加工费为每台6万元，预计销售税费为售价的10%。B类材料成本为200万元，加工为乙产品的加工费用为80万元，产品市价为290万元，预计销售税费为30万元。

【解析】：根据《企业会计制度》规定，存货在期末应当按照成本与可变现净值孰低计量。有合同的按合同价作为计算可变现净值的基础，没有合同的按市价作为可变现净值计算的基础。原材料可变现净值=产品售价-估计加工费-预计销售税费。所以有合同的A材料可变现净值=20×10×（1-10%）-6×10=120（万元），高于成本100万元，跌价准备不保留余额；没有合同的A材料可变现净值=17×6×（1-10%）-6×6=55.8（万元），低于成本60万元，应按可变现净值计量，跌价准备应保留的余额为4.2万元；B类材料可变现净值=290-80-30=180（万元），低于成本200万元，跌价准备应保留的余额为20万元。

所以"存货跌价准备"账户应保留的余额为24.2万元，应建议该公司补提21.1万元存货跌价准备并增加资产减值损失。

另外我国所得税法规定，企业所得税前允许扣除的项目，应遵循实际发生、据实扣除的原则。企业根据财务会计制度规定提取的准备金（如资产减值准备、风险准备、工资准备等），不得在企业所得税前扣除，但可按应收款项目年末余额的3‰从所得税前扣除坏账准备。上述的"存货跌价准备"余额24.2万元，在年终所得税汇算时应进行纳税调整。

（三）存货截止测试

注册会计师在对期末存货进行截止测试时，通常应当关注：

存货截止测试
技能案例

（1）所有在截止日期以前入库的存货项目是否均已包括在盘点范围内，并已反映在截止日以前的会计记录中；任何在截止日期以后入库的存货项目是否均未包括在盘点范围内，也未反映在截止日以前的会计记录中。

（2）所有截止日以前装运出库的存货商品是否均未包括在盘点范围内，且未包括在截止日的存货账面余额中；所有已记录为购货但尚未入库的存货是否均已包括在盘点范围内，并已反映在会计记录中。

（3）所有已确认为销售但尚未装运出库的商品是否均未包括在盘点范围内，且未包括在截止日的存货账面余额中；所有已记录为购货但尚未入库的存货是否均已包括在盘点范围内，并已反映在会计记录中。

（4）在途存货和被审计单位直接向顾客发运存货是否均已得到了适当的会计处理。

注册会计师通常可观察存货的验收入库地点和装运出库地点以执行截止测试。在存货入库和装运过程中采用连续编号的凭证时，注册会计师应当关注截止日期前的最后编号。如果被审计单位没有使用连续编号的凭证，注册会计师应当列出截止日期以前的最后几笔装运和入库记录。如果被审计单位使用运货车厢或拖车进行存储、运输或验收入库，注册会计师应当详细列出存货场地上满载和空载的车厢或拖车，并记录各自的存货状况。

学习任务 4　原材料与营业成本的审计

一、原材料的审计目标

原材料的审计目标一般包括：确定资产负债表中包含的原材料是否存在；确定所有应记录的原材料是否均已记录；确定记录的原材料是否由被审计单位拥有或控制；确定原材料是否以恰当的金额包括在财务报表中，与之相关的计价或分摊是否已恰当记录；确定原材料及相应的减值准备是否已按照企业会计准则的规定在财务报表中做出恰当列报。

二、原材料审计的实质性程序

1. 获取或编制原材料明细表

复核加计是否正确，并与总账数、明细账合计数核对是否相符。

2. 实施实质性分析程序（必要时）

必要时，实施实质性分析程序，具体包括以下五个步骤：

（1）针对已识别需要运用分析程序的有关项目，并基于对被审计单位及其环境的了解，通过比较计算，考虑有关数据间关系的影响，以建立注册会计师有关数据的期望值；

（2）确定可接受的差异额；

（3）将实际的情况与期望值相比较，识别需要进一步调查的差异；

（4）如果其差额超过可接受的差异额，调查并获取充分的解释和恰当的佐证审计证据（如检查相关的凭证）；

（5）评估分析程序的测试结果。

3. 实施存货监盘程序

注册会计师应现场观察原材料的盘点，并从原材料明细账中选取具有代表性的样本，与盘点报告（记录）的数量核对，再从盘点报告（记录）中抽取有代表性的样本，与原材料明细账的数量核对。

4. 原材料计价方法的测试

原材料计价方法的测试主要包括：检查原材料的计价方法前后期是否一致；选取样本，检查原材料的入账基础和计价方法是否正确；检查原材料发出计价的方法是否正确；结合期末市场采购价，分析主要原材料期末结存单价是否合理；结合原材料的盘点检查，期末有无料到单未到情况，如有，应查明是否已暂估入账，其暂估价是否合理。

【审计技能案例 9-12】注册会计师陈波对沱桥有限公司审计时，抽查的 12 月账户，发现原材料与材料成本差异，如表 9-10 所示。

表 9-10 原材料与材料成本差异部分记录表

元

摘要	原材料		材料成本差异	
	借方	贷方	借方	贷方
月初余额	863 630			68 300
本月购货	708 930		13 520	62 186
A 产品领料并分配差异		963 180	71 858	
车间领料并分配差异		12 680	1 098	

【解析】①注册会计师重新计算材料成本差异的分配如下：分配率 = （-68 300 + 13 520 - 62 186）/（863 630 + 708 930）≈ -7.437 94%；A 产品应分配材料成本差异 = 963 180 × （-7.437 94%）≈ -71 640.75；车间应分配差异 = 12 680 × （-7.437 94%）≈ -943.13。

②问题：材料成本差异多分配节约差异 372.12 元，属于计算错误。分配材料的节约差异时应用红字贷记"材料成本差异"账户，但该公司用蓝字借记该账户，属于会计原理运用错误。

5. 检查非日常的原材料交易业务

（1）对于通过非货币性资产交换、债务重组、企业合并以及接受捐赠等取得的原材料，检查其入账的有关依据是否真实、完备，入账价值和会计处理是否符合相关规定。

（2）检查投资者投入的原材料是否按照投资合同或协议约定的价值入账，并检查约定的价值是否公允、交接手续是否齐全。

（3）检查与关联方的购销业务是否正常，关注交易价格、交易金额的真实性及合理性，检查对合并范围内购货记录应予合并抵销的数据是否正确。

6. 截止测试

（1）原材料入库的截止测试：①在原材料明细账的借方发生额中选取资产负债表日前后若干天的凭证，并与入库记录（如入库单、购货发票、运输单据）核对，以确定原材料入库被记录在正确的会计期间；②从入库记录（如入库单、购货发票、运输单据）中选取资产负债表日前后若干张、若干金额以上的凭据,与原材料明细账的借方发生额进行核对,以确定原材料入库被记录在正确的会计期间。

(2) 原材料出库截止测试:①在原材料明细账的贷方发生额中选取有资产负债表日前后若干天的凭证,并与出库记录(如出库单、销货发票、运输单据)核对,以确定原材料出库被记录在正确的会计期间;②从出库记录(如出库单、销货发票、运输单据)中选取资产负债表日前后若干天的凭据,与原材料明细账的贷方发生额进行核对,以确定原材料出库被记录在正确的会计期间。

7. 检查原材料的挂账与担保

审核有无长期挂账的原材料,如有,应查明原因,必要时作调整。结合银行借款等科目,了解是否有用于债务担保的原材料,如有,则应取证并做相应的记录,同时提请被审计单位做恰当披露。

8. 检查原材料的披露是否恰当

检查原材料及相应的减值准备是否已按照企业会计准则的规定在财务报表中做出恰当列报。

【审计技能案例9-13】注册会计师王勇发现银山有限责任公司"待处理财产损溢"总账年末借方余额12.93万元。经询问会计人员,为年末原材料盘亏,原因没有查明,而现行资产负债表中无"待处理流动资产损溢"项目,故此将其并入存货项目反映。

讨论:指出存在的问题,并说明上述事项如何在报表中列示。

【解析】:根据《企业会计制度》和《企业会计准则》规定:企业清查的各种财产的损益事项,应查明原因,经股东大会或董事会或经理会议或类似机构批准后,在期末结账前处理完毕;若在期末结账前尚未经批准,在对外提供财务会计报告时先按规定处理(期末处理后"待处理财产损溢"账户应无余额),并在会计报表附注中作出说明;如果其后批准处理的金额与已处理的金额不一致,调整会计报表相关项目的年初数。故此应建议该公司将待处理财产损溢12.93万元转做管理费用,不能计入资产负债表。

三、主营业务成本的审计目标

主营业务成本的审计目标一般包括:确定利润表中主营业务成本是否已发生,且与被审计单位有关;确定所有应当记录的主营业务成本是否均已记录;确定与主营业务成本有关的金额及其他数据是否已恰当记录;确定主营业务成本是否已记录于正确的会计期间;确定主营业务成本记录的账户是否恰当;确定主营业务成本是否已按照企业会计准则的规定在财务报表中做出恰当的列报。

四、主营业务成本审计的实质性程序

1. 获取或编制主营业务成本明细表

获取或编制主营业务成本明细表,复核加计是否正确,并与总账数和明细账合计数核对是否相符。

主营业务成本审计

2. 编制生产成本与主营业务成本倒轧表

复核主营业务成本明细表的正确性，编制生产成本与主营业务成本倒轧表，并与库存商品等相关科目勾稽。

3. 实施实质性分析程序（必要时）

（1）针对已识别需要运用分析程序的有关项目，注册会计师基于对被审计单位及其环境的了解，通过比较计算，并考虑有关数据间关系的影响，以建立注册会计师有关数据的期望值；

（2）确定可接受的差异额；

（3）将实际的情况与期望值相比较，识别需要进一步调查的差异；

（4）如果其差异额超过可接受的差异额，调查并获取充分的解释和恰当的佐证审计证据（例如：通过检查相关的凭证）；

（5）评估分析程序的测试结果。

4. 检查核算内容与计算方法

检查主营业务成本的内容和计算方法是否符合会计准则规定，前后期是否一致。在采用计划成本、定额成本、标准成本或售价核算存货的条件下，应检查产品成本差异或商品进销差价的计算、分配和会计处理是否正确。结合期间费用的审计，判断被审计单位是否通过将应计入生产成本的支出计入期间费用，或将应计入期间费用的支出计入生产成本等手段调节生产成本，从而调节主营业务成本。

5. 抽查成本结转明细清单

抽取若干月份的主营业务成本结转明细清单，结合生产成本的审计，检查销售成本结转数额的正确性，比较计入主营业务成本的商品品种、规格、数量与计入主营业劳务收入的口径是否一致，是否符合配比原则。

6. 检查异常事项

针对主营业务成本中重大调整事项（如销售退回）、非常规项目，检查相关原始凭证，评价真实性和合理性，检查其会计处理是否正确。

7. 检查列报的恰当性

结合其他业务成本账户与利润表营业成本报表数，检查营业成本是否已按照企业会计准则的规定在财务报表中做出恰当列报。

【审计技能案例9-14】 注册会计师何春梅对松林有限公司的生产成本及销售成本进行审计，其账务记录如表9-11的"未审数"所示。经审计后发现以下事项：料到单未到的材料5 000元没暂估入账；车间月末剩余材料1 000元，没做假退料处理；修建厂房的工资2 000元，列为直接人工成本；本月支付的财产保险费6 000元，全额列做制造费用，经检查应按3个月摊销；月末在产品盘点实际结存37 000元。

【解析】：注册会计师首先应根据被审计单位的账面记录，填制下表的"未审数"（已知）；然后根据上述审计中存在的问题填制"调整或重分类金额（借或贷）"和"审定数"；最后作出审计结论。审计工作底稿如表9-11所示。

表 9-11 生产成本及销售成本倒轧表

元

项目	未审数	调整或重分类金额（借或贷）	审定数
原材料期初余额	80 000		80 000
加：本期购进	150 000	借 5000（暂估）	155 000
减：原材料期末余额	60 000	借 1000（假退料）	61 000
其他发出额	10 000		10 000
直接材料成本	160 000	借 4000（推算）	164 000
加：直接人工成本	15 000	贷 2000（修建厂房）	13 000
制造费用	42 000	贷 4000（财产保险）	38 000
生产成本	217 000	贷 2000（推算）	215 000
加：在产品期初余额	23 000		23 000
减：在产品期末余额	30 000	借 7000（盘点）	37 000
完工产品生产成本	210 000	贷 9000（推算）	201 000
加：产成品期初余额	28 000		28 000
减：产成品期末余额	27 000		27 000
销售成本	211 000	贷 9000（推算）	202 000

审计说明：上述事项影响了原材料少计 1 000 元，生产成本少计 7 000 元，待摊费用少计 4 000 元，在建工程少计 2 000 元，应付账款少计 5 000 元，主营业务成本多计 9 000 元。所以，资产少计 14 000 元、负债少计 5 000 元、虚减利润总额 9 000 元。

审计结论：经审计调整后可确认（或：重要性水平为××万元，错账不重大，可确认）。

学习任务 5 学习效果测试

一、判断题

1. 为验证存货的存在，注册会计师可直接对年末存货进行计价测试。（   ）

2. 为了测试存货盘点记录的准确性，应从存货实物中选取项目追查至存货盘点记录；为了测试存货盘点记录的完整性，应从存货盘点记录中选取项目追查至存货实物。（   ）

3. 对于企业存放于公共仓库或由外部人员保管的存货，可以直接向公共仓库或外部有关单位进行函证。（   ）

4. 被审计单位有责任确定适当程序，对存货进行准确的盘点并正确记录盘点数。（   ）

5. 为了提高工作效率，企业存货的验收、保管、清查处置最好由一人执行。（   ）

6. 注册会计师实施对存货的监盘，并不能取代被审计单位管理层定期盘点存货、合理

确定存货数量和状况的责任。（ ）
7. 对存货进行监盘主要是证实存货"完整性"和"权利和义务"的认定。（ ）
8. 存货计价测试的样本应着重选择余额较小且价格变动不大的存货项目。（ ）
9. 对于存货，仔细地检查会计记录在一定程度上可以替代监盘程序。（ ）

二、单选题
1. 以下控制活动与其相关认定的对应关系的陈述中，不恰当的是（   ）。
   A. 产成品发运通知单进行连续编号控制，与营业成本的完整性认定最相关
   B. 生产通知单经过授权审批控制，与存货的完整性、营业成本的完整性认定最相关
   C. 产成品验收单进行连续编号控制，与存货的完整性、营业成本的完整性认定最相关
   D. 原材料出库单进行连续编号控制，与存货的完整性、营业成本的完整性认定最相关
2. 以下控制活动中与存货"完整性"认定最相关的是（   ）。
   A. 定期对存货监盘
   B. 存货保管人员与账面记录人员职责分离
   C. 生产指令与领料单等得到授权批准
   D. 生产通知单、领发料凭证等均事先编号并已经登记入账
3. 由于天气原因注册会计师无法现场监盘存货，优先考虑的是（   ）。
   A. 实施替代程序
   B. 另择日期进行监盘
   C. 评价并判断是否信赖被审计单位的存货盘点结果
   D. 委托被审单位人员进行监盘
4. 向生产和销售人员询问存货是否存在过时或周转缓慢的存货能证实（   ）。
   A. 完整性　　　　B. 权利和义务　　　C. 存在　　　　D. 计价和分摊
5. 公司解释的毛利率比上年上升不相关的事项是（   ）。
   A. 产品销售价格比上年上升20%　　　B. 产量比上年相比增长37%
   C. 某产品库存量比年上升9%　　　　D. 产品使用的主要材料价格比上年下降10%
6. 与测试存货盘点记录的完整性不相关的是（   ）。
   A. 从存货盘点记录中选取项目追查至存货实物
   B. 从存货实物中选取项目追查至存货盘点记录
   C. 在存货盘点过程中关注存货的移动情况
   D. 在存货盘点结束前，再次观察盘点现场
7. 如果将与存货相关的内部控制评估为高风险，则注册会计师应该（   ）。
   A. 增加测试与存货相关的内部控制的范围
   B. 要求被审计单位在期末实施存货盘点
   C. 在期末前或后实施存货监盘程序，并测试盘点日至期末发生的存货交易
   D. 检查购货、生产、销售的记录与凭证，以确定期末存货余额
8. 某总公司有许多连锁分公司，注册会计师错误的方法是（   ）。
   A. 选择一定数目的连锁分公司进行监盘
   B. 没有被选中的其他分公司使用分析程序对存货余额的准确性做出评价
   C. 利用内部审计人员的工作对没有被选中的其他分公司存货余额的准确性做出评价

D. 对所有的分公司实施监盘

9. 注册会计师在实施甲公司存货监盘程序时注意到某些存货项目实际盘点的数量大于永续盘存记录中的数量，最可能导致这种情况的是(　　)。

　　A. 供应商向甲公司提供购货折扣
　　B. 甲公司向客户提供销货折扣
　　C. 甲公司已将购买的存货退给供应商
　　D. 客户已将购买的存货退给甲公司

三、多选题

1. 计划和安排生产环节的控制活动及相关认定中，恰当的有(　　)。
　　A. 生产通知单审批后才能执行与发生认定相关
　　B. 生产通知单连续编号能降低生产成本完整性认定错报风险
　　C. 生产通知单经授权后执行与所有权认定相关
　　D. 月度生产计划须经审批后才能生效与截止认定相关

2. 发出原材料环节的控制活动及相关认定中，恰当的包括(　　)。
　　A. 材料出库单连续编号与营业成本的发生认定相关
　　B. 仓库管理员根据经审批的领料单核发材料与发生认定相关
　　C. 限额领料单连续编号有利于成本的完整认定
　　D. 根据出库单日期检查发料单入账期间是否正确与截止认定相关

3. 注册会计师与管理层讨论其存货盘点计划的主要内容包括(　　)。
　　A. 盘点时间安排
　　B. 存货收发截止的控制及盘点期间存货移动的控制
　　C. 存货监盘替代程序
　　D. 盘点结果的汇总及盘盈盘亏的分析、调查与处理

4. 注册会计师对甲公司委托其他单位保管的存货拟定的审计程序有(　　)。
　　A. 向甲公司存货的保管人函证
　　B. 实施监盘
　　C. 视为审计范围受到限制
　　D. 向外单位获取委托代管存货的书面确认函

5. 接受审计委托之前客户已经完成期末存货盘点，正确的做法是(　　)。
　　A. 评估存货内部控制有效性后，适当检查存货并测试期末至检查日的存货交易
　　B. 评估存货内部控制有效性后，提请另择日期盘点并测试期末至重新盘点日的存货交易
　　C. 若存货内部控制存在重大缺陷，提请客户另择日期重新盘点并适当检查
　　D. 若存货内部控制存在重大缺陷，确认为审计范围受到限制

6. 在对存货实施监盘程序时，注册会计师应当选择的是(　　)。
　　A. 向甲公司债权人函证与被质押存货相关的内容
　　B. 向存货所有权人函证受托代存的存货
　　C. 因性质特殊无法监盘的存货可实施替代程序
　　D. 甲公司相关人员完成存货盘点后，注册会计师进入存货存放地点对已盘点存货实施检查程序

7. 核算产品成本环节的控制活动及相关认定中,恰当的有(　　)。
   A. 产量统计表连续编号与成本的截止认定相关
   B. 检查领料单与材料费用分配表是否一致与估价或分摊认定相关
   C. 检查每月末的假退料单是否入账与完整认定相关
   D. 核实月末在产品数量与完工成本的估价或分摊认定相关
8. 公司存货账面记录与经监盘确认的存货有重大差异的审计程序有(　　)。
   A. 对存货实施分析程序确认差异的真实性
   B. 提请被审计单位对已确认的差异进行调整
   C. 作为重大审计差异
   D. 进一步执行审计程序查明原因
9. 如果年底某类存货销售激增导致库存数量下降为零,注册会计师对该类存货采取的以下措施中,可以发现存在虚假销售的是(　　)。
   A. 将该类存货列入监盘范围
   B. 进行销货截止测试
   C. 计算分析该类存货的毛利率
   D. 选择年底大额销售客户寄发询证函

四、审计技能案例

1. 注册会计师计划于2024年12月31日对某零售公司实施存货监盘,监盘计划部分摘录为:①在到达存货盘点现场后,监盘人员观察柜台承租商保管的存货是否已经单独存放并予以标明,确定其未被纳入存货盘点范围。②在公司开始盘点存货前,监盘人员在拟抽查的存货项目上作出标识。③对以标准规格包装箱包装的存货,监盘人员根据包装箱的数量及每箱的标准容量直接计算确定存货的数量。④在存货监盘过程中,监盘人员除关注存货的数量外,还需要特别关注存货是否出现毁损、陈旧、过时及残次等情况。⑤对存货监盘过程中收到的存货,要求甲公司单独堆放,不纳入存货监盘的范围。

   要求:逐项指出是否存在不当之处。假设因雪灾导致监盘人员无法于监盘日到达盘点现场,注册会计师应采取何种措施?

2. 注册会计师冯勇在对长岭有限公司存货相关内部控制研究与评价后,发现可能存在以下问题:①所有存货都未经认真盘点;②接近资产负债表日前入库的完工产品可能没进行相关的会计记录,但已纳入存货盘点并做账务处理;③由洪桥有限公司代保管的材料可能不存在;④为路桥股份公司代购的材料可能已纳入长岭有限公司的存货项目内;⑤存货计价方法由先进先出法改为后进先出法;⑥长岭有限公司上年度已经市审计局审计,但没经会计师事务所审计;⑦已销商品可能没有进行会计处理。

   要求:请针对上述情况代注册会计师确定一项相应的实质性测试程序。它们能够实现的审计目标,取得何种审计证据?

3. 注册会计师拟实施的具体审计目标已确定如表9-12所示。财务报表认定有:①完整性;②存在;③分类和可理解性;④权利和义务;⑤计价和分摊。审计实质性程序有:⑥检查现行销售价目表;⑦检查财务报表附注;⑧在存货监盘时,选择一定样本,确定其是否包括在盘点表内;⑨选择一定样本量的存货会计记录,检查支持记录的购货合同和发票;⑩在监盘存货时,选择盘点表内一定样本量的存货记录,确定存货是否在库;⑪重新计算员工薪酬计算的合理性。

表9-12 管理层认定与审计目标、实质性程序确定表

报表认定	拟实施的具体审计目标	实质性程序
	甲公司对存货均拥有所有权	
	记录的存货数量包括了甲公司所有的在库存货	
	甲公司已按成本与可变现净值孰低法调整期末存货的价值	
	存货成本计算准确	
	存货的主要类别和计价基础已在财务报表中恰当披露	

要求：代注册会计师填制相应的财务报表认定，拟实施的实质性程序。

4. 注册会计师审计甲公司（食品加工企业）2021 年度财务报表，确定存货为重要账户，并拟对存货实施监盘，存货监盘计划的部分内容摘录如下：

（1）甲公司共有 5 个存货仓库，各仓库的存货盘点及监盘时间安排如表 9-13 所示。

（2）对盘点结果进行测试时，采用从存货实物选取项目追查至存货盘点记录表的方法。

（3）观察盘点现场，确定应纳入盘点范围的存货是否已经适当整理和排列，并附有盘点标识，关注存货盘点是否存在遗漏或重复。

（4）存货 B 为饮料，按箱存放，包装方式为：每箱有 10 个纸盒，每个纸盒中有 20 支饮料。开箱检查，确认每箱中有 10 个纸盒。

（5）存货 C 为燃料煤，按堆存放。监盘时应当先测量其体积，并根据体积和比重估算存货数量。

（6）存货 D 为原材料，甲公司对存货 D 的入库单连续编号。存货 D 盘点结束时，检查截至盘点日最后一张入库单并取得复印件，以用于对该存货入库实施的截止性测试。

表9-13 存货盘点及监盘时间安排

仓库编号	仓库1	仓库2	仓库3	仓库4	仓库5
存货名称	存货 A	存货 B	存货 A	存货 C	存货 D
盘点及监盘时间	2021-12-31	2021-12-31	2021-12-30	2021-12-30	2021-12-31

要求：逐项指出存货监盘计划是否恰当。

自主学习 9

存货实质性细节测试

学习情境 10
完成审计工作与出具审计报告

【思维导图】

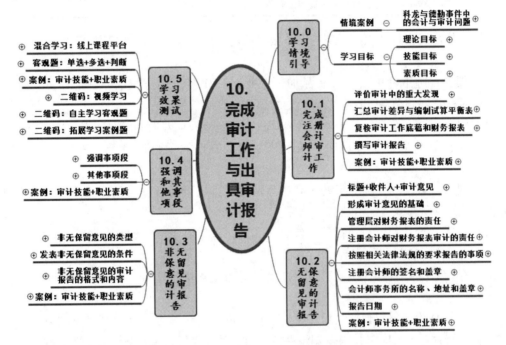

【理论目标】

理解注册会计师审计报告的含义与类型；理解注册会计师审计报告的要素与内容；理解注册会计师审计报告意见类型。

【技能目标】

掌握汇总审计差异与编制试算平衡表的职业技能；掌握编制无保留意见审计报告的职业技能；掌握编制非无保留意见审计报告的职业技能。

【素质目标】

培养学生审计质量意识，塑造学生正直和诚实的品格；形成保持职业谨慎和职业怀疑态度，善始善终开展审计工作的职业作风；强化学生对公正、法治、诚信等社会主义核心价值观的理解，克服懒散、肤浅、片面、偏执与随意等不良习惯。

【情境案例】科龙与德勤事件中的会计与审计问题

2006年7月，中国证监会对广东科龙电器股份有限公司因做假账给予行政处罚，其中，对责任人顾雏军因违反《证券市场禁入规定》给予我国第一个市场永久性禁入的处分。

1. 科龙财务舞弊手法

（1）通过资产减值准备调节"盈亏"。科龙公司2001年因计提减值准备6.35亿元等出现净亏损15.56亿元；2002年、2003年分别转回已提取的各项减值准备而扭亏为盈。按上市公司的退市规则，如果科龙公司没有上述会计数字游戏，必将"披星戴帽"，甚至退市处理。

（2）虚增收入和利润。科龙公司通过对未出库的存货开具销售发票等手段虚构赊销业务，如，2002年向不知名的新客户销售2.97亿元，到2005年5月仍然没有收回该货款。经查，2002年至2004年分别虚增收入4.03亿元、3.05亿元和5.13亿元，虚增利润1.2亿元、1.18亿元和1.49亿元。

（3）利用关联交易转移资金。科龙公司通过横向并购或新设打造了"科龙系"37家控股子公司，顾雏军等人设立多家私人"格林柯尔系"公司，公司之间频繁进行错综复杂的资金转移掏空上市公司，在年报中也没有披露这些重大关联交易、关联方使用巨额资产、共同投资等事项。经查，科龙公司在不到4年的时间里利用500多个银行账户侵占、挪用资金34.85亿元。

2. 德勤的审计问题

在2001年年末科龙整体资产价值不确定的情况下，安达信对该公司出具了无法表示意见（当时称"拒绝表示意见"）的审计报告，2002年安达信因安然事件并入普华永道后解除了审计业务约定。德勤为该公司2002年至2004年分别出具了保留意见、无保留意见和保留意见的审计报告。德勤在审计中的主要问题如下。

（1）证监会委托毕马威所做的调查显示：2001年10月至2005年7月，"科龙系"与"格林柯尔系"公司间进行的不正常重大现金流出为40.71亿元、流入为34.79亿元。而德勤3年的审计报告中均表示该公司的现金流量是公允的。

（2）德勤没有实施必要的审计测试程序，直接按照科龙公司期末存货盘点数量和各期平均单位成本确定存货期末余额，并推算出各期主营业务成本。

（3）德勤在存货抽样盘点过程中缺乏必要的职业谨慎，确定的抽样盘点范围不适当，审计程序不充分。

（4）德勤未能对销售收入确认、销售退回等实施必要的审计程序，致使科龙通过关联交易利用销售退回大做文章，转移资产，虚增利润。

（5）德勤没有对科龙的子公司、分公司等组成部分制定审计策略和执行必要审计程序，没有检查其合并报表中应收账款、营业务收入等项目是否存在、发生与完整。

回顾与引入：对未出库的存货开具销售发票虚构赊销业务主要涉及哪项报表项目认定？若科龙销售50亿元、科龙系37家控股子公司销售28亿元，其中，科龙销售给子公司26亿元、子公司销售给科龙19亿元，其合并报表的营业收入应为多少，涉及哪些认定？

思考：注册会计师的审计意见类型有哪些？无法获取充分、适当的审计证据时可能发表哪些意见？讨论科龙财务造假根源、注册会计师的审计风险防范等问题。

学习任务1 完成注册会计师审计工作

一、评价审计中的重大发现

在审计完成阶段，项目负责合伙人（或主任会计师，下同）和审计项目组应考虑审计中的重大发现，如：会计政策的选择、运用和一贯性；重大事项、不常见的交易活动与会计估计（含管理层假设）信息披露；就特别审计目标识别的重大风险，对审计策略和计划的审计程序所做的重大修正；与注册会计师的最终审计结论相矛盾或不一致的信息。

审计项目组内部、项目负责合伙人与项目质量控制复核人员等应对已记录的审计程序进行评估，如果存在意见分歧，审计项目组应当遵循事务所的质量控制政策和程序，在出具审计报告前予以妥善处理。注册会计师需要使用整体重要性水平和为了特定交易类别、账户余额和披露而制定的较低金额的重要性水平来评价已识别重大发现对财务报表的影响和对审计报告中审计意见的影响。

二、汇总审计差异与编制试算平衡表

1. 编制审计差异汇总表

在完成按业务循环进行的控制测试、交易与财务报表项目的实质性程序以及特殊项目的审计后，对审计项目组成员在审计中发现的被审计单位的会计处理方法与企业会计准则的不一致，即审计差异。审计项目经理应根据审计重要性原则予以初步确定并汇总。

审计差异按是否需要调整账户记录可分为核算错误和重分类错误。核算错误是因企业对经济业务进行了不正确的会计核算而引起的错误，用审计重要性原则来衡量每一项核算错误，又可把这些核算错误区分为建议调整的不符事项和不建议调整的不符事项（即未调整不符事项）。重分类错误是因企业未按企业会计准则列报财务报表而引起的错误，例如，企业在应付账款项目中反映的预付款项、在应收账款项目中反映的预收款项等。

无论是建议调整的不符事项、重分类错误还是未调整不符事项，在审计工作底稿中通常都是以会计分录的形式反映的。由于审计中发现的错误往往不止一两项，为便于审计项目的各级负责人综合判断、分析和决定，也为了便于有效编制试算平衡表和代编经审计的财务报表，通常需要将这些建议调整的不符事项、重分类错误以及未调整不符事项分别汇总至"账项调整分录汇总表""重分类调整分录汇总表"与"未更正错报汇总表"。

注册会计师确定了建议调整的不符事项和重分类错误后，应以书面方式及时征求被审计单位对需要调整财务报表事项的意见。若被审计单位予以采纳，应取得被审计单位同意调整的书面确认；若被审计单位不予采纳，应分析原因，并根据未调整不符事项的性质和重要程度，确定是否在审计报告中予以反映，以及如何反映。

2. 编制试算平衡表

对审计差异的"初步确定并汇总"直至形成"经审计的财务报表"的过程，还要通过编制试算平衡表来完成。试算平衡表是注册会计师在被审计单位提供未审财务报表的基础上，考虑调整分录、重分类分录等内容以确定已审数与报表披露数的表式，包括资产负债表和利润表的试算平衡表。

【审计技能案例 10-1】 注册会计师于 2022 年 3 月 25 日完成了城明股份公司 2021 年报表审计，未审报表项目数据的"期末未审数"或"审计前金额"如表 10-1、表 10-2 所示，审计中还发现了如下三个事项。

表 10-1 资产负债表试算平衡表工作底稿

索引号：A01-01

元

项目	期末未审数	账项调整		重分类调整		期末审定数	索引号
		借方	贷方	借方	贷方		
货币资金	4 264 000					4 264 000	
应收账款	30 400 000		1 330 600	2 000 000		31 069 400	A02-01，A02-02
预付账款	4 173 000					4 173 000	
存货	26 036 000					26 036 000	
长期股权投资	1 565 000					1 565 000	
固定资产	32 032 000					32 032 000	
短期借款	1 730 000					1 730 000	
应付票据	1 060 000					1 060 000	
应付账款	20 200 000					20 200 000	
预收款项	20 000				2 000 000	2 020 000	A02-02
应交税费	3 928 000					3 928 000	
长期借款	2 768 000					2 768 000	
股本	50 000 000					50 000 000	
资本公积	7 618 000					7 618 000	
盈余公积	2 646 000					2 646 000	
未分配利润	8 500 000	1 330 600				7 169 400	A02-01

表 10-2 利润表试算平衡表工作底稿

索引号：A01-02

元

项目		审计前金额	调整金额		审定金额	索引号
			借方	贷方		
一、	营业收入	160 080 000			160 080 000	
	减：营业成本	139 000 700			139 000 700	

续表

项目		审计前金额	调整金额		审定金额	索引号
			借方	贷方		
	税金及附加	1 500 600			1 500 600	
	销售费用	2 750 000			2 750 000	
	管理费用	3 914 000			3 914 000	
	财务费用	3 024 700			3 024 700	
	资产减值损失	56 030	1 330 600		1 386 630	A02-01
	加：公允价值变动损溢					
	投资收益	664 000			664 000	
二、	营业利润	10 497 970			9 167 370	
	加：营业外收入					
	减：营业外支出	32 000			32 000	
三、	利润总额	10 529 970			9 199 370	
	减：所得税费用	2 656 500			2 656 500	
四、	净利润	7 873 470			6 542 870	

(1) 该公司原采用应收账款余额的5%计提坏账准备，董事会决定自2021年度起改按账龄分析法计提坏账准备，坏账准备账户年末余额160万元（工作底稿索引号D21-09）。年末应收账款各明细账户的余额、坏账提取比例如表10-3所示。

表10-3 应收账款余额与坏账提取比例表

索引号：D21-12

元

项目	方向	1年以内	1~2年	2~3年	3年以上
坏账提取比例		6%	30%	50%	80%
A公司余额	借	20 150 000			
B公司余额	贷	2 000 000			
C公司余额	借	600 000		24 000	78 000
D公司余额	借	10 000 000	2 160 000	934 000	
E公司余额	借		54 000		

(2) 少提取了管理部门的折旧费用2 800元（工作底稿索引号D38-07），多结转了主营业务成本2 900元（工作底稿索引号D63-06）。

(3) 该公司2022年1月为蓉城有限公司205万元银行借款提供信用担保。2月15日蓉城有限公司因不能偿还到期债务宣告破产，银行向法院起诉要求城明股份公司承担连带担保责任。3月10日接法院终审判决，城明股份公司败诉，支付借款本息206万元，当月将其计入营业外支出（工作底稿索引号 D87-05）。

要求：(1) 不考虑其他（重要性水平、所得税及利润分配等）事项，请逐一代注册会计师提出审计建议。

(2) 报表层重要性水平为 100 万元（或净利润的 10%），账户层为该账户末审金额的 1%；城明股份公司拒绝了注册会计师对事项 (2) 的审计建议，其他审计建议已执行，请代注册会计师完成编制审计报告前的工作。

【解析】：针对事项 (1) 应建议：将 B 公司的 200 万元进行报表重分类，即从应收账款项目调整为预收账款项目；建议补提应收账款的坏账准备：3 075 万元×6% + 221.4 万元×30% + 95.8 万元×50% + 7.8 万元×80% - 160 = 133.06 万元。

针对事项 (2) 应建议：补提折旧费用 0.28 万元入管理费用，冲销多结转主营业务成本 0.29 万元。

针对事项 (3) 应提请城明股份公司在报表附注中披露（资产负债表日后重大非调整事项）。

在城明股份公司拒绝了注册会计师对事项 (2) 的审计建议，其他审计建议已执行的情况下，注册会计师应先编制如表 10-4、表 10-5、表 10-6 所示的汇总表；再根据表 10-4、表 10-5，填制表 10-1、表 10-2 中的账项调整、重分类调整、交叉索引号，并计算各项目的审定金额。

表 10-4　账项调整分录汇总表

索引号：A02-01

万元

序号	内容及说明	索引号	调整内容				影响利润表 + (-)
			借方项目	借方金额	贷方项目	贷方金额	
1	补提坏账准备	D21-09	资产减值损失	133.06	应收账款	133.06	-133.06

审计结论：调整后可确认　　审计沟通：2022 年 3 月 26 日与公司沟通，同意账项调整
被审计单位授权代表签字：×××　　日期：2022 年 3 月 28 日

表 10-5　重分类调整分录汇总表

索引号：A02-02

万元

序号	内容及说明	索引号	调整内容			
			借方项目	借方金额	贷方项目	贷方金额
1	B 公司货款	D21-12	应收账款	200	预收账款	200

审计结论：调整后可确认　　审计沟通情况：2022 年 3 月 26 日与公司沟通，同意重分类调整
被审计单位授权代表签字：×××　　日期：2022 年 3 月 28 日

表 10-6　未更正错报汇总表

索引号：A02-03

万元

序号	内容及说明	索引号	未调整内容				备注
			借方项目	借方金额	贷方项目	贷方金额	
1	少提折旧费	D38-07	管理费用	0.28	固定资产	0.28	
2	多转成本	D63-06	存货	0.29	营业成本	0.29	

未更正错报的影响：非重大错报事项（未超重要性水平）

项目	金额	百分比	计划百分比	项目	金额	百分比	计划百分比
总资产	+0.01	0%	1%	净资产	+0.01	0%	1%
销售收入				费用总额	+0.28	0%	1%
毛利	+0.29	0%	1%	净利润	+0.01	0%	10%

审计结论：公司拒绝调整，但错报金额不重大，不影响审计意见
被审计单位授权代表签字：×××　　日期：2022年3月28日

思考：若所得税率25%，该公司股东大会于2022年3月21日通过的2021年利润分配决议案是：税后利润按10%提取法定盈余公积金，向全体股东分配现金股利600万元。注册会计师应如何编制这些表格？

三、复核审计工作底稿和财务报表

1. 对财务报表总体合理性实施分析程序

在审计结束或临近结束时，注册会计师运用分析程序的目的是确定经审计调整后的财务报表整体是否与对被审计单位的了解一致，是否具有合理性。在运用分析程序进行总体复核时，如果识别出以前未识别的重大错报风险，注册会计师应当重新考虑对全部或部分各类交易、账户余额、披露评估的风险是否恰当，并在此基础上重新评价之前计划的审计程序是否充分，是否有必要追加审计程序。

2. 评价审计结果

注册会计师评价审计结果，主要是为了确定审计意见的类型以及在整个审计工作中是否遵循了审计准则。为此，注册会计师必须完成两项工作：一是对重要性和审计风险进行最终的评价；二是对被审计单位已审计财务报表形成审计意见并草拟审计报告。

3. 复核审计工作底稿

会计师事务所应当建立完善的审计工作底稿分级复核制度。对审计工作底稿的复核可分为两个层次：项目组内部复核和独立的项目质量控制复核。项目组内部复核为项目负责经理的现场复核和项目负责合伙人的复核。项目质量控制复核也称独立复核，是指在出具报告前，对项目组做出的重大判断和在准备报告时形成的结论做出客观评价的过程。针对项目负责经理和项目负责合伙人的复核以及项目质量控制复核，很多会计师事务所都备有详细的业务执行复核工作核对表，项目复核可以通过填列业务执行复核工作核对表的方式来进行。这样，不仅可对那

些经常容易被忽视的审计方面起到提醒作用，还有利于检查审计证据的充分性和适当性。

四、撰写审计报告

审计报告编制前的工作

审计报告是指注册会计师根据审计准则的规定，在执行审计工作的基础上，对财务报表发表审计意见的书面文件。审计报告必须根据中国注册会计师审计准则的规定出具，这些准则主要有《对财务报表形成审计意见和出具审计报告》《在审计报告中发表非无保留意见》《在审计报告中增加强调事项段和其他事项段》《在审计报告中沟通关键审计事项》《注册会计师对其他信息的责任》等。

注册会计师对被审计单位财务报表发表的意见有无保留意见与非无保留意见两类。无保留意见，是指当注册会计师认为财务报表在所有重大方面按照适用的财务报告编制基础的规定编制并实现公允反映时发表的审计意见。如果财务报表没有实现公允反映，注册会计师应当就该事项与管理层讨论，并根据适用的财务报告编制基础的规定和该事项得到解决的情况，决定是否有在审计报告中发表非无保留意见。非无保留意见，是指对财务报表发表的保留意见、否定意见或无法表示意见。

审计报告是注册会计师对财务报表是否在所有重大方面按照财务报告编制基础编制并实现公允反映发表审计意见的书面文件。因此，注册会计师应当将已审计的财务报表附于审计报告之后，以便于财务报表使用者正确理解和使用审计报告，并防止被审计单位替换、更改已审计的财务报表。注册会计师应当根据由审计证据得出的结论，清楚表达对财务报表的意见，注册会计师一旦在审计报告上签名并盖章，就表明对其出具的审计报告负责。财务报表是指对企业财务状况、经营成果和现金流量的结构化表述，至少应当包括资产负债表、利润表、所有者（股东）权益变动表、现金流量表和财务报表附注。

中国注册会计师审计准则第1501号《对财务报表形成审计意见和出具审计报告》的规定，审计报告应当包括下列要素：（1）标题；（2）收件人；（3）审计意见；（4）形成审计意见的基础；（5）管理层对财务报表的责任；（6）注册会计师对财务报表审计的责任；（7）按照相关法律法规的要求报告的事项（如适用）；（8）注册会计师的签名和盖章；（9）会计师事务所的名称、地址和盖章；（10）报告日期。

学习任务2 无保留意见的审计报告

财政部发布的中国注册会计师审计准则第1501号《对财务报表形成审计意见和出具审计报告》规定，审计报告应当具备以下的要素与相关内容。

一、标题

审计报告应当具有标题，统一规范为"审计报告"。

二、收件人

审计报告应当按照审计业务约定的要求载明收件人。注册会计师通常将审计报告致送给财务报表使用者,一般是被审计单位的股东或治理层。

三、审计意见

审计报告的第一部分应当包含审计意见,并以"审计意见"作为标题。该部分包括:
(1) 指出被审计单位的名称;
(2) 说明财务报表已经审计;
(3) 指出构成整套财务报表的每一财务报表的名称;
(4) 提及财务报表附注,包括重要会计政策和会计估计;
(5) 指明构成整套财务报表的每一财务报表的日期或涵盖的期间。

如果对财务报表发表无保留意见,除非法律法规另有规定,审计意见应当使用"我们认为,后附的财务报表在所有重大方面按照[适用的财务报告编制基础(如企业会计准则等)]的规定编制,公允反映了[……]"的措辞。

四、形成审计意见的基础

审计报告应当包含标题为"形成审计意见的基础"的部分,该部分应当紧接在审计意见部分之后。该部分包括:
(1) 说明注册会计师按照审计准则的规定执行了审计工作。
(2) 提及审计报告中用于描述审计准则规定的注册会计师责任的部分。
(3) 声明注册会计师按照与审计相关的职业道德要求独立于被审计单位,并履行了职业道德方面的其他责任。声明中应当指明适用的职业道德要求,如中国注册会计师职业道德守则。
(4) 说明注册会计师是否相信获取的审计证据是充分、适当的,为发表审计意见提供了基础。

五、管理层对财务报表的责任

审计报告应当包含标题为"管理层对财务报表的责任"的部分。该部分包括:
(1) 按照适用的财务报告编制基础的规定编制财务报表,使其实现公允反映,并设计、执行和维护必要的内部控制,以使财务报表不存在由于舞弊或错误导致的重大错报。
(2) 评估被审计单位的持续经营能力和使用持续经营假设是否适当,并披露与持续经营相关的事项(如适用),对管理层评估责任的说明应当包括描述在何种情况下使用持续经营假设是适当的。

当对财务报告过程负有监督责任的人员与履行上述责任的人员不同时,管理层对财务报表的责任部分还应当提及对财务报告过程负有监督责任的人员。在这种情况下,该部分的标题还应当提及"治理层"。

六、注册会计师对财务报表审计的责任

审计报告应当包含标题为"注册会计师对财务报表审计的责任"的部分。该部分包括:
(1) 说明注册会计师的目标是对财务报表整体是否不存在由于舞弊或错误导致的重大错报获取合理保证,并出具包含审计意见的审计报告。
(2) 说明合理保证是高水平的保证,但并不能保证按照审计准则执行的审计在某一重大错报存在时总能发现。
(3) 说明错报可能由于舞弊或错误导致。
(4) 说明在按照审计准则执行审计工作的过程中,注册会计师运用职业判断,并保持职业怀疑。

其中,在说明错报可能由于舞弊或错误导致时,注册会计师应当从下列两种做法中选取一种:
(1) 描述如果合理预期错报单独或汇总起来可能影响财务报表使用者依据财务报表作出的经济决策,则通常认为错报是重大的;
(2) 根据适用的财务报告编制基础,提供关于重要性的定义或描述。

注册会计师对财务报表审计的责任部分,还应当说明注册会计师执行了以下工作:
(1) 识别和评估由于舞弊或错误导致的财务报表重大错报风险,设计和实施审计程序以应对这些风险,并获取充分、适当的审计证据,作为发表审计意见的基础。由于舞弊可能涉及串通、伪造、故意遗漏、虚假陈述或凌驾于内部控制之上,未能发现由于舞弊导致的重大错报的风险高于未能发现由于错误导致的重大错报的风险。
(2) 了解与审计相关的内部控制,以设计恰当的审计程序,但目的并非对内部控制的有效性发表意见。当注册会计师有责任在财务报表审计的同时对内部控制的有效性发表意见时,应当略去上述"目的并非对内部控制的有效性发表意见"的表述。
(3) 评价管理层选用会计政策的恰当性和作出会计估计及相关披露的合理性。
(4) 对管理层使用持续经营假设的恰当性得出结论。同时,根据获取的审计证据,就可能导致对被审计单位持续经营能力产生重大疑虑的事项或情况是否存在重大不确定性得出结论。如果注册会计师得出结论认为存在重大不确定性,审计准则要求注册会计师在审计报告中提请报表使用者关注财务报表中的相关披露;如果披露不充分,注册会计师应当发表非无保留意见。注册会计师的结论基于截至审计报告日可获得的信息。然而,未来的事项或情况可能导致被审计单位不能持续经营。
(5) 评价财务报表的总体列报(包括披露)、结构和内容,并评价财务报表是否公允反映相关交易和事项。

在集团财务报表审计时,应进一步描述注册会计师在集团审计业务中的责任:
(1) 注册会计师的责任是就集团中实体或业务活动的财务信息获取充分、适当的审计证据,以对合并财务报表发表审计意见。
(2) 注册会计师负责指导、监督和执行集团审计。

（3）注册会计师对审计意见承担全部责任。

注册会计师对财务报表审计的责任部分还应当包括下列内容：

（1）说明注册会计师与治理层就计划的审计范围、时间安排和重大审计发现等事项进行沟通，包括沟通注册会计师在审计中识别的值得关注的内部控制缺陷。

（2）对于上市实体财务报表审计，指出注册会计师就已遵守与独立性相关的职业道德要求向治理层提供声明，并与治理层沟通可能被合理认为影响注册会计师独立性的所有关系和其他事项，以及相关的防范措施（如适用）。

（3）对于上市实体财务报表审计，以及按照规定沟通关键审计事项的其他情况，说明注册会计师从与治理层沟通过的事项中确定哪些事项对本期财务报表审计最为重要，因而构成关键审计事项。注册会计师应当在审计报告中描述这些事项，除非法律法规禁止公开披露这些事项，或在极少数情形下，注册会计师合理预期在审计报告中沟通某事项造成的负面后果超过在公众利益方面产生的益处，因而确定不应在审计报告中沟通该事项。

七、按照相关法律法规的要求报告的事项

除审计准则规定的注册会计师责任外，如果注册会计师在对财务报表出具的审计报告中履行其他报告责任，应当在审计报告中将其单独作为一部分，并以"按照相关法律法规的要求报告的事项"为标题，或使用适合于该部分内容的其他标题，除非其他报告责任涉及的事项与审计准则规定的报告责任涉及的事项相同。如果涉及相同的事项，其他报告责任可以在审计准则规定的同一报告要素部分列示，此时，审计报告应当清楚区分其他报告责任和审计准则要求的报告责任。

如果审计报告将其他报告责任单独作为一部分，则前述的第三至第六部分应当置于"对财务报表出具的审计报告"标题下；"按照相关法律法规的要求报告的事项"部分置于"对财务报表出具的审计报告"部分之后。

八、注册会计师的签名和盖章

审计报告应当由项目合伙人和另一名负责该项目的注册会计师签名和盖章。注册会计师应当在对上市实体整套通用目的财务报表出具的审计报告中注明项目合伙人。

九、会计师事务所的名称、地址和盖章

审计报告应当载明会计师事务所的名称和地址，并加盖会计师事务所公章。

审计报告概述

十、报告日期

审计报告应当注明报告日期。审计报告日不应早于注册会计师获取充分、适当的审计证

据,并在此基础上对财务报表形成审计意见的日期。

在确定审计报告日时,注册会计师应当确信已获取下列两方面的审计证据:

(1) 构成整套财务报表的所有报表(含披露)已编制完成;

(2) 被审计单位的董事会、管理层或类似机构已经认可其对财务报表负责。

【审计技能案例10-2】 对非上市实体财务报表出具的无保留意见的审计报告

承"审计技能案例10-1"的资料,注册会计师于2022年3月25日完成了城明股份公司2021年报表的审计工作。基于获取的审计证据,注册会计师认为可能导致对被审计单位持续经营能力产生重大疑虑的事项或情况不存在重大不确定性。注册会计师未被要求,并且也决定不沟通关键审计事项。除财务报表审计外,注册会计师不承担法律法规要求的其他报告责任。公司管理层于2022年3月28日签署了2021年的财务报表。注册会计师于2022年4月8日出具审计报告,次日将审计报告报送该公司。

【解析】注册会计师应撰写非上市公司的无保留意见的审计报告如下。

审 计 报 告

城明股份有限公司全体股东:

一、审计意见

我们审计了城明股份有限公司(以下简称城明公司)财务报表,包括2021年12月31日的资产负债表,2021年度的利润表、现金流量表、股东权益变动表以及相关财务报表附注。

我们认为,后附的财务报表在所有重大方面按照企业会计准则的规定编制,公允反映了城明公司2021年12月31日的财务状况以及2021年度的经营成果和现金流量。

二、形成审计意见的基础

我们按照中国注册会计师审计准则的规定执行了审计工作。审计报告的"注册会计师对财务报表审计的责任"部分进一步阐述了我们在这些准则下的责任。按照中国注册会计师职业道德守则,我们独立于城明公司,并履行了职业道德方面的其他责任。我们相信,我们获取的审计证据是充分、适当的,为发表审计意见提供了基础。

三、管理层和治理层对财务报表的责任

城明公司管理层(以下简称管理层)负责按照企业会计准则的规定编制财务报表,使其实现公允反映,并设计、执行和维护必要的内部控制,以使财务报表不存在由于舞弊或错误导致的重大错报。

在编制财务报表时,管理层负责评估城明公司的持续经营能力,披露与持续经营相关的事项(如适用),并运用持续经营假设,除非管理层计划清算城明公司、终止运营或别无其他现实的选择。

治理层负责监督城明公司的财务报告过程。

四、注册会计师对财务报表审计的责任

我们的目标是对财务报表整体是否不存在由于舞弊或错误导致的重大错报获取合理保证,并出具包含审计意见的审计报告。合理保证是高水平的保证,但并不能保证按照审计准则执行的审计在某一重大错报存在时总能发现。错报可能由于舞弊或错误导致,如果合理预期错报单独或汇总起来可能影响财务报表使用者依据财务报表作出的经济决策,则通常认为错报是重大的。

在按照审计准则执行审计工作的过程中,我们运用职业判断,并保持职业怀疑。同时,我们也执行以下工作:

(1) 识别和评估由于舞弊或错误导致的财务报表重大错报风险,设计和实施审计程序以应对这些风险,并获取充分、适当的审计证据,作为发表审计意见的基础。由于舞弊可能涉及串通、伪造、故意遗漏、虚假陈述或凌驾于内部控制之上,未能发现由于舞弊导致的重大错报的风险高于未能发现由于错误导致的重大错报的风险。

(2) 了解与审计相关的内部控制,以设计恰当的审计程序,但目的并非对内部控制的有效性发表意见。

(3) 评价管理层选用会计政策的恰当性和作出会计估计及相关披露的合理性。

(4) 对管理层使用持续经营假设的恰当性得出结论。同时,根据获取的审计证据,就可能导致对城明公司持续经营能力产生重大疑虑的事项或情况是否存在重大不确定性得出结论。如果我们得出结论认为存在重大不确定性,审计准则要求我们在审计报告中提请报表使用者注意财务报表中的相关披露;如果披露不充分,我们应当发表非无保留意见。我们的结论基于截至审计报告日可获得的信息。然而,未来的事项或情况可能导致城明公司不能持续经营。

(5) 评价财务报表的总体列报、结构和内容,并评价财务报表是否公允反映相关交易和事项。

我们与治理层就计划的审计范围、时间安排和重大审计发现等事项进行沟通,包括沟通我们在审计中识别出的值得关注的内部控制缺陷。

××会计师事务所　　　　　　　中国注册会计师:×××(签名并盖章)
　　(盖章)　　　　　　　　　　中国注册会计师:×××(签名并盖章)
中国××市　　　　　　　　　　2022年3月28日

【实证与分析案例10-3】 对上市实体财务报表出具的审计报告

注册会计师对上市实体整套财务报表进行审计,该审计不属于集团审计。管理层按照企业会计准则编制财务报表。基于获取的审计证据,注册会计师认为发表无保留意见是恰当的;注册会计师认为可能导致对被审计单位持续经营能力产生重大疑虑的事项或情况不存在重大不确定性。已按照审计准则的规定沟通了关键审计事项。注册会计师在审计报告日前已获取所有其他信息,且未识别出信息存在重大错报。除财务报表审计外,注册会计师还承担法律法规要求的其他报告责任,且注册会计师决定在审计报告中履行其他报告责任。

【解析】 注册会计师应撰写上市公司无保留意见的审计报告如下。

审 计 报 告

ABC股份有限公司全体股东:

一、对财务报表出具的审计报告

(一) 审计意见

我们审计了ABC股份有限公司(以下简称ABC公司)财务报表,包括20×1年12月31日的资产负债表、20×1年度的利润表、现金流量表、股东权益变动表以及相关财务报表附注。

我们认为,后附的财务报表在所有重大方面按照企业会计准则的规定编制,公允反映了ABC公司20×1年12月31日的财务状况以及20×1年度的经营成果和现金流量。

（二）形成审计意见的基础

我们按照中国注册会计师审计准则的规定执行了审计工作。审计报告的"注册会计师对财务报表审计的责任"部分进一步阐述了我们在这些准则下的责任。按照中国注册会计师职业道德守则，我们独立于 ABC 公司，并履行了职业道德方面的其他责任。我们相信，我们获取的审计证据是充分、适当的，为发表审计意见提供了基础。

（三）关键审计事项

关键审计事项是我们根据职业判断，认为对本期财务报表审计最为重要的事项。这些事项的应对以对财务报表整体进行审计并形成审计意见为背景，我们不对这些事项单独发表意见。

[按照《中国注册会计师审计准则第 1504 号——在审计报告中沟通关键审计事项》的规定描述每一关键审计事项]

（四）其他信息

ABC 公司管理层（以下简称管理层）对其他信息负责。其他信息包括 [X 报告中涵盖的信息，但不包括财务报表和我们的审计报告]。

我们对财务报表发表的审计意见不涵盖其他信息，我们也不对其他信息发表任何形式的鉴证结论。

结合我们对财务报表的审计，我们的责任是阅读其他信息，在此过程中，考虑其他信息是否与财务报表或我们在审计过程中了解到的情况存在重大不一致或者似乎存在重大错报。

基于我们已执行的工作，如果我们确定其他信息存在重大错报，我们应当报告该事实。在这方面，我们无任何事项需要报告。

[按照《中国注册会计师审计准则第 1521 号——注册会计师对其他信息的责任》的规定]

（五）管理层和治理层对财务报表的责任

管理层负责按照企业会计准则的规定编制财务报表，使其实现公允反映，并设计、执行和维护必要的内部控制，以使财务报表不存在由于舞弊或错误导致的重大错报。

在编制财务报表时，管理层负责评估 ABC 公司的持续经营能力，披露与持续经营相关的事项（如适用），并运用持续经营假设，除非管理层计划清算 ABC 公司、终止运营或别无其他现实的选择。

治理层负责监督 ABC 公司的财务报告过程。

（六）注册会计师对财务报表审计的责任

我们的目标是对财务报表整体是否不存在由于舞弊或错误导致的重大错报获取合理保证，并出具包含审计意见的审计报告。合理保证是高水平的保证，但并不能保证按照审计准则执行的审计在某一重大错报存在时总能发现。错报可能由于舞弊或错误导致，如果合理预期错报单独或汇总起来可能影响财务报表使用者依据财务报表作出的经济决策，则通常认为错报是重大的。

在按照审计准则执行审计工作的过程中，我们运用职业判断，并保持职业怀疑。同时，我们也执行以下工作：

（1）识别和评估由于舞弊或错误导致的财务报表重大错报风险，设计和实施审计程序以应对这些风险，并获取充分、适当的审计证据，作为发表审计意见的基础。由于舞弊可能涉及串通、伪造、故意遗漏、虚假陈述或凌驾于内部控制之上，未能发现由于舞弊导致的重大错报的风险高于未能发现由于错误导致的重大错报的风险。

（2）了解与审计相关的内部控制，以设计恰当的审计程序，但目的并非对内部控制的有效性发表意见。

（3）评价管理层选用会计政策的恰当性和作出会计估计及相关披露的合理性。

（4）对管理层使用持续经营假设的恰当性得出结论。同时，根据获取的审计证据，就可能导致对 ABC 公司持续经营能力产生重大疑虑的事项或情况是否存在重大不确定性得出结论。如果我们得出结论认为存在重大不确定性，审计准则要求我们在审计报告中提请报表使用者注意财务报表中的相关披露；如果披露不充分，我们应当发表非无保留意见。我们的结论基于截至审计报告日可获得的信息。然而，未来的事项或情况可能导致 ABC 公司不能持续经营。

（5）评价财务报表的总体列报、结构和内容，并评价财务报表是否公允反映相关交易和事项。

我们与治理层就计划的审计范围、时间安排和重大审计发现等事项进行沟通，包括沟通我们在审计中识别出的值得关注的内部控制缺陷。

我们还就已遵守与独立性相关的职业道德要求向治理层提供声明，并与治理层沟通可能被合理认为影响我们独立性的所有关系和其他事项，以及相关的防范措施（如适用）。

从与治理层沟通过的事项中，我们确定哪些事项对本期财务报表审计最为重要，因而构成关键审计事项。我们在审计报告中描述这些事项，除非法律法规禁止公开披露这些事项，或在极少数情形下，如果合理预期在审计报告中沟通某事项造成的负面后果超过在公众利益方面产生的益处，我们确定不应在审计报告中沟通该事项。

二、按照相关法律法规的要求报告的事项

[本部分的格式和内容，取决于法律法规对其他报告责任性质的规定。本部分应当说明相关法律法规规定的事项（其他报告责任），除非其他报告责任涉及的事项与审计准则规定的报告责任涉及的事项相同。如果涉及相同的事项，其他报告责任可以在审计准则规定的同一报告要素部分列示。当其他报告责任和审计准则规定的报告责任涉及同一事项，并且审计报告中的措辞能够将其他报告责任与审计准则规定的责任（如存在差异）予以清楚地区分时，可以将两者合并列示（即包含在"对财务报表出具的审计报告"部分中，并使用适当的副标题）]

××会计师事务所　　　中国注册会计师：××（项目合伙人、签名并盖章）
　（盖章）　　　　　　中国注册会计师：××（签名并盖章）
中国××市　　　　　　　　　　年　月　日

学习任务 3　非无保留意见的审计报告

一、非无保留意见的类型

非无保留意见是指保留意见、否定意见或无法表示意见。中国注册会计师审计准则第

1502号《在审计报告中发表非无保留意见》规定,当财务报表整体存在重大错报,或无法获取充分、适当的审计证据时,注册会计师应当在审计报告中发表非无保留意见。

1. 财务报表整体存在重大错报

根据获取的审计证据,得出财务报表整体存在如下重大错报的结论。

(1)选择的会计政策的恰当性,如选择的会计政策与适用的财务报告编制基础不一致;财务报表(包括相关附注)没有按照公允列报的方式反映交易和事项。

(2)对所选择的会计政策的运用,如管理层没有按照适用的财务报告编制基础的要求一贯运用所选择的会计政策,包括管理层未在不同会计期间或对相似的交易和事项一贯运用所选择的会计政策(运用的一致性);不当运用所选择的会计政策(如运用中的无意错误)。

(3)财务报表披露的恰当性或充分性,如财务报表没有包括适用的财务报告编制基础要求的所有披露;财务报表的披露没有按照适用的财务报告编制基础列报;财务报表没有做出必要的披露以实现公允反映。

2. 无法获取充分、适当的审计证据

无法获取或无法实施替代程序获取充分、适当的审计证据,也即审计范围受到限制,不能得出财务报表整体不存在重大错报的结论。

法尔莫公司舞弊破产案

(1)超出被审计单位控制的情形,如被审计单位的会计记录已被毁坏;重要组成部分的会计记录已被政府有关机构无限期地查封等。

(2)与注册会计师工作的性质或时间安排相关的情形,如注册会计师接受审计委托的时间安排,使注册会计师无法实施存货监盘;注册会计师确定仅实施实质性程序是不充分的,但被审计单位的控制是无效的等。

(3)管理层施加限制的情形,如管理层阻止注册会计师实施存货监盘;管理层阻止注册会计师对特定账户余额实施函证。

3. 非无保留意见的类型

注册会计师确定恰当的审计意见的情况,见表10-7。其中,发表非无保留意见类型,取决于下列事项:

(1)导致非无保留意见的事项的性质,是财务报表存在重大错报,还是在无法获取充分、适当的审计证据的情况下,财务报表可能存在重大错报;

(2)注册会计师就导致非无保留意见的事项对财务报表产生或可能产生影响的广泛性作出的判断。

表10-7 注册会计师确定审计意见情况表

导致发生非无保留意见的事项的性质	这些事项对财务报表产生或可能产生影响的广泛性		
	不重大	重大但不具有广泛性	重大且具有广泛性
财务报表存在错报	无保留意见	保留意见	否定意见
无法获取充分、适当的审计证据	无保留意见	保留意见	无法表示意见

广泛性是描述错报影响的术语,用以说明错报对财务报表的影响,或者由于无法获取充

分、适当的审计证据而未发现的可能错报对财务报表可能产生的影响。根据注册会计师的判断，对财务报表的影响具有广泛性的情形包括：

（1）不限于对财务报表的特定要素、账户或项目产生影响；

（2）虽然仅对财务报表的特定要素、账户或项目产生影响，但这些要素、账户或项目是或可能是财务报表的主要组成部分；

（3）当与披露相关时，产生的影响对财务报表使用者理解财务报表至关重要。

二、发表非无保留意见的条件

1. 发表保留意见的条件

当存在下列情形之一时，注册会计师应当发表保留意见。

（1）在获取充分、适当的审计证据后，注册会计师认为错报单独或汇总起来对财务报表影响更大，但不具有广泛性。

非无保留意见审计报告

注册会计师在获取充分、适当的审计证据后，只有当认为财务报表就整体而言是公允的，但还存在对财务报表产生重大影响的错报时，才能发表保留意见。如果注册会计师认为错报对财务报表产生的影响极为严重且具有广泛性，则应发表否定意见。因此，保留意见被视为注册会计师在不能发表无保留意见情况下最不严厉的审计意见。

（2）注册会计师无法获取充分、适当的审计证据以作为形成审计意见的基础，但认为未发现的可能错报对财务报表可能产生的影响重大，但不具有广泛性。

注册会计师因审计范围受到限制而发表保留意见还是无法表示意见，取决于无法获取的审计证据对形成审计意见的重要性。注册会计师在判断重要性时，应当考虑有关事项潜在影响的性质和范围以及在财务报表中的重要程度。只有当未发现的可能错报对财务报表可能产生的影响重大但不具有广泛性时，才能发表保留意见。

2. 发表否定意见的条件

在获取充分、适当的审计证据后，如果认为错报单独或汇总起来对财务报表的影响重大且具有广泛性，注册会计师应当发表否定意见。

3. 发表无法表示意见的条件

如果无法获取充分、适当的审计证据以作为形成审计意见的基础，但认为未发现的可能错报对财务报表可能产生的影响重大且具有广泛性，注册会计师应当发表无法表示意见。在极其特殊的情况下，可能存在多个不确定事项，即使注册会计师对每个单独的不确定事项获取了充分、适当的审计证据，但由于不确定事项之间可能存在相互影响，以及可能对财务报表产生累积影响，注册会计师不可能对财务报表形成审计意见。在这种情况下，注册会计师应当发表无法表示意见。

在承接审计业务后，如果注意到管理层对审计范围施加了限制，且认为这些限制可能导致对财务报表发表保留意见或无法表示意见，注册会计师应当要求管理层消除这些限制。如果管理层拒绝消除这些限制，除非治理层全部成员参与管理被审计单位，注册会计师应当就此事项与治理层沟通，并确定能否实施替代程序以获取充分、适当的审计证据。

如果无法获取充分、适当的审计证据，注册会计师应当通过下列方式确定其影响：

（1）如果未发现的错报（如存在）可能对财务报表产生的影响重大，但不具有广泛性，

注册会计师应当发表保留意见;

（2）如果未发现的错报（如存在）可能对财务报表产生的影响重大且具有广泛性，以至于发表保留意见不足以反映情况的严重性，注册会计师应当在可行时解除审计业务约定（除非法律法规禁止）；如果在出具审计报告之前解除业务约定被禁止或不可行，应当发表无法表示意见。

三、非无保留意见的审计报告的格式和内容

当注册会计师在审计报告中发表非无保留意见时，审计报告的格式和内容，应在无保留意见审计报告格式与内容的基础上，进行相应的调整。

【审计技能案例10-4】 上市公司财务报表存在重大错报而发表保留意见的审计报告

注册会计师对上市实体整套财务报表进行审计，该审计不属于集团审计。管理层按照企业会计准则编制财务报表。基于获取的审计证据，存货存在错报，该错报对财务报表影响重大但不具有广泛性（即保留意见是恰当的）；注册会计师认为可能导致对被审计单位持续经营能力产生重大疑虑的事项或情况不存在重大不确定性。已按照规定沟通了关键审计事项。注册会计师在审计报告日前已获取所有其他信息，且导致对财务报表发表保留意见的事项也影响了其他信息。除财务报表审计外，注册会计师不承担法律法规要求的其他报告责任。

【解析】 注册会计师应撰写上市公司保留意见的审计报告如下。

审 计 报 告

ABC股份有限公司全体股东：

一、保留意见

我们审计了ABC股份有限公司（以下简称ABC公司）财务报表，包括20×1年12月31日的资产负债表、20×1年度的利润表、现金流量表、股东权益变动表以及相关财务报表附注。

我们认为，除"形成保留意见的基础"部分所述事项产生的影响外，后附的财务报表在所有重大方面按照企业会计准则的规定编制，公允反映了ABC公司20×1年12月31日的财务状况以及20×1年度的经营成果和现金流量。

二、形成保留意见的基础

ABC公司20×1年12月31日资产负债表中存货的列示金额为××元。ABC公司管理层（以下简称管理层）根据成本对存货进行计量，而没有根据成本与可变现净值孰低的原则进行计量，这不符合企业会计准则的规定。ABC公司的会计记录显示，如果管理层以成本与可变现净值孰低来计量存货，存货列示金额将减少×元。相应地，资产减值损失将增加×元，所得税、净利润和股东权益将分别减少×元、×元和×元。

我们按照中国注册会计师审计准则的规定执行了审计工作。审计报告的"注册会计师对财务报表审计的责任"部分进一步阐述了我们在这些准则下的责任。按照中国注册会计师职业道德守则，我们独立于ABC公司，并履行了职业道德方面的其他责任。我们相信，我们获取的审计证据是充分、适当的，为发表保留意见提供了基础。

三、其他信息

ABC公司管理层（以下简称管理层）对其他信息负责。其他信息包括[X报告中涵盖的信息，但不包括财务报表和我们的审计报告]。

我们对财务报表发表的审计意见不涵盖其他信息,我们也不对其他信息发表任何形式的鉴证结论。

结合我们对财务报表的审计,我们的责任是阅读其他信息,在此过程中,考虑其他信息是否与财务报表或我们在审计过程中了解到的情况存在重大不一致或者似乎存在重大错报。

基于我们已执行的工作,如果我们确定其他信息存在重大错报,我们应当报告该事实。如下所述,我们确定其他信息存在重大错报。

[描述保留意见事项,对其他信息的影响]

四、关键审计事项

关键审计事项是我们根据职业判断,认为对本期财务报表审计最为重要的事项。这些事项的应对以对财务报表整体进行审计并形成审计意见为背景,我们不对这些事项单独发表意见。除"形成保留意见的基础"部分所述事项外,我们确定下列事项是需要在审计报告中沟通的关键审计事项。

[按照《中国注册会计师审计准则第 1504 号——在审计报告中沟通关键审计事项》的规定描述每一关键审计事项]

五、管理层和治理层对财务报表的责任

[与前述上市公司无保留意见的表述一致]

六、注册会计师对财务报表审计的责任

[与前述上市公司无保留意见的表述一致]

签署与盖章[与前述上市公司无保留意见的表述一致]

【审计技能案例 10-5】由于合并财务报表存在重大错报而发表否定意见的审计报告

注册会计师对上市实体整套合并财务报表进行审计,该审计属于集团审计,被审计单位拥有多个子公司。管理层按照××财务报告编制基础编制合并财务报表,该编制基础允许被审计单位只列报合并财务报表。合并财务报表因未合并某一子公司而存在重大错报,该错报对合并财务报表影响重大且具有广泛性(即否定意见是恰当的),但量化该错报对合并财务报表的影响是不切实际的。基于获取的审计证据,注册会计师认为可能导致对被审计单位持续经营能力产生重大疑虑的事项或情况不存在重大不确定性。注册会计师认为,除形成否定意见的基础部分所述事项外,无其他关键审计事项。注册会计师在审计报告日前已获取所有其他信息,且导致对合并财务报表发表否定意见的事项也影响了其他信息。除财务报表审计外,注册会计师不承担法律法规要求的其他报告责任。

【解析】注册会计师应撰写上市公司保留意见的审计报告如下。

审 计 报 告

ABC 股份有限公司全体股东:

一、否定意见

我们审计了 ABC 股份有限公司及其子公司(以下简称 ABC 集团)的合并财务报表,包括 20×1 年 12 月 31 日的合并资产负债表,20×1 年度的合并利润表、合并现金流量表、合并股东权益变动表以及相关合并财务报表附注。

我们认为,由于"形成否定意见的基础"部分所述事项的重要性,后附的合并财务报表没有在所有重大方面按照××财务报告编制基础的规定编制,未能公允反映 ABC 集团 20

×1年12月31日的合并财务状况以及20×1年度的合并经营成果和合并现金流量。

二、形成否定意见的基础

如财务报表附注××所述，20×1年ABC集团通过非同一控制下的企业合并获得对XYZ公司的控制权，因未能取得购买日XYZ公司某些重要资产和负债的公允价值，故未将XYZ公司纳入合并财务报表的范围。按照××财务报告编制基础的规定，该集团应将这一子公司纳入合并范围，并以暂估金额为基础核算该项收购。如果将XYZ公司纳入合并财务报表的范围，后附的ABC集团合并财务报表的多个报表项目将受到重大影响。但我们无法确定未将XYZ公司纳入合并范围对合并财务报表产生的影响。

我们按照中国注册会计师审计准则的规定执行了审计工作。审计报告的"注册会计师对合并财务报表审计的责任"部分进一步阐述了我们在这些准则下的责任。按照中国注册会计师职业道德守则，我们独立于ABC集团，并履行了职业道德方面的其他责任。我们相信，我们获取的审计证据是充分、适当的，为发表否定意见提供了基础。

三、其他信息

ABC集团管理层（以下简称管理层）对其他信息负责。其他信息包括[X报告中涵盖的信息，但不包括合并财务报表和我们的审计报告]。

我们对合并财务报表发表的审计意见不涵盖其他信息，我们也不对其他信息发表任何形式的鉴证结论。

结合我们对合并财务报表的审计，我们的责任是阅读其他信息，在此过程中，考虑其他信息是否与合并财务报表或我们在审计过程中了解到的情况存在重大不一致或者似乎存在重大错报。

基于我们已执行的工作，如果我们确定其他信息存在重大错报，我们应当报告该事实。如上述"形成否定意见的基础"部分所述，ABC集团应当将XYZ公司纳入合并范围，并以暂估金额为基础核算该项收购。我们认为，由于X报告中的相关金额或其他项目受到未合并XYZ公司的影响，其他信息存在重大错报。

[描述否定意见事项，对其他信息的影响]

四、关键审计事项

除"形成否定意见的基础"部分所述事项外，我们认为，没有其他需要在审计报告中沟通的关键审计事项。

五、管理层和治理层对合并财务报表的责任

ABC集团管理层（以下简称管理层）负责按照××财务报告编制基础的规定编制合并财务报表，使其实现公允反映，并设计、执行和维护必要的内部控制，以使合并财务报表不存在由于舞弊或错误导致的重大错报。

在编制合并财务报表时，管理层负责评估ABC集团的持续经营能力，披露与持续经营相关的事项（如适用），并运用持续经营假设，除非管理层计划清算ABC集团、终止运营或别无其他现实的选择。

治理层负责监督ABC集团的财务报告过程。

六、注册会计师对合并财务报表审计的责任

[与前述上市公司无保留意见的表述类似，但"财务报表"应改为"合并财务报表"，"ABC公司"应改为"ABC集团"等，并在"我们与治理层就计划的审计范围"之前增加

以下(6)的内容]

(6) 就 ABC 集团中实体或业务活动的财务信息获取充分、适当的审计证据,以对合并财务报表发表审计意见。我们负责指导、监督和执行集团审计,并对审计意见承担全部责任。

签署与盖章 [与前述上市公司无保留意见的表述一致]

【审计技能案例 10-6】 由于注册会计师无法针对合并财务报表单一要素获取充分、适当的审计证据而发表无法表示意见的审计报告

注册会计师对非上市实体整套合并财务报表进行审计,该审计属于集团审计,被审计单位拥有多个子公司。管理层按照××财务报告编制基础编制合并财务报表,该编制基础允许被审计单位只列报合并财务报表。对合并财务报表的某个要素,注册会计师无法获取充分、适当的审计证据,在本例中,对一家共同经营享有的利益份额占该被审计单位净资产的比例超过 90%,但注册会计师无法获取该共同经营财务信息的审计证据,这一事项对合并财务报表可能产生的影响被认为是重大的且具有广泛性(即无法表示意见是恰当的)。按照审计准则要求在注册会计师的责任部分作出有限的表述。除财务报表审计外,注册会计师不承担法律法规要求的其他报告责任。

【解析】 注册会计师应撰写非上市公司无法表示意见的审计报告如下。

审 计 报 告

ABC 股份有限公司全体股东:

一、无法表示意见

我们接受委托,审计 ABC 股份有限公司及其子公司(以下简称 ABC 集团)合并财务报表,包括 20×1 年 12 月 31 日的合并资产负债表、20×1 年度的合并利润表、合并现金流量表、合并股东权益变动表以及相关合并财务报表附注。

我们不对后附的 ABC 集团合并财务报表发表审计意见。由于"形成无法表示意见的基础"部分所述事项的重要性,我们无法获取充分、适当的审计证据以作为对合并财务报表发表审计意见的基础。

二、形成无法表示意见的基础

ABC 集团对共同经营 XYZ 公司享有的利益份额在该集团的合并资产负债表中的金额(资产扣除负债后的净影响)为 ×× 元,占该集团 20×1 年 12 月 31 日净资产的 90% 以上。我们未被允许接触 XYZ 公司的管理层和注册会计师,包括 XYZ 公司注册会计师的审计工作底稿。因此,我们无法确定是否有必要对 XYZ 公司资产中 ABC 集团共同控制的比例份额、XYZ 公司负债中 ABC 集团共同承担的比例份额、XYZ 公司收入和费用中 ABC 集团的比例份额,以及合并现金流量表和合并股东权益变动表中的要素作出调整。

三、管理层和治理层对合并财务报表的责任

[与上述否定意见审计报告的表述一致]

四、注册会计师对合并财务报表审计的责任

我们的责任是按照中国注册会计师审计准则的规定,对 ABC 集团的合并财务报表执行审计工作,以出具审计报告。但由于"形成无法表示意见的基础"部分所述的事项,我们无法获取充分、适当的审计证据以作为发表审计意见的基础。

按照中国注册会计师职业道德守则,我们独立于 ABC 集团,并履行了职业道德方面的

其他责任。

签署与盖章 ［与前述非上市公司无保留意见的表述一致］

【审计技能案例10-7】 由于注册会计师无法针对财务报表多个要素获取充分、适当的审计证据而发表无法表示意见的审计报告

注册会计师对非上市实体整套财务报表进行审计，该审计不属于集团审计。管理层按照企业会计准则编制财务报表。对财务报表的多个要素，注册会计师无法获取充分、适当的审计证据，例如，对被审计单位的存货和应收账款，注册会计师无法获取审计证据，这一事项对财务报表可能产生的影响重大且具有广泛性。按照审计准则要求在注册会计师的责任部分作出有限的表述。

【解析】 注册会计师应撰写非上市公司无法表示意见的审计报告如下。

审 计 报 告

ABC股份有限公司全体股东：

一、无法表示意见

我们接受委托，审计ABC股份有限公司（以下简称ABC公司）财务报表，包括20×1年12月31日的资产负债表，20×1年度的利润表、现金流量表、股东权益变动表以及相关财务报表附注。

我们不对后附的ABC公司财务报表发表审计意见。由于"形成无法表示意见的基础"部分所述事项的重要性，我们无法获取充分、适当的审计证据以作为对财务报表发表审计意见的基础。

二、形成无法表示意见的基础

我们于20×2年1月接受委托审计ABC公司财务报表，因而未能对ABC公司20×1年初金额为××元的存货和年末金额为××元的存货实施监盘程序。此外，我们也无法实施替代审计程序获取充分、适当的审计证据。并且，ABC公司于20×1年9月采用新的应收账款信息系统，由于存在系统缺陷导致应收账款出现大量错误。截至报告日，ABC公司管理层（以下简称管理层）仍在纠正系统缺陷并更正错误，我们也无法实施替代审计程序，以对截至20×1年12月31日的应收账款总额××元获取充分、适当的审计证据。因此，我们无法确定是否有必要对存货、应收账款以及财务报表其他项目作出调整，也无法确定应调整的金额。

三、管理层和治理层对财务报表的责任

［与前述非上市公司无保留意见的表述一致］

四、注册会计师对财务报表审计的责任

我们的责任是按照中国注册会计师审计准则的规定，对ABC公司的财务报表执行审计工作，以出具审计报告。但由于"形成无法表示意见的基础"部分所述的事项，我们无法获取充分、适当的审计证据以作为发表审计意见的基础。

按照中国注册会计师职业道德守则，我们独立于ABC公司，并履行了职业道德方面的其他责任。

签署与盖章 ［与前述非上市公司无保留意见的表述一致］

学习任务 4　审计报告中增加强调和其他事项段

中国注册会计师审计准则第 1503 号《在审计报告中增加强调事项段和其他事项段》规定，注册会计师可以在审计报告中增加强调事项段和其他事项段，以提供必要的补充信息。即：如果认为必要，注册会计师可以在审计报告中提供补充信息，以提醒使用者关注下列事项：

（1）尽管已在财务报表中列报，但对使用者理解财务报表至关重要的事项；

（2）未在财务报表中列报，但与使用者理解审计工作、注册会计师的责任或审计报告相关的事项。

一、强调事项段

强调事项段是指审计报告中含有的一个段落，该段落提及已在财务报表中恰当列报的事项，且根据注册会计师的职业判断，该事项对财务报表使用者理解财务报表至关重要。

如果认为有必要提醒财务报表使用者关注已在财务报表中列报，且根据职业判断认为对财务报表使用者理解财务报表至关重要的事项，在同时满足下列条件时，注册会计师应当在审计报告中增加强调事项段：

（1）该事项不会导致注册会计师发表非无保留意见。

（2）该事项未被确定为在审计报告中沟通的关键审计事项。

如果在审计报告中包含强调事项段，注册会计师应当采取下列措施：

（1）将强调事项段作为单独的一部分置于审计报告中，并使用包含"强调事项"这一术语的适当标题。

（2）明确提及被强调事项以及相关披露的位置，以便能够在财务报表中找到对该事项的详细描述。强调事项段应当仅提及已在财务报表中列报的信息。

（3）指出审计意见没有因该强调事项而改变。

二、其他事项段

其他事项段是指审计报告中含有的一个段落，该段落提及未在财务报表中列报的事项，且根据注册会计师的职业判断，该事项与财务报表使用者理解审计工作、注册会计师的责任或审计报告相关。

审计报告中沟通
关键审计事项

如果认为有必要沟通虽然未在财务报表中列报，但根据职业判断认为与财务报表使用者理解审计工作、注册会计师的责任或审计报告相关的事项，在同时满足下列条件时，注册会计师应当在审计报告中增加其他事项段：

（1）未被法律法规禁止；

（2）该事项未被确定为在审计报告中沟通的关键审计事项。

如果在审计报告中包含其他事项段，注册会计师应当将该段落作为单独的一部分，并使用"其他事项"或其他适当标题。

【审计技能案例10-8】 包含关键审计事项部分、强调事项段及其他事项段的审计报告

注册会计师对上市实体整套财务报表进行审计，该审计不属于集团审计。管理层按照企业会计准则编制财务报表。基于获取的审计证据，注册会计师认为发表无保留意见是恰当的；可能导致对被审计单位持续经营能力产生重大疑虑的事项或情况不存在重大不确定性。在财务报表日至审计报告日之间，被审计单位的生产设备发生了火灾，被审计单位已将其作为期后事项披露。根据注册会计师的判断，该事项对财务报表使用者理解财务报表至关重要，但在本期财务报表审计中不是重点关注过的事项。已按照规定沟通了关键审计事项。注册会计师在审计报告日前已获取所有其他信息，且未识别出信息存在重大错报。已列报对应数据，且上期财务报表已由前任注册会计师审计，法律法规不禁止注册会计师提及前任注册会计师对对应数据出具的审计报告，并且注册会计师已决定提及。除财务报表审计外，注册会计师不承担法律法规要求的其他报告责任。

【解析】 注册会计师应撰写上市公司无保留意见、包含关键审计事项部分、强调事项段及其他事项段的审计报告如下。

审 计 报 告

ABC 股份有限公司全体股东：

一、审计意见

我们审计了 ABC 股份有限公司（以下简称 ABC 公司）财务报表，包括 20×1 年 12 月 31 日的资产负债表，20×1 年度的利润表、现金流量表、股东权益变动表以及相关财务报表附注。

我们认为，后附的财务报表在所有重大方面按照企业会计准则的规定编制，公允反映了 ABC 公司 20×1 年 12 月 31 日的财务状况以及 20×1 年度的经营成果和现金流量。

二、形成审计意见的基础

我们按照中国注册会计师审计准则的规定执行了审计工作。审计报告的"注册会计师对财务报表审计的责任"部分进一步阐述了我们在这些准则下的责任。按照中国注册会计师职业道德守则，我们独立于 ABC 公司，并履行了职业道德方面的其他责任。我们相信，我们获取的审计证据是充分、适当的，为发表审计意见提供了基础。

三、强调事项

我们提醒财务报表使用者关注，财务报表附注×描述了火灾对 ABC 公司的生产设备造成的影响。本段内容不影响已发表的审计意见。

四、关键审计事项

关键审计事项是我们根据职业判断，认为对本期财务报表审计最为重要的事项。这些事项的应对以对财务报表整体进行审计并形成审计意见为背景，我们不对这些事项单独发表意见。

[按照《中国注册会计师审计准则第1504号——在审计报告中沟通关键审计事项》的规定描述每一关键审计事项]

五、其他事项

20×0 年 12 月 31 日的资产负债表，20×0 年度的利润表、现金流量表、股东权益变动

表以及相关财务报表附注由其他会计师事务所审计,并于20×1年3月31日发表了无保留意见。

六、其他信息

[与前述上市公司无保留意见审计报告的表述一致]

七、管理层和治理层对财务报表的责任

[与前述上市公司无保留意见审计报告的表述一致]

八、注册会计师对财务报表审计的责任

[与前述上市公司无保留意见审计报告的表述一致]

签署与盖章 [与前述上市公司无保留意见审计报告的表述一致]

【审计技能案例10-9】 由于偏离适用的财务报告编制基础的规定导致的带强调事项段的保留意见审计报告

注册会计师对非上市实体整套财务报表进行审计,该审计不属于集团审计。管理层按照企业会计准则编制财务报表。由于偏离企业会计准则的规定导致发表保留意见。基于获取的审计证据,注册会计师认为可能导致对被审计单位持续经营能力产生重大疑虑的事项或情况不存在重大不确定性。在财务报表日至审计报告日之间,被审计单位的生产设备发生了火灾,被审计单位已将其作为期后事项披露,注册会计师判断,该事项对财务报表使用者理解财务报表至关重要,但在本期财务报表审计中不是重点关注过的事项。注册会计师未被要求,并且也决定不沟通关键审计事项。注册会计师在审计报告日前未获取任何其他信息。除财务报表审计外,注册会计师不承担法律法规要求的其他报告责任。

【解析】 注册会计师应撰写非上市公司保留意见、包含强调事项段的审计报告如下。

审 计 报 告

ABC股份有限公司全体股东:

一、保留意见

我们审计了ABC股份有限公司(以下简称ABC公司)财务报表,包括20×1年12月31日的资产负债表,20×1年度的利润表、现金流量表、股东权益变动表以及相关财务报表附注。

我们认为,除"形成保留意见的基础"部分所述事项产生的影响外,后附的财务报表在所有重大方面按照企业会计准则的规定编制,公允反映了ABC公司20×1年12月31日的财务状况以及20×1年度的经营成果和现金流量。

二、形成保留意见的基础

ABC公司20×1年12月31日资产负债表中的交易性金融资产的列示金额为××元,ABC公司管理层(以下简称管理层)根据成本对该金融资产进行计量,而没有根据公允价值进行计量,这不符合企业会计准则的规定。ABC公司的会计记录显示,如果管理层以公允价值来计量,ABC公司20×1年度利润表中公允价值变动损益将减少×元,20×1年12月31日资产负债表中的交易性金融资产列示金额将减少×元。相应地,所得税、净利润和股东权益将分别减少×元、×元和×元。

我们按照中国注册会计师审计准则的规定执行了审计工作。审计报告的"注册会计师对财务报表审计的责任"部分进一步阐述了我们在这些准则下的责任。按照中国注册会计师职业道德守则,我们独立于ABC公司,并履行了职业道德方面的其他责任。我们相信,我们获取的审计证据是充分、适当的,为发表保留意见提供了基础。

三、强调事项——火灾的影响

我们提醒财务报表使用者关注,财务报表附注×描述了火灾对 ABC 公司的生产设备造成的影响。本段内容不影响已发表的审计意见。

四、管理层和治理层对财务报表的责任

[与前述非上市公司无保留审计意见的表述一致]

五、注册会计师对财务报表审计的责任

[与前述非上市公司无保留审计意见的表述一致]

签署与盖章 [与前述非上市公司无保留意见审计报告的表述一致]

学习任务 5　学习效果测试

一、单项选择题

1. 对审计报告的以下理解中,不恰当的是(　　)。
   A. 在实施审计工作的基础上才能出具审计报告
   B. 应当以书面形式出具审计报告
   C. 必须获取充分、适当的审计证据的情况下才能出具审计报告
   D. 通过在审计报告签字以履行其审计责任

2. 非无保留意见审计报告形成审计意见的基础段,应清楚地说明导致所发表意见或无法发表意见的所有原因,并在可能情况下,指出其对(　　)的影响程度。
   A. 审计报告　　　B. 财务报表　　　C. 审计意见　　　D. 财务信息

3. 财务报表存在应披露而未披露信息相关的重大错报,不恰当的是(　　)。
   A. 与治理层讨论未披露信息的情况
   B. 在导致非无保留意见的事项段中描述未披露信息的性质
   C. 在导致非无保留意见的事项段中包含对未披露信息的披露
   D. 在意见段后增加其他事项段说明未披露信息相关的重大错报

4. 对某股份有限公司的财务报表进行审计,审计报告的收件人应为(　　)。
   A. 全体职工　　　B. 全体股东　　　C. 董事会　　　D. 董事长

5. 注册会计师确定审计报告日期,不恰当的是(　　)。
   A. 早于或等于管理层签署已审计财务报表的日期
   B. 管理层批准并签署已审计财务报表后注册会计师可签署审计报告
   C. 一般不是撰写审计报告的日期
   D. 晚于或等于管理层签署已审计财务报表的日期

6. 注册会计师出具无保留意见的审计报告,如果认为必要,可以在(　　)增加强调事项段,对重大事项加以说明。
   A. 关键审计事项　　　　　　　B. 意见段之前
   C. 形成审计意见的基础段之后　　D. 审计报告附注

7. 注册会计师对财务报表的其他项目都取得了满意的证据,只是被审计单位限制监盘

构成总资产50%的存货，审计人员应出具(　　)审计报告。
  A. 标准　　　　　B. 带强调事项段　　C. 保留意见　　　D. 无法表示意见
 8. 注册会计师在出具非无保留意见的审计报告时，应在(　　)增加说明段，说明形成审计意见的基础。
  A. 意见段之前　　B. 意见段之后　　C. 引言段之前　　D. 管理层责任之后
 9. 无法表示意见的审计报告不应包括(　　)。
  A. 意见段　　　　　　　　　　　B. 关键审计事项
  C. 形成意见基础段　　　　　　　D. 注册会计师签章

二、多项选择题

1. 属于审计报告"意见段"内容的有(　　)。
 A. 2024年12月31日的资产负债表
 B. 2024年12月31日的利润表
 C. 注册会计师已经审计了某公司财务报表
 D. 注册会计师拟审计某公司财务报表

2. 属于审计报告"管理层对财务报表的责任段"内容的有(　　)。
 A. 按照企业会计准则的规定编制财务报表，确保财务报表合法性和公允性
 B. 按照企业会计准则的规定编制财务报表，并使其实现公允反映
 C. 设计、执行和维护必要的内部控制，以使与财务报表相关的内部控制不存在重大缺陷
 D. 设计、执行和维护必要的内部控制，以使财务报表不存在由于舞弊或错误导致的重大错报

3. 在审计报告中，注册会计师的责任段应当说明以下(　　)内容。
 A. 注册会计师的责任是在执行审计工作的基础上对财务报表发表审计意见
 B. 审计工作涉及实施审计程序，以获取有关财务报表金额和披露的审计证据
 C. 按照企业会计准则的规定编制财务报表，并使其实现公允反映
 D. 注册会计师报表审计的目的包括对内部控制的有效性发表审计意见

4. 注册会计师出具的审计报告的作用有(　　)。
 A. 鉴证作用　　　B. 保护作用　　　C. 证明作用　　　D. 减轻管理层的责任

5. 在下列术语中，属于发表否定意见时常用术语的是(　　)。
 A. 没有在所有重大方面　　　　　B. 除上述问题产生的影响外
 C. 未能公允反映　　　　　　　　D. 由于审计范围受到限制

6. 审计意见的基本类型有(　　)。
 A. 无保留意见　　B. 否定意见　　　C. 保留意见　　　D. 无法表示意见

7. 需要在意见段之后增加形成意见基础段，以说明所持意见理由的审计报告有(　　)。
 A. 无保留意见的审计报告　　　　B. 否定意见的审计报告
 C. 保留意见的审计报告　　　　　D. 无法表示意见的审计报告

8. 注册会计师决定在审计报告中提及前任注册会计师对上期财务报表出具的审计报告，则应当在其他事项段中说明的(　　)。
 A. 上期财务报表已由前任注册会计师审计

B. 前任注册会计师的姓名
C. 前任注册会计师发表意见的类型
D. 前任注册会计师出具的审计报告的日期

9. 注册会计师可能在审计报告的意见段后增加"强调事项段"的有（   ）。
   A. 异常诉讼的未来结果存在不确定性
   B. 提前应用（在允许的情况下）对财务报表有广泛影响的新会计准则
   C. 监管行动的未来结果存在不确定性
   D. 存在已经对被审计单位财务状况产生重大影响的特大灾难

三、判断题

1. 审计报告是注册会计师对被审计单位与会计报表所有方面发表审计意见。（   ）
2. 如果注册会计师无法取得充分且适当的审计证据，则可视情况发表保留意见，否定意见或无法表示意见。（   ）
3. 由于审计范围受到限制，不能获取充分适当的审计证据，以致无法对财务报表整体反映发表意见时，注册会计师应当出具否定意见的审计报告。（   ）
4. 注册会计师出具的无保留意见和非无保留意见审计报告均可对外公布。（   ）
5. 注册会计师对被审计单位财务报表发表的审计意见，是对被审计单位特定日期的财务状况和所审计期间经营成果和现金流量情况做的绝对保证。（   ）
6. 注册会计师签署审计报告的日期通常为审计报告完稿日期。（   ）
7. 无保留意见的审计报告可以附加强调事项段。（   ）
8. 否定意见的审计报告无注册会计师责任段这一内容。（   ）
9. 审计报告的日期不应早于注册会计师获取充分、适当的审计证据的日期。（   ）

四、审计技能案例

1. 诚信会计师事务所的注册会计师对长江股份有限公司2023年度财务报表进行了审计，发现该公司存在以下事项：

   （1）2023年12月31日的存货余额82 000万元，占未审计资产总额的35%，由于该公司未进行存货盘点，无法实施对存货的监盘程序，而该公司又拒绝注册会计师实施其他替代程序，致使报表的存货项目无法核实。

   （2）2023年12月28日的主营业务收入852万元未入账，该公司接受注册会计师的审计调账建议。

   （3）该公司有520万元长期债权投资列为其他应收款，该公司接受注册会计师的审计调账建议。

   要求：指出注册会计师应当出具何种意见类型的审计报告。

2. 注册会计师审计股票上市的甲公司2023年度财务报表，重要性水平为300万元，部分工作底稿内容摘录为：

   （1）甲公司在2023年年底被乙公司起诉要求赔偿8 100万元，因法院尚未判决而使赔偿金额难以确定，财务报表附注中对此未作披露；注册会计师拟在审计报告中增加其他事项段说明。

   （2）甲公司全部存货占资产总额的50%以上，放置于邻近单位仓库内，由于此仓库倒塌尚未清理完毕，不仅无法估计损失，也无法实施监盘程序；注册会计师拟用强调事项段说明。

（3）由于财务困难，公司没有支付本年度 15 万元管理部门的修理费；注册会计师拟发表保留意见。

（4）甲公司 2022 年度财务报表经其他会计师事务所审计并发表了无保留意见；注册会计师拟增加强调事项段说明该事项。

要求：分别指出注册会计师的措施是否恰当。若只考虑事项（2），请代注册会计师撰写审计报告。

3. 巨丰会计师事务所对甲股份有限公司 2023 年财务报表进行审计，确定的财务报表整体重要性水平为 90 万元。注册会计师撰写审计报告时有以下事项：

（1）甲公司一幢原值 200 万元、预计使用年限为 50 年、已提折旧 136 万元的办公大楼出现裂缝，经过专家鉴定后将预计使用年限改为 40 年，决定从 2024 年起改变年折旧率，甲公司同意在 2023 年年末报表中作相应披露。

（2）甲公司报表中有投资收益为 16.5 万元是国外联营收益，但注册会计师未能取得经审计的联营企业财务报表，也未能采取其他程序查明投资收益的金额是否属实。

（3）该公司计划在 2024 年 5 月份将进行大规模人事变动，公司没有在财务报表附注中披露。

要求：分析应出具的审计报告类型，并代注册会计师撰写审计报告的意见段。

自主学习 10

完成审计工作出具报告

参考文献

[1] 中国注册会计师协会. 审计 [M]. 北京：中国财政经济出版社，2022.
[2] 审计署考试中心. 审计理论与实务 [M]. 北京：中国时代经济出版社，2022.
[3] 王顺金，林榕. 基于工作过程的Excel审计应用 [J]. 中国人民大学复印报刊资料《财务与会计导刊》，2011（8）.
[4] 王顺金，庄小欧. Excel财务与会计应用精粹 [M]. 北京：北京理工大学出版社，2009.
[5] 周海彬. 审计基础 [M]. 北京：高等教育出版社，2009.
[6] 周海彬. 审计实务 [M]. 成都：西南财经大学出版社，2009.
[7] 王顺金. 财务管理 [M]. 北京：北京理工大学出版社，2017.
[8] 王顺金. 高职会计核心教材建设中的问题与对策 [J]. 财会月刊，2013（8）.
[9] 胡志容，吕蓉. 审计基础与实务 [M]. 重庆：重庆大学出版社，2013.
[10] 王顺金，徐勇. 企业财务会计 [M]. 成都：四川大学出版社，2006.
[11] 马春静. 新编审计原理与实务 [M]. 大连：大连理工大学出版社，2008.
[12] 张志和，郑毅. 审计（第二版）[M]. 北京：高等教育出版社，2008.
[13] 王顺金. 融资方式规划的Excel模型设计 [J]. 中国管理信息化，2009（6）.
[14] 王顺金. 财务业务一体信息化技术研究 [M]. 北京：北京理工大学出版社，2012.
[15] 王顺金. Excel测试固定资产折旧与净值的底稿设计 [J]. 中国管理信息化，2009（17）.
[16] 王生根. 审计实务 [M]. 北京：高等教育出版社，2013.
[17] 陈燕. 审计实务 [M]. 南京：南京大学出版社，2010.
[18] 王顺金. 审计基础知识 [M]. 成都：四川科技出版社，1996.
[19] 俞静. 审计学 [M]. 成都：西南财经大学出版社，2008.
[20] 王顺金. 赊销天数决策的Excel动态模型构建 [J]. 交通财会，2009（5）.
[21] 刘英，林钟高. 审计学 [M]. 合肥：合肥工业大学出版社，2009.
[22] 王顺金. 怎样进行长期负债的审计 [J]. 中华会计函授，1996（7）.
[23] 王顺金. 存货批购决策的Excel智能模型 [J]. 财会学习，2010（2）.
[24] 王顺金. 会计信息系统功能架构的研究 [M]. 成都：西南交通大学出版社，2007.
[25] 王顺金. 会计信息化 [M]. 北京：高等教育出版社，2018.
[26] 中华人民共和国审计署网站：http://www.audit.gov.cn/n1057/index.html.
[27] 中国审计教育网：http://www.shenji.org/.
[28] 中国国家审计网：http://www.chinaaudit.com.cn/audit/.
[29] 东奥会计在线网：http://www.dongao.com/.

[30] 王顺金. 会计错账的查找技巧 [J]. 中国乡镇企业会计, 1996 (8).

[31] 王顺金. 论留成收益及其审计 [J]. 中国乡镇企业会计, 1995 (12).

[32] 王顺金. 所有者投入资本审计的案例教学 [J]. 中华会计函授, 1997 (9).

[33] 王顺金. 税金审计的案例教学 [J]. 中华会计函授, 1996 (7).

[34] 蒋斌. 基础审计 [M]. 北京：高等教育出版社, 2008.

[35] 王珠强. 审计学基础 [M]. 北京：清华大学出版社, 2007.

[36] 王顺金. 销售税金是如何查明的 [J]. 湖北审计, 1996 (5).

[37] 王英姿. 审计学原理与实务（第二版）[M]. 上海：上海财经大学出版社, 2007.

[38] 田钊平. 审计基础与实务 [M]. 北京：清华大学出版社, 2008.

[39] 林双全, 方树栋. 审计理论与实务 [M]. 北京：科学出版社, 2008.

[40] 王顺金. 案例教学法在审计教学中的运用 [J]. 四川财贸中专教育, 1998 (14).

[41] 张晖, 张沫亮. 新编审计实务案例导读 [M]. 北京：北京大学出版社, 2008.

[42] 匡贤明, 杜军奎. 审计学 [M]. 北京：清华大学出版社, 2008.

[43] 王顺金. 审计课程职务分离控制案例教学 [J]. 中华会计函授, 2000 (1).

[44] 王顺金. 应收账款及应收票据审计浅谈 [J]. 林业财务与会计, 1996 (3).

[45] 殷文玲. 审计案例教程 [M]. 北京：清华大学出版社, 2008.

[46] 王顺金. Excel 财会应用 [M]. 北京：高等教育出版社, 2019.

[47] 王顺金. 业财融合信息化 [M]. 北京：北京理工大学出版社, 2021.